근대 논의 이후의 문학

김주연 비평집
근대 논의 이후의 문학

펴낸날/ 2005년 8월 10일

지은이/ 김주연
펴낸이/ 채호기
펴낸곳/ ㈜**문학과지성사**
등록번호/ 제10-918호(1993. 12. 16)

서울 마포구 서교동 395-2(121-840)
편집/ 338)7224~5  FAX 323)4180
영업/ 338)7222~3  FAX 338)7221
홈페이지/ www.moonji.com

ⓒ ㈜문학과지성사, 2005. Printed in Seoul, Korea

ISBN 89-320-1624-0

* 잘못된 책은 바꾸어드립니다.

김주연 비평집
# 근대 논의 이후의 문학

문학과지성사
2005

차례

책머리에 7

**제 1 부**

근대 논의 이후의 문학 11

탈근대 명제 속의 근대 23

메타 비평의 유혹과 예고들의 매개 42

페넬로페는 천사인가 60

페미니즘의 새로운 양상 79

인터넷 대중과 문학적 실천 88

글로벌과 문학의 동요 104

엽기의 문학, 문단의 엽기성 109

열정과 엄격의 행복한 모순 115

왜 어린이 문학인가 123

**제 2 부**

서사와 서정의 섬세한, 혹은 웅장한 통합  141

육체의 소멸과 죽음의 상상력  163

상한 심령의 동반자  176

포박된 인생과 그 변신  189

광야에서 살기, 혹은 죽기  208


**제 3 부**

현대시의 새로운 깊이와 도전  223

시의 홍수와 에스프리  236

다양성 속 성숙의 맛  248

자기 확인과 자기 부인  261

따뜻한 사랑이 오는 곳  281

결핍의 열정  287

바라봄의 시학  291

신발 벗고 가볍게 날기  304

생명의 허무와 감격  315

시 그리기  326

아, 아름다운 생명아  336

불면의 은혜  343

## 책머리에

　평단의 분위기가 자못 스피디하다. 세상의 관심과 세상의 미디어가 너무 빨리 변한다. 그 한 모퉁이에서 글을 써온 지 40년, 그 세월은 종이, 그리고 펜과의 경주였다. PC와 클릭으로 이어지는 마당은 단순한 매체 아닌 세상 자체의 갱신이므로 펜을 버리고 달려가는 일은 숨가쁠 수밖에 없다. 비평의 산지는 현장이므로 문헌의 시체공시장에 앉아 있을 수만은 없기 때문이다. 대체 2000년을 전후하여 뜨겁게, 황당하게 달아올랐던 근대 논의 이후의 문학은 어디로 가고 있는가. 그 행로를 바라보면서 쓴 글들이 모아졌다. 구체적인 시인/작가론을 통해 본 문학의 새로운 모습은, 그러나 오히려 연면한 맥으로 이어져 있음은 어인 일인가. 사람과 테마는 바뀌지만, 마음이 스산하지는 않다. 세상은 거듭 새로워지기 마련 아닌가.

2005년 7월
김주연

# 근대 논의 이후의 문학
―2004년 전후를 조감하며

## 1. 근대는 사라지는가

　문학과 인문학의 위기에 대한 논의의 맞은편에서 이를 비웃기라도 하듯이 엄청난 양의 문학 관계 책들이 쏟아져 나오고 있다. 주로 소설 분야에서 이루어지는 문학 책들의 범람 현상은 시, 평론, 아동문학 그 어느 쪽도 상대적인 비교의 차이는 있을지언정 양적인 면에서 크게 위축되어 있는 분야는 없어 보인다. 디지털 시대―인터넷 시대의 도래와 더불어 활자·인쇄매체의 퇴락이 불가피할 것이라는 지배적 전망은 여기서 한갓 비판적 기우였던가. 문학잡지는 오히려 더 많이 증간되었고, 문인 인구 역시 날로 팽창 일로에 있다. 이 역설적인 상황을 명료하게 설명할 능력이 지금의 나에게는 준비되어 있지 않다. 그러나 한 가지, 즉 인터넷에 의한 자기 표현, 혹은 노출에의 욕망이 컴퓨터―프린터로 이어지는 보다 대량·신속한 시스템에 의해 연결되고 증폭됨으로써 아날로그적 전통문학이 그 외피의 복사로 이어지고 있다는 사실이다. 이 점에 있어서 온라인과 오프라인의 거리는 그리 멀지 않다. 도리어 서로서로 시너지 효과마저 내면서 부추기고 있는 형국이다. 요컨대 풍성한 양과 천박한 질의 행진이 계속되고 있는 모습이 오늘 우리 문학의 자화상이 아닐까 생각된다.

그러나 모순스러워 보이는 이 현상의 본질, 혹은 배후에 대한 깊은 고려를 간과한 현상적 순응만으로는 필요한 이해가 이루어지지 않는다. 이 지점에서 문제는 다시 '근대문학'으로 환원된다. 1990년대 이후 우리 비평계의 화두가 되었던 '근대' 혹은 '근대문학'의 문제가 이 같은 부조화와 연결된다고 판단되기 때문이다. 우리에게도 잘 알려진 일본 평론가 가라타니 고진(柄谷行人)에 의하면 한국의 근대문학도 이미 쇠퇴하였고, 소멸되어가고 있다고 한다. 앞서 말한 양적 풍성함에도 불구하고 한 이방 비평가에 의한 이 같은 비관적 진단의 원인은 대체 무엇일까. 특히 2000년 이후 지금까지 꽤 많이 출간되고 있는 소설책들을 짐짓 경멸이라도 하듯이 "근대문학을 형성한 소설이라는 형식은 역사적인 것이며 이미 그 역할을 다했다"는 그의 주장은 어떻게 받아들여져야 할 것인가. 나로서는 동년배의 이 평론가의 주장에 선뜻 동의하기도, 단호하게 부인하기도 힘들다. 그와 함께 10여 년 전 일본 마쓰에(松江)에서 둘이 이 문제로 이야기를 나눈 적도 있으나 그때에도 나는 어정쩡한 입장을 전하는 수준이었다. 그러나 분명히 말해둘 것은, 그렇다고 해서 내가 아무런 견해나 주장을 갖고 있지 않다는 뜻은 아니다. 결론을 앞당긴다면, 오히려 그 반대일 수 있다.

나로서는 근대문학 일반이 18세기 초 유럽의 계몽주의로부터 비롯된 것으로 판단하고 있으며, 그 계몽의 박력은 간단없는 작은 저항들에게도 불구하고 오늘에까지 이어지고 있는 것으로 생각된다. 대체 '계몽'이란 무엇인가. 그것은 호르크하이머와 아도르노가 『계몽의 변증법』에서 밝히고 있듯이 인문학의 영원한 과제다. 우리가 인간이라는 존재로 지상에 머무르는 한, 조금도 벗어날 수 없는 '인간성'——그 쉬지 않는 욕망의 자리에 '계몽'은 놓여 있다. 그 욕망은 경제를 일구고 과학을 개발하고 정치를 선호한다. 성적 쾌락과 문명이라는 게임은 당연히 획득되는 전리품들이다. 오늘의 세상 모습이 바로 이 근대의 현장이다. 그러면서도, 이 세상을 즐기면서 사람들은 '근대의 종언'을 말하고 '근대문학'의 소멸을 점친다. 마땅한 일인가. 그렇다면 근대문학 와해론자들은 적어도 근대의 추동력인 '계몽'에 부정적인 세계관을 지닌 자들인가. 이에 대한 가치론이 선행되지 않는 상황에서는 근대 논의가 허상이기 쉽다는 것이 나의 생각이며, 따라서 내 태도가 어정쩡하게 비추이는 일은 불가피하다. 가치론은 일종의 근본주의인데, 이에 의하면 계몽은 끊임없는 욕망의 재생산이며, 필경 그것은 파국에 이를 수밖에 없는 죄악과 연결된다. 20세기 초의 표현주의 논쟁에서 확인되고, 이성의 도구화가 더 이상 특정 논객의 주장 아닌 현실이 되어버린 상황이 무엇보다 그 피할 수 없는 증인이다. 그러나 문학은 그것이 '근대'문학이든 아니든 짐짓 이 상황을 외면한다. 심지어는 악령을 자처하기도 한다. 그렇다면 '근대'문학은 사라지기는커녕 더욱 더 기승을 부리고 있다고 보는 편이 옳다.

물론 고진의 생각은, 근대문학이 소설이라는 형식에 의해 형성되어 왔는데 그 형식 자체가 역사적인 것으로서 역할을 다했다는 것이다. 말하자면 근대문학=소설로 이어지는 인식으로서, '근대'를 시민사회의 형성이라는 관점에서 주로 바라보는, 다소 제한적인 견해다. 그러므로 포스트모더니즘을 전후한 해체의 시대는 더 이상 소설을 유효한 장르로 보지 않는다는 것이다. 이것은 문학을 철저히 사회사적인 맥락에서 파악하고 이해하는 태도로서 문학을 좁은 시야로 축소해버린다. 문학은 그 내발적인 힘이 종교를 포함한 인간 관념 전체를 내장하고 있는 범정신적인 양식으로서 사회 운동의 유용성으로 대체될 수 있는 '작은 일부'가 아니다. 이 점 고진의 근대문학 종언론은 설득력이 떨어진다. 그러나 그 종언론은 문제 제기로서의 의미는 충분하다.

그 의미는 '근대'가 더 이상 의미 있는 가치인가, 반성되고 수정되어야 할 가치인가 하는 문제로 돌아올 때, 그 성과를 얻을 것이다. 종언론 내지 그 역할소멸론에도 불구하고 번성하는 소설들은 더 이상 형식이나 장르면에서의 논의가 무의미하다는 시사일 수 있다. 그렇다면 근대의 메시지에 관한 논의로 관심이 바뀌어야 할 것이다. 그러나 그 같은 징조는 어느 문학 분야에서도 본격적으로 보이지는 않는다. 근대로부터의 탈피는 탈근대로 이어지는데,

그것은 페미니즘, 엽기, 어린이의 성인화 같은 전통적 차별의 철폐로 나타날 뿐, 근대 자체의 극복으로 나타나지 않는다. 요컨대 계몽과 욕망의 반성과 극복이라는 차원에서는 덜 시도되고 있다는 것이다. 그러나 이를 위한 작은 씨앗들의 준동이 전혀 포착되지 않는 것은 아니다. 고진도 근대의 내면성으로, 프로테스탄티즘, 곧 기독교적 윤리를 지적했지만 이를 근대의 메시지와 관련해서는 논의를 진전시키지 못하고 있다. 그 핵심은 오히려 도스토예프스키와 같은 러시아 작가에 의해 상당한 성과를 벌써 거둔 바 있다. 최근의 상황에서 볼 때, 우리 문학도 그 성과는 미미하다. 그러나 정치적·미학적 계몽의 퇴조와 더불어 그 메시지는 성과를 향해 은밀하게 움직이고 있을는지 모른다.

## 2. 소설의 양적 풍요

근대의 와해에 대한 논란에도 불구하고 소설은 양적 풍성함의 중심에 있고 이러한 현상은 꾸준히 지속되고 있다. 이 현상을 리드하고 있는 작가들은 주로 3, 40대의 소장층들인데, 구체적으로 그들은 서하진, 은희경, 성석제, 김영하, 전경린, 조경란, 천운영, 배수아, 김연수, 윤성희, 권여선 등이며, 『달의 제단』이라는 장편 한 권으로 무섭게 떠오른 보다 젊은 심윤경의 존재를 특이하게 첨가할 수 있을 것이다. 그 밖에도 이들보다 선배인 정찬, 이승우와 같은 중견들의 활동도 여전하였고, 김용성, 이청준, 황석영의 중진들도 쉬지 않는 창작으로 원숙의 경지를 보여주었다. 그중에서도 이산문학상, 동인문학상, 황순원문학상 등 권위 있는 3대 문학상의 수상자가 된 김영하의 활약은 주목되었다. 등단 10년 안팎의 이 젊은 작가의 수상작은 소설집 『오빠가 돌아왔다』와 장편소설 『검은 꽃』인데, 이들 모두 우리 소설의 수준에 새롭게 도전하는 신선한 작품들로 평가된다. 김영하의 소설세계는 전형적인 신세대 소설의 가장 앞서가는 부분들로 형성되어 있어서, 그가 주요 문학상들을 석권하였다는 사실은 신세대 문학이 제도권 문학의 중심부에 진입하였다는 사실을 반증한다. 사실 김영하의 소설은 기성 질서, 혹은 제도의 전면적인 파괴와 관련된다. 소설집 『오빠가 돌아왔다』에 수록된 모든 작품들이 단적으로 이를 말해주는데, 예컨대 동명의 단편 「오빠가 돌아왔다」의 경우 스무 살짜리 가출 아들이 열일곱 살의 소녀를 데리고 집에 돌아와 동거 생활을, 그것도 다른 식구들과 함께 한다는 이야기는 현실성이 희박한 이야기다. 더구나 아들을 혼내주는 아버지를 야구방망이로 때린다는 내용은 패륜적인 비현실감으로 괴이쩍다. 그 비현실감은 수영장에서 나체로 활보하는 여성으로 나타나는가 하면(「너를 사랑하고도」), 보물섬 인양 사업에 매달려 대박을 꿈꾸는 엉뚱한 젊은이가 나오기도(「보물섬」) 한다. 김영하 자신의 표현을 빌린다면 '위반을 통해서' 성숙하는 이들이 작가인 것이다.

> 나도 도덕적인 삶만이 순탄한 인생의 동반자라는 걸 잘 알고 있다. 그러나 예술가의 삶이 어찌 범인의 그것과 같으랴. 우리 예술가들은 위반을 통해서 배우고 고난을 딛고 성숙하는 존재들이다. 이거지.[1]
> ──「너의 의미」(『오빠가 돌아왔다』, p. 167)

그러나 김영하의 위반은, 작가 일반의 '예술적 위반'을 훨씬 넘어서는 대담함과 연결되어 있을 뿐 아니라, 그것이 소설에서 이루어지고 있다는 점에서 보다 충격적이다. 이미 『나는 나를 파괴할 권리가 있다』라는 장편에서 일찍이 상징적 화두를 던진 바 있는 그는 일련의 작품들에서 비현실적인 위반의 모습들, 때로는 죽음과 섹스가 기묘하게 결합된 엽기까지 보여주었는데, 그것들은 모두 '현실에 구속된' 장르인 소설 속의 수행이라는 점에서 관심의 대

---

1) 김영하, 「너의 의미」, 『오빠가 돌아왔다』, 창비, 2004, p. 167.

상이었다. 말하자면 장르의 특성상 행동과 사건이 어느 정도 현실적일 수밖에 없는 소설에서 관습과 규범, 도덕을 뛰어넘거나 짓뭉개는 진행은 미상불 도발적일 수밖에 없었던 것이다. 그의 문체가 간결하고 튼튼하며, 구성 역시 깔끔한데도 불구하고, 또 왕성한 활동으로 많은 작품들을 발표했음에도 불구하고 기성문단의 적극적인 환영 속에 수용되지 못했던 까닭은, 아마도 이 같은 껄끄러움과 어느 정도 관련이 있었기 때문이 아닌가 생각된다. 2004년은 김영하의 이 '위반의 질주'가 완전한 성공을 거둔 해였다.

   김영하의 현실 파괴는 전면적이지만, 적어도 정치적이지는 않다. 게다가 역사부정과 같은 무거움을 통해 이루어지지 않는다. 그 메시지는 진지하지만 그 방법은 차라리 희극적이라고 할 만하다. 그러나 이같은 희극적 현실 파괴가 유발하는 의미는 결코 만만치 않다. 가장 큰 의미는 규범과 위반 사이의 차이에 대한 철폐의 설득력이다. 소설에서의 '위반'이 지니는 현실성을 고려할 때, 이에 대한 성찰은 진지해질 수밖에 없다. 포스트모더니즘적 시류와도 무관치 않아 보이는 이 차이의 철폐에 대한 은밀하면서도 집요한 생각은 사실 김영하 소설의 일관된 주제라고도 할 수 있는데, 그것은 정의와 불의, 부와 빈, 개인과 집단 등과 같은 사회적 범주를 포함하면서, 보다 근본적으로는 남과 여, 어른과 아이, 문명과 자연 같은 문화인류학적 차원에도 시선을 보낸다. 김영하의 소설로서는 매우 낯설어 보이는 장편 『검은 꽃』은 이러한 의미에서 새삼 주목되는 작품이다. 이 소설은 이 글 모두에 언급된 근대와 근대의 와해 사이의 차이에 대해서도 의문을 제기하고, 역사 혹은 시간 또한 거대한 실재이자 동시에 분열된 관념일 수밖에 없음을 시사한다. 요컨대 김영하의 작업은 전통적인 인문학의 개념들이 점검받는 현장으로서 의미 있어 보인다.

   여성의 성적 욕망을 즉물적·감각적 묘사를 통한 여성성의 실현이라는 관점에서 대담하게 펼쳐가는 전경린, 그리고 그로 인한 가족 내의 갈등과 상처라는 상황에 몰두해온 서하진은 각각 장편 『황진이』와 소설집 『비밀』로 작가적 능력의 진경을 보여주었다. 통속소설의 논란 속에서도 황진이는 작가의 말대로 "실종된 여성성의 긴 공백을 단번에 메울 수 있는 존재론적 자유혼의 표상"으로서 의미가 있으며 소설 『황진이』는 이런 관점에서 일정한 성과를 거두고 있는 것이 사실이다. 그러나 시대를 넘어서 거듭 불려나온 그리운 이름이 황진이라는 사실이 인정된다고 하더라도 전경린에게는 실존론적인 주제, 지금 이곳의 문제가 더욱 어울려 보인다. 한편 서하진의 경우 성적 자유를 통한 일탈이라는 종래의 세계는 『비밀』에서 보다 보편적인 내면의 갈등과 그 심층의 비밀, 그리고 자유라는 문제로 심화된다.

이들보다 조금 선배인 공지영, 윤대녕, 배수아도 각각 『별들의 들판』『누가 걸어간다』『독학자』 등을 상재하였는데, 앞의 두 책은 단편소설집이며, 뒤의 것은 장편소설이다. 그러나 공지영의 『별들의 들판』은 '베를린 사람들'이라는 부제가 붙어 있듯 일종의 연작소설로서, 그리고 중편을 포함한 소설집 『누가 걸어간다』는 각기 오랜만의 중견 작품으로서 기록될 만하다. 배수아의 장편 『독학자』는 『별들의 들판』과 함께 작가의 독일 체류 경험과 깊은 관계를 지닌 작품인데, 후자가 독일 안의 한국인들 이야기임에 비해서 『독학자』는 성 안토니우스를 모티프로 한 고독한 영혼에 관한 탐구로 해석된다. 작가는 그가 독일어를 배우면서 해야 했던 작품 숙제의 한국어 주석이라고 말하고 있는바, 배수아 소설의 한 전환점을 암시한다. 이들과 비슷한 연배의 작가 이청해도 소설집 『악보 넘기는 남자』를 출간, 왕성한 활동을 이어갔으며, 1970, 80년대에 등단한 중견들로서 조성기의 소설집 『잃어버린 공간을 찾아서』, 원재길 소설집 『달밤에 몰래 만나다』와 임철우의 장편 『백년여관』도 주목할 만한 작품집들이다. 특히 원재길의 소설들은 우리 소설계에서는 드문, 프로이트적 심리 분석과 닿아 있는 텍스트로서 관심을 끌 만하다. 차세대 스토리텔러로서의 큰 가능성으로 기대되는 여성작가 조경란의 『국자이야기』를 포함, 권여선의 『처녀치마』, 윤성희의 『거기, 당신?』, 강영숙의 『날마다 축제』, 김지우의 『나는 날개를 달아줄 수 없다』, 고은주의 『칵테일 슈가』 등등은 우리 소설계에 포진한 여성 인력의 풍요함과 여기서 비롯되는 앞날을 예견케 한다.

특히 그 가운데에서도 소설집 『명랑』을 내놓은 천운영의 부상은 눈부시다. 아직 신인이라고 할 수 있는 이 여성작가는 이미 『바늘』이라는 소설집을 상재한 바 있는데, 그의 특징은 90년대식 신세대의 세계, 그리고 여성작가들의 페미니즘적 분위기와 직접 관계되어 있지 않다는 점이다. 그보다는 삶과 죽음을 함께 껴안으며, 전통과 현대를 더불어 아우르는 면모가 돋보인다. 다른 한편, 정영문(『달에 홀린 광대』), 이기호(『최순덕 성령충만기』), 서준환(『너는 달의 기억』) 등의 남성작가들 활동도 간과될 수 없을 것이다.

## 3. 디지털 문화 속 새로운 역동

소설, 혹은 산문문학 일반에 비해 시의 퇴조는 시대의 새로운 특징이 되어가고 있는 느낌이다. 황동규, 정현종, 이근배, 정진규와 같은 중진들의 활동이 변함없고, 오랜만에 중견시인 이성복의 새로운 출현이 눈에 띄었으나 전체적으로 분위기는 침체되어 있었다. 그 가운데에서도 이제 중진의 반열에 오른, 유안진의 『다보탑을 줍다』, 신달자의 『오래 말하는 사이』, 이시영의 『바다 호수』, 김형영의 『낮은 수평선』, 이태수의 『이슬방울 또는 얼음꽃』, 김명수의 『가오리의 심해』, 문정희의 『양귀비꽃 머리에 꽂고』, 정호승의 『이 짧은 시간 동안』 등이 눈길을 끌었다. 이와 함께 김혜순의 『한 잔의 붉은 거울』, 하종오의 『반대쪽 천국』, 이재무의 『푸른 고집』, 안도현의 『너에게 가려고 강을 만들었다』 등의 중견 시집은 우리 시를 끊임없이 새롭게 하는 힘의 원천으로서 여전히 괄목의 대상이었다. 『그림자 호수』의 최영철, 『단 한 사람』의 이진명, 『탁자 위의 사막』의 강문숙, 『사라진 손바닥』의 나희덕, 『삼베옷을 입은 자화상』의 조용미 등도 이제는 우리 시의 중심에 설 수 있는 시인들로서 활동하였다. 한편 소장 내지 신인급의 시인들로서는 『숲을 떠메고 간 새들의 푸른 어깨』의 고찬규, 『이 달콤한 감각』의 배용제, 『고양이 비디오를 보는 고양이』의 이수명, 『맨발』의 문태준, 『불쑥 내민 손』의 이기성, 『그 바람을 다 걸어야 한다』의 신용목, 『질 나쁜 연애』의 문혜진, 『개 같은 신념』의 정철훈, 『환장할 봄날에』의 박규리, 『어머니가 촛불로 밥을 지으신다』의 정재학, 『물고기가 온다』의 김형술, 『백년 자작나무숲에 살자』의 최창균 등이 시집을 엮어내었으며, 시단의 큰 주목을 받지 못했던 비교적 과작의 중견들로서 조창환이 『수도원 가는 길』을 상재한 것을 비롯, 김수복이 『우물의 눈동자』, 윤재철이 『세상에 새로온 꽃』, 박주택이 『카프카와 만나는 잠의 노래』 등의 시집을 출간한 사실이 특기할 만하다.

이른바 민중시도 그 높은 톤이 낮아졌고, 불길 같았던 파문의 넓이도 줄어들었다. 이른바 내면 중심의 비의시(秘義詩) 계통의 작품들도 그 난해한 상형문자의 색깔들이 현저히 바래졌다. 그래디컬한 풍경이 퇴색한 이후 남아 있는 것은 전통 서정의 희미한 모습들이다. 그 모습이 희미할 수밖에 없는 것은 어차피 이 시대가 서정의 시대가 아니기 때문이다. MP3와 인터넷, 휴대폰과 컴퓨터 게임이 삶의 내용을 형성하는 기형적 문명사회에서 '서정'은 그 이름부터 낯설다. 따라서 '서정'에 머무른 시들은 현실성이 미약해 보이기 쉽다. 생태 문제와 생명 문제는 여기서 서정의 새로운 지평으로 부각될 수 있는데, 김명수 이태수, 안도현, 나희덕, 문태준, 고찬규, 신용목 시인들은 이와 연관된 가능성으로 주목되거나 기대된다. 예컨대 『가오리의 심해』를 간행한 김명수는 1977년 등단 이후 자연 속의 섭리와 질서를 인간 생명과의 연관된 시각 아래 지속적으로 그려온 시인인데 그의 이러한 관심과 인식은 한층 심화되었다.

별들의 슬픔이여, 별들의 침묵이여
별들은 눈물을 감추고

별들은 슬픔을 말하지 않네
땅에도 땅에도 슬픔이 있어
옥창(獄窓)에 어리는 무기수의 눈물이여

『가오리의 심해』에 실린 「은하수」 전문이다. 땅에서 매이면 하늘에서도 매이고, 땅에서 풀리면 하늘에서도 풀린다던가. 하늘과 땅이 교통되면서 인간의 삶의 배후로 하늘, 별, 은하수가 나타난다. 지상적인 것을 넘어서는 그 어떤 질서―생명의 비밀이 거기에 있다. 컴퓨터와 휴대폰으로 터치될 수 없는 질서. 시인은 이제 그것을 열어 보여주어야 하리라.

비슷한 세계인식은 이태수에게서도 엿보이는데 그의 관심 또한 지상과 천상 사이를 부유하는 자아이다. 구름 몇 조각, 이슬방울, 새, 나무들은 시인에게 지상이며 동시에 천상이다. 도시인들의 시계(視界) 바깥으로 나가 있거나, 보여도 보이지 않는 허공뿐인 그 사물들을 시인은 조용히 부른다. 이렇듯 신서정(新抒情)의 초월적 감각이 안도현, 나희덕 등의 소장 시인들에게서도 수행되고, 더 나아가 문태준, 고찬규, 신용목 등에서도 발견되는 것은 기쁜 일이다. 특히 「사라진 손바닥」의 나희덕은 자연의 구체성 속에서 삶의 구체적 사물들을 발견하고 이를 시의 지혜로 올려놓은 시적 진경(進境)을 이루고 있다.

밭에 가서 한 삽 깊이 떠놓고
우두커니 앉아 있다

삽날에 발굴된 낯선 흙빛
오래 묻혀 있던 돌멩이들이 깨어나고
놀라 흩어지는 벌레들과
사금파리와 마른 뿌리들로 이루어진

말의 지층

[ …… ]

오늘의 경작은

깊이 떠놓은 한 삽의 흙 속으로 들어가는 것

땅과 흙에 대한 나희덕의 오랜 관심은 위의 「한 삽의 흙」에서 흥미 있는 알레고리로 살아나고 있는데, 그 흙은 말(言語)의 통로를 지나 오히려 하늘에 닿아 있다. 삶과 사물의 구체성이 초월적 진리와 만나는 현장일 것이다.

다른 한편 평론에서의 2004년은 시의 경우보다도 훨씬 저조하여 성민엽 비평집 『변하는 것과 변하지 않는 것』이 돋보이는 정도였다. 『문학의 빈곤』 이후 16년만에 나온 그의 평론집은 이미 중견의 자리를 넘어선 원숙함을 보여주고 있는바, 특히 동구권의 몰락과 우리 사회의 민주화 진행이라는 거대한 역사 전개 와중에서 이 문제에 항상 정면으로 대응해온 한 유능한 평론가의 문학적 사색과 그 기록으로 높이 평가된다. 황광수 평론집 『길 찾기 길 만들기』, 김명인 평론집 『자명한 것들과의 결별』, 박철화 평론집 『문학적 지성』, 오형엽 평론집 『주름과 기억』이 그 밖에 주목을 끌었으며, 여성평론가 김용희의 『페넬로페의 옷감짜기』는 섬세하면서도 도전적인 문체로 여성시인들의 세계를 해부, 페미니즘 문학의 새로운 가능성을 열었다. 평단을 전체적으로 쟁점에서 벗어나 오히려 그동안의 쟁론들을 반성적으로 성찰하는 모습이었다.

문학의 질적인 부조(不調)는 아동문학계에서도 발견되는데, 그러나 이 분야에서는 오히려 문학으로서의 어린이 문학에 대한 각성이 진보하고 있다는 점이 주목되어야 할 부분이다. 과거 교육 교재 중심으로 아동문학 전문의 대형 출판사에 의해서 간행되던 동화와 그림책들이 민음사, 창작과비평사, 문학과지성사 등 문학 전문 출판사들에 의해서도 출판됨으로써 점화된 어린이 문학의 문학성 논의는 이제 한 단계 올라선 느낌이다. 김서정, 이경혜, 황선미 등 주로 중견 여성동화작가 내지 아동문학 평론가들에 의해 최근 착근되어가고 있는 계몽적 아동문학의 전통에 대한 저항은 이제 새로운 현실로서 그 전망을 열어준다. 한편 이들과 이상희, 이금이 등이 어울려 지은 공동창작집 『달려라 버스』는 어린이들을 위한 버스문고에서 모티프를 얻은 특이한 작품집으로 주목되었다. 2004년의 경우 이른바 판타지와 청소년 소설이 몇몇 좋은 작품을 얻었고 그림책 출간이 왕성했다. 제1회 마해송 문학상 제정도 아동문학의 지평에 소중한 신호로 등장하였다. 김경연, 김서정 등과 더불어 아동문학 평론가로서, 번역가로서 활약하는 최윤정의 『미래의 독자』는 이 분야의 평론집이 희소한 상황에서 나온 드문 수확이었다.

   근대 논의 이후 소강상태에 접어든 느낌을 주는 한국문학이 과연 문학의 전통을 거두어들이고 영상매체 쪽으로 권위를 넘길 것인지, 아니면 새로운 매체와 더불어 오히려 새로운 시너지의 힘을 더욱 발휘할 것인지 숨고르기의 긴박이 조용히 흐르는 시간이다. 그러나 더욱 중요한 것은, 문학의 새로운 문제의식이다. 근대문학이 소설 양식과 같은 형식을 통해 이성적 인간상의 구현과 시민사회 형성에 기여해왔다면, 욕망의 무절제한 질주에 의해 인간의 사물화·정치화를 촉진하고 섹스와 폭력 등의 인격 파탄, 병적 내면성의 극단화 등의 폐해를 유발해온 것 또한 사실이다. 근대의 근본 문제와 더불어 우리 문학은 진지하게 앓아야 한다. 디지털 문화로의 편승이나 이로부터의 고립 이상의 과제를 보아야 한다.

   인터넷과 영상 문화의 대두 속에서 위축이 우려되고 있는 문학이 양적으로 오히려 더 팽창하고 있는 현상은, 컨텐츠의 충실성이 요구되고 있는 정보화 문화가 지식기반형이라는 사실을 입증하고, 그 불가피성을 강화하는 것이다. 문학은 전통 문화의 핵심으로서 그 활용과 발전이 새 국면을 맞을 것으로 보인다.

# 탈근대 명제 속의 근대
── 1990년대 이후 젊은 평단 지형 읽기 1

예술은 자연을 훨씬 능가한다
──프리드리히 니체

1

우찬제와 이광호는 다른 많은 소장 비평가들과 더불어 1990년대 이후 문학 비평계를 새롭게 하고 있는 명민한 이름들이다. 1962년, 1963년생──한 살 터울의 나이로 각각 1987년과 1988년 신춘문예를 통하여 나란히 등단한 두 사람은 여러 가지 면에서 비슷하면서도 대조적이다. 무엇보다 둘은 1993년 7월 30일, 같은 날 첫 비평집을 동시에 상재했다. 책의 제목은 『욕망의 시학』(우찬제), 『위반의 시학』(이광호)이었다. 두 사람은 필경 비평집과 관련하여 많은 것을 의논하였음이 틀림없고, 많은 부분 짜고 출간한 의혹을 지울 수 없다. 제목이 너무 비슷하지 않은가. 그러나 아무리 공모했다고 하더라도 그들의 기질을 숨길 수는 없었던 모양이다. 서문에서 그 모습은 확연히 다르게 드러났다.

좀 과감하게 말하자면, 지금, 여기서 그리고 저기서, '욕망'은 인간 삶과 문화의 대명사이다. 금지를 넘어선 자리에서, 억압을 해방시킨 자리에서, 이성을 해체한 밑자리에서, 욕망은 동시대의 중차대한 문제들을 끌어안는 핵심적인 문제틀이다. 부정적 계기와 긍정적 계기를 모두 포괄하면서 동시에 그것을 넘어서는 욕망은 그 자체로 콤플렉스이면서, 콤플렉스를 넘어서 파동치는, 새로운 인식론의 간단없는 변혁적 계기를 향해 물결치는, 지독한 콤플렉스이기도 하다. 〔……〕 가라, 욕망이여! 욕망을 넘어서 가라.[1]

저 80년대는 거칠고 사나웠다. 변혁의 이념은 희망의 대문자 그 자체였으며, 세상을 바꾸려는 싸움은 구체적이지 않으면 안 되었다. 〔……〕 우리 시대는 문학의 본질적 구성 원리, 혹은 보편적 진리 체계로서의 '시학'의 존립이 위태로운 시대이다. 〔……〕 문학 역시 스스로 해체의 속도전을 수행함으로써 재래적인 미학적 규범을 거절하고 있다. 이와 같은 사태를 '시학의 위반'으로 부를 수 있다면, 이러한 끊임없는 자기 해체와 가속력만으로 새로운 문학의 시대는 열리지 않는다. 우리는 이와 같은 사태 한가운데로 들어가 '문학의 탄생'을 정초할 수 있는 '위반의 시학'을 모색해야 한다. 〔……〕 나는 내 글쓰기가 내가 쓴 모든 글에 대한 배반과 전복이기를 바랐다.[2]

간단히 요약하면 이광호는 전복과 위반을 스스로 욕망하고 있는 반면, 우찬제는 그 욕망을 진단하고 치료하기를 희망한다. 그때까지의 문학을 불태우는 불길 속으로 이광호가 직접 뛰어들고 있다면, 우찬제는 안타까운 마음으로 그것을 바라보고, 이해하고, 진화한다. 두 평론가의 이러한 출발은 1990년대 비평의 중요한 두 시그널이 된다. 시그널 A는 그 이전까지의 문학은 이미 죽었다는, 일종의 부고로 깜빡거린다. 이광호가 가장 격렬하게 그 죽음과 새로운 탄생을 처방하는 이 부고 시그널은 1970, 80년대의 정치 시대에 대한 단절을 좋든 싫든 감수할 수밖에 없는 상황으로부터 우선 유래하였다. 그러나 그것만은 아니었다. 독재자와 이에 대한 저항으로 특징지워진 시대의 담론이

---

1) 우찬제, 『욕망의 시학』, 문학과지성사, 1993, pp. iv~v.
2) 이광호, 『위반의 시학』, 문학과지성사, 1993, pp. 3~5.

민중과 민족이었다면, 이른바 민주화가 이루어지고 있는 1990년대에는 더 이상 그 같은 거대 담론이 유효하지 않은 것은 당연하였다. 그러나 거대 담론의 와해는 거의 같은 시대에 거대 유행으로 부각된 포스트모더니즘과 짝을 이루면서 물살의 방향과 색깔을 급격하게 바꾸어놓았다. 말하자면 '정치 시대 → 거대 담론'은 '탈정치 → 담론의 축소화·세밀화'로 이어지지 않고 아예 전통적인 모든 명제에 대한 거부와 회의라는 기반의 동요로 나타난 것이다.

'문학의 세속화' '문학의 죽음'에 대응하기 위한 우리 시대의 비평적 사유, 반성적 사유는 대화적 사유, 생태학적 사유여야 한다. 우리는 앞으로 문학에 관한 두 가지 유형의 신화 —— "문학은 이러한 것이어야 한다" " 문학만이 그것을 할 수 있다"라는 신화와 싸워야 할지도 모른다. 그리고 무엇보다 자명한 것은, 이제 더 이상 문학사는 문학이라는 문패를 단 재래식 가옥에 살지 않는다는 것이다. 문학사는 '문학을 넘어서' 나아갈 것이다.[3]

이렇듯 도도한 천명은 가깝게는 4·19 이후의 문학 체계였으며, 훨씬 더 본질적으로는 포스트모더니즘 이전의 모든 형이상학적 토대에 대한 비판이다. 이광호가 분명히 밝혔듯이 '문학은 이러한 것이어야 한다'는 명제는 거부된다. 더 정확히 말한다면 'A=B'라는 등식의 소멸이다. 포스트모더니즘의 핵심을 이루는 이러한 생각은, 실천 현장과 함께 가기 마련인 문학·예술 분야에서 거의 실시간으로 나타나기 시작했으며, 특히 페미니즘을 화두로 하는 새로운 담론이 이와 관련하여 화려하게 대두하였다. 즉 남녀관계는 등호(=)도, 부등호(≠)도 아니라는 설명이었다. 이 현상은 거대 담론이 소멸된 상황에서 가장 극명하게 가시적인 모습을 갖춘 최초의 담론으로 이해되어도 좋을

---

3) 이광호, 「맥락과 징후」, 앞의 책, pp. 39~40.

것이다. 이런 의미에서 나는 이광호로 대표되는 일군의 남성 평론가들도 넓은 의미에서의 페미니스트라고 부르고 싶다. 반복하거니와 '위반의 시학'은, 그것이 의도했든 의도하지 않았든, 여성성과의 새로운 만남을 그 '위반'의 현장으로 삼지 않을 수 없었다. 「페넬로페는 천사인가」(『문학과사회』 통권 66호)에서 살펴본 일련의 여성 비평의 이해에 거론된 여성 비평가들과 이광호 등은, 이념적이지는 않더라도 그 의식에 있어서 공통성을 가질 수밖에 없어 보인다. 일체의 고정관념──나아가 개념 전반의 해체라는 혁명의 한복판에 있기를 자임한다는 점에서 두 얼굴은 불가피하게 닮아 있다. 궁극적으로 전략이기를 거부하는 페미니즘과 '비평의 전략'이 지니는 맥락의 유사성에 대해서는 다음 진술을 음미해볼 만하다.

> 모든 비평은 위선이며 자가당착이다. 그것은 모든 언어는 사기라고 말하는 언어이며, 언어를 불신하는 언어, 주관을 넘어서려는 주관, 욕망을 비판하는 욕망, 주체를 부인하는 주체, 무의식을 분석하는 무의식, 계급 의식을 문제삼는 계급 의식, 계몽주의를 비판하는 계몽주의이다. 어떻게 '위선의 진정성'은 가능한가? 비평은 역사 속에서 무엇인가? 왜 하필이면 나는 '읽기'를 문제삼는 것일까? 이 답답한 절망적인 질문들 속에, 아니 이 질문이라는 반성적 행위 속에, 비평의 진정한 얼굴이 있다.[4]

이후 이광호는 『환멸의 신화』(1995), 『소설은 탈주를 꿈꾼다』(1998), 『움직이는 부재』(2001) 등의 평론집을 상재하면서 자신의 비평관을 지속적으로 심화시켜왔는데, 특히 최근에 내놓은 『움직이는 부재』의 서문은 앞서 분석한 그의 여성주의적 맥락과 관련하여 주목된다. 읽어보자.

---

4) 이광호, 「비평의 전략」, 앞의 책, pp. 65~66.

'움직이는 부재'는 여성성의 시학에 붙여진 이름이다. 그 자리는 미지의 시간을 채울 수 있는 벌어진 죽음의 틈새, 죽음을 살아 있게 하는, 죽음으로서 살게 만드는 틈새이다. 그곳은 죽음을 빨아들이는 들끓는 몸의 층위이고, 죽음을 통해 무수한 존재를 낳는 몸의 영역이다. 나는 그것을 '문학'이라는 사건에 대한 비유로 생각했다.[5]

이광호의 구체적인 작가론 혹은 작품론이 여성 작가들에 대한 뚜렷한 선호의 바탕 위에서 씌어진 것은 아니다. 물론 최승자, 김혜순 등 이른바 전복성이 강한 시인들에 대한 각별한 관심이 돋보이는 것은 사실이지만, 그렇다고 만은 할 수 없는 시인이나 작가들, 예컨대 허수경, 최정례, 천운영에 대해서도 자상한 평필이 동원된다. 이것은, 모든 비평이 그렇듯이, 비평을 통한 그의 문학적 소망이, 무의식 가운데 전통과 연락되고 있는 실제 작품들 사이에서 맛보아야 하는 미달(未達)의 쓴잔이다. 페미니즘이 그렇듯이, 예민한 의식의 촉수는 그에 걸맞은 먹이의 포획에 상당한 위험을 안아야 한다. 욕망론을 비판하면서도 그 그물로부터 자유롭지 못하다는 또 다른 비판에서 자유로울 수 없는 것도, 언제나 자신의 작가들만을 '위반의 자녀들'로 낳을 수 없는 비평가의 태생적 한계일 수밖에 없으리라. '근대'에 비판적인 그가 '미적 근대성'에는 가까울 수밖에 없는 이유이기도 하다.

다른 한편 우찬제의 기질과 길은 사뭇 다르다. 무엇보다 그에게는 전통의 와해, 기존 질서의 동요가 혼란으로 인식된다. 그것은 '일그러진 거울, 깨진 거울'로 표현된다. 그의 진술을 직접 듣는다.

우선 일그러진 거울, 깨진 거울을 새롭게 복원시켜 완전한 거울로 자아와 세계를 비춰보는 일이 그 첫번째다. 이 태도는 이성과 계몽에의 신념이 견고할

---

5) 이광호, 『움직이는 부재』, 문학과지성사, 2001, p. 5.

때만이 가능하다. 또 인간과 세상에 대한 무던한 애정을 전제할 때만이 착수해볼 수 있는 일이다. 두번째는 깨진 거울의 각편으로 그냥 자아와 세계를 비춰보는 일이다. 이 태도는 이성과 계몽에의 신념을 해체한 분편화된 자리에서 움을 틔운다.[6]

범박하게 단순화한다면, 전통의 계승과 와해라는 두 가지 차원을 분류한 진단이다. 그러나 이 진단은 우찬제에게서 중립적이지는 않다. 그는 첫번째 가능성에 희망을 두고 있지 않지만 두번째 길에는 더 큰 회의를 보낸다. "분편화된 자리에서 움을 틔"우는 방법에 대해 그는 다시 이렇게 말한다.

> 이런 입장에서 서면 깨진 거울을 조합하는 것은 불가능하기도 할뿐더러 굳이 그럴 필요도 없다고 생각하게 된다. 이는 전망이 없이 흔들리는 시대의 명확한 징후, 또는 증후가 될 것이다. 증후라고 쓴 것은 이런 태도가 자칫 잘못하면 의도하지 않은 의도적 오류를 범할 수 있겠기 때문이다. 그것은, 잘라 말하면, 문학의 죽음으로 치달을 수 있는 오류를 말함이다. 〔……〕 포스트모더니즘의 한 극단을 추구하는 이들은 이 점을 경계해야 할 것이다.[7]

우찬제는 이광호가 거의 기정사실로 받아들인 '문학의 죽음'을 잘못하면 닥쳐올 수 있는 '오류'로 파악한다. 그리고 경계한다. 이광호의 자세가 현저히 진보적이라면 우찬제의 그것은 다소 보수적이라고 할 수 있다. 그의 논지를 더 따라가보자. 그는 앞서 인용한 두 가지의 길 이외에 세번째 방법을 제시하는데, 그것은 깨진 거울의 틈으로 세계와 자아를 비춰볼 수 있는 새로운 가능성이다. 그 틈을 메우는 일이야말로 문학의 새로운 몫이라고 생각하는

---

6) 우찬제, 「일그러진 거울로 욕망의 숲을 헤매는 공포의 산책」, 앞의 책, pp. 13~14.
7) 우찬제, 같은 글, p. 14.

사람들이 있을 수 있다고 말하면서 그는 이 태도에 오히려 긴장한다. 그에 의하면, 이 틈의 처리에 따라 세번째 태도는 앞의 두 태도들 중 어느 한쪽으로 수렴될 위험이 있다는 것이다. 그러나 그런 만큼 잘하면 가장 좋은 길이 될 수도 있다는 것이 또한 그의 지론이다. 그 이유는 이렇다.

> 이 유형은 확실히 유효한 기제를 포착할 수 있다. 그것은 욕망, 다름 아닌 욕망이다. 욕망은 갈라진 거울의 틈을 구성한다. 주체의 분열과 대상의 분열 사이에서 욕망은 긴밀한 상호 작용을 수행하며 새로운 재현 가능성을 길어 올린다. 이 경우에 현실은 욕망의 숲으로 구성된 어떤 것으로 파악된다. 그러므로 문학은 일그러지고 깨어진 거울을 가지고 욕망의 숲을 산책하는 행위에 다름아니다. 그것도 공포의 산책이다. 욕망은 이미 그 안에 음험한 덫을 많이 가지고 있는 것이기 때문이다.[8]

위의 글에서 밝혀지고 있는 우찬제의 '욕망' 표상은 확실히 부정적이다. 그러나 이 글에서 그는 『전환시대의 논리』의 리영희, 『사람은 무엇으로 사는가』의 이재현, 그리고 독일 통일 문제와 사회주의 체제의 와해, 『욕망과 충족의 변화체계』의 장일조 등등 사회과학과 문학을 넘나드는 다양한 지식과 정보의 혼합 속에서 문제를 종합적·객관적으로 보려고 노력한다. 경제학도에서 문학도로 넘어가는, 혹은 양자를 껴안는 모습이 다소 혼란스럽게 투영되어 있는 이 글에서 그가 내린 결론은 '욕망으로, 욕망을 위하여, 욕망을 넘어서!'란 알쏭달쏭한 인식이었다. 그러나 이 알쏭달쏭은 우찬제 비평의 진정성이자 미덕이다. 실제로 그는 1990년대 초 범람하는 욕망과 욕망론에 갈피를 잡기 힘들었던 것으로 보이는데, 이러한 착종은 이후 그의 문학 비평을 건실하게 성장시킨 토양이 되었다고 생각한다. 왜냐하면 문학은 그가 우려했

---

8) 우찬제, 같은 곳.

던 것처럼 아직 죽거나 크게 달라지지 않았으며, 인간의 욕망 또한 크게 달라지지 않았기 때문이다. 다만 욕망론은 비판과 극복의 대상이 되면서 더욱 다양한 논의를 만나고 있고, 때로 그것을 압도하는 논의 옆으로 밀려나는 양상도 있으므로, 10여 년 전 우찬제의 당황은 그 자체로 정직하다. 문제의식의 발견은 비평의 가장 초보적인 의의이기에 여기서 비롯된 이후의 그의 활동이 오히려 평가될 만하다.

실제로 우찬제는 그뒤 『상처와 상징』(1994), 『타자의 목소리』(1996), 『고독한 공생』(2003) 등의 평론집을 상재하였는데, 이들은 모두 욕망에 대한 관심 대신 타자에 대한 관심이라는 차원에서 그 정신과 논지가 전개된다. 그 발전의 양상은 세 책에서의 다음 진술들이 단계적으로 확인시켜준다.

1) 본원적으로 인간은 상처를 통해 타자를 이해할 수 있을 뿐 아니라 현실을 인식할 수 있는 존재이기 때문이다. 십자가의 상징이 그것을 명확히 증거하고 있지 않은가. 〔……〕 이런 사정 때문에 요즘 소설에서 창조적 거리는 상처의 풍경으로부터 자유롭지 못하다.[9]

2) '남과 다른 나'가 되고 싶었던 나는 언젠가부터 '남을 이해하는 나'라도 되고 싶어했다. 그러기 위해서는 남 속으로 들어가야 했다. 남과 만나 대화하고 교감하며 남 속으로 들어가야 했을 것이다. 하지만 그 직접성의 형식을 미뤄놓은 채 나는 에돌아가는 간접성의 형식을 택했다. '문학 읽기'의 방식이 바로 그것이다.[10]

3) 사실 문학은 오래전부터 주체 중심의 현실에서 타인의 얼굴을 발견하고

---

9) 우찬제, 『상처와 상징』, 민음사, 1994, p. 6.
10) 우찬제, 『타자의 목소리』, 문학동네, 1996, p. 5.

타자의 가슴을 껴안기 위한 상상적 진실의 도정을 걸어왔었다. 혹은 주체와 타자 사이의 갈등의 상황에서 진정한 화해에로 이르기 위한 문학적 진실을 추구해왔다고 할 수도 있다. 최근의 문화와 문학 상황은 그런 오래된 진실을 그리워하게 한다.[11]

우찬제가 그리워한 진실은 전통이며, 이광호가 벗어났다고 생각하는, 혹은 벗어나고 싶어하는 이른바 '근대'의 풍경이다. 그렇다면 우찬제는 왜 '근대'를 바라보는가. 그렇다는 긍정도, 아니 아예 근대 논의에도 그는 거의 참여한 일이 없으나 그의 그리움, 그의 진실에는 그것이 숨어 있는데, 나로서는 그 성격이 시간과 상대적으로 무관해 보이는 신성(神性) 의식이 아닌가 생각한다. 근대 논의가 역사성과 관계된다면, 우찬제 비평은 차라리 통시적이다.

## 2

1970년대 후반 이후의 평단은 정과리, 성민엽, 홍정선, 권오룡, 김태현, 최동호, 이남호, 황광수, 김명인, 남송우, 남진우, 박덕규, 민병욱, 구모룡 등의 이름들과 더불어 화려하게 전개되어왔다. 그러나 그 이름들은 몸 안팎으로 피땀에 절어든 경우가 대부분이었다. 때로는 거대 담론으로, 때로는 이에 맞선 미세 담론으로 얽혀서 문학 비평은 한쪽으로는 이념 투쟁을 방불케 하였고, 다른 한쪽으로는 심리 분석 내지 그 치료 현장과도 같은 분위기가 만들어졌다. 독재와 저항의 시대를 살아가는 문학의 생존 양식은 그 밖의 그 어떤 다른 모습 속에서도 자신을 상상할 수 없었다. 민주화 이후, 즉 1990년을 전후한 풍경이 우찬제의 순수한 당혹과 이광호의 대담한 자기 갱신의 선

---

11) 우찬제, 『고독한 공생』, 문학과지성사, 2003, p. 19.

언을 통해 매우 낯설게 나타날 수밖에 없었던 것은 따라서 매우 자연스러운 일이었다. 크게 달라 보이는 이 두 길은, 그러나 시간의 경과와 더불어 상당 부분 겹치면서 '근대'와 '탈근대'의 논의 아래에서 기묘한 화해를 이룬다. 그 길목에 황종연, 이경호, 류보선, 서영채 등이 있다.

『비루한 것의 카니발』(2001)이라는 화려한 제목의 비평집을 내놓은 황종연의 비평은 무엇보다 동세대 작가들의 작품을 껴안고 분석하면서 평가한다는 점에서 이론 비평이나 계도 비평이 아닌, 섬세한 실제 비평이라고 할 수 있다. 우찬제와 이광호가 선배 세대 작가들을 마치 불가피한 유산 내지 치러내야 할 제의처럼 일정 부분 다루면서 동세대 작가들을 만나고 있는 상황과 가장 분명하게 구별되는 부분이다. 황종연의 '실제 비평'은, 그러나 해체로 다가온 근대성의 문제에 무관심했다거나 하는 평가 때문에 주어진 말은 아니다. 오히려 그는 「모더니즘의 망령을 찾아서」 「근대성을 둘러싼 모험」 「반근대의 정신」 등 이 문제와 깊은 관계에 있는 일련의 평문들을 썼으며, 마셜 버먼의 '근대성의 경험'을 소개하면서 근대성으로부터의 단절이란 사실상 거의 비현실적인 일임을 이론적으로 살펴보기도 했다. 그런 의미에서 그의 실제 비평은 근대에 관한 암묵적인 수락과 무의식적인 연락 아래에서 전개되고 있다고 하는 편이 오히려 타당할지도 모른다. 아무튼 그는 이러한 관점에서는 우찬제의 의도되지 않은 근대성 옹호와 근접해 있다. 1990년대 문학에 대한 해부가 주조를 이루는 평론집에서 당대의 문학 현실을 '비루한 것'으로 비판하면서, 그 획득된 성과들을 다시 '카니발'로 반어화한 아이러니 속에 그 옹호는 은밀하게 은폐되어 있다.

그럼에도 황종연 비평의 실제는 해체와 위반의 유혹과 늘 동행한다. 가령 장정일과 최인석을 '비루한 영웅' '야수의 세계'로 부르면서 평가한 글에서 그는 다음과 같이 말한다.

그러한 억압에 대한 보상의 관행 중에는 미적 형식이나 스타일을 통한 승화가 고전적인 방식으로 남아 있지만 그보다 훨씬 해방적인 탈승화 혹은 반승화의 방식도 있다. 무엇보다 먼저 뇌리에 떠오르는 것은 카니발의 무정부적 세계로부터 자라나온 문학전통, 즉 바흐친적 의미에서의 카니발레스크 전통이다. 모든 서열적 위계, 특권, 규범, 금기를 유예시켜 기성 질서로부터의 해방을 잠정적으로 구가한 중세 시대와 르네상스 시대 유럽의 민중 카니발이 위반과 전복의 언어를 풍부하게 발전시켰고[……].¹²⁾

카니발적 해체가 비록 20세기 탈근대적 포스트모더니즘과 동시대의 것이 아니라 하더라도, 역사적 재현으로서의 동류 표상으로서 받아들여질 수 있다는 것이다. 근대와 탈근대는 창작의 현장에서 많은 경우 엄격한 분리가 거의 무의미할 뿐 아니라 실제로 쉽지 않음이 여기서 확인된다.

이 확인은 『소설의 운명』(1995)의 서영채, 『문학의 현기증』(1999)의 이경호, 그리고 『경이로운 차이들』(2002)의 류보선에서 다시 계속된다. 물론 뒤에 언급되는 많은 다른 평론가들에 의해서도 이 일은 이루어지지만 그들이——하응백, 김진수, 김춘식, 홍용희, 최현식, 손정수 등(송희복, 권성우, 한기, 김태환, 박철화, 김경수, 임홍배, 임규찬, 방민호, 유성호, 김동식 등에 대해서는 「메타 비평의 유혹과 에고들의 매개」에서 살펴볼 것이다) —— 비교적 작가론, 작품론에 비중을 두었음에 비해, 이경호 등에서는 근대/탈근대의 명제가 이론적 관심의 대상이 되어 보인다. 우선 황종연보다 앞서 평론집을 상재하고 「실험, 해체론부터 새로운 전위를 향하여」를 발표한 이경호에 있어서 '해체'는 '탈근대'라는 보다 넓은 범주 아래 관찰된 것이 아니었다. 그의 해체와 전위는 유럽의 한 특정 사조와 관련된, 필요한 만큼의 이해였는데, 이것은 같은 평론집에 수록된 작가론들이 천상병, 박용래, 홍성원, 이청준 등의 이른바 근대적 정통파와 최수철, 김혜순, 송찬호 등 다분히 실험적 탈근대

---

12) 황종연, 『비루한 것의 카니발』, 문학동네, 2001, pp. 14~15.

지향파들로 혼재되어 있었다는 점에서도 암시된다.

근대/탈근대의 논의는 류보선에 의해서 의미 있는 진전을 이룬다. 우선 그에 의해 파악된 1990년대의 역사성은 이렇다.

> 90년대는 바로 이러한 방식으로 모든 현상에 대한 탈역사적 문맥화가 이루어지고 동시에 집단적인 기억상실증을 앓고 있는 시대이다. 80년대는 지나치게 역사적이어서 오히려 비역사적인 연대이다. 〔……〕 그러므로 90년대의 담론체계가 80년대의 담론체계를 부정하고 그것과는 다른 위계질서를 구축하려 한 것은 당연하며, 90년대의 담론체계가 주로 이곳을 살아가는 존재들의 '잔혹한 무관심'이나 '매정한 고립'에 관심을 집중했다는 점 또한 쉽게 수긍할 만하다. 90년대의 담론체계는 역사의 선조적 전개를 근본적으로 불가능하게 하는 현대적 요소들, 예컨대 사물의 주인공화와 인간의 사물화, 소외, 고독, 모든 비교 불가능한 질을 양적인 단위로 환원하는 등가원리 등에 주목했거니와, 이는 80년대의 역사에 대한 물신화가 고려치 않은 현대인의 실존조건의 의미 있는 복원이자 80년대의 담론체계에 대한 통렬한 부정이기도 하다.[13]

1980년대와 1990년대를 차별화한 아마도 가장 구체적이며, 본질적인 지적으로 판단되는 이러한 언급은 그러나 1980년대를 비난하고 1990년대를 옹호하는 자기 시대적 논리로만 무장하지는 않는다. 그는 오히려 '역사의 물신화는 곧 역사 자체에 대한 불신을 낳았고 이것이 일상의 물신화를 가져옴으로써 결국 1990년대는 현재와 과거 사이의 대화적 관계와 단절된 것'이라는 자기비판을 행한다. 이 자기비판은 겸손 이상의 의미를 지닌다. 그에 의해 1990년대 담론 체계의 가장 주요한 특징으로 규정된 '모든 현상에 대한 탈역

---

13) 류보선, 「근대성의 주변 혹은 주변부의 근대성」, 『경이로운 차이들』, 문학동네, 2002, pp. 393~95.

사적 문맥화'는 류보선 자신으로 하여금 '1990년대 특유의 역사에 대한 불감증 혹은 기억상실증을 대단히 불길한 징후로 파악하고' 있지 않을까 하는 염려를 이른바 근대성의 작가들——예컨대 박완서, 최인훈, 김원일, 현기영, 이문열, 임철우——에 대해서 갖게 한다. 이를테면 탈근대 논의 속에 근대를 의식하지 않을 수 없는 비평의 역사의식이라고 할 수 있다.

탈근대적인 욕망을 바탕으로 하면서도 전통적인 사랑의 비평을 보여준 평론가도 있으며 조심스럽게 그 경계를 노크하면서 재능을 확장해가는 평론가도 있다. 『사랑, 그 불가능한 죽음』(2000)의 김진수와 『신체와 문체』(2001), 『주름과 기억』(2004)의 오형엽이다. 먼저 김진수.

> 우리 시대의 시는 저 표상할 수 없는 것들의, 실재성 결핍의 세계가 더욱 심화된 벼랑을 걷고 있다. 〔……〕 이 시대 시인들의 언어는 저 비의로 가득 찬 체제와 자본주의의 무서운 심연을 흘낏거리면서, 그것의 공포를 요설과 장광설로 풀어놓는다. 그리고 표상할 수 없는 거대한 대상에 직면하여 기지의 정신을 투사한다. 우리 시대의 시인들은 저 심연 앞에서 넋을 잃고 침묵에 빠질지도 모른다. 그러나 어떻게든, 이 세계 상실의, 실감 없는 일상성의 나날을 전복시키기 위하여 우리의 시인들은 불가능한 싸움을 끝없이 감행해야 할 것이다.[14]

이 진술은 문학의 전복성에 매우 밀착해 있다. 과연 그는 그 성향이 강하다고 할 수 있는 최승자, 백무산, 함성호 등의 시를 열정적으로 탐색하는가 하면, 작품 전체가 거대한 신화 창조이기도 한 박상륭 소설 분석에서 탁월한 능력을 보여주기도 한다. 문학은 끝없는 뒤집기라는 사상과 니체 류의 예술적 화신의 결과인지도 모른다. 그럼에도 그 혁명적 심성의 밑바닥을 흐르는

---

14) 김진수, 「실재성 부재와의 싸움」, 『사랑, 그 불가능한 죽음』, 문학과지성사, 2000, pp. 20~21.

사랑의 정신은 과작인 이 비평가의 보다 활발한 비평을 기대케 한다.

그러니, 저 솔직성과 소박성 속에서 스스로를 성찰하고 인간됨의 의미를 탐색하여 세계와 타자를 사랑 속에서 긍정하는 일, 그것이 새로운 천년의 시학이 아닐까?[15]

훨씬 활발한 활동은 오형엽에게서 발견된다. 그는 1990년대에는 포스트모더니즘 논의가 생산적이지 못했고, 오히려 혼란을 가중시켰다고 비판하면서, 그러나 맹목적 진보 사관과 생태계의 위기를 반성케 하는 긍정적 측면도 있었다고 진단한다.[16] 양면성을 객관적으로 파악하고 있는 것인데, 과연 그는 근대와 탈근대, 주체와 탈주체의 경계에서 그 동시적 진전이 필요하고, 바로 그것이 1990년대의 과제라고 못 박는다. 「전복적 상상력, 탈주체의 시적 전략」「여성적 신체의 목소리」「주체와 해탈, 중심과 확산의 변증법」 등의 시인론들로부터 최근의 서정시론에 이르는 넓은 스펙트럼은 그의 경계이자 탈근대론과 근대 사이의 경계이기도 할 것이다.

3

기이하게도 1990년대 평론가들에게서는 시에 관한 관심과 열도가 소설에 관한 그것보다 한결 높아 보인다. 1980년대의 파괴적인 전위시, 혹은 저항과 역동의 시대로부터 연유된 어떤 비평적 반추와 정돈의 기운 때문일까. 이성복, 황지우, 김혜순, 박남철 등의 이름에서 이 현상은 쉽게 승인된다. 앞서

---

15) 김진수, 앞의 책, p. 72.
16) 오형엽, 「전환기적 모색, 현대와 탈현대의 경계에서」, 『신체와 문체』, 문학과지성사, 2001, p. 63 참조.

거론된 평론가들 이외에도 『불온한 정신』(2003)의 김춘식, 『꽃과 어둠의 산조』(1999)의 홍용희, 『말 속의 침묵』(2002)의 최현식 등은 모두 좋은 시인론의 저자들이다.

김춘식은 비평집 제목의 불온성에도 불구하고 그리 불온해 보이지 않는다. 그의 '불온'은 모든 문학이 기록된 문학 이래의 불온성이며, 더 정확히 말한다면 슐레겔의 낭만적 아이러니 이래의 불온함이다. 그 스스로 고백하듯이 그것은 그저 문학의 매혹이며, 운명이다. 그는 오히려 문화적 담론의 소통과 대화를 중시한다.[17] 실제로 그는 1990년대의 이슈가 되어온 여러 명제들을 민감하게 수용하여 재치 있는 수사법의 제목들이 달린 평론들을 썼다. 가령 「오디세우스의 악몽」「영원한 에피파니, 아름다운 정신의 화석」「춤추는 빨간 구두와 영혼의 연금술」 등의 제목들은 화려하다고 할 정도다. 반면 이에 걸맞은 내용의 전개, 특히 작가와 작품 선택의 적실성(適實性)은 앞으로 더욱 연구되어야 할 사항으로 남아야 할 듯하다.

홍용희는 이에 비해 보다 안정적인 글쓰기를 보여주고 있으나 작가와 작품 선택 면에서 보다 엄격한 성찰이 요구된다. 이를 위해서는 분석의 방법에 대한 진지한 연구가 있어야 할 뿐 아니라 선택된 작가와 더불어 자신의 비평 세계를 거는 건곤일척의 프로 정신이 더욱 긴요하다. 그러나 홍용희는 탈근대를 주장하거나 그와 유사한 분위기에 휩쓸리지 않으면서 오히려 '신소재'라는 이름으로 1990년대 문학의 특징을 살피는데, 그 개념이 흥미롭다. 이와 달리, 아예 시대적인 특성에 대한 일체의 섭렵 없이 작가·작품론만으로 평론집을 내놓은 최현식의 경우도 있다. 사실 문학 비평은 작가·작품론 자체가 마이크로 세계이며, 이를 통해서 거대 담론으로의 길을 연다고도 할 수 있다. 그런 의미에서 서정주, 김춘수로부터 정현종, 오규원, 황동규를 거쳐 유하, 이윤학, 김용택 등 젊은 시인들까지 망라한 그의 글들은 비평가로서의

---

17) 김춘식, 「근원을 묻는 글쓰기」, 『불온한 정신』, 문학과지성사, 2003, p. 31 참조.

능력 테스트를 스스로 통과하고 있는 모습이다. 그 테스트는 최현식에 있어서 작품, 즉 시 속으로의 스며듦이다. 이 스며듦은 시 비평의 원초적 단계라고 할 수 있는, 시인과의 심리적 동행에 비평가가 즐거움을 이미 누리고 있음을 보여준다. 시적 자아의 태동과 형성에 비평가 자신이 하나의 과정으로 참여하는 경험 없이 시 평론은 공감을 유발하기 어려운데, 최현식의 비평은 그 가능성이 풍성하다. 가령 오규원에 관한 두 편의 글은 그 스며듦으로 시인과 평론가, 그리고 독자들까지도 촉촉하게 젖는 공감의 비평으로 평가될 만하다. 특히 많은 시론 가운데에서 별로 주목받지 않은 시인 이대흠과 정종목에 대한 각별한 관심은, 비평이 학문적 시체공시장과는 확실히 차별화되어야 한다는 관점에서의 비평가 최현식을 부각시킨다. 선배 세대 작가들, 이미 상당한 평가가 이루어진 시인들에 대한 재론만으로는 비평가의 젊음이 선연하게 떠오르지 않기 때문이다. 1990년대 이후의 시 비평으로서는 패기와 문체의 새로움에 대한 불만이 있을 수 있겠으나, 꽤 믿을 만한 평론가로 부각된다.

시 비평에 비해 희소성이 높아진 소설 비평 분야에서는 하응백의 활동이 거의 독보적이다. 『문학으로 가는 길』(1996), 『낮은 목소리의 비평』(1999) 등 두 권의 평론집을 상재한 바 있는 그는 작가·작품론을 통해 이론을 실재화하는 바람직한 비평의 방향과 질을 담보한다. 가령 윤후명의 소설을 해부하면서 그 성격을 낭만주의 이론으로 발전시키는 다음과 같은 논리 전개는, 하응백 평론의 촉촉함, 치밀함을 함께 압축해 보여준다.

윤후명의 사랑은 지극히 일방적이어서 나르시시즘에 가까울 정도다. 그 사랑은 진행형이 아니라 과거형이다. 그의 소설은 죽음 혹은 이별로 인해 막을 내려버린 사랑에 대한 반추이다. 이것은 과거의 현재화이며, 현재의 과거화여서 윤후명의 의식 속에서는 사랑은 늘 지속적이다. 〔……〕 그의 사랑의 대상이 윤후명을 사랑했느냐 하는 통속적인 물음은 윤후명에게는 그리 중요하지

않다. 윤후명에게 사랑은 어차피 이별인 것이다. 윤후명이 낭만주의자로 불리는 것도 그 때문이다.[18]

낭만주의에서 만족이나 정지는 없다. 낭만주의는 이상향을 찾아가는 길의 문학이다. 하응백은 윤후명 소설의 핵심을 파헤치면서 그 속에서 간결하게 낭만주의의 본질을 보고 적어놓는다. 이런 방법에 의해 김주영, 김원일, 한승원 등의 선배 소설가들, 그리고 장정일, 이승우 등 비교적 소장에 속하는 작가들의 작품이 새로운 조명을 받는다. 나로서는 작품 속의 신성성을 주목하고 이를 추출해낸 이승우론과 윤대녕론을 특히 높이 평가하고 싶다. 비평이 분석과 비판이라는 두 개의 날개를 통해 비상하는 생명체라면, 양자가 어울리는 비판적 분석의 접점은 거의 감각적으로 감지되는 성감대와도 같은 곳이다. 비평가는 그곳을 찾을 수 있어야 하고, 거기에 손을 대서 작품이라는 유기체를 생명으로 살게 해야 한다. 예컨대 그 내포가 불분명한 시원, 혹은 그곳으로의 동경으로만 설명되기 일쑤였던 윤대녕 소설의 요체는 하응백에 의해 그 맥이 순간에 간파된다.

이 '모천'은 기실 현실 속의 공간이 아니라 상상 속의 초월의 공간이며, 세속화된 세계에 대비되는 신성(神聖)의 공간이다. 존재가 시작되는 카오스적인 공간으로 윤대녕은 회귀하고 싶은 것이다. 이 회귀 욕구의 근본 동기는 무엇일까.[19]

그러면서 그는 타락한 세상에서 무한 복제·증식되는 시니피앙의 맞은편에서 점차 사라져가는 시니피에 찾기가 윤대녕의 회귀 욕구가 아닐는지 묻는

---

18) 하응백, 「폐허의 사랑」, 『문학으로 가는 길』, 문학과지성사, 1996, p. 66.
19) 하응백, 「나르시시즘과 에로티시즘」, 같은 책, p. 128.

다. 이러한 진단은 상당한 설득력이 있어 보인다. 어느 정도 그 윤곽이 분명한 이승우에서의 신성 발견과 달리, 건조한 문체 속에 잠복해 있는 윤대녕의 신성은 좀처럼 가시적이지 않은데, 하응백의 명민한 안목은 그 점을 놓치지 않고 포착한다. 이 안목은 단순한 감각이 아닌, 현실에 대한 총체적 인식과 지식의 후원 아래 가능하다. 말하자면 현실과 세계를 평면적인 세속의 차원이 아닌, 고양(高揚)과 승화, 초월의 입체적인 공간/시간 의식으로 파악함으로써 누릴 수 있는 경지이다. 이때 문학 또한 작은 초월의 자리를 획득할 수 있다는 것을 그는 알고 있다.

소설 비평으로는 젊은 평론가 손정수의 존재도 돋보인다. 『미와 이데올로기』(2002)라는 비평서를 이미 발간한 그는 백민석, 김경욱, 정영문, 김연수, 김영하, 조경란, 박청호 등 1990년대 소설가들에 대한 집중적인 탐색을 벌임으로써 동시대 작가들을 모두 아우르는 전열에서 앞서가기 시작한다. 그러나 저자가 평론집 서문에서 스스로 밝혔듯이 아직은 "완성도를 향한 욕구보다 거칠음을 무릅쓰고라도 무언가 새로움을 담고자 하는 의욕이 컸던" 것 같다. 완성도의 경우는 앞으로 이 평론가가 다듬어가야 할 과제겠지만, 구효서, 고종석, 김현영, 이신조, 강영숙 등 상대적으로 깊은 성찰의 대상이 되지 못했던 중견과 신인들을 향한 탐욕스러운 섭렵은 일단 평가받아 좋을 그만의 몫이다.

'탈근대 명제 속의 근대'라는 큰 물줄기를 따라 읽어간 젊은 평단의 지형은 그 본류와 지류가 함께 어울리면서 비옥한 영토를 이루고 있는 듯하다. 문제는 이 땅이 과연 풍성한 열매를 맺는 저 모신(母神)의 대지가 될 수 있을까 하는 염려 반, 기대 반의 전망이다. 물론 상당량의 수확은 이미 거두어져 있다. 그 수확은 소설과 시 옆에 더불어 앉아 있는 비평이 정직한 자기 증명이 된다. 그 비평은 작품의 의미를 때로는 까발리고 때로는 감싸면서 논리화한다. 그 논리 속에서 우리는 시대와 인간을 동시에 목격한다. 그것이 우리의 자화상이다. 문학 비평에서 숱한 명제들은 불가피하게 산출되지만, 의도적으로 생산될 필요는 없다. 탈근대, 포스트모더니즘, 후기구조주의 등등의 이론과 명제들이 우리의 문학에 얼마나 영양가를 높였는지가 중요하다. 본류건 지류건 흐르는 물은 결국 대지를 풍요롭게 해야 하니까.

포스트모더니즘 혹은 탈근대란 기본적으로 근대의 극복이 아닌 근대의 극단화, 즉 일종의 하이퍼모더니즘이라고 할 수 있다. 그것은 근대가 니체로부터 분명해지기 시작한 것처럼 탈근대가 니체의 후예들—푸코에서 데리다에 이르기까지—에 의해 분명해졌다는 사실에서 무엇보다 확실히 입증된다. 거시적인 정신사의 맥락에서 볼 때 양자는 모두 자연에 대한 예술의 우월, 신성에 대한 인간성의 우위를 이원론적으로 의식하고 있다는 점에서 동일하며, 탈근대가 근대보다 발전적이라고 할 수 있다. 여기서 '발전적'이라는 표현은, 그 양상이 더욱 심하다는 뜻이다. 말하자면 니체에서는, 고트프리트 벤의 지적처럼, 자연에 대한 일말의 희망이 남아 있었지만 포스트모더니즘에 이르러서는 그 희망 자체가 무력화된다. 포스트모더니즘의 맞은편에서 생태 문학, 생태 예술의 반작용이 대두되었다는 사실은 이러한 시각과 인식의 큰 테두리에서 이해되어야 한다. 이렇게 볼 때 탈근대는 사조와 명제의 작은 파도일 뿐, 이와 결부해서 '문학의 죽음'에 압도된다면 디지털 문명의 하드웨어식 소동에 말려들 우려가 있다. 하드웨어가 소프트웨어를 강압하고 변화시키지만, 사랑과 기쁨, 슬픔과 같은 인간 본질을 바꾸지는 못한다. 그 충격의 흡수 여부로 비평의 새 활로는 끊임없이 새로워질 것이다.

# 메타 비평의 유혹과 에고들의 매개
—1990년대 이후 젊은 평단 지형 읽기 2

1

근대와 탈근대에 대한 논의는 서영채에 의해서도 진지하게 이루어진다. 서영채는 비평집 『소설의 운명』을 통하여 소설을 중심으로 학구적인 접근을 보인다. 무엇보다 근대에 관한 그의 관심은 1990년대에 와서 왜 홀연히 이 문제가 회자되고 있는지 그 이유와 배경을 함께 보여주면서 핵심에 가까워진다.

이와 같은 진보에 대한 신념과 더불어 근대는 출발했다. 그러므로 근대의 모든 시대는 어김없이 이행기로 인식되었다. 지금 여기는 갈등과 혼란으로 뒤범벅되어 있으나 저 지평선 너머에는 어김없이 반짝이는 미래가 있다. 그러나 과연 진보라는 개념이 어떤 의심도 침투할 수 없는 철의 요새였던가. 근대를 장식하고 있는 저 무수한 위기의 담론들은 단지 진보를 향한 믿음의 산물일 뿐인가. 〔……〕 근대에 관한 위기의 담론은 비록 20세기에 들어서야 본격화되었지만, 이러한 점을 염두에 둔다면 근대성 그 자체의 출발과 동시적인 현상이라고 할 수도 있지 않을까.[1]

서영채에 의하면 이렇듯 근대는 진보의 신념과 함께 시작된 시대이다. 맹자의 의미 깊은 언사와 헤겔의 욕망론을 더불어 섭렵하면서 칸트의 진보론으로부터 근대를 바라본 그의 인식은 기본적으로 부당하지 않다. 동서를 오고 가는 사이, 특히 서로 다른 시대가 거증되는 사이 시대 인식의 구체적 철저성이 불가피하게 생략된 감은 있으나, 근대가 18세기의 산물이며 유토피아적 동경을 지니고 있었다는 사실은 새삼스러운 발견이 아닐지라도 거듭 확인이 필요한 사항이기는 하다. 그러나 근대 이후의 역사적 상황이 위기의 연속이었다고 해서 위기의 담론이 근대성 그 자체의 산물이라는 인식은 역사 인식에 대한 중대한 공언으로서 많은 논란을 유발할 소지가 있는 발언이다. 이 같은 견해에 동의할 경우 사실 근대는 18세기 이전으로 소급될 수 있으며, 그 뿌리를 종교 개혁과 더불어 진행된 르네상스 및 휴머니즘 운동에서 찾아야 할 것이다. 말하자면 신본주의에 대항해서 이른바 인간성 회복을 외친 인본주의 전반이 근대의 모태가 되는 것이다. 나로서는 서영채의 이러한 진술을 새로운 문제 제기의 장으로서 매우 의미 있는 것으로 보고 싶으나, 이견도 만만찮을 것으로 보인다.

  야심적인 이 평문은 한국에서의 근대로 돌아와, 그것은 괴물이며 치욕 덩어리인 동시에 거인이라는 역사 인식으로 넘어간다. 오욕과 파란으로 우리 근대사를 바라볼 때, 이러한 지적은 예리하고 적절하다. 30여 년 전 나 자신 그 논의의 한쪽에 어울렸던 소위 근대 기점 논쟁을 의식한 듯, 주체적 근대성의 개념을 발견하고자 했던 노력을 매우 진지한 것으로 그는 평가한다. 근대 논의 그 자체가 서구적 근대의 전범으로부터의 영향이라는 틀을 벗어날 수 없으리라고 보는 견해는, 필경 사실과 가깝다. 이렇듯 근대의 본질과 그 역사에 회의적인 서영채가 헤겔을 비롯한 동서의 관련 정신들을 리뷰하면서 제시하고 있는 결론은, 그러나 그 고뇌와 내공의 깊이만큼 분명하지는 않다.

---

1) 서영채, 『소설의 운명』, 문학동네 , 1996, pp. 75~76.

독일 낭만주의, 그리고 기독교까지를 포괄하는 대규모의 정신사가 짧은 지면에 압축된 불가피한 결과이겠으나, 기본적으로는 그가 공부한 그 어떤 석학에 의해서도 분명한 결론이란 가능할 수 없는 상황이기 때문이다. 따라서 그가 '그들의 대안 아닌 문제의식, 비판 정신을 단련해내는 자세나 태도' 정도를 배울 수 있을 것이라고 했을 때, 현실적으로 그것은 수긍될 수밖에 없다. 그러나 후설이나 아도르노 등 이 문제 이외의 숱한 과제와 싸워온 여러 학자들의 그 방대한 저작에 대한 깊이 있는 탐구가 축약된 상태에서 일정 부분만 간단하게 인용, 정리되어 평문의 구성을 돕고 있는 모습도 아쉬울 수밖에 없다. 그렇더라도 근대와 근대 문화를 우리 시대의 바벨탑으로 바라보는 그의 비판 의식은 큰 틀에서 정당해 보인다. 2004년에 출판된 그의 다른 저서 『사랑의 문법』이 이광수, 염상섭, 이상을 대상으로 한 작가론이면서도 한국 문학의 근대성이라는 화두를 바탕에 깔고 있는 것은, 이 비평가의 관심의 집요함을 반영한다고 할 수 있을 것이다. 말을 바꾸면, 그것은 실존의 역사성에 대한 관심이다.

근대 문제는 문흥술의 『작가와 탈근대성』(1997)에 의해서도 이어지는데, 그는 여기서 이론적 천착 대신 작가론을 중심으로 하여 우회적인 접근을 보여준다. 기이하달까, 이 책에서 문흥술은 최수철, 장정일, 신경숙은 물론 이청준까지 「탈근대성의 소설작가」라는 제목 아래 묶고 있다. 근대는 그에게서 훨씬 좁아지고 작아진 개념이다. 그는 모더니즘이 근대성에 대한 비판 운동이라고 보는데, 거기서 근대 이성적 주체와 그 담론에 대한 비판이 이루어졌다는 것이다. 주체는 근대 인간을 의미하는데, 모더니즘에서는 주체 분열이 이루어짐으로써 이성적 주체를 비판한다는 것이다. 그는 의식에 대한 무의식의 관계를 내놓는다. 즉 모더니즘이 생성·전개된 20세기 문학의 대부분은 근대 아닌 탈근대가 되는 셈이며, 벌써부터 우리는 탈근대의 공간을 살고 있는 것이 된다. 그는 모더니즘이 탈근대성의 지식 형태로 상대적인 지식을 그 인식론적 기반으로 삼고 있다고 봄으로써 '모더니즘=탈근대'임을 확언한다.

이러한 의견은 서영채와 상충한다는 점 이외에도 탈근대의 시점이 이미 20세기 초에 결정된 듯한 인상을 주어, '탈근대성은 근대성 자체가 배태한 문제의식'이라는 또 다른 자리에서의 진술과 스스로 모순되어 혼란스럽다.

근대와 탈근대의 문제는 송희복에 의해 한결 명쾌한 이론적 진전을 이룬다. 10여 권이 넘는 저서로 1990년대에 가장 활발한 활동을 해온 비평가 중의 한 사람인 그는 『비평사와 동시대의 쟁점』이라는 평론집에서 거의 전권에 걸쳐 이와 씨름하고 있는데, 그중 「근대성: 우리 비평사의 한 쟁점」은 바로 그 쟁점을 잘 요약하면서 불분명했던 개념 정의를 시도한다.

> 근대 즉 'modern'은 '바로 지금'이란 뜻의 라틴어 'modo'에서 비롯되었다고 한다. 말하자면, 근대는 동시대·당대를 뜻하고 있다. 그런데 시간적 관념에 있어서, 이 근대가 현재성과의 연속성을 얻지 못할 때 일쑤 과거로 인식되어버리곤 한다. 근대가 현대라고 하는 개념 이전의 시간 관념으로 인식되거나 현대와의 특별한 구별이 없이 혼용하는 개념으로 이해되거나 하는 것부터 의미의 미궁에 빠뜨린다. 〔……〕 예컨대, 공업화를 염두에 둔 기능주의적 개념으로서의 근대성, 자기 의식화의 개념으로서의 근대성, 개발 독재에 의한 자립경제의 개념으로서의 근대성, 반구미적인 대안 이론으로 제기된 제3세계적 갈등·종속이론으로서의 근대성 등은 말할 것도 없고, 심지어 하버마스적인 '미완의 기획'과 포스트모던적인 '전복의 대상' 등의 개념에까지 걸쳐 해당되는 것……[2]

근대에 관한 많은 논의들 가운데 그 개념부터 밝히고 넘어가는 거의 유일한 평문이 아닐까 싶은데, 이에 의하면 근대의 양상은 참으로 복잡다기하다. 아닌 게 아니라, 송희복이 계속해서 탐구해 보여주듯이 근대 문제는 이미

---

[2] 송희복, 『비평사와 동시대의 쟁점: 송희복 메타 비평집』, 월인, 1999, p. 94.

1930년대 후반 신문학사 최초의 기술자였던 임화에게서 서구적인 기준의 모방이라는 관점에서 이해되었고, 그후 숱한 논란을 거쳐 이 시점에서의 관심은 사실 개념의 합의라기보다는 문제 제기의 배경과 그 필요성, 혹은 적절성일 것이다. 이와 관련된 송희복의 비평적 안목은 근대성 비판, 혹은 옹호의 어느 한쪽에 깊이 기울어 있지는 않다. 그보다는 그의 전공이기도 한 비평사적 맥락에서 근대의 족적을 섭렵하면서 이제 탈근대성 이론이 대두되었음을, 그것도 세 갈래, 즉 포스트모더니즘, 리얼리즘과 민족문학의 재론, 주역·선·노장 등의 동양적 정신주의에 의해 형성되고 있다고 개관한다. 자신의 견해에 매우 조심스러워하는 송희복은 한국 문학의 근대성 경험을 근대성과 전근대성, 근대성과 반근대성, 근대성과 탈근대성이라는 세 가지 범주에서 살펴보고 있는데, 이러한 고찰은 무분별한 근대 논의의 현실에서 썩 유용한 것으로 생각된다.

송희복은 특히 비평사와 메타 비평에서 두각을 나타내어 동시대의 비평과 비평가들에 대한 분석과 평론은 물론 선배 평론가들, 더 나아가 한국 비평사 전반에 관한 야심적인 저작들을 속속 출간하는 정력을 보여주었다. 『해방기 문학비평 연구』(1993), 『한국문학사론 연구』(1995)와 같은 걸출한 학문적 성과는 논외로 하더라도 메타 비평 분야에서 그가 보여준 활동은 메타 비평의 바람직한 지평에 근접한 것으로 평가된다. 최근 상재한 『메타 비평론』(2004)에서 그는 메타 비평의 성격과 유형에 대해 언급하면서, 메타 비평은 비평의 이론과 그 문제점들을 철학적으로 분석하는 일이라고 상당히 적확한 진단을 내린다. 비평 이론이 이론의 탐구라면 메타 비평은 수정하는 이론의 탐구일 것이라는 한 미국 학자의 의견을 인용하면서 이에 동의하고 있는데, 이러한 그의 견해는 대체로 적절하다. 요컨대 메타 비평은 현장 비평적인 저널리즘이되 그것을 다시 이론화하는 아카데미즘을 지향하는 것이어야 하리라. 이렇게 볼 때 비평의 권력 문제를 둘러싸고 벌어졌던 일련의 메타 비평적 분위기는 보다 엄격한 의미에서 반성되어야 할 것이다.

실제로 송희복은 「문학권력 논쟁과 비판적 글쓰기」 「메타 비평가의 양식에 대하여」 「한국비평사와 시민성 개념」 「비평의 정신주의」 등등 메타 비평적이라고 할 수 있는 글들을 쉼 없이 발표했으며 심지어 그 누구도 언급하기를 꺼려하는 마광수에 대하여 「비평가로서의 마광수를 말한다」는 글을 대담하게 내놓기도 했다. 이런 일련의 평문들 속에서 나에게 흥미로웠던 글은 「백낙청·90년대·포스트모더니즘」이었다. 주제의 무게만 한 깊이는 덜하다는 아쉬움은 남으나 이 글에서 방법론상 문학관의 차이를 보여왔던 백낙청과 김병익이 많은 부분 공통의 자리에 들어서 있음을 밝혀낸 것은 그의 메타 비평적 노력의 한 성과라고 할 수 있다. 이른바 지혜 논의에 있어서, 그리고 포스트모더니즘에 대한 회의론에 있어서 양자의 다른 빛깔이 상당 부분 간색화(間色化)되고 있다는 견해는 탁견으로서, 우리 비평 논의의 쟁점들이 재편되는 계기가 될 수도 있을 것이다.

메타 비평을 권력 논의로 몰고 가서 젊은 평단을 한동안 뜨겁게 달궜던 권성우의 비평적 열정도 이와 관련하여 주목된다. 스스로가 한때 낭만주의자였다고 고백하면서 『비평의 매혹』(1993)을 내놓았던 그는 매우 섬세한 감수성의 평론가로 보인다. 데뷔작인 이인성론이 그렇듯 상당한 수준의 분석력이 요구되는 테마들을 재치 있게 소화하는 그는, 이후 이슈를 좇아가면서 이슈를 만들어가는 논쟁적인 면모를 보여준다. 또한 모더니즘 색채로부터 벗어나 이른바 민족문학, 민중문학 계열에 대해서도 폭넓은 관심을 보이는 등 왕성한 활동을 전개하였다. 그 왕성함은 『모더니티와 타자의 현상학』 『비평과 권력』 『비평의 희망』 등의 괄목할 만한 저서로 나타났는데, 여기서 그는 문학의 권력 논쟁을 유발시키고 한때 스스로 거기에 휩싸이기도 했다. 논쟁의 발단은 '비평적 인정 투쟁'이라는, 자못 도전적인 그 특유의 용어 사용을 통한, 4·19세대 비평가들이라고 명명된 선배 평론가들에 대한 분석과 비판에서 비롯되었다. 「4·19세대 비평이 마주한 어떤 풍경 — 비평적 인정 투쟁의 논리를 중심으로」에 나타난 그의 생각은, 이를테면 이런 것이었다.

이러한 의미에서 역사적 행운과 세대적 축복의 수혜자인 4·19세대 비평가들의 문학적 미학적 정체성이 당대 문학비평의 장에서 유력하게 전개되면서, 이들의 비평이 일종의 문화적 헤게모니를 획득하게 되는 과정에 대한 고찰은 4·19세대 비평가들의 성취와 한계를 논하는 작업에 있어서 하나의 중요한 연결고리가 될 수 있다. 이를 위해서는 무엇보다도 4·19세대의 비평가들이 1960년대 문학에 의미를 부여하는 방식과 새로운 문학의 필연성을 주창하는 방식에 대한 성찰과 분석이 필요하다.[3]

말하자면 그의 비평은, 비평가가 비평적 인정 투쟁의 욕망 때문에 전 세대의 문학을 폄하하고 자기 세대의 문학을 내세웠다는 것이다. 이러한 주장은 그 메타 비평적 성격에도 불구하고, 메타 비평의 의미와 성과를 고양시키는 일과 다소 거리가 있어서 비평적 열정에 비추어 안타까움을 남겨주었다. 바람직한 것은 4·19세대 비평가들의 주장처럼 그 시대의 문학 작품들과 작가들 — 이청준, 김승옥, 황동규, 정현종 등등 — 에 대한 그들의 평가가 과연 정당했는가 하는 점에 대한 점검과 확인, 비판이었을 것이다. 그 같은 방향에서 문제의 제기와 전개가 이루어졌다면 메타 비평의 수준 향상은 물론 권성우 비평의 성격과 정체성이 훨씬 확실해졌을 것이다.

권성우의 능력은 오히려 『모더니티와 타자의 현상학』(1999)에서 빛을 발하여 근대 비평사의 비평가론, 특히 그 개념이 불명료한 상태에서 논의되는 소위 '타자성'의 문제 등을 밝힌 것이 높이 평가될 만하다. 이제는 문학사적 평가가 진행된 작가, 비평가 대신 미지의 작가들을 향한 현장 비평이 기대된다.

---

3) 권성우, 『비평의 희망』, 문학동네, 2001, p. 117.

## 2

　메타 비평, 혹은 비평사나 비평적 쟁점들과는 일정한 거리 저쪽에서 각기 자신의 방법대로 올곧게 비평 작업을 수행하고 있는 소중한 비평가들로서 유성호, 김태환, 김동식의 존재들이 돋보인다. 이들은 종교까지 아우르는 폭넓은 깊이로(유성호), 서구 문학의 심연과 현장 이론을 배경 삼은 튼실함으로(김태환), 그리고 재치와 침투의 문체를 통해 젊은 문학의 가장 부지런한 동반자로(김동식) 우리 평단의 중추로 성장할 이름들이다.
　두 권의 평론집 『상징의 숲을 가로질러』(1999), 『침묵의 파문』(2002)을 상자한 유성호는 시의 위기와 위의(威儀)를 함께 염려하는 시 전문 평론가로서 촉망된다. 이러한 기대는 무엇보다 시 자체에 대한 그의 끔찍한 사랑, 그리고 젊은 시인들의 작품들을 꼼꼼히 읽고 섭렵하며 분석하는 현장 비평가로서의 근면함과 그 능력에 대한 신뢰에서 비롯된다. 사실 그의 섬세한 안목을 통해 우리에게 소개된 젊은 시인들로 풍성한 평론집 『침묵의 파문』은 그 제목부터 의미심장하다. 조용미, 권혁웅, 이중기, 김철식, 장철문, 유승도, 정윤천, 이상국, 강연호, 이수명, 이승철, 이기와 등의 비교적 낯선 이름들은 유성호와 더불어 자신들의 허물을 벗고 세상과 만나고 있다. 그들보다 다소 조명을 더 받아온 선배 시인들 이를테면 고재종, 장석남, 박형준, 이윤학, 이정록, 박주택, 박철, 고진하 등도 유성호 비평의 새로운 세례를 받으면서 감춰졌던 비밀을 새롭게 드러낸다. 평범한 듯한 이 지적은, 그러나 1990년대 이후의 젊은 비평에서는 썩 소중한 사건으로 투영된다. 그럴 것이, 앞서 살폈듯이 이 시기의 비평 추세는 메타 비평 내지 근대 논의에 몰두한 인상을 주었고, 실제 비평도 새로운 작가나 작품의 발굴보다 상당한 평가가 이미 진행된 소위 이름 있는 작가/작품들에 보다 집중된 형세였기 때문이다. 그러나 유성호는 홍수처럼 쏟아져 내리는 시의 물결 속에서 예민한 후각과 엄정한 정신, 그리고 단아한 문체로 새로운 서정의 주인공들을 걸러낸다. 이 시대의 외로운 미아가 된 '서정'에 대한 깊은 관심과 지적 열망은 다음 두 구절에서 감지된다.

> 이 책을 통해 필자는 서정시야말로 잃어버린 '시간'에 대한 추구이자 그 동시적 현재화이며 언어적 대리구축일 수밖에 없다는 것을 절감하고, 그와 같은 경향을 보여준 세계를 적극 옹호하였다. 그와 동시에 현실과 맞닥뜨려 그 접점의 긴장을 늦추지 않은 시인들에 대해서도 긍정적으로 주목하였다. 이러한 '리얼리즘'과 '서정성'의 상호 통합과 길항이 우리 시의 중요한 미학적 거점이 되어야 한다는 믿음에서 실물적 형상을 제공해준 우리 시대의 시인들이 필자의 비평적 수원(水源)이었음은 말할 것도 없다.[4]

> 글의 모두에 인용한 괴테의 말을 다시 떠올려본다. "나는 이리하여 이 순간, 무엇이 시인이 되게 하는지를 느낀다. 그것은 오직 하나의 감정으로 충만한 가슴이다." 이 '하나의 감정으로 충만한 가슴'이란, 개념을 넘어서는, 개념의 규정을 늘 어이없게 만드는, 개념의 그물로는 도저히 포획할 수도 없는, 이를테면 '울림'이나 '감각의 전율'이나 '보편적 공감' 같은 것들에서 실현되는 '서정'의 궁극적 형식일 것이다.[5]

그러나 유성호의 비평 세계가 서정시에만 머물러 있는 것은 아니다. 그 역시 동시대의 화두인 근대와 타자성에 상당히 근접하여, 다른 어느 평론가보다 오히려 분명한 자세를 보여준다. 그에 의하면 '타자'란 자아와 다른 이질성 또는 자아와 거리를 두는 자기반성적인 것이며, 총체성이나 자기 동일성

---

4) 유성호, 『침묵의 파문』, 창작과비평사, 2002, p. 7.
5) 같은 책, pp. 80~81.

을 무너뜨리는 일체의 요소이다. 중심의 욕망과 권력에서 배제된 실체도 여기에 포함된다. 근대에 대해서 부정적인 그로서는 타자성이 대안적 사유라고 고백하는데, 이렇듯 선명한 태도 아래 그의 작품 읽기와 글쓰기는 근대성 극복의 현장으로서 주목될 것이다.

등단한 지 10년 만에 간행된 평론서 『푸른 장미를 찾아서―혼돈의 미학』 단 한 권을 내놓은 과작의 평론가 김태환에게는 비평가보다 학자의 분위기가 강하다. 실제로 이 책은 서구 모더니즘 소설 미학에 대한 탐색이 주류를 이루고 있으며, 그 내용도 이 방면의 어떤 연구서를 능가하는 질적 짜임새를 보이고 있다. 조이스, 프루스트, 포크너, 카프카 등을 고전적 모더니스트라고 부르면서, 그 혁명적 의미의 변화를 추적하는 6편의 글들은 현대 문학 이론의 수준을 쇄신하는 지식과 논리의 백미이다. 그는 여기서 조이스의 '푸른 장미꽃'이 표상하는 초현실성, 포크너의 의식의 혼란 등을 분석하면서 모더니즘적 현실을 제시할 뿐 아니라, 모더니즘의 역사적 배경에 대해서도 고찰한다. 그 결과 그는 가치 구별의 틀에서 벗어나 세계를 바라보고자 했던 작가들의 경향을 찾아내고 '가치체계가 이야기 문법의 토대'라는 생각의 근원을 검색한다. 이 과정에서 김태환은 구조주의자 그레마스 등 여러 이론들을 검토하는데, 주목해야 할 점은, 언제나 충분한 작품 분석의 동반 아래 그 일이 이루어짐으로써 연구자의 자리에만 머물 수 없는 비평적 소양이 번득인다는 것이다. 그리하여 책의 제2부는 한국 소설에 대한 작품 분석으로 그 포커스와 메스가 옮겨져 서양과 우리 사이의 범주 이동 가능성이 흥미 있게 열린다.

김태환에게 흥미 있는 소설가는 이인성, 김영하, 박성원 등 초현실적 색채가 짙은, 따라서 그 해석이 기피되거나 잘못 판단되기 일쑤인 작가들이다. 황석영, 김영현, 서정인 등의 작품들도 분석이 시도되고 있으나 종래의 비평 문법에서는 많이 벗어나 있는, 새로운 재미로 인도된다. 예컨대 이인성에 대해 그는 이렇게 말한다.

자기가 상상한 것을 철석같이 믿는 미친 여자의 광기는 소설을 진짜처럼 보이게 하려는 욕망, 소설을 "허구를 사실로 실증해 구축해놓은 기막힌 암호 덩어리"로 만들려는 욕망의 극단적인 형태라고 할 수 있기 때문이다. 소설『미쳐버리고 싶은, 미쳐지지 않는』의 구조를 결정하고 있는 것은 허구를 사실화하려는 작용과 이러한 경향을 벗어나려는 반작용, 연대기를 만들려는 힘과 이 연대기를 파괴하려는 힘, 소설과 반소설 사이의 긴장이라고 할 수 있겠다.[6]

이인성의 소설은 말하자면 "기막힌 암호 덩어리"로 김태환에 의해 그 본질이 밝혀진 것이다. 이 해명은 이인성 앞에서 당혹을 느끼는 독자들에게 큰 위안이 된다. 사실이 아닌 암호이기에 자신의 지식, 자신의 욕망, 자신의 능력에 대한 회의와 불신, 불안으로부터 해방될 수 있기 때문이다. 이른바 공감의 문학이 아닌 소외의 문학으로 오히려 독서의 지평을 넓힐 수 있다는 안도감마저 누릴 수 있다. 그러나 이를 위해서는 김태환이 세밀하게 분석해 보여주는 모더니즘 이론과 정치한 논리에 대한 신뢰와 동행을 해야 하는 다소 고통스러운 기쁨을 감수해야 할 것이다.

김동식은 재능의 비평가다. (평론에 있어서의 '재능'은 소설이나 시에서의 그것 못지않게 중요하다. '재능'은 반짝이는 재치를 포함하되 그것에 머물지 않는다. '재능'은 비평이 무엇인지 자성하는 태도에서 시작하여 글과 세계에 대한 회의와 질문, 그리고 그것을 '비평'이라는 양식에 담아내면서 절제하고 질서화하는 능력의 총칭이다. 문헌 섭렵과 실증적 추적은 당연한 조건이지만, 이것들을 중복하여 자신의 글들로 거듭거듭 내놓는 의미 없는 다작의 비평과 그 '재능'은 변별된다.) 등단 7년 만에 출간한 평론집의 제목 『냉소와 매혹』(2002)이 이미 그 재능을 암시한다. 이 책에서 그는 글쓰기의 의미에 곡진한 질문을 던

---

6) 김태환, 『푸른 장미를 찾아서—혼돈의 미학』, 문학과지성사, 2001, p. 193.

짐으로써 그가 단순한 문학사 뒤지기, 혹은 작가 심문 취미의 인상 기록자에 만족하는 위인이 아님을 강력하게 내보인다. 그렇기는커녕 김동식은 글 쓰는 사람과 글쓰기 자체의 실존에 자신을 던짐으로써 1990년대 이후—거창하게 말하면 21세기에—평단에 어떤 새로운 기미를 태동시켰다. 이러한 조짐은 동시대의 작가들과 함께 가는 호흡에서 잘 감지된다. 김동식과 동년배인 많은 평론가들에게서 이러한 특징이 기이하게도 덜 발견되고 있다는 점을 감안할 때, 이 점은 고무적이다. 신경숙, 윤대녕, 김영하, 은희경, 백민석, 배수아 등이 그의 눈을 통해 조명되는 모습은 나에게 거의 계몽적이며, 고마움을 느낄 정도다(1990년대의 많은 작가들은 거의 선배 평론가들에 의해 분석, 평가되는 일이 훨씬 많지 않았는가. 게다가 정상적인 비평이 아닌, 짧은 심사평 따위를 통해 주어지는 평가가 평론을 대신하는 듯한 이즈음의 분위기는 딱한 일이다).

내게는 김동식이 프로이트와 상관없이, 일종의 심리주의 평론가로 보인다. 데뷔작 신경숙론을 「글쓰기의 우울」이라 명명하고, 이 속에서 '상징적 자궁으로서의 소설 쓰기' '글쓰기의 무덤들' 등의 표제어와 더불어 분석해나간 전개의 내용은 전형적인 심리주의와 밀착해 있다. 비평에서의 심리주의란, 글을 작가의 내면—그것도 유소년기의 그것과의 유대 아래에서 보고 싶어하는 태도인데, 그는 그것을 즐긴다.

 결핍은 욕망을 낳고 욕망은 결핍을 메우고자 상징적 등가물을 요청한다. 이 말은, 바꾸어 말하면, 욕망은 욕망 그 자체라는 존립 방식에 머물러 있을 수 없으며 상징적 질서에 의해 간접됨을 의미한다. 〔……〕이 문제와 관련해서 주목해야 할 것은 「겨울우화」에 나타나는 두 가지 계열의 의미 구조이다. 하나는 '그'에게서 받은 장갑의 행방이고, 다른 하나는 '명혜—기차간에서 만난 임부—'그'의 어머니'로 이어지는 계열의 의미망이다.[7]

그는 여기서 장갑을 상징으로 삼아 기의, 기표, 환유 등의 용어들로 해석하고자 하는데, 그것들의 이론적 배경들을 모두 포함한다 하더라도, 요컨대 심리적 접근이다. 그 결과 그는 눈밭에 쓰러진 '그'의 어머니를 업고 있는 명혜의 행위는 어머니를 잉태하는 일이라고 해석하며, 그것은 곧 자궁을 잉태하는 일과 다르지 않다고 본다. '그를 낳은 어머니를 잉태함으로써 그녀는 '그를/글을' 잉태한다는 해석은 심리주의의 전형이다. 상징적 자궁을 만드는 일이 소설 쓰기에 투영된 작가의 근원적 욕망이라는 것이다. 물론 소설이 부재의 고향에 대결하는 장르라는 인식은 지라르, 더 멀리는 루카치적 인식과도 이웃하는, 보다 넓은 배경과 관계되지만 김동식의 경우 어느 한 이론에 대한 경사와는 무관하다. 그보다 그의 재능은 타고난 문화적 감각과 관계되며 이는 『소설에 관한 작은 이야기』(2003), 『雜多잡다—비평가 땡빵씨, 문화의 숲을 거닐다』(2003)와 같은 경쾌한 형태의 문화론집을 통해 잘 반영된다.

## 3

90년대적 현실에 모두가 환호작약하는 것은 아니다. 오히려 그 정반대편에서 낙담하는 사람이 훨씬 많다. 실제 90년대 이후 창작된 작품들의 전반적인 표정은 대다수가 그러하다. 특히 리얼리즘 경향의 작가들에게서 이 경향은 더욱 두드러진다.[8]

국내적으로는 민주화가 이루어지고 세계적으로는 사회주의가 퇴조하며,

---

7) 김동식, 『냉소와 매혹』, 문학과지성사, 2002, pp. 18~19.
8) 임규찬, 『왔던 길, 가는 길 사이에서』, 창작과비평사, 1997, p. 20.

21세기를 향한 자줏빛 전망이 각 분야에서 논의되는 시점에 오히려 우울한 비관이 평단 일각에서 이처럼 진지하게 제기되고 있다는 사실도 1990년대 평단의 간과될 수 없는 현상이다. 이 현상은 물론 소장 평론가들에 의해서만 나타나고 있는, 그들만의 특징은 아니다. 그러나 이른바 리얼리즘 문학의 덕과 효용성에 신뢰를 보여온 젊은 비평가들에게는 특히 당혹으로 다가온 듯하다. 임규찬은 그 전후 사정과 그로 인한 비평적 반응을 정직하게 받아들이고, 새로운 지향을 모색하는 평론가로 돋보인다. 그의 정직한 진술은 많은 것을 생각하게 하는 비평의 문제점들을—나로서는 문학 평론 분야를 넘어서는 우리 사회 전반의 구조, 특히 의식과 사고의 구조로까지 연관시킬 수 있을 것으로 생각한다—안고 있다. 1980년대에 이르기까지 열망해온 민주화가 이루어졌음에도, 바로 그것을 명제로 삼아온 비평이 왜 도리어 '낙담'하고 있을까. 평범한 상식의 논리에 배치되는 이 현상의 배후에는, 자주 망각되는 명목주의Nominalism라는 오래된 흐름이 흐르고 있지 않을까. 실제 현실과는 다른, 혹은 현실 위의 이상적인 관념만을 추구함으로써 현실 기호로서의 기표 역할과 명분에만 머무는 명목주의는 특히 조선조 주자(朱子) 이데올로기 이후 우리 의식의 한 전통을 이루어왔다. 그 결과 밖으로 표명되는 관념은 현실과 상관없이 늘 좋은 것일 수밖에 없었는데, 이와 부합될 수 없는 현실로 인하여 한편으로는 끊임없는 허위, 허세가 조장되어 갈등을 피할 수 없었던 것이다. 우리 사회에 유독 이 같은 갈등에서 유발된 다툼이 심한 것도 자기의(自己義)라는 강한 주장들의 대립 풍조 이외에도, 이 같은 명분론의 위세가 그 깊은 원인으로 지적되어야 할 것이다. 사회 민주화에도 불구하고 낙담할 수밖에 없었던 임규찬의 비애는 그 개인의 슬픔이나 부조리라기보다는 1980년대까지의 리얼리즘론이 지니고 있었던 명목주의적 성격과의 관련 아래에서 고찰되어야 좋을 듯하다. 그러나 임규찬은 전세대의 비슷한 계열 비평가들이 이 같은 명분을 희망의 상실이라는 관점에서 아쉬움을 나타내고 있는 모습과는 달리 엄밀한 자성의 태도를 보이고 있어 주목된다.

이 점에서 필자를 포함한 많은 사람들이 80년대 문학을 이야기하면서 특정한 문학 이념과 정치 이념을 전제로 해 문학을 한 물줄기로 끌어 담으려고 했던 태도 자체는 비판되어야 한다. 문학은, 더구나 리얼리즘은 현실에 구체적으로 존재하는 인간으로부터 발원하여 삶의 구체성과 진실성을 찾아나서는 가치의 산물인 탓에 실제의 삶보다도 더 강렬한 삶을 체험하도록 만들지 않던가. 그러나 한때 현실의 총체성과 개별 삶의 구체성 사이에 간극을 두고 상호연관과 고리를 그다지 문제 삼지 않았던 폐단 또한 적지 않았다.[9]

임규찬과 비슷한 방향에서 리얼리즘론을 옹호한 젊은 평론가인 방민호에 대해서도 역시 비슷한 관찰을 할 수 있다. 그러나 그는 평론집 『비평의 도그마를 넘어』를 출간, 그 제목에서부터 이른바 민족문학론의 함정이기 쉬운 도그마에 대해 경계한다. 민족문학론에 대한 관심과 극복으로서 1990년대 이후의 줄기찬 도그마적 상황으로부터의 탈출이 조심스럽게 엿보이는 대목이다. 그의 책 첫머리를 보자.

민족문학인들에게 90년대는 아직도 당혹스러운 상실의 시대이다. 80년대와 90년대 사이에 가로놓인 세계사적인 전환과 이념의 조수현상이 지금도 감당하기 힘든 부담으로 작용할 것이기 때문이다. '이념의 시대'가 가고 '사실의 시대'가 도래했다는, 이 전략적이면서도 일면의 진실을 내포한 담론 앞에서 작가들은 머뭇거리며 역사소설이나 후일담으로 후퇴하기도 하고, 일상적이고 세태적인 묘사를 반복하는 데 그치기도 한다. 그 다양한 모색에도 불구하고 그들에게는 아직 이 시대현실과의 적극적 대면이 고통스러움으로 자리 잡고 있다.[10]

---

9) 앞의 책, p. 34.
10) 방민호, 『비평의 도그마를 넘어』, 창작과비평사, 2000, p. 13.

방민호는 그러면서 리얼리즘론에 대한 비판적 재인식을 행한다. 그는 여기서 '사실적 진실성'을 중시하는 태도에 방법론적 자유를 보다 넓게 허용하게 함으로써 작가적 창조성을 존중하라고 권고한다. 그럼으로써 황석영의 『객지』와 더불어 조세희의 『난장이가 쏘아올린 작은 공』도 함께 평가되어야 한다는 것. 이러한 시각에서 신경숙과 공지영을 함께 분석하고, 현기영과 전경린을 넓은 시야에서 포괄하는 것은 비평의 가능성을 열어두는 바람직한 자세일 수 있다.

박철화, 김만수, 김경수, 이희중 등, 이 밖의 유능한 평론가들에 대한 깊이 있는 리뷰가 불가피하게 줄어들게 된 것은 섭섭한 일이다. 올해 출간된 『문학적 지성』이라는 평론집을 합해 이미 서너 권의 저서를 상자한, 비교적 다작의 박철화는 비평적 감각이 탁월한 평론가로서 주목을 받아왔다. 그러나 프랑스 유학 이후 비평 이론의 주된 방향을 제시하지 않은 채 현장 비평의 명민한 판단력에 있어서도 다소 혼선을 보여줌으로써, 나로서는 안타까운 마음이 드는 것도 사실이다. 『문학적 지성』의 경우에 있어서도 그 초점이 손에 잘 잡히지 않는다. 강금실론까지 포함하는 사회론집, 혹은 문화론집의 인상을 풍기는 이 책에는, 그러나 다수의 작가론이 동시에 포함되어 있는데, 대상이 된 작가들이 과연 박철화의 비평 수준에 합당한 설득력 있는 인물들인지에 대해서는 의문이 남는다. 비평의 성과는 사실상 작가론에 있으며, 선택한 작가와 그 작가에 대한 판단과 평가, 즉 비평을 통한 작가의 얼굴은 곧 비평가의 얼굴이라는 점에서 비평적 삶을 거는 결단이 있어야 할 것이다.

김만수 역시 힘 있는 문체와 함께하는 예리한 평론가로서 그 출발이 주목되었다. 그러나 『문학의 존재영역』이라는 평론집을 오래전에 상재한 이후 활발한 비평 활동은 별로 눈에 띄지 않는 것 같다. 그보다는 전공인 희곡 연구에 몰두하는 연극학자로서의 길에 더 큰 매력을 느끼고 있지 않나 생각된다. 그러나 「시와 시인의 존재영역」 「소설과 영화 사이」 「폭력에 대응하는 몇 가지 유형」 등의 초기 글들은 내게 깊은 인상을 남긴 평문들로서, 주어진 재능이 더욱 훈련될 때 매우 유니크한 비평가로서 자리 잡을 것으로 기대했던 바, 아쉬움이 크다.

비슷한 인상은 역시 과작의 평론가 김경수에게도 있다. 10년 전『문학의 편견』이 간행된 이후 아직 후속 비평서를 못 읽은 상태인데, 김경수 역시 학자로서의 방향이 더 적합하다고 생각하고 있는지 모르겠다. 그러나 소설론에서 보여준 그의 능력은 충분히 기대할 만한 것이었으며, 박상륭, 김원우 등 비교적 해명이 덜 되었던, 혹은 해명이 힘든 소설가들의 세계가 그를 통해서 많은 부분 명쾌한 논리와 만난 것은 좋은 수확으로 기억될 만하다.

자칫하면 소위 강단 비평의 자리에 머물지도 모르겠다는 나의 기우 안에는 이희중도 있다. 그는 다행히 시인이기도 하여서 비평의 학문적 실증성으로서의 유혹에서 스스로 벗어나 비상을 꿈꾸기도 한다. 평론집『기억의 지도』(1998)에 담긴 글들은 그 같은 탈주의 욕망, 새들의 날갯짓으로 분방하다. 그러나 여기에도 함정은 있다. 비평가와 문장가는 매우 다르며, 수사학은 평론을 멋있게, 때로 화려하게 하는 것이 사실이지만, 근본적으로는 질적 내용이 담보된 맛있는 영양가로 뒷받침되어야 하기 때문이다. 보다 깊이 있는 세계관으로 시인을 찾아내고 껴안는 비평가로서의 성장을 기대한다.

「1990년대 이후의 젊은 평단 읽기」라는 다소 긴 제목의 이 비평가 리뷰는, 요컨대 세기말, 세기초의 새로운 비평 기류에 대한 나의 탐험기이다. 그 결과 나는 저들에게서 근대 논의가 새삼스럽게 재발되었으며, 그럼에도 불구하고 이렇다 할 평가가 유보된 채 머물러 있음을 보았다. 서영채와 황종연 등은 문제의 핵심에 날카롭게 접근했으나 무슨 까닭에서인지 더 이상의 진전을 자제하는 모습이어서 궁금했다. 사회 민주화가 막상 이루어진 상황에서 오히려 낙담을 고백한 임규찬의 리얼리즘론 반성, 그리고 방민호의 여유 있는 개념 확장 제의는 신선했다. 특히 전세대 선배들이 '희망'이라는 이름 아래 여전히 미련을 갖고 있는 사실성 존중의 리얼리즘론을 스스로 자성하고 삶의 다양한 구체성에 눈을 돌린 임규찬의 비평적 자세는 모름지기 모든 비평가에게 더불어 고려되어야 할 태도로서 바람직하다. 1990년대의 개막과 더불어 본격화된 사회주의 진영과 이념의 퇴조는 일반적으로 우리 평단에서도 진보 계열의 몰락과 반성으로 그 당위성이 논의되어왔으나, 반성은 사실상 이 밖의 모든 비평들에서 공통적으로 이루어져야 할 끊임없는 명제이다. 후기구조주의 혹은 탈구조주의, 그리고 이와 관련된 포스트모더니즘 논의 역시 구체적인 삶과의 연관성 아래에서 반성되어야 한다. 나는 이것을 비평의 '자기쇄신'이라는 말로 부르고자 한다. 문학 창작의 모든 생산물이 쉼 없는 자기쇄신의 과정 속에서 '창작'의 이름에 합당한 인정과 존경을 얻을 수 있듯이 쇄신은 반성의 기초 위에서 살아갈 것이다.

송희복의 실증적 열정, 김태환의 이론적 깊이, 유성호의 세속과 초월의 통합적 감수성 등은 근대 논의의 의미와 새로운 세기 속의 구체적 삶 속에서 명분론, 권력론 따위의 더께와 외피를 뚫고 솟아갈 새로운 비평사의 양분으로 큰 도움을 줄 것이다. 이광호의 절망적 예감도 오히려 성년의 근육이 될 것이며, 우찬제의 진지성도 경쾌성의 도움을 받아 한 묶음의 웃음으로 자라날 것이다. 김동식의 시니시즘과 아이러니는 많은 작가들의 공감과 연민 아래에서 더욱 풍성한 수원을 감춘 우물이 될 것이다. 그들 모두의 거대한 에고, 잠든 무의식까지 축복하고 싶다. 그러나 이 에고란 막연한 추상 아닌, 우리 속의 그 어떤 것(Id)과 밖의 세상을 매개하는 영역이라고 하지 않는가. 홀로이되, 매개하는 고독자로서 더욱더욱 빛나기를.

# 페넬로페는 천사인가
—— 1990년대 이후 젊은 평단 지형 읽기 3

1

1990년대는, 적어도 문학에 관한 한, 여성의 시대였다. 그리고 그 시대는 여전히 계속된다. 여성 소설가들에 있어서, 여성 시인들에 있어서, 그리고 무엇보다 여성 평론가들에 있어서 1990년대는 참으로 위대했다. 특히 한국 문학사상 처음으로 나타난 여성 비평가들의 대거 등장 현상은 비평이 더 이상 남성적 장르가 아니라는 사실을 일깨우는 동시에, 말의 가장 날카로운 의미에서의 비평은 오히려 여성들에 의해서 가능하다는 인식을 열었다.

젊은 여성 평론가 김용희에 의하면, "여성의 글쓰기는 형성되기를 끝없이 거부하면서 써나가는 글쓰기다."[1] 낭만적 반어를 연상시키는 이 명제는 문학의 운명을 꿰뚫는 발언이다. 1992년부터 글을 쓴 그는 연대적인 의미에서 이른바 386세대의 전형이다. 386세대란 무엇인가. 4·19세대가 그러하듯이 386세대란 이십대 학생 시절을 전후하여 이른바 6·29 항쟁을 체험한 세대로서, 자신들과 자신의 세대에 강한 자부심을 갖고 있으며 따라서 자기의(自己義)가 강하다. 자기의란 물론 반드시 긍정적 측면만을 지닌 것은 아니지만, 일

---

1) 김용희, 『페넬로페의 옷감 짜기』, 문학과지성사, 2004, p. 7.

단 이전 세대와 변별되며, 그후로도 독자적인 개성의 세계를 전개한다. 김용희가 여성이면서 동시에 386세대라는 사실은 따라서 겹의 의미를 지니는데, 이 점은 1990년대 이후 여성 비평가들에 물론 공통으로 해당된다. 또한 여성이 아니므로 겹의 의미 안에 있다고 할 수는 없으나, 이 세대의 남성 비평가들과 연관되기도 한다. 그럼에도 김용희의 비평이 이 세대의 비평가 전반을 조감함에 있어서 나의 시계 그물에 첫 포획물로 떠오르는 까닭은, 그가 여성 비평가로서 문학 비평의 본질에 부합한다고 생각되는 시그널을 의미심장하게 깜빡이고 있기 때문이다. 그는 새로운 언어로 비평의 새로운 현관을 열어 보이면서 낡아갈 수도 있는 나의 비평의 행보를 붙잡아 그 속으로 이끈다. 거기서 내가 본 것은 여성과 문학의 한 몸 된 광경이다. 메두사 아닌 한 쌍의 누에나방.

여성성의 언어야말로 문학의 언어가 아니고 무엇인가. 문학은 원래 페미니즘적이다. 언어를 강박하고 있는 이념과 현실적 규정을 푸는 것이다. 언어의 관절과 피를 자유롭게 돌게 하는 것이다. 이것이 시 육체의 해방이라 할 수 있다.[2]

거칠게 도식화하면 여성이 문학이고, 문학이 여성이라는 것이다. 언어를 언어 밖의 것에서 풀어내듯, 여성도 여성 아닌 것들로부터 놓임을 받아야 한다는 것이다. 김용희의 비평은 그러므로 종래의 페미니즘에서 진일보한, 좀더 긍정적으로 바라본다면 1990년대 페미니즘을 쇄신하는 면이 있다. "한국 문학에서 페미니즘 논의는 좀더 진화할 필요가 있다. 여성 정체성과 실존의 측면에서 문제를 바라보아야 한다"[3]는 그의 주장은, 따라서 페미니즘 논의뿐

---

2) 앞의 책, p. 20.
3) 같은 책, p. 19.

아니라 문학 비평 자체의 질적 규모를 강화한다. 이데올로기의 사회학적 실현이 페미니즘에서 중요한 것이 아니라는 분명한 소견은, 페미니즘이라는 보호막 아래 칩거하면서 전투적 진술을 주류 메시지로 삼아온 흐름에 대한 도전으로 읽힌다.

> 문제 제기와 실천의 측면이 중요한 것이 아니다. 더 일차적으로 여성 언술의 여성성 실현, 미학적 진정성의 관점이 더 요구된다.
> 여성 전사적 글쓰기는 그로테스크하다. 스타일은 신경증적이고 기괴하다. 비명과 신음만으로 현실 너머에 있는 비의를 불러들이기에 충분하다. 마치 주술사의 저주처럼 의식 너머에 있는 불온한 타자를 불러온다. 나는 이 시점에서 그 반대의 극점에 있는 모성적 언어에 대한 이야기를 하고 싶다.[4]

그러면서 김용희는 저주와 비명 아닌 '젖은 것' '따뜻한 것'으로서의 언어를 내놓는다. 이러한 견해는 아마도 '여성 전사적 글쓰기'에 의하면 다분히 퇴영적이며 남근주의로의 투항쯤으로까지 평가가 내려앉을지 모르는 모험일 수도 있다. 그러나 허수경, 김혜순, 강신애, 조말선, 이경림, 김선우, 김명리, 나희덕, 이선영, 이진명, 조용미, 천양희, 이수명 등의 시 세계를 날렵하면서도 한 바늘에 짜깁는『페넬로페의 옷감 짜기』를 읽으면, 퇴영은커녕, 저 앞을 내닫는 현란한 감성과 자신감이 여성 문학의 아름다운 위의(威儀)를 한 층 뽐내고 있음에 압도된다. 그리고 내닫은 그 지점까지 여성 문학이 성큼 도달했음이 확인된다.

이렇듯 여성의 성적 정체성을 모성성과 섹스의 통합적인 차원에서 관찰하는 평론가가 물론 김용희만은 아니다. 그렇다기보다는 오히려 대부분의 여성 비평가들은 표면상 통합적이다. 그러나 그들 비평의 내부에 침잠할 때, 그들

---

4) 앞의 책, p. 19.

은 크게 보아 두 가지 성격으로 대별된다. 첫째는 객관적·추론적인 비평, 다음으로는 분석적·감성적인 비평이다. 『문학의 신비와 우울』(문학동네, 2002)의 박혜경, 『현대시 깊이 읽기』(월인, 2002)의 이혜원, 『오룩의 노래』(하늘연못, 2001)의 정끝별, 『풍경 속의 빈 곳』(문학동네, 2002)의 김수이 등이 이를테면 전자에 속하며, 분석적이면서도 양자를 아우르는 경우는 김용희 외에 『우리 시대의 여성 작가』(문학과지성사, 1999)의 황도경과 『여성문학을 넘어서』(민음사, 2002)의 김미현이 돋보인다. 이들 이외의 비평가들, 즉 신수정, 최성실 등은 분석적이면서 성 담론을 중심으로 한 이른바 '여성적 글쓰기'에 상당한 관심과 재능을 발휘하고 있다. 어떤 의미에서 이 두 비평가는 페미니즘의 핵심에 자리하고 있다고도 할 수 있다. 특히 최성실은 모성성을 중심으로 한 여성성의 우월 가능성이라는 오래된 여성주의를 뒤집고, 섹스를 중심으로 한 여성의 우위를 감성적, 논리적으로 강력하게 주장함으로써 거의 독보적인 위상을 확보해나간다. 반면 『미로 속을 질주하는 문학』(창작과비평사, 2002)의 백지연은 통합적이면서도 비교적 분석적인 조심스러운 길을 걷는다.

박완서, 오정희 등의 중진으로부터 최윤, 양귀자 등의 중견, 신경숙, 전경린, 배수아, 한강 등과 같은 젊은 작가들을 한자리에서 함께 다루고 있는 『우리 시대의 여성 작가』의 황도경의 숨결은 김용희보다 조금 완만하고, 문체는 화려하기보다 단아하지만, 그 지향점은 비슷해 보인다. 원로작가 박완서의 세계를 이미 「생존의 말, 생명의 몸」으로 규정하고 있는 데에서 밝혀지듯이 황도경에게서 중요한 것은 말, 그리고 몸이다. 둘은 서로 떨어져 있지 않으며, 그 분리는 통합의 노력에 의해 연락된다.

불모적 현실과 생명에의 갈망이라는 그녀의 주제는 많은 경우 말과 몸에 대한 인식을 통해서 드러난다. 그녀는 몸의 죽음과 말의 죽음에 민감한 작가다. 그녀의 많은 작품은 몸과 말의 죽음으로 파악된 현실에서 이를 부활시키려는

꿈을 담고 있다. 그녀에게 말과 몸과 생명은 같은 말이다.[5]

박완서의 장편 『나목』에 대한 탁월한 분석의 한 구절이다. 영혼의 자유를 주지만 몸의 욕망을 만족시켜주지 못하는 사람과, 그와 반대로 성적 욕구의 충족뿐 영적 충일이 결핍된 사람 사이에서 방황하는 인물로 소설의 주인공 성격을 파악해낸 것은, 얼핏 보아 손쉬운 해석 같지만 사실은 인간, 특히 여성성의 바람직한 형상으로 문제의식을 집중했을 때에만 가능한 경지이다. 나로서 특히 흥미로운 것은, 황도경이 '말'에 끈질기게 착상하고 있다는 사실이다. 여러 명의 작가론에서 그것들은 「생존의 말, 생명의 몸」 「어긋나는 말, 혹은 감추어진 말」(오정희론), 「흘러가는 말 혹은 삶」(최윤론), 「희망을 찾아가는 발 혹은 말」(양귀자론) 등으로 규정함으로써 몸, 즉 생명의 존재태(存在態)는 여성에게 있어서도 '말'일 수밖에 없다는 사실을 입증해낸다. 이러한 문학적 소명감과 그것을 불러오는 능력은 몸을 섹스의 차원에서만 단순화시키기 일쑤인 페미니즘의 일방성을 근원에서 차단한다. 섹스의 작가처럼 알려진 전경린에 대한 논의에서 특히 그 빛이 강렬하다.

마녀의 탄생. 전경린의 소설을 두고 아마도 우리는 이런 말을 할 수 있을지 모른다. 여성의 운명의 형식에 대한 접근으로 요약될 수 있을 그녀의 소설에는 천사의 이미지 아래 혹은 여성다움의 미덕 아래 가려지고 억눌려 있던 본능의 몸부림, 불온한 정열, 광기의 그림자가 어른거린다.[6]

그 속에서 우리는 여성의 운명이라는 낯익은 주제를 전혀 낯선 방식으로 만난다. 아버지에 의해 처형된 마녀, 여성들의 내면에 원죄의식처럼 자리잡고

---

5) 황도경, 『우리 시대의 여성 작가』, 문학과지성사, 1999, p. 14.
6) 앞의 책, p. 169.

있는 이 마녀는 이성과 합리, 질서와 규율 위에 세워진 아버지의 집을 무너뜨리며 새로운 생명의 근원으로 부활한다. 그녀가 제시하는 이 어둠과 혼돈의 길은 저무는 이십세기의 끄트머리에서 발견한, 영혼을 증명하러 떠나는 새로운 길임이 분명하다.[7]

욕망으로 뒤척이는 육체 속에서 새로운 영혼의 힘을 보고 적어내는 일은 문학 비평의 힘이며 자랑이다. 한편 『판도라 상자 속의 문학』(민음사, 2001)의 김미현도 미세한 감성과 차분한 논리로 몸과 영혼, 모성성과 섹스를 아우르며 그 의미의 한계를 짚어냄으로써 건강한 비평의 지평을 예감케 한다.

팝콘 비너스Popcorn Venus와 탱크걸Tankgirl 사이에 있는 아다(영화 「피아노」의 여주인공). 누가 아다를 사랑하랴. 그리고 누가 아다를 무서워하랴. 아다는 큰 가슴이 최대의 장점인 팝콘 비너스이기는커녕 덜 자란 아이처럼 왜소하다. 그리고 철의 주먹을 쥐고 폭력도 마다 않는 탱크걸이기는커녕 풀잎처럼 연약하다. 그래서 〈여성의 시대〉라는 1990년에도 지나치게 여성답거나 지나치게 남성다운 여성들 속에서 아다 같은 여성들은 설자리가 없다. 수많은 아다들이 인어 공주처럼 목소리를 잃어버린 채 여전히 벙어리로 존재하고 있다. 이런 그녀들의 입은 말을 낳지 못하는 불모의 자궁이다.[8]

김미현은 말하자면 그 자신 아다와의 일치감을 고백한다. 탱크걸의 여성 전사에는 결코 이르지 못하면서도 팝콘 비너스에는 머무를 수 없는. 그리하여 그가 작가들과의 만남을 통해서 기록하는 언어의 중심에는 단연 섹스가 있다. 그럴 수밖에 없을 것이다. 그 이유로서 김미현은 "신세대 문학의 육체

---

7) 같은 책, p. 202.
8) 김미현, 『판도라 상자 속의 문학』, 민음사, 2001, p. 67.

가 정신의 반대급부가 아니라 오히려 그 부속물이라는 사실을 확인"하려고 하기 때문이라고 본다. 신세대와 성은 밀월 관계 아닌 냉전 관계라는 것이 그의 기본 인식이다. 옷은 벗었지만 육체는 드러나지 않는, 슬픈 누드라는 것이다.

누드를 알몸과 구별하여, 알몸에 어떤 시각을 입혀 가면으로 변형된, 대상화된 상태로 파악하는 그는 1990년대 문학을 풍미한 성 담론을 정직하지 못한 성의 왜곡으로 보고 있다. 백민석, 배수아, 조경란, 김영하, 박청호의 섹스에 그가 특히 주목하고 있는 것도 이 까닭이다. "신세대는 공포감이나 위기감 때문에 섹스한다"는 단정적 현실 진단은, 그러므로 김미현이 여성 문학에 관한 적잖은 평문을 썼음에도 불구하고 페미니즘에 제한된 비평가가 아님을, 더구나 그 현장의 병사도 아님을 말해준다. 그러나 페미니즘 비평가로서의 상당한 몫을 그는 또한 피하지도 않는다. 그는 전의를 다지면서도 동시에 그것만으로 문학의 일이 수행되지 않는 것을 안다. '이브의 역사' '여성과 여/성' '현실 속의 현실' '차별에서 차이로' 들로 구성된 『여성문학을 넘어서』라는 책의 제목이 그것을 압축 표현한다.

## 2

그러나 페미니즘에 대한 이러한 반성적 인식은, 여성성의 발견을 위한 상당한 분석의 시간과 낮지 않은 주장의 육성을 거치면서 획득된 것이다. 이른바 여성적 글쓰기의 중심적 화두로서 오랫동안 부각된 몸의 문제는 반드시 거쳐야 했던 테마의 중심이었다. 몇몇 여성 평론가들이 날카로운 논리를 이와 관련하여 전개했는데, 『푸줏간에 걸린 고기』(문학동네, 2003)라는 도전적인 제목의 비평서를 내놓은 신수정의 논지는 바로 그 가운데에 자리한다.

여성적 글쓰기란 이 저항의 언어화이기도 하다. 따라서 여성이 말하는 바를 그대로 따라가는 것은 무의미하다. 말을 하는 순간 여성은 사라진다. 말이란 여성의 추방이자 아버지의 현존에 가깝기 때문이다. 그러나 말이 아니라면 그 무엇으로 글쓰기를 행할 수 있을까. 여성적 글쓰기는 이 이중의 부정 속에 존재한다. 여성을 재현해내기 위해 우리는 언어와 동시에 사라진 그 여성을 찾아내 다시 언어화해야 하는 모순을 수행해야만 한다. 〔……〕 때 묻고 불투명한 언어 이전의 언어들만이 우리의 언어가 배제하고 폐기한 그 어떤 것을 되살려낼 수 있다. 여성의 언어는 그 세계에 속한다.[9]

신경숙과 김혜순의 작품들을 예증하면서 씌어진 이 글에서 신수정이 주목한 것은 언어화되기 이전의 언어로 그가 규정한 '비명'이다. 비명은 끊임없이 언어화에 저항하며, 언어적 상징화 과정의 이전, 혹은 그 바깥에 존재하는 언어라는 것이다. 세밀하게 뜯어 읽지 않으면 이해가 그리 쉽지 않은 이 같은 진술의 핵심은, 그러나 의외로 간단할 수 있다. 그것은 '여성이 말하는 바를 그대로 따라가는 것은 무의미'하다는 데에 있다. 여성 텍스트는 대체로 무언가를 은폐하고 있기 때문에, 거기서 여성이 말하는 방식을 번역해내야 한다는 것. 신수정은 이러한 여성 언어의 특징을 아예 '기만의 복화술'이라는 대담하고 분명한 용어로 규정한다. 따라서 페미니즘의 물적 토대, 즉 사회 경제적인 측면에 대해서 그는 상대적으로 관심이 별로 없다. 대신 그는 여성적 진술 방식에 훨씬 적극적인 흥미를 나타내는데, 배수아와 신경숙에 그 흥미가 집중되는 것은 시사적이다. 여성 작가들로서 그 밖에 신수정은 은희경, 하성란, 윤효, 김이태, 박완서론 등을 쓰고 있지만, 배수아와 신경숙 분석에서 칼의 날과 빛이 제대로 반짝인다. 이 부분은 여성 작가 아닌 남성 작가들에 대해서도 신수정이 광범위한 관심을 갖고 있다는 점과도 연결된다. 남녀

---

9) 신수정, 『푸줏간에 걸린 고기』, 문학동네, 2003, pp. 21~22.

작가들을 모두 포함해서 그의 시계에 호출되어 머무르는 작가들은 배수아, 신경숙 이외에 장정일, 백민석, 김영하 등인데 이들의 분석을 통해 획득된 1990년대는 신수정에게 이렇게 인식된다.

> 지난 연대 우리 문학의 사회정치적 리비도를 내면화한 90년대 문학은 이제 '푸줏간에 걸린 고깃덩어리'들이 구현하고 있는 쓸쓸한 신성을 통해 문명과 제도의 폭력성에 대해 문제를 제기한다.[10]

장정일의 권위 부정 · 자기혐오 · 문학 모독의 성향과 백민석의 환멸 · 권태라는 질식의 분위기, 그리고 김영하의 남성성이 거세된 신인류의 출현 등은 물론 여러 평자들에 의해 비슷하게 분석된 일이 없지 않으나 신수정에게서처럼 극명하게 호명된 일은 없는 것 같다. 특히 아버지에 대한 도전을 통해 남근을 부정하고 자기 스스로를 파괴한다는 차원에서 이들의 시대적 공감대를 깊이 있게 묶어낸 안목은 평가될 만하다. 이러한 견해가 설득력을 얻을 때 1980년대 이전의 거대 담론은 전 세대적인 '아버지'로 이해되며, 그 소멸은 자연스럽게 '아버지'의 퇴장으로 이어진다. 신수정은 말한다.

> 파괴는 또다른 파괴를, 폭력은 또다른 폭력을 부른다. 또다른 아버지의 위치로 격상된 박노해와 자기모멸로 귀착된 장정일의 유희자는 이 악순환에서 자유롭지 못하다. 이제 우리는 이 계몽적 자아, 이 남성적 자아로부터 어떻게 벗어날 것인가를 고민해보아야 한다. 김영하 문학이 떠오르는 것은 바로 이 지점에서다.[11]

---

10) 앞의 책, p. 71.
11) 앞의 책, p. 61.

그리하여 김영하는 신/인간, 남자/여자의 대립을 무화시키는 존재, 이제까지 존재하지 않았던, "그러나 언제나 우리 속에 존재하고 있었던"[12] 새로운 인간형을 선보이고 있다는 것이며, "아버지를 거부하는 아들의 새로운 서사가 시작되고"[13] 있다는 것이다. 신수정의 페미니즘은 말하자면 김영하의 이 아들과 비교적 편안한 동거 관계에 있다. 그 아들은 남자도 아니고 여자도 아닌 존재에 대한 열광과 더불어 남성성에 대한 혐오와 경멸을 지닌 소위 '투명인간'이기 때문이다. 게다가 이 같은 세계의 비현실성을 극복하는 길로 옹호되는 김영하의 판타지적 성격은 여성 작가의 경우 배수아에게서 전형화되며, 그것은 신수정 페미니즘의 성격을 형성한다. 그러나 아이러니컬하게도 김영하가 만들어놓은 남녀의 성이 무화된 신인류의 판타지가 배수아에게서 행복하게 재현되고 있는 것은 아니다. 마치 김영하가 거세를 통해 남성성을 버려버렸듯이 배수아의 여성들은 의사소통이 안 되는 파탄의 섹스, 강간당해 죽은 사자(死者)의 모습, 혼외정사로 쫓겨난 여자의 악몽 꾸기 등등. 신수정의 표현에 따르면 배수아에게 있어서 "섹스는 자해의 일종이며 남아 있는 것은 '달콤한 몰락의 고통'"[14]일 뿐이다. 그리하여 남녀의 성 구별이 의미 없어진 상황에서의 여성으로서 성적 주체성을 구사하는 대신, 버림받았다는 위기의식과 고아의식 안에서 낭만적 동경과 애정 갈급으로 그의 소설은 긴장감을 얻고 있다는 것이다. 그러나 그 긴장은 사랑의 갈망과 부재가 순환의 고리로 연결된, 제자리를 맴도는 일종의 정역학(靜力學) 풍경이다. 타락한 욕망으로 얼룩진 세상의 풍속을 여성들의 탐욕으로 바라본 김원우의 소설에 직설적인 비판을 가하기도 했으나, 신수정의 페미니즘은 그보다는 여성성 내부를 남성성과의 조응 아래에서 천착함으로써 그 본질 조명에 적잖은 성과를 거둔 것으로 생각된다.

---

12) 같은 책, p. 69.
13) 같은 곳.
14) 앞의 책, p. 170.

『푸줏간에 걸린 고기』는 마침내 『육체, 비평의 주사위』(문학과지성사, 2003)라는 다소 래디컬한 평론집을 낳는다. 가장 최근에 발간된 이 책의 저자 최성실은 아마도 남녀를 불문하고 이른바 '성적 상상력'에 도전한 최초의 한국 비평가가 아닌가 싶다. 포르노, 섹슈얼리티, 에로티즘을 한입에 움켜잡고, 이를 여성성과의 관련 아래 규명하고자 하는 그의 야심은 대담하다.

'육체'란 결코 자연스럽게 주어진 것이 아니다. 에로티즘을 통한 육체적 현현에도 복잡하고 미묘한 심리적인 모순과 갈등이 얽혀 있는 것이다. 최근 몇 년 동안 문화사적인 관심의 대상이 퀴어(queer), 양성애자, 성전환자, 소수민족의 담론 등으로 옮겨지면서 성 정체성, 섹슈얼리티의 문제, 에로티즘에 대한 새로운 재해석, 포르노의 새로운 평가가 본격화되고 있다. 그럼에도 불구하고 이를 한국 문학에서 적극적으로 수용하고 반영하지 못하는 것에는 여러 가지 이유가 있겠지만 무엇보다도 그동안 한국 문학이 짊어지고 걸어온 문학적 엄숙주의가 큰 원인으로 작용했을 것이다.[15]

그러면서 최성실은 과연 육체를 비평의 주사위 삼아 무섭게 파헤친다. 그가 처음에 주목하고 있는 부분은, 신수정이 발견한 비명처럼 육체에 붙어 있는 언어, 혹은 아직 언어화되지 않은 언어이다. 시인 김선우를 말하면서 "그 언어 이전에 혼성적으로 섞여 있는 잡종적인 상상력의 근원지가 무엇인지를 묻게 한다는 측면에서 문제적[16]"이라고 기술했을 때, 최성실의 비평적 출발점이 이미 육체 속에 들끓는 모습으로 뜨겁게 익고 있었음이 쉽게 감지된다. 김선우의 시 속에서 자유로움과 생명성을 확인해주는 육체의 가벼움을 본질로 본 그는 자신의 비평 또한 그 가벼움의 지향을 통해 정체성을 느끼고 있음

---

15) 최성실, 『육체, 비평의 주사위』, 문학과지성사, 2003, p. 73.
16) 앞의 책, p. 33.

이 분명하다. 그리하여 그의 비평적 관심은 일체의 성적 해방은 물론, 국가주의, 이데올로기 등 모든 억압에의 저항을 바라본다. 이러한 해방 의식을 통하여 추구하는 그의 성적 상상력은 남녀 작가들을 가림 없이 포괄하는데, 특히 이인성, 배수아, 장정일, 백민석, 전경린, 김혜순, 김선우, 허수경 등에 곧잘 머무른다. 이들 작가들이 성 테마를 중심으로 한 실험성이 강한 소설가, 시인들이라는 점을 감안하면 당연한 고려이다. 이 과정에서 특히 흥미로운 것은, 포르노 속의 여성이 남성 관객의 쾌락을 담보로 하는 성적 대상이 되어 여성의 성적 권위를 실추시켰다고 주장하는 페미니스트들을 향한 날카로운 그의 비판이다. 한 발짝 더 나아가서 그는 보드리야르의 지론을 원용하면서 "포르노는 남성의 지배 하에 있는 여성의 이미지 자체를 '놀이'로 치환하고 이를 통해서 오히려 소외된 여성의 이미지를 더욱 사회적인 차원에서 언표화할 수 있었다는 것은 설득력"[17] 있다고 동의한다. 뿐더러 남성은 규범적이며 남근 역시 별 위력이 없고 도리어 여성의 성적 매혹이 오랫동안 억압과 불감증을 겪어온 여성 피해의 역사에 복수하는 것이라는 과감한 주장을 편다. 비록 포르노에서 전개되고 있는 논지이지만, "여성의 유혹은 기호를 흡수하는 가운데 이루어지는 공모이며 비밀리에 이루어지는 음모와 같"으며, "그렇기 때문에 도전할 수 있고 논리화될 수 있는 것이다"[18]는 견해는 새롭고 사뭇 충격적이다. 그것은 여성성이 더 이상 남성성보다 열등하지 않다는 부정과 회복의 논리가 아니라, 남성성을 이끄는 적극적인 주도의 논리로 주목된다. 최성실이 이런 상황의 한 바람직한 보기로서 전경린의 초기작들을 거론하다가 그 성향이 다소 보수화된 최근작들에 안타까움을 표하는 이유도 여기에 있을 것이다. 그러나 그의 평론이 반드시 이 같은 의식에 철저하게 적용되고 있는 것은 아니다. 여성성의 문제는 복잡한 실타래와 같이 엉켜 있다

---

17) 같은 책, p. 61.
18) 같은 책, p. 63.

는 것을 그는 인정하는데, 이러한 총체적 인식이 사실은 가장 중요하며, 급진적으로 보이는 내용과 문체에도 불구하고 그 위상이 소중하게 평가되어야 할 이유이다. 특히 과학 기술과 자본주의라는 근대의 신화에 한편 저항하면서도 다른 한편 그것에 의해 진보되는 여성성의 양면을 함께 파악하는 안목은 예리하고 믿음직스럽다. 가장 앞선 자리에 나간 최성실이 이러한 안목의 종합성을 더욱 성숙시키기 위해서는 광기와 위반의 실험성 속에서만 희망의 가벼움이 존재하는 것은 아니라는 것, 무거움도 때로 가벼움일 수 있다는 보다 총체적인 인식이 긴요하다.

## 3

지향점에 있어서 김용희, 황도경, 김미현 등과 같은 곳을 보고 있으나 객관적·추론적 논지로 현실을 응시하는 비평 쪽을 보자. 최성실처럼 근본적이지는 않으나 페미니즘, 특히 시에서의 여성성을 천착하고 있는 정끝별도 크게 보아 이 범주 안에 들어간다. 그러나 그의 비평은 분석적이라기보다는 추론적이며, 그런 의미에서 다소 아카데믹하다. 물개 여인과 외로운 사냥꾼 사이에서 태어난 자식인 오룩의 신화에서 제목을 따온 평론집 『오룩의 노래』가 주로 시 평론으로 구성되어 있는 것은 그 자신 시인이기도 하기에 당연한 일로 보인다. 그러나 그 가운데 「여성성으로의 귀환 혹은 비상」이라는 부분이 비평의 중심을 이루고 있는바, 이는 정끝별의 관심이 아들로서의 오룩보다는 딸로서의 오룩에 쏠리고 있음을 보여주는 것이다. 마치 그의 시가 그러하듯 그의 관심은 열정적으로 달구어지지 않는다. 여성주의 시가 어떻게 그동안 전개되어왔는지 역사적 섭렵이 우선이다. 그 결과 개념과 용어에 대한 자기 스스로의 합의를 거쳐 분석의 현장에 내려선다. 김승희와 김언희 등 몸을 주제로 한 여성적 글쓰기에 과격한 접근을 보이고 있는 시인들과 천양희, 나희덕 등 비교적 전통적인 여성상의 기반 위에서 새로운 글쓰기를 모색하고 있는 시인들이 함께 그 현장에 참여한다. 그러나 넓은 그 스펙트럼은 정끝별의 관심이 광범위하다거나 혹은 모호하리라는 짐작과는 무관하다. 그는 양쪽을 모두 섬세하게 이해하면서도 어느 쪽으로도 깊이 몸을 던지지 않는다. 여성 소외를 고발하는 전복적 언술을 친절하게 안내하면서도 그는 여성 자아의 초극에 가까운 희생의 모성에도 긍정적 시선을 보낸다. 비평가로서의 정끝별의 목소리가 단정하지만 강하게 울리지 않는 것은 이런 까닭이다. 객관은 좋은 가치이지만, 모든 것을 말하고자 할 때, 아무것도 말하지 못하는 불이익이 때로 그곳을 찾아든다.

그러나 이 같은 의식은 비평가 개개인의 능력 배후에서 서서히 성장해온 보다 폭넓은 성 의식 전반의 성숙과도 관계된다. 가령 1980년대 후반에 외롭게 데뷔한 박혜경의 조용한 분전이 이런 차원에서 당연히 주목된다. 그는 1990년을 전후한 등단 초기에는 남녀의 성 문제, 이른바 젠더에는 깊은 관심을 갖지 않고 작가 일반론을 단정하게 펼쳐나간, 기대되는 젊은 평론가일 따름이었다. 내 기억으로 그가 젠더에 관심을 나타낸 첫 글은 「사인화(私人化)된 세계 속에서 여성의 자기 정체성 찾기」(『상처와 응시』, 문학과지성사, 1997) 같은데, 1990년대 중반쯤이 아닌가 싶다.

"여성 작가들이 몰려오고 있다"는 말은, 다분히 저널리즘의 표제로 낯익음직한 통속적인 울림을 지니고 있기는 하지만, 최근 우리 문학계의 한 두드러진 현상을 단적으로 지적하는 데는 꽤 적절할 표현이라고 할 수 있을 것 같다.[19]

〔……〕 최근 활발한 활동을 벌이고 있는 30대 여성 작가들의 문학 세계는 아직도 여전히 형성기에 놓여 있다.〔……〕 그녀들은 그녀들이 지닌 여성적

---

19) 박혜경, 『상처와 응시』, 문학과지성사, p. 70.

감수성을, 여성 작가들에 대한 기존의 사회적 통념을 과감하게 수정하는 적극적인 전략으로 활용하면서, 우리 문학의 지평을 다양하게 넓혀나갈 풍부한 가능성으로, 지금 우리 앞에 놓여 있다.[20]

여성 작가들의 대두를 차분히 수용하면서 그 문학적 역량을 가능성의 차원에서 관찰하는 발언이다. 여기에는 현상을 미리 포착하고 그 본질을 앞서서 통찰하는 날카로움, 더욱이 과격한 주장은 없다. '과감하게' '적극적인'과 같은 표현을 쓰고 있으나 기껏해야 '통념의 수정' 수준이다. 박혜경 자신 워낙 온건한 저널리즘적 비평의 분위기를 지닌 평론가로서, 사태를 냉정하게 관망하겠다는 태도일 것이다. 이러한 태도와 더불어 그는 여성 평론가라는 사실과 무관하게 여성 작가에 대한 특별한 배려 없이 1990년대 평단에 임하며, 오히려 남성 작가들의 작품에 나타난 여성의 이미지들이라는 시각에서 「그녀들의 초상」(『문학의 신비와 우울』 수록)과 같은 글을 쓴다. 이 글에서 그는 남성적 환상 속에서의 여성은 '성(聖)'과 '성(性)' 양면에 치우친 허구로 인식됨을 밝혀내는데, 이러한 진술은 앞에 거론된 평론가들──김용희, 김미현, 신수정, 최성실──이 간헐적으로 개탄하고 있는 성녀와 마녀, 혹은 창녀라는 양극화된 도식과도 결부되는 것이다. 앞의 인용문보다 몇 년 뒤에 발표된 「'그녀들'의 초상」에는 그리하여 훨씬 진전된 구체적 주장이 담겨 있는데, 이로써 박혜경은 그 스스로 여성 비평가로서의 시대적 문제의식의 전열에 서 있음을 부인할 수 없게 되었다. 또한 그 논리는 1990년대 후반 페미니즘 논의의 기본 바탕을 이루면서 후진들의 보다 선명하고 신선한 도전을 촉발시킨다.

페미니즘 문제를 단지 남성 지배의 사회구조 속에 억눌려 있던 여성들의 공

---

20) 앞의 책, pp. 92~94.

격적인 욕구불만의 표출이라는 차원이 아닌, 권력과 제도가 인간의 삶을 길들이는 사회적 시스템 자체의 재생산 메커니즘에 의해 파생된 문제라는 차원에서 접근할 때, 페미니즘은 소모적인 순환논리의 한계를 벗어나기 어려운 성대결의 범주를 넘어, 여성과 남성 모두를 포괄하는 제도화된 억압의 양상들에 대한 보다 생산적인 물음의 양식으로 전환될 수 있을 것이다.[21]

진전되었다고는 하지만, 여성성에 대한 탐구에 기반을 두었다기보다는 여전히 억압론의 차원에서 양성 모두를 껴안음으로써 페미니즘 본래의 발상은 물론, 그의 후배들에게도 미상불 불만스러울 수밖에 없는 인식이다. 박혜경과 이어지는 성향 위에서 백지연의 비평도 발견된다.『미로 속을 질주하는 문학』을 상자한 그의 관심은 페미니즘에 제한된 것이 아니다. 1990년대 문학 전체를 허무주의와의 싸움으로 파악한 그는 신수정이나 최성실처럼 작가와 더불어 자신의 세계관을 진행시키지는 않는다. 말하자면 자신이 선택한 작가 속에서 세계를 보지 않는다. 그 작가의 광기와 수치를 만지면서 그 기원을 훑지 않는다는 것이다. 그보다는 작가와 작품의 외포를 응시하고 거기에 이름 붙인다. 이를테면 윤대녕의 소설은 "고독한 단독자의 환상 체험"이며, 김연수의 소설은 "문화적 노스탤지어"라는 식이다. 촌철살인의 명명은 비평의 재치를 반영하지만, 다른 한편으로는 작가 개개인에 대한 섬세한 애정의 부족으로 비판될 수도 있다. 그 대신 대상 작가들과의 일정한 거리 때문에 얻어지는 냉정한 객관성은 문제를 잘못 바라보는 오류를 피하게 하는 이점과 연결되는데, 이 점은 페미니즘과의 관련 부분에서도 해당된다. 그의 평론집 가운데「여성, 타자(他者)로 호명되는 글쓰기」에서 박경리, 최명희 등 대형 여성 작가들이 주로 다루어지고, 젊은 작가들의 경우에 있어서도 강한 여성성으로 주목되는 작가들이 시선을 끌지 못하는 것도 이와 무관해 보이지 않

---

21) 박혜경,『문학의 신비와 우울』, 문학동네, 2002, p. 58.

는다. 그 가운데에서도 주목되는 것은 공지영, 서하진 등 결혼과 불륜의 테마로 페미니즘에 불을 붙인 여성 작가들의 세계를 백지연이 정면으로 파헤치고 있다는 점이다.

이렇듯 김미현, 김용희, 황도경, 신수정, 최성실 등이 2000년대 이후 급격하게 대두된 성 담론을 중심으로 몸의 페미니즘을 다루고 있다면, 그 이전의 현실은 결혼이나 가족 질서 안에서의 여성의 절망, 그 탈출구로서의 불륜과 같은 가정 비판에 머무르는 상황이었다. 백지연의 포커스가 이를 향하고 있는 것은 중심에 근접한, 타당한 시각으로 생각된다. 특히 『무소의 뿔처럼 혼자서 가라』 『착한 여자』 등의 장편으로 페미니즘 문학을 1990년대 초에 발화시킨 공지영에 대한 신중한 분석은, 사실 이러한 범주의 작가론으로서 최초가 아닌가 싶다. 이 글에서 백지연은 공지영이 결혼의 신화를 부수고 여성의 홀로 서기를 과감하게 주창했다는 사실에서 페미니즘 개막의 주인공으로서의 의미를 높이 평가하면서도 남성과 여성을 도식적인 대립 구도 안에서 분열시키고 있는 한계를 아울러 지적하였다. 남녀 통합적인 시각이라는 면에서 박혜경과 비슷한 자리에 있는데, 2000년 이후의 여성의 몸 담론을 상기한다면 아직 덜 분화된 상태라는 비판이 가능할 수도 있다. 그러나 1990년대 중반의 페미니즘은 가부장적 남근주의에 대한 반발과 억압적 가정 질서로부터의 일탈이 그 내용이었으며 백지연의 여성적 비평은 그 범주 내에서 충실하게 분석적이었다.

여성적 글쓰기와 일정한 거리 저쪽에서 활발한 글쓰기를 해온 이혜원과 김수이를 끝으로 적어두어야 할 것 같다. 이혜원은 『현대시와 비평의 풍경』 『현대시 깊이 읽기』 등의 평론집 두 권을 거의 동시에 상자했으며, 이에 앞서 『현대시의 욕망과 이미지』 『세기말의 꿈과 문학』 등을 출간한 일이 있을 정도로 정력적인 활동을 해왔다. 그의 관심 분야는 평론집 제목이 말해주듯 현대시다. 그러나 그 범주는 매우 넓어 20세기를 거의 전부 포괄하여 한용운, 조병화로부터 강은교, 최승호를 거쳐 김언희, 조용미에 닿는다. 이러한 범위는 한편으로 비평가의 폭을 말해주는 긍정적인 면이 있으나, 그렇다 하더라도 비평보다는 문학사적인 정리의 인상을 주기 십상이다. 실제로 이혜원은 고유한 비평적 안목에 의해 작가를 발견하고 평가하는 작업보다 이미 상당한 평가를 얻거나 문제작으로 부각된 작품을 분석하는 문학사가적 면모를 풍기는데, 비평가로서는 본령에서 다소 벗어난 느낌이다. 비평가는 작가 선택에서부터 자신의 세계관을 드러내는, 말하자면 비평 행위란 자신의 전 실존을 던지는 일 아닌가. 최근 이른바 강단 비평이 거의 모든 현대 문학 전공자들을 중심으로 이루어지고 있는데, 문학사와 문학 비평의 행복한 합일이 이 경우 진지하게 고려되어야 할 것이다. 비평 정신의 결핍 아래에서는 작품 자체보다 문단적 활동에 의해 그 이름이 헛되게 부풀려진 인사들이 평가받는 일종의 명목주의가 나타날 수 있다. 물론 이혜원의 경우 강단 비평의 부정적 측면보다 긍정적 요소가 훨씬 잘 융합되어 「20세기 시의 전위성과 21세기적 전망」 같은, 그 내용의 휘발성에 함몰되기 쉬운 글을 냉철하게 끌어올리는 능력을 보여준다. 김수이에게도 비슷한 진단이 가능하지 않을까 싶은데, 비평적 상상력에 있어서 그는 보다 역동적이다. 남녀를 구분하는 페미니즘적 접근에 별 관심을 두지 않는 점도 비슷하지만, 이혜원 쪽보다는 강하다. 평론집 『풍경 속의 빈 곳』에서 「몸의 집과 영혼의 집」이라는 글을 통해 여성 시인들에게 각별한 주목을 보내는 시선이 살가우면서도 독특하다. 정끝별의 시를 '몸의 집'이라는 관점에서 바라보는 것은 다른 여러 여성 비평가들과 맥을 같이하지만, 박라연의 시 세계를 '영혼의 집'이라는 이름으로 묶어 바라봄으로써 훨씬 포괄적인 세계 인식에 다가서 있는 것이다. 이러한 인식은 사실 '여성=몸' 일방으로 경도된 페미니즘의 몸 구성을 온전하게 회복시키기 위해서는 심각하게 고려되어야 할 문제이다.

박라연의 '공중 정원'은 정원에 이르기 위한 희생의 이미지와 산란, 수태, 출산 등의 어휘에서 이미 모성적 분위기를 짙게 풍겨왔다. 〔……〕 또한 이 시는 공중 정원에 전통적으로 신성한 영혼의 장소로 추앙되어온 영산(靈山)의 이미지를 병치시킨다. 〔……〕 이 정원이 영혼만이 홀로 거처할 관념의 누각인지, 삶의 온기가 밴 땅인지를 판단하기 위해서는 다음 시집을 기다려보아야 할 것이다.[22]

김수이의 이러한 분석과 기대는 정당하다. 여성에 있어서 몸 혹은 섹스가 지나치게 남성적 욕망의 대상물로서 주체화되지 못해왔다면, 이제 그에 대한 온당한 평가는 긴요하다. 그러나 그 평가는 이 시기에 간과되기 쉬운 '몸에 대한 전면적 탐색,' 즉 영혼과의 어울림에서 '온몸'의 의미를 온전하게 열어갈 것이다.

---

22) 김수이, 『풍경 속의 빈 곳』, 문학동네, 2002, p. 391.

# 페미니즘의 새로운 양상
## ─배수아, 천운영, 정이현의 소설들

어느덧 10년의 커리어를 쌓은 소설가 배수아의 변모는 그 자신으로서도 소중한 전환이겠으나, 이른바 21세기의 문을 여는 시점에서도 의미 있는 징후를 세상에 내보이는 것이 된다. 그 모습은 장편 『일요일 스키야키 식당』을 통해 특이하게 실현된다. 이 소설이 보여주는 것은 작가 스스로의 말을 통해서도 나타나듯이 궁핍과 빈곤의 문제다. 우리의 경우 국민소득이 일만 달러에 이르렀고, 절대빈곤이란 이미 존재하지 않는 것으로 일종의 국민적 합의가 이루어진 것처럼 보이는 상황에서 '궁핍'과 '빈곤'은 오히려 낯설게까지 느껴진다. 그러나 이 작가에 의하면 "빈곤의 범위는 점점 넓어지고 그 경계는 모호해지고 개념은 다양해져서 사회가 진보하고 복잡해질수록 빈곤 또한 따라서 팽창하는 듯하다"는 것이다. 얼핏 쉽지 않은 이해를 요구하는 발언 같지만, 쉽게 말해서 소위 상대적 박탈감을 생각해보면 좋을 것이다. 밥을 굶는 사람은 없다고 하지만, 하루가 멀다하게 풍성해지는 물질 혹은 첨단 명품의 양들은 사실 얼마나 많은 사람들을 신속하게 낙오시키고 있는가. 비록 교통사고를 당해 장애를 입고 무능력해졌다고는 하지만, 돈이 없어 먹고 싶은 스키야키를 못 먹는 전직 대학교수의 한심한 몰골은, 배수아의 건조한 문체 속에서 가련하게 부각되고 있는 것이 이 장편이다. 실제로 이 소설에는 먹고 싶은 것을 제대로 먹지 못하는 여러 인물들이 묘사되고 있고, 돈이 없어 낙담한 인물들의 나태한 낙백이 흐느적거리며 떠돈다. 기이한 것은, 그럼에도 그들은 불쌍하거나 처량한 감정만으로 처리되지 않고, 이 같은 사회구조에 대한 비난과 고발 역시 이념적·제도적 차원에서 접근되고 있지 않다는 점이다. 빈곤한 그들은 많은 경우 그냥 어슬렁거리기 일쑤이며, 심지어는 그것을 즐기는 것이 아닌가 의심스러울 정도로 수상쩍은 행태를 보이기도 한다. "살아가기 위해서 돈이 필요하다는 것은 야만적이다. 그것은 노동을 강요한다. 노용은 많은 것을 바라는 것이 아니었다. 단지 사람들이 끊임없이 버리고 있는 정도의 음식물만 있으면, 그는 즐겁게 살아갈 수 있었다"는 지문이 보여주듯, 이 소설은 노동과 생계라는, 의심 받아본 일이 없는 전래의 생활방식에 기본적인 불만을 나타낸다. 이 불만은 주인공들을 노동에서 의도적으로 소외시키고, 때론 그들을 비굴하게까지 내몬다. 일종의 소피스티케이트된 삶의 방식을 드러냄으로써 질주하는 현대 사회의 속도와 기능을 근본적으로 붙잡아보는 것이다.

담백한 이미지로서 소설을 통한 회화의 구현이라는 평가를 배수아에게 이미 행한 바 있는[1] 나로서는 배수아의 이러한 새 메시지가 신선하다. 그러나 지금 내게 우선 관심을 끄는 부분은 이 장편소설에 등장하는 여러 여성들의 흥미 있는 모습들이다. 돈경숙, 음명애, 표현정, 부혜린, 배유은 등 그 성씨부터 심상치 않은 희귀성을 가진 그녀들은, 물론 작품의 큰 주제인 빈곤과의 갖가지 관련성 아래 얽혀 있지만, 그와 더불어 간과될 수 없는 새로운 여성상이랄까, 그런 음화와 함께 튀는 느낌이다.

우선 돈경숙: 그녀는 장애가 된 남편의 전처 돈을 뺏어 스키야키를 먹으러 가는 여성이다. 동물적인 파워로 가득 찬 인물이라고 하겠는데, 그것은 "전처의 눈에 눈물이 어렸다. 돈경숙은 팔을 휘둘렀다. 그 모습만으로도 엄청난 괴력이 느껴졌다"는 표현에서도 잘 포착된다.

---

[1] 김주연, 「소설로 쓴 그림」, 『가짜의 진실, 그 환상』, 문학과지성사, 1998.

음명애: 그녀 역시 반성 없는 삶을 독주하는 스타일로서 가히 막힘이 없다.

아무것도 들어 있지 않은 빵과 커피와 마가린과 호두를 넣은 쿠키는 음명애의 주식이었다. 제대로 된 음식점에서 제대로 된 그릇에 담긴 제대로 된 음식을 먹는 것을 음명애는 은근히 혐오했다. 패스트푸드나 간이식당, 마가린이나 버터 바른 빵, 설탕을 넣지 않은 무한대의 커피. 그리고 20세기 최대의 걸작품인 인스턴트 식품. 음명애는 이런 것을 좋아했다.

남자를 독차지하는 것에 집착하지 않고, 더 이상의 남자는 그녀 인생에서 불필요하다고 생각하는 여성. 남성은 벌써 그녀에게서 제압된 존재다.
표현정: 요염하게 치켜 올라간 눈, 음험한 분위기인 그녀는 오직 돈만 밝힌다. 남편을 경멸하는 의상 디자이너로서 돈 앞에서는 욕정도, 가족도 없다고 주장.
배유은: 꿈같은 휴가──맛있고 기름진 단 음식을 먹고 신용카드 결제 걱정하지 않으며 무한정 쇼핑하고 파티에 나가는 생활을 꿈꾸는 그녀에겐 결혼한다고 법석인 사람들이 한심할 뿐이다.
이 밖에도 다른 많은 여성들이 있는데 요컨대 그들에게는 남편이나 가정, 가족보다 돈이 소중하다. 이를 위해서 이들은 체면이나 예의 같은 교양을 내동댕이치며, 심지어 사랑이나 욕정 같은 전통적인 여성의 감정까지도 폐기해 버린다. 나로서 특히 주목하는 것은, 이들이 바로 얼마 전, 즉 90년대 문학 속의 여성들과 판이한 모습을 보이고 있다는 사실이다. 페미니즘이 어떤 의미에서 절정기에 도달했던 시점이 아니었나 생각되는 90년대 여성작가들의 작품에서 주제는 언제나 여성의 성적-정치적 욕망이었다. 거기에는 반드시 그 권력을 독점하여온 남성과의 대결이 있었다. 여성은 남성의 성적 욕망의 대상이었고, 그렇게 때문에 항상 객체로서의 자리에 머무르는 차별을 당할 수밖에 없었다는 인식이 주조를 이루었다. 법과 제도에 이르는 갖가지 불평

등도 이른바 남근중심주의에서 비롯되었다는 인식 아래 90년대 페미니즘 문학은 뜨거웠다. 그 결과 여성을 성적 욕망의 주체로 삼는 많은 작품들의 양산은 반드시 페미니즘이 아니더라도 문학에서의 여성주의를 가져왔고, 때론 에로티시즘, 혹은 섹스문학의 범람과 연결되기도 했다.[2]

그러나 배수아의 장편에서 이미 남성도, 남성과의 대결도 보이지 않는다. 그들, 혹은 그것들은 벌써 사라졌다. 남성들은 능력 있는 여성들 아래에서 밥을 얻어먹거나 돈을 타서 쓴다. 때로 심한 구박도 당하고 모욕도 당한다. 여성들의 관심이 이제 돈에 쏠리는 것은 그러므로 당연한 일인지 모른다. 『일요일 스키야키 식당』이 결핍과 빈곤 문제에 함몰되어 있는 까닭도, 이제 직접 돈을 벌고 관리하고, 더 많은 돈을 향해 나아가는 여성들이 불가피하게 직면하게 된, 가장 절실한 현실감일 것이다. 여성들은 바야흐로 아무 도움 없이 결핍과 빈곤, 즉 돈 문제를 해결해야 할 현장의 중심에 노출되어 있는 것이다.

돈 문제란 필경 생존의 문제인데, 문제는 돈 자체에 있는 것이 아니라 돈을 사랑한다는 사실에 있다. 배수아의 주인공 표현정의 경우 그 상황은 이렇게 표현된다. "표현정은 돈을 좋아했다. 쓰기 위한 돈이 아니라 그것이 상징하는 의미로서의 돈이다. 표현정에게 돈이란 권력의 상징이었다"고. 말하자면 생존을 넘어 문화화(文化化)하고 있는데, 이때 문화란 악으로의 침윤, 그 진입을 의미한다. 그것은 훨씬 교활하여 모든 인간관계를 왜곡시킨다. 2000년 이후에 등장한 여성작가들의 경우, 가령 정이현에게 있어서 그 모습은 매우 세련된 양상으로 때론 직접적으로, 때론 교묘하게 그 사실을 드러내기도 하며, 은폐시키기도 한다. '돈'이라는 직접 표현 대신 '명문의대생'과 '자가용'으로 그 표현이 음험하게 문화화된 내용을 인용해보자.

---

[2] 페미니즘에 대해서 나는 90년대 후반부터 큰 관심을 가져왔고 이와 관련한 여러 편의 글을 발표한 바 있다. 졸저 『디지털 욕망과 문학의 현혹』(문이당, 2001) 가운데 제3장 「페미니즘의 가능성」에 속한 8편의 글을 참조해주면 좋겠다.

1) 허벅지에 소름이 돋았다. 더 이상은 안 되는데, 안 되는데, 그러나 상우는 서울에서 제일 좋은 대학의 의대생인데다 잘생기기까지 했다.

2) 지방 캠퍼스에 다니는 데다 키스 하나 제대로 못하는 어리어리한 민석이를 몇 달째 만나는 이유도 따지고 보면 그애의 스포츠카 때문이었다. 차창을 열고 아파트 단지가 붕붕 울리도록 커다란 음악을 틀어놓은 채 나를 기다리는 은색 차!

돈은 이미 확실한 위력과 연결되어 있다. 물질적 부를 보장해줄 뿐 아니라 신분을 상승시켜주고, 무엇보다 '폼' 나게 해준다. 그러나 그 상승과 폼은 눈에 보이는 가시적 현상, 즉 자기과시일 뿐 상대방이나 타자에게 아무런 공감으로 전달되지 않는다. 말하자면 객관성/사회성이 결여된 자가발전에 지나지 않는 것이다. 앞의 인용 부분을 포함하고 있는 정이현의 출세작 『낭만적 사랑과 사회』는 그 같은 풍속과 비판을 절묘하게 공작해내고 있는 역작인데, 그 안의 인간관계가 망가져 있다는 사실은 이 소설 최대의 메시지이다. 이 소설은 젊은 남녀의 데이트 현장을 삽화처럼 이것저것 연결시켜주고 있는데, 막상 남자와 여자 사이에는 좀처럼 연결이 이루어지지 않는다. 상승과 폼을 얻고자 하는 여성과 섹스를 구하는 남성 사이의 어떤 코드도 맞지 않기 때문이다.

우선 여자 친구의 남자 파트너 1은 상우라는 명문 의대생이다. 그는 섹스에도 테크닉이 있고 매너도 세련되었지만 결정적인 두 가지, 즉 차와 설득력이 없다. 여자를 감싸안을 수 없다. 남자 파트너 2는 민석이다. 그는 지방대생이지만 스포츠카가 있다. 그러나 그에게는 테크닉도 매너도 없다. 여자 친구 혜미: 남자애에게 밥 사주고, 같이 자주고 임신까지 했다. 소설 화자인 여성인 나로부터 당연히 한심한 동정을 받는다. 그러나 그녀의 동정은 혜미의 외제차를 보는 순간 질시로 바뀐다. 남자 파트너 3: 그는 그냥 익명의 그다. 부잣집 막내아들로 나올 뿐인데, 어쨌든 그녀의 종합 분석에 의해 합격된 파트너이며, 그 또한 그녀를 소중하게 대한다. 둘은 자연스러운 결과로 성행위에 돌입하는데, 이 순간 그녀의 심정은 비장하게 결정된다. 치밀한 계산서의 작성이다.

주사위를 던져야 하는 순간, 절체절명의 기로! 그 앞에 서서 나는 하늘과 땅을 걸고 성패를 겨루는 길을 택했다. 진정한 승부사는 건곤일척한다는 경구를 가슴에 돋을새김하면서.

그러나 아뿔싸! 그녀의 모든 계산과 노력에도 불구하고 두 남녀는 맺어지지 않는다. 속옷 선택에 신중하고, 은은한 화장을 하고, 적당한 시점에 타월을 깔고, 심지어는 빨리 엉덩이를 들지 않는 등 성공적인 첫 행위를 위한 세심한 배려와 그 실행에도 불구하고 둘은 성교 후 오히려 헤어진다. 처녀면 나와야 할 피가 나오지 않았고, 상대방 남성은 그 현장을 부드럽게 받아들였지만, 둘은 부드럽게 멀어져간다. 그토록 그 부분만은 영악하도록 지켜온 처녀였건만 왜 피가 나지 않았을까, 이런 궁금증은 무효다. 문제는, 그럼에도 그가 그녀에게 명품 백을 선물했다는 점이며, 그녀 역시 그것이 진품이기를 간절히 바랐다는 점이다. 그것이 진품이라면, 한 번의 성교쯤 두 사람 모두의 손익에 적당히 부합할 것이다. 그러나 두 사람의 인간관계는 그 성교와 그 명품을 통해 다시 한 번 왜곡과 파손을 확인할 뿐이다.

배수아와 정이현의 페미니즘이 당연히 사회를 향한 사회학적 접근이라면, 2000년에 등장한 소설가 천운영은 여성성 내부를 향한 심리학적 추적을 함으로써 독자적인 경지 개척의 가능성을 엿보게 한다. 최근의 두 단편 「명랑」과 「멍게 뒷맛」은 이런 차원에서 유니크한 세계의 전개라고 할 만하다. 할머니의 유골가루를, 그녀가 생각날 때마다 손가락에 침을 묻혀 혓바닥으로 조금씩 맛본다는 엽기를 내용으로 삼은 「명랑」은 표면상 할머니, 어머니, 손녀로 이루어진 여자 삼대의 고단한 삶의 한 단상이다. 남자 없이 작은 식당을 하고 있는 그들의 생활은 가난할 수밖에 없는데, 그러나 그에 대한 반응과 수용은 제각각이다. 먼저 어머니는 생활 현장의 집행자로서 반응이나 수용은 그 시간이 가장 짧을 수밖에 없는, 현실 그 자체에 가깝게 밀착된 존재다. 반면 할머니와 소설 화자인 손녀는 다소간의 거리를 그로부터 갖고 있어서 이른바 비판적·반성적 시선의 소유자들이다. 그 가운데에서도 화자인 손녀에게는 할머니가 그 모델이 되며 (둘은 같은 방을 쓰고 있다) 현실 수용의 매개가 된다. 그렇지 않은 한, 손녀는 현실을 따르거나 거부하는 매우 원초적인 몸짓 수준에 머무를 수밖에 없다. 그런 그녀에 의해 각인된 할머니는 어쩌면 대를 물려가며 전승되는 여성성의 짙은 혈맥이 아닐까. 소설 끝부분의 암시는 암시 이상의 의미이리라.

내 내부에는 언제나 나를 바라보며 침묵하는 그녀가 있다. 그녀는 내 속에서 숨쉬고 내 속에서 잠을 잔다. 나는 그녀를 위해 명랑을 먹는다. 설탕처럼 하얗고 반짝이는 명랑가루에서는 그녀 냄새가 난다.

작은 식당 곁방에서 아들을 잃고 가난한, 무료한 삶을 사는 노파. 그러나 손녀는 노파의 작은 버선발과 단아한 쪽진 머리와 함께 명랑이라는 진통제를 기억한다. 설탕가루처럼 시도 때도 없이 털어 먹으며 삶의 온갖 신산을 인내하며 살아온 할머니. 마침내 장마 비에 의해 압사한 할머니. 그녀의 뼛가루를 조금씩 맛보는 손녀는 이미 이 땅에서 여성으로 산다는 것의 노하우를 깨우친 것일까. 천운영의 이 같은 깊이 있는 여성성은 「멍게 뒷맛」에서는 훨씬 잔혹하게 변주된다. 이 소설에서도 복수의 여성들이 나오는데 한 명은 소설 화자이고, 다른 한 명은 그녀에 의해 묘사되는 옆집 여성이다. 소설은 화자에 의해 옆집 여성이 얼마나 아름다운 얼굴을 가졌는지, 그럼에도 의처증 남편과 얼마나 자주 험악한 싸움을 하는지 세세히 묘사한다. 그러나 이 소설의 주인공은 화자이다. 옆집 여성이 부부싸움을 해야, 그 결과 큰 피해를 입어야 정서적 만족과 균형을 유지할 수 있는 여성—'나.' 그 '나'는 결국 부부싸움 끝에 자신의 집으로 긴급 피난해 온 옆집 여자에게 문 열어주기를 거부함으로써 그녀를 자살로 몰고 간다. 한 여성을 죽음으로 이끈 직접 계기의 제공자가 된 또 한 여성. 비극의 원인은 물론 질시이다. 「명랑」에서의 인종이 미덕이었다면, 「멍게 뒷맛」에서의 질시는 악덕일 터인데, 페미니즘의 시퍼런 기세 앞에서 전가(傳家)의 장롱을 뒤지는 천운영의 속셈은?

페미니즘의 참다운 목적과 가치가 남성이 제거되거나 무력하게 된 상황에서 여성만이 개가를 누리는 것이 아니라면, 페미니즘에 대한 이해는 이제 새로워져야 할 때이다. 그 이해의 단초를 나는 잉게보르크 바하만의 『삼십 세』 혹은 귄터 그라스의 『넙치』에서 찾아보는 것이 어떨까 제의하고 싶다. 두 소설은 타락한 세상의 주요한 원인을 남성적 폭력에서 찾고, 그 대안으로서 여성성을 제시하고 있다는 점에서 공통되는데, 특히 바하만은 그 자신 여성이었고, 가장 치열한 여성주의자였다는 사실에서 음미될 만한 많은 요소들이 있다.

비교적 최근의 작품—1977년에 발표되었지만 바하만은 이미 작고한지 오래되고, 또『넙치』에 대한 논의가 계속 활발하므로—『넙치』를 보면, 인류학사를 남녀대립사로 대비한 작가의 구도가 흥미 있게 펼쳐진다. 그 도식 자체에 물론 문제가 없는 것은 아니지만, 열한 명의 여자 요리사를 통해 새롭게 조명되는 역사는, 그 역사가 사실은 얼마나 여성들의 힘에 의해 지켜져 왔는지, 그리고 그 에너지가 어떻게 재평가되어야 하는지, 미래의 역사와 여성성의 관계를 총체적으로 그려낸다. 소설의 첫 부분은 식량과 요리를 통한 여성들의 헌신이 전쟁과 기아만을 가져오기 일쑤인 남성들의 광포를 그나마 이겨내게 한, 기록되지 않은 힘이었음을 보여준다. 특히 선사시대에 대한 고찰을 통해 어머니의 존재를 선험적으로 파악하고, 부성(父性)은 뒤에 편입되었다는 일종의 원시 모계제를 주장한다. 남성 중심의 프로메테우스 신화 대신 여성 중심의 아우아 신화를 내놓는 것도 특이하다. 이 같은 인식 아래에서 전개된 소설 『넙치』에서 남성 주인공 화자는 분명히 선언한다.

나는 정말 여성해방 운동가들 편이다.

그러나 이 여성해방 운동에 대한 작가의 해석이 이채롭다. '나'는 이 운동에 찬성하면서도 극단적인 것은 반대하는데, 그 이유를 아우아의 유방이 세 개 때문이라고 본다. 그것은 일종의 과잉이라는 것이다. 그리하여 화자인 '나'는 여성해방운동을 지지하면서도, 그 과열된 양상에는 두려움을 느낀다. 이러한 작가의 여성관은 모순으로 투영될 수 있고, 실제로 그러한 지적이 있는 것도 사실이지만 미래는 여성이 주도해야 한다고 역설하는 그라스를 생각할 때, 여성의 사랑과 이성을 기대하는 것은 곧 인류 미래에 대한 희망이기에 그 소망에 귀 기울이지 않을 수 없다. 나 역시 여성해방에 열렬한 박수를 보내지만, 그라스처럼 그 래디컬한 운동성에는 찬성을 유보하지 않을 수 없다. 그 이유는 배수아의 주인공들이 잘 보여주고 있다. 물론 이를 위해서는 정이현의 또 다른 주인공들, 즉 남성들이 반성하고 고려해야 할 많은 부분들도 함께 남아 있다. 한 가지만 들어보자. 「낭만적 사랑과 사회」의 한 대목.

남자들은 다 똑같다. 기회만 있으면 어떻게 저 여자랑 한번 자볼까 하는 궁리밖에 하지 않는 주제에 급할 때마다 비밀병기처럼 사랑을 들이댄다.

그러나 이보다 더 중요한 것은 천운영의 두 단편이 보여주는 여성성의 저 칙칙한(미덕이든, 혹은 악덕이든) 집요성이다. 남성성에도 잠복해 있게 마련인 이러한 단면이 새로운 세기, 새로운 여성작가에 의해 새삼 여성성의 본질적 측면으로 제기된 까닭은, 페미니즘의 일방성에 대한 반란일까. 페미니즘은 이제 껴안아야 할 많은 요소들로 그 몸이 부푸르고 있다.

# 인터넷 대중과 문학적 실천
—새로운 소설 징후들을 보면서

1

 노무현 대통령의 출현은 '노무현 현상'이라고 부름 직한 새로운 현상을 우리 사회에 야기했다. 투표에서 그를 지지했든 반대했든 그 과정과는 상관없이 이 현상에 주어지는 눈길들은, 비록 그 평가에 있어서 다르다 하더라도 그 내용에 있어서는 비슷한 모습이다. 그 모습을 요약하면 대체로 이런 것 같다. 1) 무엇보다 노무현은, 마땅히 찍을 사람이 없는 상황에서의 불가피한 선택이었다. 특히 막강한 맞수로 설정된 이회창이 지니고 있는 두 가지 특징에 대해서 도저히 용인할 수 없는 상황의 산물이었다. 즉 이회창의 주위에 포진된 이른바 수구적 인사들과 그 분위기는 당연히 더 이상 전승되어서는 안 되었다. 다음으로 이회창 개인의 이미지도 문제였다. 그는 강직한 법조인으로서는 많은 국민의 공감대 안에 있었으나 폐쇄적 엘리트주의 냄새와 더불어 대중으로부터 스스로를 배제시키는 결정적인 한계를 지니고 있었다. 2) 보다 적극적인 관점에서 볼 때, 노무현은 폭넓은 대중적 지지를 얻을 수 있는 많은 요소들의 소유자였다. 무엇보다 그에게는 광대 기질이라고 보아도 무방할 특출한 개성이 있었다. 첫째 그는 언변에 탁월한 재주를 갖고 있었는데, 그것은 논리와 감성의 적절한 안배를 통해 자기표현을 능숙하게 해내는 결과를 낳았다. 대중은 이러한 기술에 매료되기 마련이다. 그것은 문학과도 비슷한, 언어의 독자적이며 자율적인 자동 세계다. 쉽게 말해서, 그의 말은 그 자체로 근사하고 재미있어 듣는 이로 하여금 거기에 빠져들게 하는 마력을 발휘한다. 게다가 그는 반전(反轉)의 명수로, 뒤집기를 잘한다. 느닷없이 앞으로 불쑥 튀어나오기도 잘하고, 문득 뒤로 움츠러들거나 빠져버리기도 한다. 그런가 하면 양보의 제스처를 통해 더 큰 것을 얻어내기도 한다. 여기에 덧붙여 그에게는 특유의 센티멘털리즘 구사 능력이 있다. '노무현의 눈물'로 선전된 감성주의가 그것이다. 눈물은 여자에게서와 마찬가지로 많은 위기 타개의 비법이기도 한데, 이 특기가 잘 활용되었다. 요컨대 이 모든 것이 그의 광대 기질을 극대화시켰으며, 한국인에게 잠재된 비슷한 기질을 정치적으로 실현시킨 것이다. 많은 연예인들이 대거 그의 주위에 몰려들었고, 지금도 여전히 실세를 이루고 있는 상황은 무엇을 말하는가. 더구나 상대방이 무미건조한 논리주의의 단조함에 머물러 있는 판에 그의 성공은 예견된 것이었다.

3) 그러나 노무현의 성공은, 많은 사람들의 지적대로 인터넷의 성공이었다.

   그러나 이 점에 대해서는 사실 그 성격이 심도 있게 살펴지지 않은 듯하며, 이에 대한 분석은 비단 앞으로의 정치 문화뿐 아니라 우리 문화 전반의 이해와 발전을 위해 긴요한 것으로 생각된다. 하여튼 네티즌의 열광에 힘입어 노무현이 대통령이 된 것은 자타가 인정하는 사실로서, 투표 당일 그들의 놀라운 전파력은 선거법 위반 소동까지 낳기도 했다. 그렇다면 대체 인터넷이란 무엇이며 네티즌이란 누구인가. 한마디로 줄인다면, 그것은 현대판 괴수(怪獸)이며, 근사하게 부른다면 사이버스페이스 오디세이다. 손가락 클릭 한 번으로 세상 어느 누구도 불러낼 수 있고(죽은 자들까지도!), 그들과 말을 나눌 수 있으며, 자신의 희망을 실현시킬 수 있다. 역설적으로 말해서 누구의 신세도 지지 않고, 또 별 돈도 들이지 않고서 말이다. 당연한 일로서, 세상 모든 사람이 달려들 수밖에 없고, 또 자신의 욕망을 털어놓을 수 있다. 게다가 익명이지 않은가. (물론 자신의 신분을 밝혀야 하는 경우들이 있으나, 이 또한 얼마든지 변조/위장이 가능한 현실이다.) 따라서 그 욕망은 증폭되기 마련이며, 엄청난 파장의 폭을 넓혀간다. 이 물결에 편승한 노무현이 대통령에 당선된 것은 지극히 당연한 일로서, 득표수의 근소한 차이가 오히려 낯설 지경이다.

자, 왜 뒤늦게 나는 노무현 현상에 대해 이토록 장황한 언사를 늘어놓는가. 정치 쪽으로의 관심과 언급을 가능한 한 자제해온 수십 년래의 습관대로 나는 지금 정치 이야기를 하려는 것이 아니다. 문제는 이 현상이 파동으로서 유발하고 있는 문화성 혹은 반문화성이며, 그중에서도 특히 문학 부문에 번지고 있는 새로운 흐름에 나의 관심은 흘러들고 있다. 광대 기질의 문화와 인터넷의 혼음! 그것은 재미있고 흥겹기 짝이 없으나 글쎄, 그것의 지속이 어떤 정신과 형태를 우리에게 '남길 만한 것'으로 남기겠는가 하는 회의, 혹은 불안. 행여 뽕의 도취와도 같은 일시적 열락으로 지나칠 것은 아닌가. 재미와 불안 사이에서 문학의 자리는? 욕망과 소망 사이에서 정신은? 우리의 문화 인터넷은 점검을 요구받고 있다.

## 2

발터 벤야민은 참 대단한 이론가이며 문학 비평가였다. 그가 태어난 해가 1892년이고, 나치에 쫓겨 자살한 해가 1940년. 그가 열심히 글을 쓴 시기는 그러니까 1920~30년대였다. 바이마르의 혼란기와 나치의 폭정 시기였고, 독일에는 이렇다 할 과학 기술, 특히 오늘의 컴퓨터와 같은 그 아무런 문명 도구도 출현하지 않았던 시기였다. 그때에 이미 그는 이렇게 말했다.

사물들을 공간적, 인간적으로 가깝게 끌어오고자 하는 것이 바로 현대 대중의 열정적 갈망이다. 마찬가지로 복제된 사진들을 통해서 모든 사건들의 일회성을 극복하고자 하는 성향을 띤다. 그림, 그러니까 모사와 복사에서 가장 가까운 대상을 장악하려는 욕구는 날이 갈수록 불가항력의 힘을 얻는다.[1]

널리 알려진 명 논문 「기술 복제 시대의 예술 작품」에서의 진술인데, 여기서의 모사·복제기가 바로 컴퓨터이며, 욕망의 대중이 곧 네티즌 아니겠는가. 물론 벤야민은 이 글에서 아직 등장하지 않은 이들 개념을 알지 못해서 언급에 넣고 있지 않다. 그가 당시에 말했던 것은 사진이며 영화였다. 그러나 '날이 갈수록 증대한다'고 했던 그 예언은 적중하여 사진과 영화를 모두 담은 인터넷이 나와서 그 욕망을 증폭시키고 있다. 그렇다면 벤야민은 단순한 예언자였는가. 날카로운 통찰로 분석한 결과가 예언으로 나타날 수밖에 없었던 것은 아닌가. 나로서 중요하게 생각되는 것은 이제 그 분석과 예언을 넘어선 그의 총체적 진단이다. 엘리트적 상징주의자였던 그가 '대중'의 등장을 호의적으로 수용하고, 대중과 함께 걸어가기로 결심한 듯한 결단과 그 자세다. 그의 진술 한 부분만 더 경청해보겠다.

대중을 향한 리얼리티의 실행과 리얼리티를 향한 대중의 실행은 사고와 직관 양면 모두에서 무제한의 넓이로 된 발전 과정이다.

여기서 내 눈을 끄는 것은 "무제한의 넓이로 된 발전 과정"이라는 표현이다. 발전 과정이라는 표현이 훨씬 자연스러워 그렇게 옮겼는데, 독일어 원문은 그냥 '과정Vorgang'일 뿐이다. 말하자면 발전인지 아닌지는 알 수 없으나 그 과정은 무제한의 넓이로 열려 있다는 것이다. 무엇이 그렇단 말인가. 다음 관계가 그것이다.

---

1) W. Benjamin, Das Kunstwerk im Zeitalter seiner technischen Reproduzierbarkeit, Gesammelte Schriften, Frankfurt: Suhrkamp, 1976, pp. 18~19.

|        사고        |        직관        |
|:---:|:---:|
| 대중 → 리얼리티<br>리얼리티 ← 대중 | 대중 → 리얼리티<br>리얼리티 ← 대중 |

 사고와 직관은 흔히 구별된다. 무엇보다 사고에는 시간이 소요되고, 직관에서는 시간이 축출된다. 그러나 대중과 리얼리티의 관계에 관한 한, 그 구조가 똑같다는 것이 벤야민의 지론이다. 여기서 흥미로운 일은, 대중과 현실이 아닌, 대중과 리얼리티라는 개념으로 이 문제를 설정해놓고 있다는 점이다. 반드시 그렇다고 할 수 없을지 모르나, 나로서는 그 리얼리티를 사이버 스페이스의 세계, 즉 인터넷과 결부지어 생각하지 않을 수 없다. 그렇다면 대중과 인터넷의 세계는 아주 리얼하게 연결되고 그 안에서 벌어지는 '무제한 넓이의 과정'은 그야말로 무제한으로 전개된다. 대중은 과연 사이버 공간의 리얼리티를 개척한 것이다. 또 어떤가? 그 리얼리티 역시 대중을 그 수에 있어서 엄청나게 극대화하고 있지 않은가. 게다가 인터넷 속에서 사고와 직관의 차이는 벌써 유명무실해진 감이 있다. 이 같은 현실을 벌써 70년 전에 논리화했다는 사실은 끔찍하게 느껴질 정도다. 벤야민이 보여준 통찰력의 놀라움은, 종교 의식과 더불어 발달된 형상물을 예술 작품의 본질적인 모습으로 수용해온 의식(儀式) 가치가 20세기 이후 소멸되고 대신 전시(展示) 가치가 대두되고 있다고 관찰한 점에도 있다. 물론 그는 사진과 영화를 중심으로 이 가치의 등장을 흥미 있게 분석하고 있지만 양자가 합쳐진, 그리고 그 기능이 최대화된 인터넷을 만일 그가 지금 다시 살아나 보게 된다면 어떤 반응을 보일 것인가. 아마도 스스로의 탁견에 그 자신 전율을 금치 못하리라. 확실히 대중은 전시하는 것을 좋아한다. 전시되는 것도 물론 좋아한다. (이즈음의 얼짱과 누드 열풍을 보라.) 이렇듯 대중의 대두를 불가피한 현상으로 내다보면서 오직 영화만을 비평이 가능한 (그것도 몇 가지 단서가 포함된) 거의 유일한 예술 양식으로 그는 규정한다. 70여 년 후에 강력한 현실성으로

다시 부각된 벤야민의 생각은 우리의 경우 바로 '노무현 현상'과의 관련 아래에서, 비로소 새로운 규정이 요구되는 현안이 된 것이다. 실제로 인터넷을 제외한 전통 예술 양식 가운데 우리에게도 오직 영화만 뜨고 있지 않은가.[2]

이렇게 볼 때 우리 문학이 대중으로부터의 무관심을 오히려 영광으로 알고 대중으로 들어가려는 노력을 천박한 것으로 치부하는 관습을 무반성적으로 답습해온 일은, 어쩌면 시대착오라는 비난을 들어 마땅한 일인지도 모른다. 대중을 동원할 수 있는 바로 그곳에서 힘든 과제의 해결을 위해 애써야 한다는 벤야민의 논지에 동의한다면, 이제 그 무반성은 반성되어야 할 것이다. 나 자신 대중문학과 대중문화에 대한 관심을 비교적 이른 시기인 1970년대부터 심심찮게 표시해왔지만 과연 분명한 입장을 가졌던 것인지 스스로 혼란스럽지 않을 수 없다. 그러나 이제는 분명해졌다. 인터넷의 대두, 그 막강한 위력의 현실화와 더불어 분명해졌다. 어차피 예언적 비평으로의 능력에는 많이 미흡했던 모양인데, 그렇다면 영화에게 모든 것을 양보하고 주저앉겠다는 것인지 스스로에게 되묻지 않을 수 없다.

그러나 전면적인 반성 대신 오히려 나에게는 아직 이런 문제들이 남아 있다. 두 가지의 문제인데, 그 하나는 '노무현 현상'에서 보이는 인터넷의 승리가 정치적 정의의 정당화까지 보장해주느냐 하는 문제이며, 다른 하나는 대중적 기반 위에서 행해지는 인터넷 문화에 반문화적 요소는 없는가 하는 회의다. 이 둘은 모두 전통적 엘리트주의 문화관의 소산일 수 있다는 혐의로부터 물론 자유로울 수 없다. 그럼에도 이런 문제들로부터 완전히 떠날 수 없는 것은, 이른바 민주화가 이루어졌다고 해서 불과 10년 전까지 우리 문학을

---

[2] 꽤 괜찮았던 소설가 이창동이 영화감독으로 옮겨갔다가 다시 노무현 정부의 문화관광부 장관이 된 사실은, 우연 이상의 의미가 있다. 아울러 유능한 문학청년이 문학보다 영화 쪽을 기웃거리는 현상 또한 최근 5, 6년 사이에 형성된 새 풍속으로 주목된다. "예술은 대중을 동원할 수 있는 바로 그곳에서 예술의 가장 힘들고 중요한 과제를 풀어나가려고 애쓴다"는 벤야민의 주장은 여기서도 설득력 있게 들린다.

강타하고 지배해온 소위 거대담론의 효용은 완전히 소멸되었는가 하는 질문, 그렇다면 문학의 이념과 논리 또한 한시적인 '대책문학'의 범주를 넘어설 수 없는가 하는 질문이 대답을 얻지 못한 채 소멸되었기 때문이다. 민족문학론, 민중문학론, 리얼리즘론은 그 정치적 결과로(직접적인 결과야 아닐지 모르지만)서 민주화를 가져왔지만, 문학론 자체의 바람직한 답안은 얻지 못한 채 사라져버린 감이 있다. 그렇다면 문학 역시 비민주적 정치 사회를 개혁하기 위한 시민단체의 활동과 별다를 바 없는 양식인가 하는 문제가 남는다. 말하자면 정치적 의(義)가 구현된 사회에서는 문학은 큰 목소리나 모습으로 존재할 필요나 가치가 없느냐는 자문(自問)이다. 새로운 관계 설정의 이념과 형식을 나는 묻고 싶은 것이다.

다른 하나는, 인터넷 문화의 반문화적 개연성에 대한 의구심이다. 자주 거론되고 인정되듯이, 인터넷은 익명으로 불특정 다수 사이사이를 연결시킨다. 특히 한 전문가가 날카롭게 지적했듯이 "신화의 소비와 우상의 숭배가 이데올로기로 고착하여 하나의 사회적 현실로 자리잡는 과정"[3]일 수도 있는 인터넷이 문화의 근본 핵심인 '반성'의 기능에 무심하다는 것은 내게 치명적인 함정으로 느껴진다. 위의 지적이 말하듯 우상을 만들어 숭배하고 그것을 신화화하여 소비하는 일은, 앞서 노무현 대통령 만들기에서 가공할 위력을 발휘하지 않았는가. 여러 명의 연예인들이 이 과정에서 활약했지만, 활자를 통해 논리를 펴는 작가들의 개입이 미미할 수밖에 없었던 것을 반문화성으로 연결짓는 일은 무리일까. 그 일이 아니라 하더라도 강력한 매체에 의한 강력한 동원력은 아무래도 개체를 존중하는 문화의 본질과는 사뭇 먼 거리에 있는 것 같다. 이 역시 이 문제와 씨름하고 있는 전통적인 활자 문화, 즉 문학의 새로운 양상과 더불어 심도 있게 논의되어야 할, 인터넷과 쉽게 동행할 수만은 없는 예민한 문제다.

---

3) 홍성욱, 백욱인 엮음, 『2001 싸이버스페이스 오디쎄이』, 창작과비평사, 2001, p. 5.

3

문학에도 확실히 새로운 모습들이 있다. 몇 년 전, 그러니까 지난 1998년 봄 나는 『가짜의 진실, 그 환상』이라는 비평서를 내놓은 적이 있는데, 이 책에서 나는 1980년 중반 이후의 젊은 소설가들인 — 이제는 모두 쟁쟁한 중견들이 되었다 — 정찬, 최윤, 신경숙, 장정일, 이순원, 윤대녕, 배수아, 박청호, 채영주, 은희경, 송경아 들을 살펴보면서 그들의 문학적 특징을 추출해보고자 했었다. '가짜의 진실, 그 환상'이란 말하자면 그 당시의 결론인 셈이었다. 이들 소설가들의 작품들이 영상 내지 화상(畫像)성을 알게 모르게 띠고 있다는 공통점을 찾아내본 것인데, 1990년대 중반의 이 작업은 곧이어 활성화된 인터넷 문화로의 몰입으로 확인되었다고도 할 수 있다. 뒤이어 관심을 가졌던 테마는 페미니즘의 문제였는데, 이 문제는 2001년 봄에 간행된 비평서 『디지털 욕망과 문학의 현혹』에 '페미니즘의 가능성'이라는 제목으로 몇몇 방향의 논제가 수록된 일이 있었다. 영상성과 여성성이라는 관점에서 세기말/세기초의 우리 문학 현상의 성격에 주목했던 것인데, 이제 그로부터 6년, 3년이 각각 지나면서 문득 '노무현 현상'이라는 새로운 도전을 만나고 있는 것으로 보인다. 그 모습은 무엇일까? 결론이 먼저 허락된다면, 우선 소설의 경우 나는 그 특징을 즉물성, 실용성, 과시성이라는 용어로 축약할 수 있지 않을까 생각한다.

헐렁한 실내복 원피스를 벗고 화장대 거울 앞에 선다. 유방은 몰락한 왕의 무덤처럼 거대하고 황폐하다. 검게 착색된 젖꼭지, 삼각 팬티의 밴드 바깥으로 불룩하게 비어져 나온 허리 살, 생명을 품어본 적 없는 늘어진 뱃구레까지, 눈 한번 깜빡이지 않고 그녀는 제 몸을 본다. 어떤 슬픔이나 비애도 없이. 일요일 오전, 종교가 있는 사람들은 주일 예배를 준비하고 가족이 있는 사람들은

아침 식사를 나눌 시간이다. 그녀는 아무것도 할 일이 없다.[4]

2002년에 등장한 정이현이라는 여성 작가. 나로서는 미상불 이 작가, 그리고 이와 비슷한 연배의 작가들을 살펴봄으로써 새로운 시대의 특징을 감지할 수밖에 없다. 『낭만적 사랑과 사회』라는, 논문 제목 비슷한 제목의 소설집을 벌써 출간한 이 작가의 소설 「신식 키친」의 한 대목이 앞의 인용이다. 웬만한 감수성의 독자는 벌써 여기서 슬그머니 다가오는 필링이랄까, 그런 것을 느낄 것이다. 그 필은, 별 필링이 없다는 점이다. 여성이 옷을 벗고 자신의 몸을 감상하고 있는, 이를테면 감상기와 같은 것인데, 도무지 어떤 감상도 기록된 느낌이 없는 것이다. 그것은 그저 무심한 묘사에 가깝다. 그러나 모든 형용에서 벗어난, 형용 중립적인 것은 아니다. 유방을 가리켜 '몰락한 왕의 무덤처럼 거대하고 황폐하다'고 하지 않는가. 그러나 이 표현은 '~처럼'이라는 비유가 동원되었음에도 불구하고, 이 작가가 화려한 수사법을 좋아한다는 인상과 잘 연결되지 않는다. 그 이유는 비유로 씌어진 사물보다는, 묘사하고자 하는 사물 자체에 시선이 집중되어 있기 때문이다. 말하자면 "검게 착색된" "삼각 팬티의……" "생명을 풀어본 적……" 등등의 형용이 나오지만 그보다는 오히려 젖꼭지, 허리 살, 뱃구레 등등의 묘사에 독자의 시선은 모이는 것이다. 그것은 작가의 시선이 거기에 머물러 있기 때문이다. 이런 분위기는 보통 즉물성 Sachlichkeit이라고 불리는 그 어떤 것이다. 사물 자체만을 부각시키는 것. 그와 관련된 다른 환경을 차단하고, 그 사물에 가해지는 일체의 작가적 주관 — 연상, 기억, 이념 따위 — 을 배제하는 작법인데, 이것은 단순한 작법 아닌, 그 자체가 작가 세계의 본질로 결부되는 그 어떤 것이다. 작가는 이 작품을 통해, 혹은 앞의 인용 부분을 통해 자신의 몸을 총체적으로 그려내거나, 그 몸에 대한 자신의 기대와 욕망을 말하지 않는다. 더구

---

[4] 정이현, 「신식 키친」, 『낭만적 사랑과 사회』, 문학과지성사, 2003, pp. 191~92.

나 몸을 통한 특정한 주장이나 이념을 내세우지도 않는다. 앞의 인용에서 특기할 만한 것은 특히 "일요일 오전, 종교가 있는 사람들은 주일 예배를 준비하고 가족이 있는 사람들은 아침 식사를 나눌 시간이다"라는 부분이다. 종교와 예배, 가족까지 철저히 사물화시키고 있는 이러한 표현은 일견 무심한 묘사로만 보이지만, 사실 그 배후에는 작가의 강한 자아가 숨겨져 있다. 종교가 있으면 예배 드리러 가고, 가족이 있으면 아침 식사를 한다? 평범한 듯한 이 진술이 감추고 있는 것은 무엇인가. 그것은 작가든 작중 화자든 그에게는 종교도 가족도 관심이 없다는 언질이다. 이 언질은 은연중 가족과 종교 같은 인간 사회에서 전통적으로 가장 소중하고 긴요하게 여겨져온 개념에 대한 격하의 작업과 연관된다. 사실 이런 공작은 이미 몸에 대한 묘사에서 벌써 진행된 바 있다. 여성의 유방, 허리 등은 얼마나 오랫동안 중요하게 다루어져 온 기관들인가. 생명의 차원에서도 관능의 차원에서도 그것들은 가려지고 보호될지언정 이처럼 물질화된 표현과 만난 일은 거의 없다. 아니, 물론 많이 있었다. 졸라의 자연주의 이후 인간의 몸은 물질화의 길을 신속하게 걸어왔고, 최근에는 우리 여성 작가들에 의해서도 관능과 페미니즘의 정치학, 그 치열한 대상이 되어왔다. 그러나 몸들에는 일정한 이념들이 붙어 있었다. 그런데 여기엔 거의 그것들이 없다. 알맞게 존중되어야 할 몸이 여기서는 아주 격하되고 무시되는 느낌인데, 작가는 '어떤 슬픔이나 비애도 없이' 그 몸을 바라본다. 말의 제 뜻에 가까운 즉물성이 분명하다. 정이현의 소설 곳곳에 편재해 있는 이 같은 성격은 또 다른, 그보다 조금 앞선 1990년대 작가들의 2000년대적 변화 속에서도 비슷하게 엿보인다. 김영하, 김경욱, 김연수, 배수아, 백민석 등이 그들이다. 가령 배수아의 작품을 보자.

그러나 마가 이렇게 소리치고 있을 때는 이미 마의 전처가 현관에서 신발을 벗고 있었다.
"안녕, 전처."

마는 어색하게 인사했다.

"이름도 잊어버렸군요."

마의 전처는 지저분한 방 안 풍경을 그리 놀라지도 않고 받아들였다. 돈경숙이 소파의 빨랫감을 치우자 고양이가 성난 얼굴로 노려보더니 달아나버렸다. 그 자리에는 지독한 노린내가 났지만 마의 전처가 앉을 만한 장소라고는 그곳밖에 없었다. 그렇지 않다면 마가 누워 있는 침대뿐이었는데 아마도 전처는 그것은 별로 원하지 않는 듯했다.

"스타킹에 자수가 놓였네."

돈경숙이 전처의 다리를 훔쳐보며 감탄했다.[5]

최근작 『일요일 스키야키 식당』의 도입부 한 장면인데, 종래의 시나리오 작품 한 대목을 연상시킨다. 이름 아닌 성, 그것도 존칭이나 별칭이 생략된 상태에서 '마'로 불리는 인물, 이름 없이 '전처'로 등장하는 인물, '돈경숙'이라는, 사람 아닌 사물화된 존재로 의도되고 있는 인물 등, 짧은 장면에서 나란히 나오는 세 사람은 인격체로 서로 교류하고 있다는 인상 대신 마치 건조한 꼭두각시처럼 각자 뒤뚱거린다. 이혼한 전처가 전남편의 새 가정을 찾아온다거나 그녀를 향해 전남편이 "안녕, 전처"라고 인사하는 부분은 우습다는 느낌을 넘어 그들이 좀 모자라는 사람들이 아닌가 하는 분위기를 풍긴다. 인간이 즉물화될 때 발생하는 자기 소외 현상이다. 이렇게 되면 소규모의 인간 집단도 주체적인 생명감으로 운행된다기보다는 익명의 대중 집단으로서 객체화된다. 그들 각자가 지녀야 할 원천적인 속성과 고유함, 그리고 그들 사이에서 교환되는 감정과 그 반응 같은 것들은 애당초 결핍되어 있다. 따라서 전처가 나타났는데도 후처인 현처는 뜬금없이 스타킹에 놓인 자수나 바라보고, 감탄한다. 그러나 이때 '감탄'이라는 단어를 보라. 감동이 실려야 할 전

---

5) 배수아, 『일요일 스키야키 식당』, 문학과지성사, 2003, p. 10.

통적인 이 어휘는 얼마나 왜곡된 채 그 본래의 뜻을 무시당하고 버려져 있는가. "돈경숙이 전처의 다리를 훔쳐보며 감탄했다"는 표현 속에는 감정과 관념을 거느린 총체적 인격으로서의 인간 아닌 부위별로 해체된 물질로서의 육체 조각—'인체'만이 너울거린다.

다른 한편 실용성과 과시성도 최근 소설들에서 두드러지게 나타나고 있는 현상이다. 즉물성의 대표적 보기가 되었던 정이현의 경우, 대표작 「낭만적 사랑과 사회」에는 복수의 남자 친구를 가진 여자 주인공이 나오는데, 그녀가 그들을 사귀며 지내는 이유가 종래 세대와는 판이하다. 예컨대 사랑이라는 고전적, 전통적 이유는 물론 애당초 개입할 여지조차 없으며, 성적 욕망의 주체적 구현이라는 바로 전 세대, 즉 1990년대 열망도 벌써 쫓겨나 있다. 그런데도 그들은 왜 남자 친구를 혹은 여자 친구를 사귈까. 그 이유의 언저리는 이렇다.

> 차가 없는 남자애는 피곤했다. 우선 폼이 안 났다. 대학교 3학년이나 된 이 나이에 아직도 강남역 뉴욕제과 앞, 압구정동 맥도널드 앞 같은 곳을 약속 장소로 정한다는 건 쪽팔리는 일이었다. 게다가 데이트를 끝내고 집에 갈 때는 또 어떤가? 〔……〕 지방 캠퍼스에 다니는 데다 키스 하나 제대로 못하는 어리어리한 민석이를 몇 달째 만나는 이유도 따지고 보면 그애의 스포츠카 때문이었다.[6]

주인공 여대생에게는 또 한 사람의 남자가 있는데 그에게는 차가 없다. 그러나 그는 명문 의대생. 순전히 실용적인 면에서 두 남자는 그녀에게 각각 효용성이 있다. 의대생과 자가용은 어쩌면 오늘의 젊은이들이 탐닉하는 가장 전형적인 키워드일 것이다. 이 소설은 두 가지 요소를 정직하게 반영한다.

---

6) 정이현, 앞의 책, pp. 12~13.

실용성인데, 다분히 자기 과시욕이 그 핵심으로 작용하는 그런 실용성이다. 양자는 앞의 즉물성과 합하여 고스란히 인터넷 문화의 속성을 대변한다. 인터넷의 영상성이란 어차피 자기 과시이며, 온라인 속에 철저히 매몰된 그 즉물성이 이를 이용하는 네티즌들에게는 가장 실용적이지 않은가. 말을 바꾸면, 네티즌들로 대변되는 젊은이들은 자기 과시성이 가득 찬 인터넷과 영상 문화의 즉물성을 가장 실용적인 것으로 즐기며, 젊은 소설들은 그 현상을 충실히 증언, 반복하고 있는 것이다.

이 점에서는 전자책e-book 형태로 나왔다가 다시 종이책으로 나온 백민석의 『러셔』가 한 전형이 될 수도 있을 것이다. 장편 『헤이, 우리 소풍 간다』 『내가 사랑한 캔디』로 만화 같은 소설, 혹은 소설의 만화화 가능성에 일찍이 도전한 바 있는 이 작가는 『러셔』에서 사이버 세계의 리얼리티를 실용화한다. 사이버펑크 SF 소설이라는 평을 듣고 있는 이 작품에는 현실 세계를 다루는 종래의 소설들과 달리 초월자, 능력자, 기술자, 노동자라는 공작적 기능 위주의 인물들이 포진해 있다. 이러한 배치는 현실 공간에서의 활동보다 사이버 공간에서의 실행을 연상시킨다. 가령 컴퓨터 게임을 생각해보아도 좋을 것이다. 모비와 메꽃이라는 한 쌍의 주인공은 일종의 능력자로서 호흡구체의 핵심 시스템을 파괴하고자 활약한다. 호흡구체는 말만 그럴싸할 뿐 환경 문제의 근본을 은폐하는 역할을 하기 때문에 제거되어야 한다는 것이다. 이 작품에는 이와 비슷한 전문 기술 용어, 혹은 전도되고 조작된 유사 용어들이 빈번히 나오는데 그것들은 오프라인의 현실에서는 당장 존재하기 힘든 만화적인 기제이지만, 몇몇이 온라인 속에서 조직될 때 가공할 위력으로 미래의 지평을 열어간다. 호흡구체와 함께 나오는 폴립군체라는 것이 있는데, 그것의 제거를 위해 호흡구체가 파괴될 때 환경 물질의 범람으로 세계는 파국에 직면한다. 이러한 기능 물질의 포진은 종래의 소설에서도 존재했던 극적 장치의 일환으로 간주될 수 있으나, 여기서는 만화나 영화에서처럼 훨씬 폭발적이며 아슬아슬한 극적 구도의 방아쇠 구실을 한다. 여기에 덧붙여 개인의 내면적 심리와 욕망을 제거시키면서 사회 공동체의 이데올로기로 소설 진행의 명분을 얻어가는데, 이것은 컴퓨터 게임의 속도나 추진의 힘으로 작용하면서 환상을 만들어낸다. 나로서 이 작품에서 가장 주목하는 대목은, 기능 물질의 연결로만 진행되는 즉물성의 공간이다. 그렇다면 젊은 평론가 이수형의 지적대로 워쇼스키의 『매트릭스』 공간과 과연 무엇이 얼마나 다를까. 공간 밖으로 튀어나오고자 하는 화면 자체의 과시성도 마찬가지다.

허밍이 들려왔다. 거대 팬의 바람이 모래 알갱이들을 쓸어올리고, 쓸어내리는 소리였다. 지름 0.09밀리미터나 0.07밀리미터쯤 되는 모래 알갱이들의 틈새를 핥고 훑고 파고드는 소리였다.[7]

스크린에 좌표가 떴다. 그녀는 엔진에 파워를 넣고 숨을 한 번 토했다간 짧게 들이마셨다. 발사, 빨리 갔다 와, 발사. 예, 알겠습니다. 새파란 전광이 그녀의 시야를 채웠다. 〔……〕 그녀는 이제 없는 존재가 됐다. 반물질이 됐다. 아주 짧은, 그 어떤 시간이 그녀와 그녀의 호버 탱크를 덮쳤다.[8]

즉물성과 과시성, 그리고 실용성이 어울려 이루어지는 열매 가운데 가장 눈에 잘 띄는 것은 섹스와 폭력이다. 그것들은 모두 호감, 의리, 환경, 편의, 그리고 정치적 의를 표방하지만, 그 자체가 새로운 이데올로기일 뿐, 사이버 공간의 추가 이외에 이렇다 할 행복과 연결되고 있는 성과는 없다. 모비와 메꽃처럼 그들은 선의의 테러리스트로서 두려움의 대상에 아직 머물러 있을 뿐이다.

---

7) 백민석, 『러셔』, 문학동네, 2003, pp. 9~10.
8) 같은 책, pp. 15~16.

## 4

다소 거창한 표현이 되겠지만, 21세기 우리 소설들이 이처럼 즉물성/실용성/과시성을 키워드로 삼을 때 인터넷 문화의 정치적 표현으로 현실화된 '노무현 현상'과의 관련성은 어떻게 되는 것일까. 벤야민의 논리를 추적하면서 제기된 문제들, 즉 첫째, 정치적 의가 구현된 사회에서, 그것도 인터넷 문화의 매개에 의한 그 구현에서 문학은 손을 털고 돌아서도 되느냐는 질문이다. 이에 대해서 21세기 초입의 소설들은 외면상 표정으로는 무심하다. 먼저 즉물성을 생각해보자. 그들은 자신의 몸을 보아도 전체적으로 보지 않을뿐더러, 어떤 감정을 실어서 보지도 않는다. 유방이 보이면 유방을 볼 뿐이고, 허리가 보이면 허리를 볼 뿐이다. 비록 유방이 크고 황폐해 보여도 슬프지 않다. 몸은 부분적으로 해체되어 지각된다. 연계, 유대와 같은 전통감은 중요해 보이지 않는다. 인터넷이 그렇다. 클릭하면 아름다운 알프스가 나오고, 다시 클릭하면 벌거벗은 남녀의 섹스 장면이 나온다. 로마 교황청 바로 다음 순서에 미얀마 사원이 연결된다. 대체 이들 사이에 무슨 연관이 있겠는가. 즉물성은 작가의 의식을 단편화한다. 정이현이 연속성 대신 옴니버스 스타일을 즐기는 까닭도 이와 무관치 않다. 결국 노무현이 인터넷에 의해 대통령에 당선된 것은, 정치적 의라는 목적 지향의 결과 이외에 인터넷 자체의 논리와 소위 코드, 코드의 연결 결과라는 분석이 가능할 수도 있다. 가령 노무현의 경우 정치적 의라는 목적 지향성이 상당 부분 포함되었다고 하자. 그러나 그 같은 요소가 전혀 고려되지 않는 다른 미래의 다른 개연성도 상정해볼 수 있는 것이다. 절대 권력에 의해 대중 조작을 경고한 벤야민의 우려가 아니더라도, 대중의 즉물성을 생각할 때, 그 개연성은 두렵다. 하물며 문학마저 그와 같은 길에 들어서고 있다는 가설이 타당하다면, 문제는 간단치 않아 보인다.

다음으로는 인터넷 문화의 반문화성 혐의가 제기된다. 미흡한 수준이기는 하지만, 이미 확인되고 있는 실용성, 과시성을 정통적인 문화성의 차원에서 수긍하기에는 적잖은 저어함이 있지 않은가. 새로운 소설들은 이미 오프라인의 종이 문화 속으로 이러한 특성을 자연스럽게 유입시키고 있다. 실용성이란 현실 비판 아닌 현실 추수인데, 최근의 소설들이 아이러니에 의한 비판의 성격을 감추어 담고 있다는 일부 옹호론을 감안하더라도 이에 대한 경도는 부인할 수 없는 추세로 보인다. 과시성의 경우는 보다 심각한 새 징후이다. 그것은 즉물성의 불가피한 사회적 측면이다.

  앞서 나는 백민석의 『러셔』 주인공들을 두렵게 바라보게 된다는 말을 했는데, 그 까닭은 그들이 미래의 주인공이며 그들이 기능 물질과 명분을 선점하고 있기 때문이다. 결국 그들은 모든 것을 소유하고 있는데, 그러면서도 그들은 남아 있는 저항을 낡은 것으로 공격하는 도덕성마저 찬탈하려고 한다. 더욱이 때로 확신이 없다고 하면서도 돌진하는 모비의 모습은 불안하기 짝이 없다. 그렇다면 이 같은 비판은 무위의 견제에 지나지 않는 것일까. 블랙홀로의 함몰처럼 문화 양식으로서 문학 또한 기능 물질화의 운명을 감수할 수밖에 없는가. 그렇지만은 않다. 『낭만적 사랑과 사회』와 『러셔』에는 그럼에도 불구하고 처녀성을 찾는 고전, 그리고 이식 인간에 의해 순수한 육체로 감탄되는 메꽃의 아날로그적 향수가 엿보인다. 나는 우선 이 작가들의 작은 서정성을 평가한다. 그것은 결코 작지 않은 틈새다. 정치와 대중, 폭력의 미혹 사이를 비집고 나오는 아름다운 틈새! 그 틈새는 더욱 벌어져야 할 당위와 만나고 있다. 그 당위는 문학이 뒷받침해야 할 몫이다.

# 글로벌과 문학의 동요

"노동은 종말을 맞을 것이고, 이제 대중복지 시대는 지나갔다. 〔……〕 세계화의 결과로, 3분의2 사회가 아니라 20대80의 사회, 즉 20퍼센트는 유복해지고 80퍼센트는 불행해지는 5분의1 사회가 올 것이다. 거부와 하류층이 있을 뿐, 중산층은 존재하지 않는다. 〔……〕 세계적인 빈곤과 실업 〔……〕 우리의 후손들은 아직도 세상이 온전하게 보였고 잘만 하면 세상을 제대로 바꾸어 나갈 수 있다고 믿었던 황금 같은 1990년대를 몹시 그리워할지도 모른다."

이즈음 잘 나가고 있는 어느 작가의 인용을 재인용해 본 것이다. 작가는 소설의 주인공이 읽고 있는 주간지의 한 페이지를 인용하고 있는데, 그 내용은 최근 몇 년 사이 아주 자주 부딪히고 있는 시대의 화두, 즉 세계화 문제다. 인용은 전경린의 단편 『장미십자가』에서 한 것이다. 섹스를 중심으로 한 여성문제에 비교적 민감한 반응을 보여온 이 소설가가 문득 이처럼 이 시대의 정치적 성감대에 눈초리를 돌린 까닭은 무엇일까. 나도 거기서 눈길을 멈춘다. 우리 문학 자체가 바로 그 블랙홀로 빨려 들어가는 모습이 눈에 들어온다.

그 구체적인 모습은 이렇다. 노무현 대통령 등장 이후 우리 사회는 돌풍에 휘말리고 있다. 신자유주의의 대두와 IMF파동, 부시 미국 대통령의 취임,

9·11 뉴욕 테러와 이라크 전쟁, 월드컵과 붉은 악마, 촛불시위와 북한 핵문제 등등으로 이어지는 숨가쁜 격동의 파랑은 마침내 예측하지 못했던 대통령의 당선과 예측할 수 없는 상황의 연속 속에서 우리들 모두를 갈라놓고, 치고 받는 현실의 주인공들로 그 우리들을 몰아가고 있다. 어차피 좌우로 갈린 반세기 넘는 역사인데, 다시 좌우로 나뉜 듯한 모습에다가 세대간 갈등의 격화라는 문제가 새삼 대두되었다. 역사와 전통에 대한 존중의 결여, 정신적 뿌리의 부재 등이 이 혼란스러운 사태의 원인으로 일단 지적될 수 있겠지만, 여기에는 한국인 특유의 무한평등의식도 슬그머니 편승하고 있다. 역량과 상황에 관계없이 모든 사람들이 질·양 모든 면에서 똑같은 권익을 누리겠다는 이 무한평등주의는 '사회적 약자' 편을 구호와 신념으로 하는 새 대통령을 낳을 수 있었다. 얼핏 보기에 이러한 생각은 민주주의의 기본으로 여겨질 수 있는 것 같다. 그러나 과연 그런가. 이에 대한 진지한 검토는 오늘 우리 문학의 경박화 현상과도 깊은 관계에 있다.

한 마디의 요약이 허락된다면, 무한평등주의는 가능하지도 않고, 옳지도 않다고 말할 수밖에 없다. 인간사회에서 인간들 사이의 평등이란, 링컨이 게디스버그 연설에서 행했듯이 '모든 사람들은 동등하게 창조되었을 All men are created equal' 뿐이며, 모든 기회가 동등하게 제공될 뿐이라는 인식이다. 각자는 그 상황에서 주어진 탤런트를 최대한으로 발휘하여 가장 높은 가치를 구현해야 한다. 그러나 오늘 우리 사회는 이러한 이념 추구를 향한 사회통합 대신, 사회적 동등이라는 불가능한 허상을 향한 욕망의 발현에 온 힘을 쏟고 있다. 놀랍게도 우리 사회는 그것을 오랫동안 제도적으로 확보해오고 있을 뿐 아니라, 명색 지도자들이라는 자들이 앞장서서 이 그릇된, 불가능한 희망의 허상을 선전한다. 위선을 넘어, 거대한 기만의 비극이라고 하지 않을 수 없다. 그 가장 대표적인 사례가 바로 '교육평준화'다.

도무지 우리나라에는 '좋은 학교'가 없다. 설령 '좋은 학교'가 있다고 하더라도 그 학교는 곧 좋지 않은 많은 다른 학교들과 반드시 같아져야 한다. 좋은 학교의 자리에서 내려와야 하는 것이다. 학교란 교육기관이자 문화기관인데, 좋은 학교를 거부한다는 것은 곧 좋은 문화를 거부한다는 것과 통한다. 이와 같은 의식은, 사실 우리네 사고방식 깊숙이 숨어 있는 오기의 정서가 간단없이 노출되고 있는 결과다. 공부를 잘하는 사람도, 돈이 많은 사람도, 품성이 좋은 사람도 '그러면 다냐―'는 식의 끌어내리기에 의해 제자리에 있을 수 없는 것이다. 남을 인정치 않고 자기주장에만 집착하는 이 같은 무한 평등의식의 오기에 덧붙여 지금 우리 사회는 세계화니 글로벌이니 하는 후기자본주의의 독아(毒牙)에 의해 큰 침해를 당하고 있다. 인터넷 물결과 래디컬 페미니즘은 결과적으로 이러한 분위기의 강화에 기름을 부은 격이 되고 있다. 신분과 성별, 재산과 취미, 어른과 아이 등등 사람들의 다양한 실존적 조건들에 있어서 일체의 차별성 혹은 변별성을 인정하지 않으려고 하는 생각은 그 자체가 새로운 이데올로기처럼 부상한다. 일찍이 60년대 후반 마르쿠제 H. Marcuse가 예견한 '일차원적 인간 one-dimensional man'은 바야흐로 그 증상의 절정을 이루고 있는 느낌이다.

여성과 노동자, 청소년들의 사회적 부상의 뒷길에서 남성과 기업인, 노장년층들은 투덜거리며 시무룩해한다. 남성과 기업인, 노장년층들이 과거에 프리미엄을 누려왔다면, 그리고 반대로 여성과 노동자, 청소년들이 억압을 받아왔다면, 작용과 반작용의 원리로 보든지 역사 발전의 과정으로 보든지, 그것은 물론 개선/극복되어야 할 현실이다. 오늘 우리 주변을 시끄럽게 흔들고 있는 이른바 보수―진보의 대립은 바로 이 현실의 반영이다. 그러나 이 순간은 우리에게 성급한 행동 대신 총체적인 성찰을 요구한다. 자칫 잘못하면, 지난날 남성―기업인―노장년 중심의 지배구조가 그 반대의 구조로만 바뀔 뿐 억압과 지배의 성격 자체에는 아무런 변화가 없는 전도(顚倒) 현상만 초래할 수도 있기 때문이다. 그 현상은 사회 전체에 혼돈으로 나타날 뿐 인간다운 사회의 구현에 기여하리라는 보장이 없다. 역사가 그것을 보여준다. 소위 기득권층은 자신들의 자리에서 순순히 내려오지 않으며, 결국 새로운 계층은 그들을 상대로 투쟁함으로써 역사와 현실은 싸움의 현장이 된다. 그렇다면 일회뿐인 인생은 늘 그 현장에만 있어야 하는가 하는 근본적인 회의와 만난다. 말하자면 실존적 질문인데, 문학은 바로 이 상황에 맞부딪혀 있는 것이다.

문학은 이 세계가 모순에 가득 찬, 타락한 세상이라는 것을, 그 세상은 어떤 인간적인 노력에 의해서도 유토피아로 바뀌는 것이 불가능한 곳임을 처음부터 알고 있다. 그렇기 때문에 문학은 남성 편도 아니고 여성 편도 아니다. 기업가 편도 아니고 노동자 편도 아니다. 마찬가지로 노장년층과 청소년층 그 어느 쪽으로 기울지 않는다. 문학은 그들 모두를 껴안으면서도 그들이 인간이기 때문에 가질 수밖에 없는 한계에 안타까워한다. 그런 의미에서 문학은 '그들 사이'에 있다. 그들 중 어느 한쪽에 있거나, 나아가 그들 중 어느 한쪽만을 위해 싸우려고 한다면 이미 그것은 문학이 아니다. 문학이 누구에게나 비판적일 수밖에 없는 것은 바로 이 까닭인데, 그것은 불완전한, 미완의 그들을 향한 사랑 때문이다.

문학의 현실은 그런데 지금 어떤가. 요컨대, '일차원적 인간'을 향한 욕망 부추기기가 갈수록 가속화되고 있는 느낌이다. 지난날 민중문학론, 민족문학론에 의해 진행된 한쪽 편들기는 이제 상당한 목적이 달성된 듯 소강상태로 들어갔으나, 이제는 다른 쪽들로부터 그 욕망의 충족이 끊임없이 주장된다. 예컨대 여성문학론도 그 중 대표적인 보기일 수 있다. 물론 민중문학론, 민족문학론이 그렇듯이 여성문학론이나 기타 특정한 어떤 계층을 위한 문학적 주장은 그 나름의 타당성을 지닌다. 역사적·사회적 약자로서의 고착화된 피억압적 성격은 투쟁과 같은 적극적 저항과 진출에 의하지 않고서는 상당부분 성과를 거둘 수 없는 것이 사실이다. 그럼에도 불구하고, 적어도 문학에 있어서는, 그 뜨거운 주장이 조심스럽다. 왜냐하면 그 한쪽의 주장은 상대방을 파괴하는 데 그치지 않고 문학을, 그리고 마침내는 자신조차 파괴할 수 있기 때문이다. 조금만 깊이, 그리고 자세히 시간을 갖고 생각해보면 이 논리는 쉽게 수긍될 것이다.

　세계화는 확실히 미국을 중심으로 한 극소수의 부유화를 제외하고서는 빈곤의 세계화를 낳을 뿐이라는 예감을 곧 통설로 만들 것으로 보인다. 그렇게 될 때, 극소수를 제외한 대부분의 세계인들로부터 거대한 저항에 직면할 것이다. 그러나 이 시점에서 나로서 우려스러운 점은, 빈곤의 세계화—거대한 저항과 똑같은 무게로 나타나는 인간 욕망의 획일화된 조직과 그 분출이다. 그것은 오늘의 우리 문학(상당한 숫자의 소설과 시 작품)이 보여주듯이, 인간과 인간 사이의 섬세한 변별적 문화 가치를 무력화시키고 문학 자체를 욕망의 도구로 떨어뜨린다. 한 사람 한 사람의 인간이 거대한 하나의 우주라는 인식 또한 낡은 시대의 덧없는 문학적 가치로 배척되어야 할 것인가. 오늘도 나는 두렵고 떨리는 마음으로 컴퓨터 모니터를 응시한다. 문학 매체의 범람은 오히려 문학의 몰락을 보여주는 듯하다. 근대를 증오하고 근대성을 증오하는 몸짓 가운데에서 근대의 편린들이 얼핏얼핏 보이는 듯하다.

# 엽기의 문학, 문단의 엽기성

'엽기'라는 낱말이 횡행하고 있다. 인터넷에서, 영화에서, 연극에서, 그리고 소설에서, 시에서…… 이 낱말이 딱히 무엇을 의미하는지 사전적 정의는 이제 필요치 않은 단계에 이른 것 같다. 어차피 사전적 정의란 끊임없이 변화되어야 하는 것이라면, 이미 '엽기'는 그 엽기적인 의미와는 사뭇 다른 친숙함마저 얻어가고 있는 상황이다. 이 같은 유행이 언제 어디서부터 누구에 의해 번지게 되었는지 분명치 않지만, 내게는 우선 백민석의 소설들이 떠오른다. 『헤이, 우리 소풍 간다』『내가 사랑한 캔디』등에 이어서 『16 믿거나 말거나 박물지』와 『장원의 심부름꾼 소년』 등으로 특이한 관심을 모으고 있는 이 작가에게는 『목화밭 엽기전』이라는 이름의 장편소설이 있다. 2000년 봄에 나온 책인데 「소설의 악몽」이라는 평론가 황종연의 해설을 뒤에 달고 있다. 이 해설은 "얼마나 끔찍한 괴담이 가능할까. 얼마나 기괴한 소설이 가능할까. 백민석의『목화밭 엽기전』은 기괴한 것에 굶주린 소설의 흡혈귀적 야행 같다"로 시작한다. 실제로 이 작품의 내부에는 다음과 같은 장면이 펼쳐진다.

뷰티풀 피플 언니는 세간들의 한가운데 놓여 있었다. 발가벗겨진 채로, 어디에 쓰이는지 짐작이 가지 않는 커다랗고 등받이가 높다란 의자에 매어져 있었다.

거꾸로.

보기 민망한 광경이라기보다는, 끔찍해 절로 눈 감기는 광경이었다. 언니의 두 다리는 차고 천장을 향해 V자처럼 활짝 벌려져 있었다. 다리를 다물지 못하게, 손목을 발목에 포개어 친친 감아 놓았다. (……) 언니의 기다란 머리카락은 차고 바닥까지 흘러내려, 널따랗게 흩어져 있었다. 그녀가 선 자리에선, 언니의 이마밖엔 보이지 않았다. 이마는 시뻘겋게 물들어 있었다. 눈을 감았는지 떴는지조차 알 수 없었다. 씻, 그녀의 잇새로 다시 한숨이 새어나왔다. 여기저기 내놓은 물건들마다 무슨 숫자 같은 것이 적힌, 손바닥만한 종이가 붙어 있었다. 언니의 배꼽에도 있었다. 그러니까 오늘의 세일가를 명시해놓은 가격표였다. 텔레비전 삼만원, 냉장고 오만원, 수족관 이만원, 백과사전 한 질 칠만원, 다기 세트 만오천원, 언니 이십칠만원……. (……)

거구는, 언니가 거꾸로 매어져 있는 의자 등받이에 손을 얹곤 상체를 기울였다. 상체를 기울이곤 턱을 높이 든 채로, 이쪽을 똑바로 쳐다봤다. 이것도 아직 쓸 만해…… 거구는, 그 커다란 손바닥으로 언니 사타구니 새를 쓰다듬었다. 윤기 없이 헝클어진 언니의 까만 치모가 손바닥 이쪽 저쪽에서, 사라졌다 나타났다 했다. 바삭바삭, 소리가 들릴 듯했다. 불두덩이, 핑크빛으로 속을 드러냈다.

"고장나거나 망가지거나 죽은 건 팔지 않아. 아예 가져나오지도 않았지."

거구는 찰싹, 소리나게 사타구니 새를 때렸다. 남편이 하, 하고 입을 뗐다.

"하, 그 물건 아직 살아 있나?"

"그럼."

뒤셀도르프를 중심으로 하여 번져나간 소위 신표현주의 미술의 메스껍고 역겨운 풍경들이 그 톤과 색깔을 높이면서 이 소설을 장악하고 있다. 변기를 작품이라고 내어놓아 경악을 자아냈던 요셉 보이스Josef Boyce의 엽기는 차라리 한 단계 아래쯤으로 보인다. 아내를 발가벗겨 매달아놓고 판매한다는 남자의 의식에 대한 분석은 여기서 한가롭다. 거기에는 아직 살아 있음에도 불구하고 죽은 사물이나 다름없이 거꾸로 매달려 팔려나가기를 기다리는 여인의 몸뚱이가 있다. 그것은 노예도 아니고, 인육도 아닌, 그것들을 훨씬 능가하는 신성모독의 살육이다. 사물 이하로 왜곡·폄하·능욕된 생명과 인격, 그리고 섹스가 있다. 일찍이 고트프리트 벤이 「시체공시장」에서 그린 섹스와 주검의 환상곡은 그야말로 상실된 현실 속에서 새로운 현실을 찾기 위한 몸부림이었다. 그 몸부림을 표현주의라는 이름으로 이해해온 문학과 예술이 이제는 멀쩡한 현실 앞에서 그 끔찍함과 역겨움을 능가하는 엽기를 만들어내고 있으니, 이 현상은 어떻게 이해되어야 할 것인가. 컴퓨토피아와 게놈 지도에 의한 새로운 낙원이 전망되는 21세기에서 대체 이 같은 인간모독의 문학을, 인간을 위한 문학으로 접수해야 할 것인가. 하기는 인간은 궁핍과 전쟁 아닌 낙원에서 죄를 지은 존재 아닌가. 그렇다 하더라도 과연 '엽기'는 끔찍하다.

문학에 있어서도 엽기는 백민석만의 것이 아니다. 예컨대 촉망받는 젊은 작가 김영하의 일련의 소설들에도 그 냄새는 짙게 배어 있으며, 황지우·이성복을 지나서 적지 않은 젊은 시인들이 그 유혹 앞에 자기를 드러내고 있다. 『나는 나를 파괴할 권리가 있다』라는 김영하 소설의 제목은 이 현상을 이해함에 있어서 함축의 단서를 제공한다. 왜 하필이면 그 많은 권리들 가운데 파괴의 권리? 여기서 오늘의 문학이 지향하는 디오니소스적 정열이 감지된다. 그것은 세계를 부수고 다시 세우고 싶어하는 낭만주의적 욕구이다. 낭만주의란 정신사적 문맥에서 이해될 때, 신비주의의 문학적 표현이다. 신비주의는, 그것의 한 원형이라고 할 수 있는 「니벨룽겐의 노래」가 보여주듯이 인간의 뜨거운 피를 증언한다. 뜨거운 피는 정욕을 낳고, 그것들은 뒤얽힘을 반복하다가 마침내 죽음을 낳는다. 용맹과 아름다움을 자랑하는 지그프리트와 크림힐트를 포함한 주인공들 모두 죽음으로 끝나는 이 작품이 보여주는 것은 신비주의의 디오니소스적 운명이다. 그것은 비극이며 어리석음이다. 그럼에도 불구하고 인간은 이 어리석음과 비극을 즐긴다. 기독교에서 죄성이라고 부르는 이 운명 앞에서 인간은 때로는 모르기 때문에, 때로는 알면서도 피하려고 하지 않는다. 피하다니! 니체와 보들레르 이후의 문학과 예술은 아예 적극적으로 거기에 집착한다. 니체는 표현주의를 넘어 신표현주의로 더욱 더 우상화되고 그의 극단적인 인간중심주의는 인간의 모든 욕망을 미학화한다. 푸코나 라캉, 데리다 등은 그들의 여러 가지 변별점들에도 불구하고 기본적으로 니체주의자들이다. 이렇듯 욕망의 극단적인 미학화는 섹스와 죽음 같은 부끄러움과 공포, 혹은 열망과 절망의 숙명적 감정을 인간 자체에서 떼어내어 짓이기거나 질겅질겅 씹는다. 마치 껌처럼, 그러다가 벽에 붙여놓기도 하고, 이윽고 버려버린다. 그것이 섹스인가, 죽음인가. 전통은 이에 대해 아무 말도 하지 못한다. 엽기란 이런 흐름 안에서 차라리 자연스럽다. '의사소통이 원활하지 않은 사람과 섹스하는 일은 편안하다. 잡념없이 감각에만 열중할 수 있어서 좋다'(『나는 나를 파괴할 권리가 있다』, p. 80)는 김영하의 진술은 반어라기보다 파괴에 가까운 것이다. 섹스와 죽음이 사물화될 때, 그것들이 토막 나는 일은 결코 어려운 일이 아닐 것이다.

  디오니소스적 정열은, 그러나 그 자체로의 충족을 주장하지는 않는다. 아폴로적 정열(그렇다, 동역학에 대한 정역학이 마찬가지의 역학이듯이 그것도 정열이다)과 함께함으로써, 혹은 앞서거니 뒤서거니 자리를 바꾸어감으로써 문학예술은 보다 완성된 얼굴을 만들어간다. 적어도 니체 이전까지는 그러했다. 이 정열은 언필칭 파괴와 엽기를 통한 인간성의 구현을 역설적으로 역설하는데, 그렇게만 된다면 오죽이나 좋으랴. 그러나 현실은 반대다. 20세기의 역사가 그것을 잘 보여준다. 세상은 발전하고, 문학과 예술은 풍성해지는데, 사람들은 갈수록 완악해지고 있으며, 사는 일은 점점 더 힘들어지고 있다. 표현주의는 신표현주의로, 모더니즘은 포스트모더니즘으로 극단화된다.

  그 비근한 모습들 가운데 하나가 문단 자체도 서서히 엽기적이라고 부를 만한 분위기에 젖어들고 있다는 사실이다. 무엇보다 문인의 대량 생산이라는 구조 변화가 그렇다. 이즈음의 문인 숫자는 아무도 모른다고 한다. 시·잡지의 숫자도 아무도 알 수 없다고 한다. 각종 문학상의 숫자에 대해서도 아무도 모른다고 한다. 한 가지 확실한 것이 있다면, 그 숫자가 갈수록 엄청나게 늘어나고 있다는 사실이다. 대중사회로의 진입에 따른 불가피한 현상으로 설명되기도 하며, 인터넷 인구의 폭발에 따른 자연스러운 현상으로 그 원인이 분석되기도 한다. 그러나 우리보다 훨씬 더 대중사회라고 할 만한 미국이나 일본보다도 그 증가 속도는 빠른 것 같다. 전통사회의 모습을 비교적 지키고 있는 독일이나 프랑스 등 유럽과는 비교도 되지 않을 속도이다. 이처럼 급성장하고 있는 문인 인구와 그에 따른 각종 제도의 범람은 필연적으로 문학의 개념·본질·정신과 같은 것에 아울러 변화를 일으키고 있다. 그 변화는 혼란이라고 부르는 편이 어울릴 그런 변화다. 문학이 정신이라면, 거기에는 높낮이가 있고 그것을 평가·판단할 공준(公準)이 있어야 한다. 그것은 오랜 전통으로 지켜져왔고, 우리의 경우에도 견고한 약속으로 지켜져왔다. 이즈음 바로 그것이 흔들리고 있다. 적절한 비판의 개입 없이, 어떤 때에는 아예 비판을 조롱하면서 문인들과 그들의 작품들이 난무한다. 조정과 비판은 무력화되고, 차츰 그것들을 경원하는 경향마저 일반화된다. 갖가지 상이 만들어지고 시행되면서, 이 사람 저 사람이 거듭 수상한다. 상금은 자꾸 올라가고, 상과 관련된 업자들의 산술놀이가 번득인다. 문학의 신성성은 완전히 사멸된 고어(古語)가 되어버렸다고 해도 틀린 말이 아닐 듯하다. 이 또한 엽기적인 상황 아니겠는가.

　문학평론이 작품에 대한 치밀한 분석과 그로부터 유래하는 자리매김 같은 본연의 일 대신, 평론가 개인이나 집단을 공격하고, 내용과는 무관한 자리에서 매명(賣名)에만 급급하는 세태도 이러한 현실과 무관하지 않아 보인다. 내실이 결핍된 물량성(物量性)으로 정신이 환산될 때 그곳에는 명목주의 Norminalism만이 남을 따름이기 때문이다. 누가 무엇을 어떻게 썼느냐 하는 문제가 중요한 것이 아니라, 누가 그저 많이 썼다든가, 회장이라든가, 상을 받았다든가 하는 행사성 기록만이 그 자리에 남을 수밖에 없을 것이다. 섹스와 죽음을 세일하겠다고 나선 소설의 주인공과 또 다른 의미에서 매우 흡사한 얼굴의 시인·소설가·평론가이다. 엽기적인 작품이 반드시 작가를 엽기적으로 만드는 것은 아니지만, 작가들의 뜬금없는 허황한 출몰들은 그 자체로 엽기적인 문단 분위기를 만들어간다. 문학 정신의 회복으로 엽기시대를 벗어나야 할 때라고 말한다면 살육될 것인가.

# 열정과 엄격의 행복한 모순
── 김환태론

　비평가 김환태에 대한 나의 관심은 좀 각별한 데가 있다고 먼저 말하고 싶다. 무엇보다 그는 "순수주관은 순수객관과 통한다"는 명제의 진실성을 내게 가르쳐준 평단 선배로서, 문학비평의 자양인 외국문학 공부의 필요성을 내게 일러준 선학으로서, 그리고 문학비평과 문학사의 이론적 유대에 관심을 가졌던 동학으로서, 끈끈한 정신적 동질감을 느끼게 하기 때문이다. 물론 그는 나보다 30여 년 앞선 세대였고, 일찍 작고함으로써 일면식의 기회조차 가질 수 없었던, 어찌 보면 나에게는 선사시대 인물일 수도 있다. 그럼에도 그가 이상하게도 같은 시대를 살아가는 동업자 같은 느낌을 강하게 주는 것은 무슨 이유일까. 1944년, 내가 세 살 때 작고한 그와 나 사이에 어떤 친연성(親緣性)이 있는 것일까.
　그 대답은 그의 작품들이 말해준다.『김환태전집(金煥泰全集)』(문학사상사, 1988)에 실려 있는 작품 제목들을 대충 훑어보자.

　　제1부 문학평론(文學評論)
　　제2부 외국문학론(外國文學論)
　　제3부 문학시평(文學時評)
　　제4부 수상(隨想)

그리고 그 안에는 다시,

제1부 문학평론(文學評論)
문학비평가(文學批評家)의 태도(態度)에 대하여
예술(藝術)의 순수성(純粹性)
〔……〕
비평문학(批評文學)의 확립(確立)을 위하여
비평태도(批評態度)에 대한 변석(辨釋)
〔……〕
순수시비(純粹是非)
〔……〕

제2부 외국문학론(外國文學論)
〔……〕
외국문학 전공(外國文學 專攻)의 변(辯)
〔……〕
랑송 문학사(文學史)의 방법(方法)

등등이 수록되어 있다. 여러 부분 나의 관심과 비슷하다. 물론 내가 그와 비슷한 주제의 평론을 발표할 시기에 그의 전집은 발간되지 않았었고, 한국 비평사를 전공하지 않은 나는 그의 글들을 읽을 기회가 없었다. 그러나 뒤에 그의 글들을 대하고 맛보았던 신기함과 기쁨이라니! 과연 문학이나 예술에서 역사가 반드시 진보하는 것은 아니라는 확신은 김환태와 나의 경우도 한 예증이 된다고 할 수 있다. 나의 생각과 그의 논지 사이에 많은 일치감을 찾을 수 있었던 것이다.

김환태 비평의 매력은 그 순수성과 열정에 있다. 순수성에 대해서는 「예술의 순수성」 「순수시비」 등의 글에서 짐작되듯이 결벽에 가까울 정도의 비상한 관심이 엿보인다. 그 성격은 일종의 순수문학 이론으로서, "사회와 외적 조건에서 초월하여 자유성"을 어떻게 지키느냐 하는 문제이다. 그 방법을 그는 천재적인 개성을 통해 가능하다고 생각하며, 그 개성은 천부적으로 주어진다고 믿는다. 사회적 설명으로는 이 현상을 이해할 수 없으므로 물질적 기초 위에서 예술을 바라보지 말 것을 요구한다. 실제로 그는 「여(余)는 예술지상주의자(藝術至上主義者)」라는 글을 쓰기도 했으며, 큰 목소리로 그 사실을 인정하기도 했다.

그러나 이러한 성향만으로 그가 래디컬한 비평가라거나 한쪽으로 지나치게 쏠리는 편벽된 인물로 생각해서는 안 된다. 오히려 뜻밖에도 그에게는 상당한 균형감각이 있다. 예컨대 이렇다.

> 과연 유물론자들이 주장하는 바와 같이 예술은 물질생활의 제약을 받는다. 그러나 우리는 이 명제를 시인하기 전에 예술이 물질생활의 영향을 받는 것은 어느 정도에 그치는 것이요, 결코 근본적이 아니라는 것을 이해하여야 한다. (「예술의 순수성」, 앞의 책, p. 21, 윗점은 필자주.)

> 나는 그들이 규정하는 그런 예술지상주의자는 아니다. 그러나 그들과 같이 문학을 정치에 예속시킴으로써 그곳에서 인생과 문학과의 관계를 맺게 하려는 그런 정치지상주의자도, 한 작품 속에 담긴 사상을 곧 문학으로 아는 그런 내용지상주의자도 아니다. 나는 누구보다도 인생을 사랑하는 사람이다. 그렇기 때문에 예술을 또한 무엇보다도 사랑하여, 인생에 대한 사랑과 예술에 대한 사랑을 융합시키고 생활과 실행의 정열을 문학과 결합시키려는 사람이다. (「여는 예술지상주의자」, 앞의 책, p. 103, 윗점은 필자주.)

순수/참여식의 대립된 도식 논쟁은 사실 김환태가 처음이 아니며, 그 이후로도 갖가지 변형을 더해가며 계속된 케케묵은, 그러면서도 끊임없이 새로운 탈을 쓰고 나오는 논쟁의 테마다. 그러나 여기서 김환태와 관련하여 반드시 주목할 점은, 그의 태도가 지닌 분명하고 단호한 표현이다. 순수/참여의 논란은 때로 모더니즘이냐 리얼리즘이냐 하는 사조상 장식의 옷을 입고 나타나는가 하면, 때로는 좌우 이념의 격렬한 대립이 마치 그 속에 있는 것처럼 포장되어 문제를 꼬이게 하기 일쑤였다. 그런가 하면 내용상의 별 차이 없이 단순한 문단 헤게모니 싸움으로 이름만 달리하고 부딪치는 일도 적지 않았다.

이런 모든 논의는 김환태식의 기질로는, 말하자면 불순한, 즉 순수하지 않은 사태의 왜곡일 수 있다. 이에 비해 김환태는 순수하다 못해 아주 순진하기까지 하다. "예술은 물질생활의 제약을 받는다"고 유물론자의 주장을 일단 인정한 다음, 자기 자신은 "그들이 규정하는 그런 예술지상주의자는 아니다"라고 천명하면서 "생활과 실행의 정열을 문학과 결합시키려는 사람"임을 확실히 한다. 사실 나로서는 김환태의 비평 내용이 지니는 순수성보다 그의 이 같은 태도 자체의 순수함이 훨씬 더 의미가 있다고 보며, 그 분명함은 순수라는 말보다는 차라리 삶과 문학을 향한 엄격한 자세라는 차원에서 높이 평가하고 싶다.

그러나 엄격함은 그 이미지가 차다. 그럼에도 불구하고 김환태의 엄격함은 차지 않다. 차가움과 따뜻함의 모순, 그러나 그의 비평은 그 둘을 함께 껴안으면서 모순을 무화시키는 마력을 지니고 있다. 감정으로부터의 도피를 권고한 T. S. 엘리엇에 대한 그의 생각을 이와 관련하여 환기해 볼 수 있다. 시가 감정의 표현이 아니라 그 절제이며 극복이라는 사실은 문학 원론이다.

그럼에도 우리의 경우 현실은 그렇지 못하다. 확실한 통계야 없을 수밖에 없겠지만, 지금 우리나라에는 몇만 명의 시인들이 있다고 한다. 실제로 나에게 배달되는 시집들만 해도 일주일에 한두 권꼴은 되는데, 이것들의 숫자만도 일 년에 백 권은 되리라. 게다가 이 시집에 수록된 시들을 읽어보면, 적지 않은 시들이, 감정이 순화된 작품들이라기보다는 감정에 밀착된, 쉽게 말해서 감정적인 경우가 대부분이다.

결국 많은 사람들이 자신의 감정을 제어하지 못해 시라는 이름으로 그것을 뱉어내고 있다는 추론이 가능해진다. 하기야 젊은 릴케도 한때 그 같은 지적을 받은 일이 있지 않았는가. 누구나 이 같은 감상성을 청년기의 치기 비슷한 모습으로 지나갈 수는 있을 것이다. 문제는 거기에 머물러 그것을 시의 본령쯤으로 잘못 알고 시인으로서의 세월을 보내고, 마침내 원로의 자리에까지 나아간다는 사실이다. 우리 시단에서 이런 웃지 못할 작품들과 더불어 대가 아닌 대가가 된 시인들이 없다고 할 수 있겠는가.

요컨대 엘리엇의 시론을 강조하면서 김환태는 차가움과 따뜻함, 감성과 지성이 분리될 수 없음을 역설하였다. 「표현(表現)과 기술(技術)」이라는 제목의 평문에 의하면, "시가 기술이기를 그만두고 표현이 되려면, 또한 감정이 지성의 폭위에서 벗어나지 않으면 안 된다"는 것이다. 그러나 김환태는 곧 "물론 지성에 통제되지 않은 감정은 정서적 낭비를 의미한다"고 경고한다. 이런 진술을 어떻게 단순한 모순의 발언으로 넘겨버릴 수 있겠는가. 이 글에서 김환태는 분석과 비판을 일삼는 지성은 결코 예술로까지 승화할 수 없다고 힘주어 말하면서도 그 자신은 이 같은 두 요소의 공존과 결합을 차분한 논리로 꼼꼼히 설파하고 있는 것이다. 확실히 그것은 문학비평의 본질을 향한 고통스러운 노력이다. 그 고통 때문에 그의 글을 읽는 독자는 행복해진다.

그러나 김환태의 비평이 이렇듯 이른바 건강한 균형과 조화를 정적(靜的)으로 자랑하고 있었던 것만은 아니다. "순수주관은 순수객관과 통한다"는 명제에서 말하고 싶었던 본뜻이, 순수주관의 무책임한 주관 일변도의 감상성 오해 풀기였듯이, 보다 중요한 것은 주관 자체의 의미와 힘에 대한 신뢰이다. 말하자면 지성과 감성은 잘 짜여진 통일 위에 공존하되, 문학예술의 보다 높은 경지는 여기서 한 발짝 더 나아간 독창성에 있다는 것이다. 그리고 그 독창성의 바탕에는 올바른, 참다운 주관이 있어야 하고, 이때 그 주관이 바로 객관성을 획득한다는 것이다. 이러한 상태의 구현을 그는 개성이라는 말로 부른다.

지성만이 있는 곳에 오직 기술이 있을 뿐이다. 그리고 개성은 결코 기술에 따르지 않으며, 개성이 따르지 않는 기술에서 예술의 독창성은 산출될 수 없는 것이다. 생명은 본래 개성이다. 〔……〕 이 특수적인 것이 보편적 가치를 구유할 때, 이를 우리는 독창성이라 이름한다. 그러므로 우리가 무엇보다도 개성적일 때만 우리는 진정한 독창성을 산출할 수가 있는 것이다. (「표현과 기술」, 앞의 책, p. 47)

따라서 김환태의 문학비평은 비평론 자체에 대부분 집중되어 있다. 「문학비평가의 태도에 대하여」「예술의 순수성」「나의 비평(批評)의 태도(態度)」「표현과 기술」「작가·평가·독자(作家·評家·讀者)」「비평문학의 확립을 위하여」「예술(藝術)에 있어서의 영향(影響)과 독창(獨創)」 등 많은 비평론은 우리 평단에서 메타비평의 가능성을 열어준 효시로서의 기능을 행한 것으로도 평가될 수 있다.

특히 「랑송 문학사의 방법」이라는 논문은 내게는 매우 인상적인 글로서 오랫동안 기억될 것이다. 1971년 가을 독일에서 돌아온 직후 나는 『문학과지성』 동인으로 뒤늦게 참가하게 되어, 내가 참여한 첫 호인 6호에 「문학사와 문학비평」이라는 평문을 권두 논문으로 싣게 되었다. 후참 동인에 대한 선참들의 대접이었을 것이다.

문학사와 문학비평은 통합적인 시각에서 상통해야 한다는 논지였는데, 양자가 상호 경시의 눈으로 떨어져 있는 당시의 평단과 학계에서 이 글은 다소 주목을 받았던 것 같다. 프랑스 문학사가 랑송의 논리를 부분적으로 연상시킨다는 평도 있었다.

이와 관련해서 김환태의 랑송론이 있다는 것을 훨씬 뒤에 알게 되었는데, 비록 그의 글은 짧고 나의 평론과는 사뭇 다른 부분이 있었으나 어쨌든 조금쯤 부끄러운 느낌이었다. 물론 나의 글은, 정확히 말한다면, 랑송의 문학사관보다 문학 그 자체가 훨씬 존중되어야 한다는 내용으로, 랑송보다는 오히려 김환태의 그것에 가까운 것이었다. 역사와 문학사의 차이를 중시하는 김환태의 글은 이렇다.

그러나 문학사의 대상은 지금까지도 우리 앞에 남아 있는 과거로, 과거인 동시에 현재다. 역사가의 재료가 사멸하고 냉각한 고문서의 기록이라든가, 왕조의 법규라든가, 건축의 계산서라든가인 데 대하여, 문학사의 재료는 언제나 생명을 보존하고 능동적인 성질을 구유하여, 인류에 대한 미적·정신적 앙분(昻奮)의 무진장한 가능성을 포장하고 있는 모든 작품이다. (「랑송 문학사의 방법」, 앞의 책, pp. 201~202)

뒤늦게야 김환태의 랑송론을 읽고 랑송에 대한 비판을 겸한 그의 문학사관에 나는 감탄을 금치 못했다. 시대 인식과 시대 구분, 근대의 기점 문제 등을 서구 문학의 몇몇 이론가들을 통해 다루고 한국 문학사에서의 비평 의식을 강조한 나의 글과는 달리, 김환태의 글은 랑송의 역사주의적 방법의 허점을 지적하고 문학의 예술적 독자성을 진지하게 고려토록 하는 것이었다. 그러나 이 과정에서 그가 강조한 철저한 학문적 엄격성이 오히려 나에게는 돋보였다.

특히 원전 비평적인 사항에 가장 큰 관심을 보이면서 텍스트 확정을 위해 주의할 것을 촉구하고 있는 대목은, 열정적인 주관주의자처럼 인식되기도 하는 김환태의 인상에 비추어 다소 낯설게 보일 수도 있다. 그러나 이는 차라리 올바른 자리 매김을 위해 긴요한 장면이라고 할 수 있다. 그의 평론 가운데 이와 관련된 부분 한 구절을 더 인용해보자. 역시 「랑송 문학사의 방법」에 나오는 말이다.

이에 문학사의 방법은 인식을 수정하여 그곳에서 주관적인 모든 요소를 청소하는 데 힘쓰지 않으면 안 된다. 그러나 문학적 원전이 역사적 문헌과 다른 점은 그것이 유발하는 미적·감정적 반응에 있으므로 이 청소를 너무나 과도히 행사해서도 안 된다. (「랑송 문학사의 방법」, 앞의 책, p. 203)

주관성을 청소하되 너무나 과도히 행사하면 안 된다! 이 절제, 혹은 모순에 김환태 비평의 알파와 오메가가 사실상 모두 담겨져 있다. 끊임없는 양자택일의 도식성이 오늘에도 여전히 계속되면서 어떤 절충점이나 변증법도 모색되지 않고 있는 비평계 내지 지식인 사회의 모습을 볼 때, 김환태 앞에서 나는 그저 부끄러울 뿐이다. 변증법의 헤겔, 중도Mitte 혹은 고양(高揚, Steigerung)의 토마스 만, 유머의 헤세 등 통합이나 제3의 길은 우리에게 과연 없는 것일까. 그런 의미에서 오늘의 비평은 김환태로부터 멀리 나와 있지 못하다.

## 왜 어린이 문학인가

어린이 문학에 관한 관심이 높아가고 있다. 그 관심은 기이하게도 사회적 관심으로부터 비롯되어 문단적 관심으로 스며드는, 얼핏 역전된 모습을 하고 있어서 성인 문학의 입장에서는 다소 수세에 처한 느낌이나 불순한 동기 은폐 같은 느낌마저 받기도 한다. 그러나 그렇게 생각할 필요는 없다. 나로서는 전부터 어린이/청소년 문학에 대한 저조한 관심에 오히려 기이한 느낌을 가져온 불만의 처지이었기에, 이제 비로소 우리 문학의 온전한 모습을 만났다고 생각한다. 어린이 문학이 문학의 중심부에 있을 수 없었던 것은, 도식적 사고를 좋아하는 우리네 특유의 의식 구조와 일차적으로 관련된다. 성인 문학은 성숙된 문학이며, 어린이 문학은 이보다 좀 미숙한 문학이라는 선입견의 의식이다. 아예 좀 '모자라는' 문학이라는 생각마저 있다. 이러한 의식의 바탕에는 물론 성인/어린이의 의식에 대한 오류가 깔려 있다. 성인이 어린이보다 성숙한 것은 사실이지만, 그것은 정신적·육체적 발달 상황이라는 측면에서만 정당할 뿐, 본원적인 인간 총체성의 측면에서는 전혀 올바르지 않다는 생각에 대한 통념의 일반화가 이루어지지 않았던 것이다. 그 결과 아동문학가들조차, 어린이들을 상대로 글을 쓸 때에는 의도적으로 유치하게 써야 한다는 전의식(前意識)에 함몰되었던 현실. 이 의식은 아이러니컬하게도 조기 교육, 천재 교육에 대한 성인들의 교육 이기주의가 발화하면서 외견상 깨어지고 있으며, 그 붕괴가 역설적으로 어린이 문학의 정상화를 가져오고 있다. 어쨌든 축하할 일이다. 한국의 사회 발전 순서가 거의 모두 그러하듯이 순서에 더 못마땅한 얼굴로 집착할 필요는 없다.

어린이 문학 정상화의 조짐은, '동화'나 '동요'라는 이름으로 오랫동안 교훈 문학의 틀에 갇혀 있던 작품이나 이론들이 서서히 몸을 흔들면서 그 틀 바깥으로 걸어 나오는 데에서 감지된다. 사람은, 원래 사람들 사이에서 교훈적인 교육을 통해 누가 누구로부터 일방적으로 배워가는 존재가 아니다. 사람은 하늘로부터 주어진 재능과 성격을 상호 교육에 의해 형성해간다. 이때 '상호'라는 말 속에는 숱한 이질 집단이나 계층, 연령 등이 포함되는데 어린이⇄어른의 관계도 마찬가지로 적용된다.

최근에 번역 출간된 페리 노들먼의 『어린이 문학의 즐거움 The Pleasures of children Literature』(시공사, 2001)은 이 같은 인식이 빈약한 어린이 문학판에 든든하면서도 섬세한 이론들을 풍성하게 제공하고 있어서 반갑다. 이 책이 내놓고 있는 메시지의 핵심은 어린이는 어린이대로 완결된 세계이며, 어른이 어린이에게 배움을 주는 존재이듯 어린이 또한 어른에게 그런 존재라는 것이다. 어린이는 어른을 지향하는 것이 아니라 불가피하게 어른으로 바뀌어간다. 그러나 어린이 문학 역시 성인 저자에 의해 씌어지는 문학이므로, 문학 일반의 질서 속의 범주 안에 머무른다. 노들먼은 "어린이 문학이 어린이들에 대한 우리들의 생각, 그들이 무엇을 이해할 수 있고 무엇을 즐길 수 있는지에 대한 생각과 관련된 특성"(p. 304)을 갖고 있다고 하면서 독자성과 더불어 성인 사회의 이데올로기와 결부된 문제들에 대하여 정치하게 분석한다. 특히 어린이들을 문화에서 자유롭게 만들어주어야 한다고 역설(pp. 224, 225)하면서 다양성이 어린이들의 삶에 강력하고 긍정적인 힘을 행사할 수 있다고 진술하는데, 이것은 어린이 문학이 성인 문학의 기반이 된다는 점에서 중요하게 받아들여져야 할 것이다. 교훈 문학이 지나고 판타지 문학…… 이런 식의 유행 집중에 대한 반성도 두루두루 해볼 일이다.

어린이들에 대한 어른들 중심의 가설은 노들먼에게 있어서 위험하게 보일 뿐이다. 어린이들은 집단적으로 서로 비슷하다는 생각은 어린이 개개인의 상이성을 무시하기 때문에 위험하며, 어린이 시기를 마음대로 제한적 · 배타적으로 규정하기 쉬우므로 위험하다. 자, 어린이는 어른과 마찬가지로 각자 각자 혼자이며 자유로운 것이다! 날카롭고 포괄적인 노들먼의 이론은 마침 우리 이론(에세이를 포함한 넓은 의미로) 현실과도 적절한 조응을 얻고 있다. 최기숙의 『어린이 이야기, 그 거세된 꿈』(책세상, 2001)은 가벼운 수상집 형식이지만, 매우 주목할 만한 분석으로 이 같은 관점에 합류한다. 동양의 유교적 전통 사회에서의 어린이관을 살펴보는 저자의 눈은 예리하다.

> 아동이 추구해야 할 삶의 목표는 빠른 시간 내에 성인의 예에 적응한 "어른스러운 아동"의 모습이었으며 아동기는 성인기를 위한 준비 기간으로 인식되었던 것이다. 〔……〕 인간은 어린이 상태를 벗어남으로써 완성된다고 생각했다. (p. 82)

그러나 저자는 노발리스로 대표되는 낭만주의자들의 견해로 옮겨가 동화의 세계가 "이성과 감성의 종합을 전제로 하는 해방적 공간"이며, 따라서 "어린이는 극복의 대상이 아니라 오히려 시인의 정신이 이르러야 할 목적으로 간주"(p. 83)된다고 관찰한다. 낭만주의의 본향인 독일 문학에서 동화를 '메르헨'이라고 부르면서 문학의 가장 높은 경지로 존중한다는 사실이 인식된다면, 이 책은 그 인식의 문 앞에 이르렀다고 할 수 있다. 메르헨은 어린이 문학의 가장 아름다운 자리에 있으면서, 문학에 낭만적 활기를 불어넣기 때문에, 결국 어린이/성인 문학을 통합하는 접점으로서 기능한다. 어린이 문학 이론에서 이러한 진술이 가능해진 현실이기에 어린이 문학의 앞날은 밝은 전망을 선취한다.

이재복의 『판타지 동화 세계』(사계절, 2001)는 이런 의미에서 긍정적으로 읽혀질 만하다. 교훈 동화를 비판하면서 판타지 동화의 세계를 이끌어내는 노력이 실제 작품 분석을 통해 상당한 성과를 보여주고 있는 저서인데, 특히 외국 동화로서 『지각대장 존』(존 버닝햄)과 우리 동화로서 『너하고 안 놀아』(현덕)의 분석이 재미있다. 부분부분 문체상의 껄끄러움이 없지 않으나 우리 동화의 교훈성으로부터의 탈피에 대한 강조는 거의 눈물겨울 정도다. 이 같은 안간힘이 때론 판타지 동화의 성격을 실제 분석에서 무리하게 적용하는 흠도 있다. 그러나 평론은 이 흠을 껴안는다. 앞으로 선험적 도식성으로부터의 압박에서 벗어난다면 저자의 판타지 동화 추구는 훨씬 자연스러운 설득력을 확보할 수 있을 것으로 생각된다.

원종찬의 『아동문학과 비평정신』(창작과비평사, 2001)이라는 본격적인 평론집도 근본적으로는 앞의 저서들과 궤를 같이 하고 있다.

> 아동문학은 그 특수성에서도 문학의 테두리에 있는 것이지, 교육의 테두리에 있는 것은 아니다. 이원수와 이오덕의 비평은 앞에서 말한 상황의 문제 때문에, 광범한 문화비평 또는 사회비평의 몫을 감당해야 했다. 하지만 우리 아동 문학 작품은 그 특수성에서도 문학의 논리에 입각한 좀더 자세한 검토를 요구한다. (p. 171)

바로 그렇다. 어린이 문학이 교육적일 수밖에 없었던 시대와 그 이유는 분명 있었고, 그것이 우리의 현실인 한, 인정되어야 할 것이다. 그러나 시대의 알리바이로서 그대로 어린이 문학이 머물러만 있을 수 없다는 점을 이 저자는 발견하고 있다. 이 발견은 노발리스 및 메르헨의 발견과 때를 같이한다. 바로 지금, 어른들의 이데올로기에서 해방되어 어린이와 어린이 문학의 자유로운 개념 형성이 활발히 시작되고 있는 것이다.

최윤정의 『그림책』(비룡소, 2001)을 이와 관련하여 내 짧은 글의 결론과 결부짓는 일은 즐겁다. 어린이 문학의 크고 중요한 부분을 이루고 있는 그림책에 대한 감상과 분석에 덧붙여, 어린이와 그 문학에 대한 관견(管見)들을 담고 있는 이 책은 그 자체로 창작동화나 그림책 같은 느낌을 준다. "회화처럼 공간적이면서 영화처럼 시간적인 이미지들이 시의 언어와 만나는 일종의 종합 예술"(p. 12)이라는 감동이 저자를 그림책에 빠뜨린 이유다. 이 감동은 저자를 "행복하게 만들어주었다"는 고백을 가능케 한다. 어른이 맛보는 이 어린 행복감!

> 마음으로 그리고 몸으로 번져나는 '행복감'이라니……〔……〕 행복감을 잃어버린 불행한 독자가 되어 있던 내게 '그림'책은 자유를 되돌려주었다. (p. 12)

더 이상 어린이 문학은 이제 '어린이 문학'이 아니다. 문학의 새로운 세상이다.

## 상상력, 어린이 문학, 문학

'대개의 어른들은 아이들을 생각하면서 동화를 읽는다. 나도 그랬다. 그런데 언제부터인가 어떤 동화들은 읽고 있노라면 나와 아이의 경계가 흐릿해지는 걸 느끼게 한다'고 최윤정은 어른들을 위한 어린이 책 길잡이 『슬픈 거인』에서 적고 있다. 나도 그렇다. 최윤정은 이 글에서 그 실례로 「샬롯의 거미줄」을 들고 있는데, 이 동화의 내용인즉 너무 작다는 이유로 죽을 뻔한 꼬마 돼지가 여자 아이에 의해 목숨을 건지고 거미에 의해 상당한 대접을 받는 자리에 오른다는 것이다. 여기서 돼지와 아이와 거미는 서로서로의 삶을 소중한 것으로 올려 주는 인격적인 작용을 함으로써, 비록 현실 속의 리얼리티와는 동떨어져 있다고 하더라도, 그 이상의 문학적 향기로 감동을 빚어낸다.

### 자연의 양면성, 문학의 본질

사람은 사람들과 더불어 살아가지만, 오직 사람들하고만 함께 사는 것은 아니다. 하늘과 땅이 있고, 바다와 산, 강이 있다. 무엇보다 수많은 동식물들이 사람들에게 이 모양 저 모양으로 유익을 주면서 함께 존재한다. 물론 그들은 때로는 엄청난 해악으로 다가오면서 우리의 삶을 위협하기도 한다. 이 같은 자연의 양면성은 그 자체가 바로 시, 즉 문학의 본질이라는 것이 낭만주의 작가 노발리스의 지론인데, 이런 생각은 오늘날에도 바로 문학의 운명으로 받아들여진다. 그러나 문학은 인간과 인간 이외의 자연을 구분하며, 인간을 그 같은 자연을 인식하는 주체로, 자연은 인식의 대상으로 범주화한다. 문제는 바로 이 범주 Kategorie이다. 사람의 삶이나 일생은 사람들에 의해서만 영향을 받고 사람들에 의해서만 위로받는 것이 아님에도 불구하고 문학 속의 주체들은 사람이 되어, 다른 자연들을 철저히 다른 범주로 몰아버린다. 이 범주의 구분은 문학 질서의 진행에 따라 다른 차원 Dimension으로까지 갈라져 영영 교류가 불가능해지는 단계로 나가기 일쑤다. 특히 소설의 경우, 그 세계는 철저히 인간 사회에 국한되어 동식물의 등장은 모티프로 작용하거나 소도구의 수준에 머물기 십상이다. 이러한 현상은 필경 상상력의 제한을 가져오게 마련이며, 소설문학의 성격을 리얼리즘 위주로 편성케 하는 원인이 되게 하기도 한다. 시에서는 다소 사정이 완화되어 대상이 된 자연, 즉 동식물이 시적 자아로 발전하여 상징적 인격체가 되는 일이 관습적으로 허용되곤 한다. 시가 훨씬 풍성한 상상력의 뒷받침을 받을 수 있는 배경이다. 그러나 사람과 동식물의 어울리기는 아무래도 어린이 문학이 본령이다. 아동문학, 혹은 동화나 동요라는 개념으로 오랫동안 수용되어온 이 문학 장르에서 돼지와 거미, 어린 아이는 그대로 친구가 된다. 「샬롯의 거미줄」만이 아니다.

독일 문학에서 우리말의 '동화'에 가까운 개념을 메르헨 Märchen이라고 부르는 것은 꽤 흥미로운 일이다. 어린이 문학 아닌 문학 일반의 장르로 간주되고 있는 이 개념은 독일 낭만주의가 배태한 환상 문학의 요새이다. 메르헨에는 전래 메르헨과 창작 메르헨이 있는데, 말하자면 전래동화와 창작동화다. 이들 메르헨은 전설이나 민속에 가까운 전래물의 경우 우리의 전래동화와 많은 부분 흡사한 모습이다. 물론 구조에 있어서는 판이하여 독일 쪽은 환상적 결구를 향해 나가는 반면, 우리의 것은 환상성이 **해소되며 현실적·공리적** 결과가 유도되는 등 사뭇 다르다. 그러나 여하튼 전래물에서는 신비주의적 요소를 공유하거나 신비적 분위기의 넘나듦이 비슷하게 나타난다. 두 나라의 근본 정신의 원형이 신비주의인 탓도 있을 것이다(독일의 게르만 신비주의나 한국의 샤머니즘은 범신론적 다신주의라는 측면에서 상통하는 면이 있다).

그러나 창작 메르헨, 혹은 창작동화에 오면 상황은 매우 달라진다. 메르헨의 경우 L. 티크나 E. T. A. 호프만의 작품들은 여전히 환상적이며, 그들 작품들 속에 나오는 동물들이 훌륭하게 인격화되고 있는 반면, 우리의 창작동화는 비록 동식물들이 등장하여 서로 다른 범주와 차원을 넘나든다고 하여도, 그들은 기껏해야 아니미즘의 수준에 머물러 인간의 행복한 생존을 위한 직접적인 매개물 노릇을 하는 경우가 많다. 닭이 먼저인지 달걀이 먼저인지는 알 수 없으나 공리적 세속주의와 현세적 가치관의 동화가 순환 놀이를 거듭하고 있는 것이다. 따라서 문학의 감동을 유발하는 초월성도 상상력도, 이런 순환 과정 속에서는 좀처럼 생산되지 않는다.

『판타지 동화 세계』라는 환상적인 제목의 책에서도 우리 동화 문학의 이러한 성격은 대체로 그대로 확인된다. 가령 '마법의 문학, 마술의 문학'이라는 그럴싸한 제목을 달고 있는 이원수론에서 다루고 있는 「숲 속 나라」라는 작품을 보자. 숲 속 나라에서는 시냇물이 말하고 사과도 말을 한다. 주인공 소년 노마는 그 숲 속에 아버지가 있을 것 같아 그리로 들어간다. 그 여정에서는, 그러나 지극히 편안하고 손쉽게 이상향이 이루어진다. 동화에서 흔히 나타나는 통과의례나 문제 해결의 드라마도 미약하고, 동식물들의 인격적 성장과 그로 인한 상상력의 구축도 매우 희박하다. 이 작품에서 시냇물과 사과는 자연으로서 주인공에게 위무가 될 뿐 그 이상의 환상성을 빚어내지는 않는다. 무엇보다 목가적 풍경으로 이루어진 현실을 이상향으로 바라볼 수밖에 없는 결론은 현세주의적 공리성의 전형이다. 우리 동화 문학에서 가장 환상성이 강하다는 이원수의 세계가 여기에 머물러 있다는 사실은 내게 두 가지 생각을 떠올린다. 그 하나는 우리 동화 자신의 문학성에 대한 진지한 인식 부족이며, 다른 하나는 문학 일반에서 어린이 문학을 문학 일반과 관련하여 보다 폭넓게 포섭하지 못하고 있는 것은 아닌가 하는 자성이다.

### 즐거움을 지향하는 공통점 지닌 어린이 · 어른 문학

어린이 문학과 문학 일반, 즉 동화와 성인 문학 사이의 이론적 대화는 그동안 거의 단절 상태였다고 해도 무방한 형편이었다. 이 같은 현실은 최근 앞서 거론한 최윤정 및 이재복, 원종찬 등의 저서와 함께, 김서정이 번역한 두 권의 이론서 즉 『용의 아이들——아동 문학 이론의 새로운 지평』(마리아 니콜라예바)과 『어린이 문학의 즐거움』(페리 노들먼)으로 다소 타개되고 있다. 이 부분에 대한 일반의 갈급함은 이들 책들이 모두 인터넷 서점의 판매 순위에서 상위를 석권하고 있는 점에서도 엿보이는 바, 그 전망을 밝게 한다. 그렇다면 어린이 문학과 어른 문학은 왜 같은 범주에서 읽혀져야 하는가? 『어린이 문학의 즐거움』은 이에 대해 다음과 같이 말한다.

> 많은 사람들이 일차적으로 어린이는 읽기를 배우기 위해 독서해야 한다고 생각한다. 그래서 어린이용 텍스트를 대하는 우리들의 반응은 텍스트가 가지는 메시지에 집중된다. 그러나 읽기를 좋아하는 사람은 어른 어린이 가릴 것 없이, 유익해서가 아니라 기본적으로 즐겁기 때문에 독서를 한다. (p. 57)

즐겁다는 말은 재미있다는 말로 바꾸어지며, 거기에는 자연히 픽션이 개입된다. 픽션은 환상을, 환상은 상상력을 동경한다는 것은 문학의 자연스러운 논리이다. 결국 어린이 문학, 어른 문학은 상상력의 상호 개발이라는 면에서 의존적일 수밖에 없다. 양쪽 모두 즐거움을 지향하기 때문이다.

 이러한 상상력의 문제는 문학 일반과 관련하여 보다 폭넓은 논의를 가능케 한다. 도대체 우리 문학에는 상상력이 빈곤하거나 아예 결핍되어 있다는 주장은 그중 가장 래디컬한 견해를 반영한다. 예컨대 죽음에 관한 상상력을 떠올릴 때, 우리 문학은 당황스러운 것이 사실이다. 릴케는 '죽음이란 마치 어린 아이가 엄마의 젖을 놓고 세상 속으로 걸어가는 순간과도 같다'고 했는데, 정말이지 인간에게 죽음이란 무엇인지 우리 문학은 그 구체적 모습을 실감 있게 어떤 독창적인 시간이나 공간으로 그려 보여준 일이 거의 없다. 있다면, 아마도 최근에 간행된 김원일의 연작 중편소설집 『슬픈 시간의 기억』(문학과지성사, 2001)이 그 어떤 성과에 근접한 몇 안 되는 사례 중 하나일지 모른다. 「나는 두려워요」 등 4편의 중편으로 된 이 작품집은 주인공들이 팔순 안팎의 노인들로서, 죽음을 맞는 순간을 소설의 끝부분으로 삼고 있는 드문 경우이다. 소설 내용 자체가 노인들이 지난 일생을 회상하고 있는 것으로 채워지고 있는 작품들에서, 그들이 겪어온 간난(艱難)의 역사와 사회상을 핵심으로 읽는 일은, 그야말로 핵심에서 벗어난 것이다. 주인공들이 살아온 시대들은 같은 시대이며, 어려운 현실을 받아들이고 헤쳐 나온 방법과 길도 대동소이하다. 다른 것이 있다면, 오직 죽음을 바라보는 그들 각자의 시선과 마음뿐이다. 가령 어떤 노인은 끝까지 죽음을 두려워한 나머지 공포와 거부의 발버둥질을 하는가 하면, 어떤 노파는 자신이 살아온 욕망 추구의 마지막 표현이라도 되는 듯 자신의 성기에 손을 박고 죽어간다. 그들에게서는 죽음은 끝이다. 다시 말해, 죽음에 관한 일체의 상상력은 원천적으로 폐쇄되어 있다. 그러나 한 노파의 경우, 그녀는 아주 다른 의미에서 죽음에 대한 두려움을 호소하면서 죽어간다. 그녀는 죽음 이후의 세계를 신의 세계로 이해하고 있으며, 그 세계를 이 세상과 비교할 수 없는 찬란한 선(善)의 세계로 파악한다. 따라서 속세에서 선하게 살지 못한 자신에 대한 죄책감 때문에 신의 세계로의 진입을 확신하면서도 말하자면 양심의 가책을 느끼는 것이다. 아마도 기독교적 인식을 바탕으로 한 이 같은 죄와 죽음의 구조는, 기독교의 논리 자체로 볼 때에는 약간의 문제 제기가 있을 수 있을 것이다. 가령 예수를 믿음과 동시에 모든 죄가 사하여졌다는 복음의 진리 안에서 지나친 양심의 시달림은 오히려 교만의 죄가 될 수 있기 때문이다. 그러나 여기서 중요한 것은, 그보다는 죽음 이후의 새로운 세계에 대한 주인공의 기대감이며, 이 기대감이 풍성한 상상력의 문을 열어놓고 있다는 사실이다. 그 문은 김원일에게서는 종교가 열고 있다.

대부분의 어린이 문학에서는 그 문을 동물들이 열고 있다. 식물들이 그 일을 거두기도 하며, 귀신들이 앞장서는 일도 수두룩하다. 아니미즘과 낭만주의, 상징주의는 이런 의미에서 가장 기여가 큰 공신들이다. 어린이 문학과 관련지어 생각해 본다면, 지금까지의 우리 문학이 그 낮은 수준의 초월성, 지나친 교육적 현세주의로 말미암아 문학 일반의 상상력 형성에 별 기여를 하지 못했다는 평가가 나오게 된다. 이 말은 거꾸로 해도 마찬가지다. 문학은 어린이 문학을 편협한 교육 이데올로기에 가둠으로써 어린이 문학 자체의 활력 있는 성장은 물론, 그로부터 발원하는 풍성한 상상력의 공급을 스스로 차단해온 결과를 피할 수 없게 된 것이다. 어린이 문학과 문학 일반의 쓸모없는 구획은 상상력의 발현이라는 차원에서라도 정리되는 것이 좋으리라.

## 어린이 문학을 넘어서

 문학은, 그것이 이 세상에 존재한다는 사실 자체로 힘이며, 아름다움이며, 교훈이다. 그것은 마치 꽃과 같아서 그 아름다움으로 인하여 세상의 더러움을 뚜렷하게 부각시키며 옳지 못한 세상을 향하여 사람들의 마음을 옳은 방향으로 자극한다. 이보다 더 큰 힘이 있겠는가. 어린이 문학 창작으로, 번역으로, 평론으로 활약하면서 어린이 문학에 진력하고 있는 중견 작가 김서정의 평론집 『어린이 문학 만세』(푸른책들, 2003)는 문학의 이러한 힘과 아름다움을 제고(提高)해주는 책이다. 그는 비록 '어린이 문학'이라는 특정 양식을 통해서 이 문제와 맞부딪치고 있지만, 그의 메시지는 문학 전반을 향하여 광범위하게 울린다. 문학의 기본인 이 메시지가 우리에게 소중하게 다가오는 까닭은, 민중·민족의 이념주의가 사라진 벌판에서 횡행하는 감각·쇄말의 상업주의로부터 이제 문학이 다시 되돌아가야 할 당위성의 자리와 작가의 시선이 행복하게 겹치고 있기 때문이다. 그만큼 『어린이 문학 만세』는 어린이 문학에 관한 이야기 혹은 비평서이면서 동시에 오늘 우리의 문학 전체를 바라보는 도전으로 읽힌다.

 '평론집'의 형태를 띠고 있으나 이 책은 단순한 비평서가 아니다. 1부 「어린이 문학 동네 그 가운데에서」, 2부 「한국 어린이 문학 꼼꼼히 읽기」, 3부 「외국 어린이 문학 꼼꼼히 읽기」, 4부 「어린이 문학과 동물」 등의 목차가 보여주듯이 이 책은 어린이 문학에 관한 거의 모든 사항들을 낱낱이 다루고 있다. 어떤 부분은 넓은, 포괄적 소개로 어린이 문학에 대한 기초적 이해를 도와주고 있으며, 훨씬 많은 부분은 구체적 작품들에 대한 깊은, 세밀한 분석으로 작품론·작가론을 훌륭하게 수행하고 있다. 1부와 4부가 전자에 해당된다면 2부/3부는 후자에 걸맞다. 이처럼 넓고 깊은 글의 성취를 함께 이루고 있는 이 평론집의 핵심은, 앞서 말한 대로, 문학의 힘은 그 스스로의 아름다움에 있다는 것으로 요약된다. 저자는 그의 글들 도처에서 지금까지의 어린이 문학이 교육·교훈·계몽에 치우쳐온 감이 있다면서 이 같은 잘못된 방향은 '어린이' 자체에 대한 잘못된 인식에서 비롯된다는 것을 직·간접적으로 지적한다. 어린이도, 어린이 문학도 이 같은 알 수 없는 관념과 추상의 족쇄에서 벗어나 어린이답게, 어린이 문학답게 자유스러운 공간과 자율적인 기능을 획득해야 한다는 논지로 거의 목이 멜 정도다. 저자의 음성은 때로 부드럽고, 그 톤은 맑고 낭랑하지만 그 논지를 역설하는 목의 울대는 뜨거운 정열로 떨린다. 예컨대, 이렇다.

> 어린이의 마음이라는 것이 절대로 '순수'하기만 한 것은 아니다. 문학의 목적이 (있지도 않은) 순수를 지키기 위한 것은 아니다. 무엇보다도 문학을 어떤 특정 독자층의 기호와 이익에 부합시키려는 의도를 가장 먼저 전면에 내세우는 자세는 그야말로 순수하지 못하다. 아무리 어린이를 위한 문학이더라도 문학에서는 작가 자신의 자기 표현이 알파요 오메가이다, 라는 것이 평소의 내 믿음이기 때문이다. 말하자면 어린이 문학은 어린이의 심성을 정화하고 도덕심을 고취하고 민족 정서를 전수하고 지식을 전달하는 교육의 수단으로서가 아니라, 작가의 세계관과 인간관이 구체적인 작품 안에서 질서 있고 밀도 높게, 그리고 아름답게 형상화되는 문학 작품으로서 우선 인식되고 평가되어야 한다는 것이다. (pp. 16~17)

이러한 저자의 진술은 사실 지극히 당연한 듯이 보이지만, 매우 세심하게 읽고 새겨야 할 중요한 전언을 담고 있다. 어린이 문학뿐 아니라 모든 문학에 유효한 발언인데, 나로서는 두 가지 측면에서 그 내용을 살펴보고 싶다.

첫째는, 어린이의 마음이 절대로 '순수'하지만은 않다는 인식이다. 사실 오랫동안 우리 어른들은, 어린이들을 으레 순수한 존재로 생각해왔다. 그러나 이 생각은 참으로 생각 없는 생각이었음을 반성하지 않을 수 없다. 누가 어린이가 순수하다고 했는가. 이 발언과 인식에 대한 책임은, 유감스럽게도 그 누구에게도, 그 어디에도 없다. 말하자면 건성으로 그렇게 여겨왔으며, 풍문에 의한 고정관념이었을 따름이다. 시인 릴케는 저 유명한 「두이노의 비가」에서 인간의 실존적 운명을 개탄하면서, 그 구원의 가능성을 여기저기서 모색하였는데, 그 하나의 방법으로 '어린이로 죽은' 자들을 다루어본다. 그러나 그 결과는 부정적이었다. 어린이의 모습으로 실존을 끝냈으나 그 존재의 성격은 순수할 수 없었다는 것이 시인의 탐색 결론이다. 기독교에서는 아예 인간은 태어나면서부터 죄인이라고 하지 않는가. 실제로 우리 주변의 어린이들을 잘 살펴보자. 혹은 우리들의 어린 시절을 회상해보자. 다소 심하게 묘사한다면, 우리 인간은 어릴 때부터 '악질'이 아닐까. 어떻게 해야 누구에게 귀여움을 받고, 누구에게 잘 보여야 하는지, 또 그럴 때 어떤 이득이 자신에게 돌아오는지 이미 천부적으로 알고 있지 않은가. 자신의 뜻대로 일이 이루어지지 않을 때, 울고 떼를 써서 그것을 관철시키는 반항과 오기의 방법도 벌써 교묘히 알고 있지 않은가. 독재 정권이나 권위주의적 집단에 동원되는 어린이들의 위장된 모습의 끔찍함, TV에 나오는 어린이들의 훈련된 상업주의를 보라. 그럼에도 불구하고 누구 한 사람 이 문제를 제대로 바라보고 말한 이를 나는 기억하지 못한다. 어린이 문학인이라고 하는 이들은 이 사실을 바르게 관찰하고 다루기는커녕 '순수'라는 허상의 개념에 맹종하거나, 혹 제대로 인식하는 경우라 하더라도 이를 슬쩍 넘기거나 가려버리지 않았던가. 이 점에서 나는 어린이의 성격과 현실을 직시하고, 무엇보다 과감하게 그 진실을 진술한 저자의 큰 용기를 평가하고 싶다.

앞의 인용 가운데 두번째로 주목해야 할 사항은, 문학의 목적이 있지도 않은 순수를 지키고자 하는 것은 아니라는 발언이다. 이 진술은 물론 새삼스러운 것은 아니다. 그러나 약간 조심스럽게 읽어볼 필요가 있다. 무엇보다 '순수'는 과연 존재하지 않는가 하는 점에 대한 논란이 있을 수 있다. 인간, 혹은 현실에 관해서 결론을 앞당겨 말한다면, 순수는 존재하지 않는다. 그러나 문학에 관하여 말한다면, 우리는 이미 오랫동안 '순수' 문학이라는 용어를 긍정적인 의미든 부정적인 의미든 사용해왔다. 나로서는 물론 '순수' 문학은 존재하지 않는다는 입장이지만, 이와 때로 혼동되는 문학의 자율성만큼은 인정되어야 한다는 생각이다. 게다가 그야말로 순수 관념의 범주로 넘어갈 경우, 그것이 허상이라 하더라도 '순수'라는 개념은 있을 수 있다. 저자가 여기서 힘주어 부인하는 '순수'는 문학의 자율성이나 어린이라는 존재의 특성 중 한 부분이 아니라, 어린이 문학을 그야말로 순수하지 못한 동기와 목적으로 이용하려는 시각에서 나온 어린이에 대한 고정관념일 것이다. 불순한 이용은 많은 경우 그 대상에 대한 무지와 무시에서 비롯되기도 하기 때문이다. 어린이들은 순수하니까 잘 교육시켜서 이러저러한 인물로 키워야 한다는 어린이 문학론은, 어린이와 어린이 문학에 대한 무지와 무시의 소산일 따름이라는 것이다.

그러나 이 책의 진짜 매력은 2부와 3부에서 현란하게 펼쳐지는 작품론들에 있다. 2부의 한국 편을 보자. 오정희의 『송이야, 문을 열면 아침이란다』, 황선미의 『마당을 나온 암탉』, 이경혜의 『마지막 박쥐 공주 미가야』, 권정생의 『몽실 언니』, 이금이의 『맨발의 아이들』 등 열두어 편의 문제작들을 꼼꼼히 읽고 있는 그의 평론들은, 작품과 다정하게 동행하고 있는 데이트 기록 같다. 주인공 아이들의 기쁨과 슬픔을 함께하면서 그것이 어디서 오고 있으며, 그 기록의 성과가 가져오는 즐거움은 무엇인지 밝혀내는 섬세한 손길이 때로는 예쁜, 때로는 단호한 문체의 뒷받침 아래 자상하다.

『노란 우산』에는 글이 없다. 그러나 이야기는 있다. 처음 이 책을 훑어볼 때에는 그 이야기를 제대로 찾아낼 수 없다. 〔······〕

음악은, 빗소리로 시작된다. 보슬비도 아니고 무작스럽게 쏟아지는 소나기도 아닌, 초봄의 꽃눈을 두들겨 깨우는 듯한 힘과 부드러움이 함께 느껴지는 빗소리다. 도, 미, 솔로 이루어진 안정적인 피아노 소리가 그걸 알려준다. 〔······〕 그림 왼쪽으로 집 앞면과 막 집을 나선 노란 우산이 보이고, 오른쪽으로는 회색도 아니고 갈색도 아닌, 묘한 색채의 뽀얀 공간이 펼쳐져 있다. 이제 이 공간은 이 노란 우산 든 아이가 그 아침 걸어가며 만날 색채와 소리의 잔치판으로 바뀔 것이다. (pp. 137~38)

최근 어린이 문학의 새로운, 중요한 장르로 자리 잡고 있는 그림책 중 한 작품에 대한 분석인데, 분석이라기보다는 예찬에 가깝다. 비평의 가장 행복한 단계가 작품과의 합일을 느끼는 지점에 있다면 여기서 저자 김서정의 얼굴은 한없이 행복해 보인다. 그 행복을 그러나 그는 어린이들의 행복을 향한 기원으로 곧바로 돌린다. 어린이를 있는 그대로 껴안는, 글쎄 전면적 사랑이라는 말로 불림직한 저자의 어린이 문학관은 여기서 초롱초롱한 빛을 발한다.

말하지 않음으로써 말하고, 움직임을 보여주지 않음으로써 움직임을 느끼게 하는 마술 같은 예술의 영역 안에 이 책은 들어 있다. 우리 어린이책 중에는 혹시 너무 많이 말하고 너무 많이 보여주려고 안달하고 있는 책이 너무 많은 것은 아닐까. 그래서 그 말과 그림이 내뿜는 후텁지근한 열기에 아이들이 숨막혀하고 있는 것은 아닐까. (p. 139)

아, 알겠다. 이 저자는 어린이책을 통해 아이들을 서늘하게 놓아주고 싶어 하는 것이다. 아이들을 인간답게 놀게 해주고 싶어하는 것이다. 그러기에 그는 일전에 출간된 또 다른 평론집 『멋진 판타지』에서도 환상의 중요성을 열렬히 옹호하고 있지 않은가. 어린이들은 무엇보다 자유로워야 하며, 그 자유는 설령 어느 부분이 못마땅해 보인다 하더라도 본성 그대로 보장되어야 한다. 이런 관점에서 저자의 문학관은 낭만주의적이다. 그러나 오늘과 같은 IT 시대, 감성의 소중함이 크게 강조되는 시대에 자유와 환상으로 연결되는 폭넓은 문학의 세계는, 오히려 총체적으로 교육적이다. 이런 차원에서 나는 이 저자가 마리아 니콜라예바의 『용의 아이들』, 페리 노들먼의 『어린이 문학의 즐거움』같은 이론서의 역자임을 상기시키고 싶다. 아동문학이론과 이론서가 불모지인 우리 상황에서 1990년대 중반 이후 저자는 아무도 관심 갖지 않는 이 분야에 홀로 도전했으며, 그 난해한 작업을 무난히 성취해냈다. 이 일은 단순히 외국 문학이론서의 번역이라는 의미를 넘어서는데, 그것은 그들 책의 내용이 우리 어린이 문학의 소박한 계몽주의를 일거에 무력하게 하는 깊이와 다양성을 제공해주었기 때문이다. 아마도 저자는 이들 이론서들로부터 자신의 문학관을 지지받고, 더욱더 영향을 받았음이 틀림없어 보인다.

김서정은 지금껏 이들 이론서 외에 백여 권이 넘는 동화와 그림책들을 번역해왔다. 영어와 독일어의 해독 능력도 능력이지만, 그것을 우리 어린이들의 독서에 맞는 우리말로 옮겨놓는 문체가 아주 섬세한 것으로 정평이 나 있다. 이런 모든 조건들이 종합되어 어린이 문학을 보는 시선과 정열에 새로운 자리매김을 견고히 하는 것으로 생각된다. 따라서 이 책을 통한 그의 성취는 그만의 기쁨이 아니라 우리 어린이 문학의 중요한 전환점으로 기록될 것이다. 그러나 저자를 향한 한 가지 아쉬움은 남아 있다. 애당초 동화작가로 출발한 그에게 있어서 번역과 평론 등의 괄목할 만한 성과에 비해 막상 창작 분야는 다소 미흡한 감이 있지 않나 싶다. 최근 몇 년 사이에 『믿거나 말거나 동물 이야기』『꼬마 엄마 미솔이』 같은 창작집을 내기는 했으나 다른 부문의 왕성함에 가려 있는 느낌이다. 게다가 한두 마디로 평하는 실례를 무릅쓴다면, 이 창작물들은 그의 평소 비평적 주장과는 조금 다른 인상도 없지 않다. 그의 비평과 감상에 전폭적 동의를 보내는 나로서는 자유와 환상의 황홀한 분위기로 가득한 재미있는 동화가 그의 이름으로 어린이들의 갈채를 받기를 기대한다. 어찌 어린이들뿐이겠는가. 어차피 어른과 어린이의 구별이 희미해져가는 세상에서, 문학의 감동을 함께 누리는 즐거움을 저자와 더불어 나누고 싶다.

# 서사와 서정의 섬세한, 혹은 웅장한 통합
―― 김주영의 『객주』 다시 읽기

1

　1970년대 후반에서 1980년대 초반에 걸쳐 탄생한 전 아홉 권의 장편 『객주』는, 하나의 사건이었다. 그러나 이 사건은 유신 정권과 광주 비극, 신군부의 등장 등 엄청난 사건들에 압도되어 그 온전한 의미가 당시에는 제대로 부각되지 못했었다. 마치 프랑스 혁명과 3월 전기(前期)의 소용돌이 속에서 괴테의 엄청난 문학적 수행이 올바로 조명되지 못했던 상황과 비교될 수 있을까. 다행히 『객주』 사건은 그에 비해서 훨씬 빨리 각광의 한복판으로 들어가게 되었고, 그 여운과 후광은 여전히 살아 있는 힘으로 우리 문학과 문화 전반에 영향을 미치고 있다. 그렇다면 무엇이 한 작품을 역사적인 사건으로 이끌어내게 되었을까. 뒤의 결론부에서 다시 언급되겠지만, 그것은 이 작품이 지니고 있는 사회 총체적인 성격과 연관된다. 총체성이란, 말하자면 정치적·경제사적·문학적 측면의 종합을 지칭하는바, 20세기 한국 문학사 1백 년에서 이러한 총체성은 매우 희귀한 예에 속하는 것이었다. 이른바 역사적인 사건이 아닐 수 없었다. 이제 그 세 가지 측면을 먼저 개괄적으로 살펴본 다음, 그중 문학성 부분에 관하여 보다 집중적인 접근과 분석을 가하는 것이 좋을 것이다.

작품이 내재하고 있는 정치적 성격은, 무엇보다 작가의 관심과 시선이 짐짓 제도권 내부를 철저하게 외면하고 있다는 점이다. 이 점에 대해서는 이와 비슷한 역사물, 혹은 시대물로서 거론되는 왕년의 『임꺽정』이나 근자의 『장길산』과 이 작품이 전혀 그 지향점이 판이하다는 사실에 주목할 필요가 있다. 앞선 작품들이 중앙 정부, 혹은 제도권 일반에서 탈락하고 소외된 권력형 인물을 주인공으로 삼고 있다면, 『객주』의 주인공들은 권력 그 자체에 무심한, 혹은 제도권 밖의 변방에 머물러 있음에 어떤 권력적 지향도 하고 있지 않다. 아예 무관하다고 불러도 좋을 정도다. 이 때문에 『객주』에는 주인공이 없다고 우선 말하고 싶다. 그야말로 '객'이 '주'다. 임꺽정이니, 장길산이니 하는 영웅적 주인공들이 없고, 그저 길소개니 매월이니, 선돌이니 하는 장삼이사(張三李四)의 필부들이 들락거릴 뿐이다. 그들 중 어느 누구도 우리 역사의 중심에 기록되어 있는 인물은 없다. 뿐만 아니라 뒷길의 소위 야사에서조차 한 번도 호사스러운 관심의 대상이 된 인물이 없다. 그들은 그저 지금까지 시골 어느 장터를 오고 가는 인물들 몇몇으로 작가에 의해 뜬금없이 징발된 자들일 뿐이다.

이 같은 작품의 성격 때문에, 이 소설은 1970~80년대 우리 문학에 거세게 풍미했던 이른바 민중문학적인 요소와 성격을 가장 많이, 가장 전형적으로 지니고 있음이 분명하다. 그러나 흥미로운 사실은, 어찌 된 셈인지 이 작품은 오히려 민중문학론자들에 의해 섬세한 분석도, 올바른 평가도 받지 못한 인상이 짙다는 점이다. 민중문학론이 지닌 전투적·전략적 특성을 감안한다 하더라도 이 점은 지금까지도 내게 여전히 의문인 채 남아 있다. 그러므로 이 시점에서 『객주』를 다시 읽는 것은, 작품의 보다 세밀한 고찰과 더불어 어떤 의미에서는 민중문학론의 허실에 가깝게 근접하는 작업과도 통하지 않을까 생각된다. 광주의 비극은 강권 통치를 이후 10년 안팎의 기간 초래하였고, 이 시간 폭력에 대한 저항이 간단없이 이 땅을 흔들어왔다. 특기할 점은, 이러한 현실은 문학 내부에서는 소설의 발전보다 시의 융성을 가져왔다는 사실이다. 장르를 중심으로 한 양식사(樣式史)에서, 장르와 사회 현실과의 관계가 탐구될 때 일반적으로 발견되기 일쑤인 이러한 특징은 우리 현실에서 가장 극명한 그 모습을 보여준 셈이었다. 이를테면, 파행적 현실은 순조로운 소설의 전개보다, 정서적 폭발력을 지닌 시 양식과 훨씬 긴밀하게 조응한다는 것이다. 1980년대의 우리 문학사가 활발한 시의 시대로 기록되는 까닭도 여기에 있을 것이다. 신경숙을 비롯한 젊은 여성 소설가들에 의한 일련의 새로운 소설들이 등장하기 시작한 80년대 후반까지 이러한 현상은 지속되었고, 90년대 이후 우리 소설은 홀연히 페미니즘과 영상주의로 일컬어질 수 있는 새로운 성격에 의하여 큰 전환을 맛보게 된다.

그렇다면 21세기 벽두에 그야말로 홀연히 재출간되는 『객주』의 의미는 어디에 있는 것일까. 그 가장 큰 의미는 무엇보다 이 같은 시속(時俗)의 황망함 속에 제쳐진 작품의 온전한 가치를 다시 음미해본다는 점에 있을 것이다. 그리고 그 의미의 앞머리에서 앞서 말한 이른바 총체성이 찾아진다. 그런데 그 총체성을 외견상 감싸고 있는 정치적 성격은, 바로 이러한 시대적 배경에 대한 짧은 리뷰와 연결된다. 말하자면 제도권 권력을 향한 엄청난 분노와 이를 직접적으로 수용하고 있는 시 양식에 밀려, 제도권 밖의 민중들 삶을 그리고 있는 이 작품은 오히려 관심 밖으로 밀려나지 않았나 하는 것이 나의 관찰이다. 이를테면 민중들의 분노 때문에 민중들을 그린 문학이 밀려나는 아이러니컬한 현상이 80년대를 지배했다는 인식으로 읽어주기를 바란다. 그리고 바로 이 현상이 이 작품의 불가피한 정치성으로 어쩔 수 없이 접수될 수밖에 없다. 결국 민중문학은 민중의 '문학'을 요구하는가, 아니면 그냥 '민중' 그 자체를 요구하는가 하는 회의와 물음이 작품 『객주』를 바라보는 이 논의의 시선에서 느껴지게 된다. 상당한 수준으로 민주주의가 회복되었다고 인정되는 이 시점에서의 다시 읽기는, 그러므로 참다운 '읽기'가 무엇보다 긴요하다. 민중의 승리가 문학의 패배로 이어져서는 안 되기 때문이다.

## 2

　제도권 권력과 무관한 자리에서의 이름 없는 민중들 한 사람, 한 사람, 혹은 그들이 한데 얽혀 사는 삶의 모습이, 그러나 권력과 전혀 무관한 것은 아니다. 이 소설을 무심히 읽어나가면서 만나게 되는 가장 빈번한 두 가지 풍경, 즉 폭력과 섹스는 이미 그것들이 어떤 종류의 권력을 무의식적으로 예비하고 있음을 보여주는 어두운 힘으로 잠재된다. 민중들의 삶이 흔히 건강하거나 성싱한 것으로 표상된다면, 이러한 나의 표현은 사뭇 그것들과 상치될 수 있다. 그러나 그렇지 않다. 이 관계에 대한 침착한 탐구는 이 작품 이해의 가장 결정적인 관건을 이룬다. 다소 긴 인용문들과 더불어 이를 살펴보자.

　1) "웬 놈들이냐?"
　때를 같이하여 장골 하나가 달려들어 연놈이 덮고 있던 홑이불자락을 홱 걷어 젖혔다. 그리고 두 사람이 달려들어 알몸의 사내를 끌어내어선 밀치끈으로 포박을 짓고 매듭에다 대추나무 조리개를 끼워서 요동 못하도록 꽉 죄어 놓았다.
　"이게 무슨 해코지여?"
　사내가 포박을 받으면서 겁먹은 소리로 앙탈을 부렸는데도 세 장한들은 대답이 없었다.
　초저녁참 요분질에 고초깨나 겪였던지 한참 부산을 떤 그때에야 계집이 파르르 떨며 일어났다. 처음엔 어수선함을 남편의 잠투세로 알았으나 방 안의 새 물내와 찬 기운에 놀라 잠에서 갠 것이었다.
　계집 또한 알몸이었다. 오목주발을 엎어놓은 듯 흐벅진 젖통을 수습하기 위해 저고리 찾느라고 어두운 방바닥에 손을 내어 휘저으니 아랫도리의 허연 비역살이 또한 드러났다. 그러나 이 난장판에 그것이 찾아질 리 만무였다. 초저

녘에 횃대에 걸어 둔 옷을 잊어버린 것이었다. 계집이 젖통을 감싸 쥐고 체머리를 앓고 있듯 떠는데, 어느 장한이 씨부렸다.

"그년 사당년답게 육덕은 한번 흐벅지구나!"

계집은 밑도 끝도 없이 젖혀 놓은 홑이불자락으로 머리를 처박고 모질게 파고들었으나, 봉삼이 홑이불을 걷어 뜨락으로 내던져 버렸다.

재갈이 물린 사내는 그런 꼬락서니를 뻔히 눈 뜨고 바라보고 있었으나 지금 당장 어찌할 도리가 없어 염천 학질에 걸린 몰골로 떨고만 있었다. (1권, pp. 20~21)


2) 봉삼의 한 손은 궐녀의 어깨를 끌어안았고 다른 손은 금방 젖가슴으로 기어들었다. 그 손이 젖가슴으로 깊숙이 들어가매 감겼던 치맛말기가 저절로 풀어지고 궐녀는 일순 몸을 떨며 사내의 목덜미에 단내 나는 입술을 묻었다.

봉삼은 궐녀를 안아 올려 요때기 위에 반듯이 눕히고 치마를 벗겨 횃대에 걸었다. 고개를 들어 등잔을 불어 끄니, 외짝 바라지 문밖에서 서성이던 달빛이 금세 방 안으로 밀려들었다. 계집의 희디흰 속살이 밀려든 달빛과 어울려 가히 월궁 선녀가 잠깐 실수로 속세에 처져 있는 형용이었다. 가히 상것인 봉삼으로선 동품하기 주저되는 가인의 모습이었다. 그러나 언제인가 최가가 말했듯이, 달밤에 가인을 만나 어찌 헛되이 보낼 수가 있겠는가. 나중에서 극변(極邊)이나 원악도(遠惡島)로 귀양을 갈망정 벗겨놓은 계집을 외면할 방도만은 없었다.

봉삼은 궐녀의 흰 가슴 한복판에 봉발을 묻어 버리고 말았다. 남의 집 편발(編髮) 처녀를 범하는 것도 아니요, 업어 온 사정이긴 하되 계집 편에서 먼저 생의를 내고 있으니 또한 겁간도 아니었다. (1권, pp. 228~229)


3) "이놈, 되다 만 남행(南行) 부스러기가 무고한 도붓쟁이 젖동이를 박살내? 양반놈들은 빠질 때부터 이마에 구리를 깔고 나오느냐?"

그 당장 물고를 낼 요량으로 촉작대를 번쩍 들어 인중을 겨냥하고 꼬나 잡는데, 멱살 잡힌 놈은 고사하고 술청에 선 것들이 더욱 난색이었다. 길소개가 도포짜리 멱살을 잡은 채로 박살 난 젓동이께로 홱 끌어 박으니, 징검다리 헛디뎌 여울물에 엎어진 상두꾼 꼴이 되었다.

갓이 찌그러지고 도포 자락엔 젓치레요 목덜미엔 진흙이니 양반의 체면을 차마 볼 수가 없어 눈 뜨고 서 있기가 민망할 지경이었다. 더 이상 가다가는 장바닥에서 창피는 고사하고 병문 안팎의 일가붙이들에게조차 행세하기 어렵게 되었다는 낭패가 폐부를 찌르는데, 술청에 서 있던 것들이 버선발째로 마당으로 달려 내려가선 길소개를 잡고 애걸하기 시작했다. (2권, p. 34)

위의 세 인용들은 『객주』의 앞머리에 해당되는 1, 2권 가운데에서 임의로 뽑혀온 것들인데, 그 무자비한 폭력과 질탕한 섹스 장면들이 참으로 박력 있게 묘사되고 있다. 우선 재미있다고 말할 수밖에 없는 이 장면들은, 그렇다면 무슨 의미가 있다는 것일까. 정치적 성격과의 관련 아래에서 살펴질 때 그 함축이 밝혀질 것으로 보인다. 우선 인용 2)의 섹스 장면을 보자. 섹스의 주인공들인 봉삼과 궐녀는 비록 처음 만나는 사이임에도 불구하고, 질탕한 성교를 행한다. 그러나 케이트 밀레트의 주장이 아니더라도, 모든 섹스 행위에는 밀고 당기는, 즉 지배와 피지배의 암투가 숨어 있다던가. 암투가 끝났을 때, 야합이 오고 그 화평이 성교로 나타난다. 대부분의 소설들이 이 과정을 보여 주는데, 이 소설에서 그 양상은 음험하면서도 래디컬하게 드러난다. 여기서 봉삼과 궐녀와의 관계는 떠돌이 도부꾼의 일방적인 침략에 의해 시작된 것이었다. 코앞에 비수를 들이대고 볼모로 그녀를 업고 온, 일종의 강탈 관계였다. 그러나 성행위는 여기서 강탈 관계에 의해 이루어지지 않는다. 남자 쪽의 경우, 그 발심(發心)은 두 가지 이유에서 비롯된다. 즉 여인의 아비가 속한 상대방 적들의 발을 묶어놓아야 한다는 계산과 그녀의 미모이다. 양자 모두 남성 자신의 지배욕을 가장 첨예하게 드러내는 대목이다. 그런가 하면 여자의 경우, 그 이유는 그녀의 입을 통해 이렇게 설명된다.

"댁네가 홀애비이든 외자로 상투 튼 총각이옵든, 혹은 청의(靑衣)라 하더라도 의표(儀表)를 삼가 뵈오니 실로 걸출한 군자이시군요. 이제 제가 절조를 굳게 지킬 일이 없습니다. 댁네가 비록 부평초처럼 도방 대처를 떠도는 신세라 하더라도 그 의표만은 평생을 다하여 글을 읽은 선비에 못지않으니, 이제 제가 일없이 이 방을 나가기는 글렀습니다. […]"(1권, p. 226)

그러면서 궐녀는 봉삼이 자신과의 섹스를 거부한다면 자결하겠다고 장도를 꺼내 든다. 처음에는 남자가, 다음에는 여자가 각각 칼을 뽑아 드는 칼과 칼의 대결은, 두 사람의 성적 야합에 의해 농밀한 평화로 바뀌어 버린다. 지배와 피지배의 날카로운 대립이 절묘한 조화를 얻는 순간이다. 그 지배욕은 각기 상대방을 순간이나마 지배하겠다는 것이어서 그것이 이루어지는 순간 자동 소멸되는 모양이다.

다른 한편, 이 소설 전권에 편재해 있는 폭력의 경우, 그 권력의 성격을 들여다보는 일은 너무도 간단하리라. 권력이 곧 폭력 아니겠는가. 인용 3)에서 그 단순성은 명백하게 나타난다. 폭력의 발단이, 폭력을 행하는 자의 분노로부터 일차적으로 촉발되고 있는 것은 사실이지만, 그 속성의 깊은 곳에는 당연히 상대방을 제압하고 지배하겠다는 권력의 욕망이 잠겨 있다. 르네 지라르는 이와 관련하여 이미, 인간은 주인이 되거나 노예가 될 수밖에 없다는 극단적 사고를 보인 바 있지 않은가. 자신을 절대화하여 인정받으려는 절대적 폭력이 이때 행해지는데, 그것은 동물적 차원의 욕망일 수밖에 없다. 지라르 제자들이 소위 보편적 욕망이라고 미화하고 있는 폭력의 정체다. 인용 3)에서 나타난 그 본능은 다음 세 가지 측면에서 권력의 의지와 그 결과의 비참함, 혹은 초라함을 드러내준다. 첫째는 양반이라고 불린 자들 셋의 공연한 트집잡이 폭력이다. 그 시작 장면이다.

"너 이놈, 구변 하나로 사람을 구워삶듯 한다마는 네놈이 장돌림인 이상 이 고을을 크게 벗어나지는 못하리라. 저승길이 대문 밖이란 말도 못 들었느냐? 양반 알기를 우습게 알았다간 명대로 살지 못하리란 걸 명심거라. 오늘은 일진 탓으로 돌리겠으니 새우젓이고 밴댕이고 더 이상 입정 놀리지 말고 득달같이 지게 지고 나가거라." (2권, pp. 31~32)

이 글 속에는 폭력의 단초가 그것을 행하는 자의 헛된 허세에 지나지 않는다는 사실이 명백히 표명된다. 즉 '양반 알기를 우습게 안다'는 것이다. 여기서 얼핏 생각하면, 양반이라는 제도권 속의 자리가 차지하는 우월성과 그에 저항하는 서민의 정의감이라는 도식으로 문제를 바라보는 열쇠가 쉽게 인식될 수 있다. 그러나 조금 더 자세히 사태의 본질로 들어가 보면, 폭력은 그 행사에 있어서 언제나 자기 중심의 명분을 찾는다는 사실, 그리고 그 명분은 대체로 허세라는 허상임이 드러난다. 양반은 이때 그 허상이다. 그렇기 때문에 그 허상은 곧 반격을 만나기 마련이다. 그리하여 사건은 이렇게 진전된다.

"저놈을 심상(尋常)하게 두어선 안 돼. 양반을 능욕하는 자는 엄히 다루어야 하느니. 이놈, 내 당장 그냥 보고 있을 수가 없다."
봉당 아래로 쭈르르 달려나가더니 지게에서 젓동이 하나를 번쩍 들어선 마당 귀퉁이에다 패대기를 쳐버렸다. 온 마당에 젓 냄새가 등천을 하는데 그참에야 부스스 일어난 길소개는 박살 난 젓동이는 상관 않고 뜸베질하는 도포짜리에게 다가가서 멱살을 단단히 죄어 잡았다. 그러나 술청의 것들도 그 북새를 그냥 보고만 있을 리는 만무하였다. 술청 바닥을 땅땅 구르며 꾸짖기를,
"너 이놈, 당장 그 바닥에 꿇어 엎디어라. 이놈, 감히 뉘 앞이라고 손찌검에 패악질이냐?"
담 너머로 장꾼들의 머리채가 들쭉날쭉하고 삽짝 밖에선 풍각쟁이 한 놈이 들

어서려다 말고 멈추었다. 길소개는 먹살 잡은 손에 침을 퉤 하고 뱉었다. (2권, p. 34)

폭력은 권력 그 자체로 행사되기도 하지만, 권력이 이반될 때 더욱 잔인한 모습을 띠기도 한다. 권력의 이반이란, 현실과 명분의 괴리를 말하는바, 앞선 묘사의 경우 허상에 집착하는 양반의 명분과 그들의 잘못에 의해 야기된 현실, 즉 젓장수와 주모의 압박된 상황이다. 폭력은 이때 길소개의 반격에 의해 수행되기 이전에 이미 예비된 바나 다름없다. 다시 말해서 허상에 집착하여 그것을 하나의 권위로 상대방에게 강요할 때, 벌써 폭력은 진행되고 있다고 보아야 할 것이다. 말하자면 허상에의 집착과 강요는 그 자체가 폭력으로서, 다른 폭력을 반드시 다시 유발하게 된다는 점을 위의 예문은 극명히 보여 준다. 실제로 젓동이를 그들 양반 셋이 박살 내기도 했지만, 그 행위가 아니더라도 '양반' 운운의 허세와 돌진은 이미 폭력 행위에 해당된다는 것이다. 그리하여 독자는 여기서 벌써 이에 맞서는 대항 폭력을 예감하고, 불안과 기대 속에서 작은 전율을 경험한다. 아니나 다를까, 인용 3)에 나타난 길소개의 반격은 그 대항 폭력으로서의 의미를 지닌다. 독자는 이 반격에서 일종의 시원한 통쾌감을 느끼는데, 그것은 일방적인 폭력이 저항을 만나서 상쇄되는 데서 오는 일종의 안정감인 것이다. 바로 이 같은 불안과 안정의 고리야말로 폭력에서 폭력으로 이어지는 연결 고리가 권력 관계임을 실증하는 것이다. 말하자면 지배자에 의해 지배되는 피지배자 역시 피지배 상황을 지속적으로 받아들이지 않는다는 것이다. 피지배로부터 탈출하거나 나아가 자신 또한 지배자의 자리에 진출하고자 욕망한다. 섹스 관계 속에 내재한 이 같은 권력 의지는 이렇듯 폭력성에서 보다 직접적인 그 모습을 보여 준다.

그러나 섹스 관계에서, 밀고 당기는 두 사람의 파트너가 성행위를 통해 화해의 순간을 획득하는 것과 달리, 폭력 관계에서는 폭력과 대항 폭력의 순환이 파멸과 비굴만을 초래하는 불행의 양상으로 부각된다. 권력의 죄악성이 훨씬 분명한 양태를 노출하고 있는 것이다. 인용 3)의 끝 부분에서 나타나고 있는 몰골, 즉 "갓이 찌그러지고 도포 자락엔 젓치레요 목덜미엔 진흙이니 양반의 체면이 차마 볼 수가 없어 눈 뜨고 서 있기가 민망할 지경"(2권, p. 34)이라든지, "술청에 서 있던 것들이 버선발째로 마당으로 달려 내려가선 길소개를 잡고 애걸하기 시작"(2권, p. 34)한다는 광경이 바로 그것이다.

그러나 소설『객주』가 섹스를 예찬하고 폭력을 고발하는 방식으로 인간의 권력성을 도식화하거나, 이를 주제로 하고 있는 것은 물론 아니다. 무엇보다 그 같은 이분화된 도식은 인용 1)의 예문에서 무색해진다. 부부의 잠자리를 급습한 폭력에 의해, 안온한 성적 분위기가 일거에 파괴되는 상황으로 섹스와 폭력의 모습이 등장하기도 하기 때문이다. 넓은 의미의 관음증적 상황과 이에 대한 묘사는 이 소설 전권을 쉴 새 없이 드나들고 있는데, 그것이 독자의 관음증적 속성을 만족시켜주고 있다는 재미와 더불어, 섹스 또한 두 파트너의 화평한 성행위로 보장되지 않는 한, 폭력 행위 끝의 비굴과 비참처럼 비천한 풍경으로 전락될 수 있음이 알려진다. 결국 장편『객주』에 미만해 있는 폭력과 섹스는, 짧게 표현한다면, 제도권 밖에 방치되어 있는 민중들 또한 변형되고 왜곡된 권력의 행사자들임을 증거하고 있다고 할 수 있다. 걸핏하면 행사되는 폭력, 섹스의 대담한 성취와 그 파괴는 제도라는 질서와 상관없이 모든 인간이 이 같은 어두운 힘에 깊이 묶여 있음을 보여준다. 그럼에도『객주』의 그것들이 훨씬 싱싱하게 보이는 까닭은, 제도에 의해 은폐되지 않고, 거역할 수 없는 생명력에 바싹 붙어 있기 때문이다. 그러므로 벼슬아치들의 농간에 항거하며 뒤집기를 일삼는 역사물처럼 보이기도 하는 이 소설은, 시대를 넘어선 생명의 역사로서 당대의 제도권적 정치 현상을 뛰어넘어 항상 현재적이며, 항상 역동적일 수밖에 없다.

3

　『객주』 성과의 또 다른 측면으로 지적된 경제사적 성격에 대해서는 나로선 그 구체적·전문적 분석을 행할 능력이 미흡하다. 그러나 이 소설이 어차피 보부상들의 이야기이며, 그들이 우리 근대 경제사에 끼친 영향과 역할이 지대하다는 것이 정설인 한, 이에 대한 깊은 관심은 정당한 것일 수밖에 없다. 실제로 이 소설에는 그 어떤 역사적 기록을 통해서도 우리 앞에 친근하게 펼쳐진 일이 없는 전 시대의 시장 경제 모습이 거의 실물대의 크기로 생생하게 전개된다. 몇 대목만 읽어보자.

　1) "시생도 팔도의 장판 어디 안 가본 데가 없소. 안양의 밤장, 통영의 갓장, 병점의 옹기장, 공릉의 짚신장, 안동 삼베장, 한산·임천·정산(定山)의 모시장, 신탄진의 다듬잇돌장, 황간의 대추장, 평안도 성천(成川)·청주·미원(米院)의 담배장, 정주(定州) 납청(納淸)의 유기장, 회령·김천의 쇠장, 안성의 유기장, 양주 밤장(栗場), 옹진 멸치새우장, 보은의 대추장, 완도의 김장, 영암 참빗장, 담양 죽물장, 나주의 소반장(小盤場), 평안도 강계의 인삼장, 함안의 감장, 전라도 임실의 연죽장(煙竹場), 아산의 황조기장, 삼척의 게장, 전주의 한지(韓紙), 문경의 제기(祭器), 은진의 육날미투리, 평해(平海)의 미역장, 옥천의 면화장, 진주 진목장(眞木場), 홍원(洪原)의 명태장, 마산포 멸치장, 춘향이 울다 간 남원장, 장가 못 간 놈 섭섭한 아내장(竝川場), 삼가장(三嘉場), 장호원장, 치자꽃 많이 피는 남해장, 광양의 푼주장, 그저 팔도의 장판을 청개구리 밑에 실뱀 따라다니듯 굴러다니며 헛손질 곤댓짓으로 타관 봉노 신세 진 지 삼십 년에 못해 본 일이 없소만 딱 한 가지 못해 본 일이 있소이다그려."(2권, p. 14)

2) 차인으로 보이는 늙은이가 마당을 쓸고 있다가 들어서는 두 사람을 막아서며 물었다.

"어서들 오시오. 어디서 오는 동무들이시오?"

"하생들은 송파와 정주에서 온 선길장수들이온데 포주인을 만나뵈러 왔습니다."

선돌이의 대답에 차인은 눈짓으로 툇마루를 가리키며,

"북상(北商)들이시군. 보아하니 화객들은 아닌 것 같은데…… 원상(原商)들이시오?"

"그렇소이다."

"물종은 뭡니까?"

"진목으로 다섯 동 갖고 왔습니다."

"좀 봅시다."

봉삼이 끼고 있던 진목 한 필을 궐자에게 내밀었다. 손어림으로 치수까지 가늠하던 궐자가,

"진목이라면 승새 볼 것 없이 북덕무명이지."

"북덕무명이든 승새 좋은 무명이든 고헐간에 그 금어치야 있을 것 아니우?"

봉삼이 언성을 높이자, 수월내기가 아니다 싶었던지 무명필을 툇마루에 놓고 궐자는 쪽문을 밀고 내사로 들어가는 눈치였다. 담배 한 대 피울 참이나 되어서 바깥으로 나오더니,

"우선 임치나 시키랍니다. 천세가 날 것 같지만 실은 나주(羅州)나 광주(光州)에서 화객들이 당도할 때까지 기다려줘야겠소." (3권, pp. 17~18)

3) 이 사발통문을 발행함에는 수월찮은 비용이 드는데 그 전 비용을 발행한 곳이 경사(京司)면 보부청이, 감영이면 도임방, 군이면 군임방이 부담하였다. 소집 장소가 명기된 통문을 발장시킬 때는 그로 인하여 각처로부터 모여드는 동무들의 비용이 엄청났는데 통문을 한번 놓자면 얼추잡아도 적게는 몇천 냥

이요 많게는 만금에 이르렀으니, 특히 나라가 유사시에는 몇십 만금의 거금이 소비되었다. 그러므로 신상(紳商)이나 공주인(貢主人) 혹은 포주인들의 지체가 아니고서는 사발통문을 낼 엄두를 낼 수조차 없었다. 〔……〕 셋째는 보부상이 가솔을 잃거나 가로채였을 때, 넷째는 보부상들끼리 서로 상종하다가 크게 시비가 붙거나, 보부상과 여항인(閭巷人), 보부상과 관아의 관계에서 시비가 났을 때, 또는 보부상이 죄를 짓고 잠주해 버렸을 때였다. 조동모서(朝東暮西)로 굴러다니는 그들이나 이로써 제성토죄(齊聲討罪)함을 그들의 율로 삼았다. (3권, pp. 34~35)

위의 예문들은 각기 세 가지 측면에서 이 소설이 지닌 경제사적 의미를 보장한다. 첫째는 당시의 시장 상황에 대한 소상한 정보이며, 그다음 인용문은 보부상들의 실제 거래 행태, 그리고 끝으로는 보부상과 관청과의 관계, 혹은 보부상의 공적인 위치에 관한 자료로서의 의미이다. 결국 보부상에 관한 모든 것을 망라하고 있어서, 이 소설이 출간된 다음 경제사와 관련된 연구들에 있어서 이들 정보가 소중하게 활용되고 있다는 사실은, 이와 관련된 그 의의를 한층 확실히 해주고 있는 것이다. 경제사에 의하면, 조선조 초기에 세워진 농본주의, 억상(抑商)주의, 쇄국주의 경제 원칙은 전쟁 피해를 복구하는 과정에서 정책상의 온갖 제약에도 불구하고 민중 경제가 활성화되었다는 것이다(강만길, 『한국근대사』, 71쪽 이하 참조). 민중 경제의 활성화는 중세 경제 체제 안에서의 활성화에서 나아가 중세 경제 체제를 아예 붕괴시켰는데, 이는 민중 세계가 스스로 수립한 성과로 대체로 평가된다. 그러나 사학계, 특히 민중 경제 사학계의 이 같은 '활성화' 주장은, 그동안 주장 이상의 살아 있는 리얼리티로 연결되는 힘이 부족했는데, 그 비어 있는 현장을 이 소설이 메워주고 있는 것이다. 보라, 얼마나 저들 보부상들의 움직임은 활력에 차 있는가. 그 활력은 때로 살인에까지 이르는 파괴적인 힘과 연결되고 있는데, 작가는 여기서 가치 중립적인 얼굴로 그 현실을 중계한다.

특히 서울 문안에서 이루어지는 시장 거래와 문밖과 전국을 떠도는 그것을 경상(京商)과 외장(外場)으로 나누어 그 특징을 살펴본 책은, 아마도 이 소설이 처음일 것이다. 이때 그 특징은 단순한 몇 가지의 개념 설명만으로 이루어지지 않는다. 가령 경상들에게서는 양반 사칭을 비롯한 갖가지 술수들이 거래의 기본기나 되듯이 구사되고 있음에 비해, 외장의 그들에게서는 살인에까지 이르는 폭력과 협박·공갈이 난무하는 것을 볼 수 있는바, 이러한 현실의 리얼한 묘사는 이론서에 나타나는 긍정적인 평가 일변도와는 사뭇 다른 것일 수 있다. 말할 나위 없이 『객주』쪽이 훨씬 진실에 접근해 있으리라. 그러나 당시의 이 현상을 어떻게 바라다보느냐 하는 점은 작가의 역사 의식과 문학적 시선에 따라서 달라질 수 있다. 협박·공갈·사술 속에 깃든 인간의 원죄적 본성과 그 비루함을 자연주의적 시선으로 관찰·묘사해나갈 수도 있겠고, 민중적 역동성이라는 관점에서 긍정적으로 조립할 수도 있을 것이다. 작가 김주영의 태도는 여기서 중립적이다. 이러한 자세는, 어느 한쪽으로부터 철저성을 요구받을 때, 분명히 아쉬움으로 남는다. 그러나 그 유보 때문에 오히려 이 소설은 자료적 의미를 완성해가면서 우리 앞에 활짝 열려져 있는 것이 사실이다.

이러한 현실 속을 헤집고 들어간 작가가 도리어 결국 우리에게 보여 주고자 하는 것은 두 가지다. 그 하나는 돈의 소중함, 혹은 그 위력이며, 다른 하나는 실제와 명목이 괴리된 명분론의 허구를 타파하는 일이다. 돈이 중요하고, 양반 따위의 허울보다 오히려 힘이 있다는 강조는, 사실 이 작품 전권에 깔려 있는 가장 강력한 메시지다. 그럼에도 불구하고 이 메시지는 능청스러움에 의해 슬쩍슬쩍 개진되거나, 골계와 같은 우리 언어 특유의 아이러니에 의해 간접적으로 기술됨으로써 그 날카로운 침투가 부드럽게 완화된다. 가령 이런 식이다.

"나도 명색이 갑족이라 하나 범부에 불과한 사내일세. 만 전을 긁어모아 고을의 수령을 산다면, 은연중 그 만 전을 토색하기 위해 가렴주구를 하게 되지 않겠는가. 〔……〕 마음이 편안하고 담담하여 그것이 족한 것을 알게 되면 구태여 재물을 탐하여 얻다 쓸 것인가. 청풍명월은 돈을 쓰는 것이 아니며, 삭정이 울타리에 일잣집이 족하다면 돈 쓸 일이 무엇인가. 〔……〕"

"그럼 시생더러 어찌하란 겁니까?"

"자네가 바라는 것이 재물이 아닌가. 기다려 보게. 그런 길이 있을걸세. 내가 한 말이 미천한 자네에게 무슨 소용이 있겠는가……." (4권, pp. 45~46)

"자네가 내 수하에 들어와서 동사하여 이번 행보만 무사히 치른 다면 돌아와서 이천 냥을 줌세. 그때 자네 내자 되는 사람도 돌려줌세."

〔……〕

"그렇다 하여 다시 내게 덧들이진 말게나. 이천 냥이면 양주 곧은골 땅 열 석짜리, 광주 너덜이 땅 쉰 석짜리, 왕십리 미나리논 열 마지기, 방아다리 배추밭 사흘갈이 땅은 스무 마지기나 장만할 거액이 아닌가?"

"그런데 오강 물나들에 날고 긴다는 왈짜를 다 제치고 하필이면 왜 나를 찍었수?"

"자네의 곁찌들이 전부 장골인 데다가 이런 일에 처음인 까닭일세."

"우리가 할 일이 무어요?" (4권, p. 80)

두 개의 예문 가운데 앞의 것은 선비 유필호의 이야기인데, 청빈할 것을 역설하고 있음에도 불구하고, 앞뒤의 문맥은 이미 그것의 무력함과 돈의 위력을 역설적으로 드러낸다. 그런가 하면 뒤의 것은 자신의 아내를 납치해 간 길소개를 붙잡아 그를 폭력으로 제압한 송만치가 길소개가 제시한 돈의 유혹에 빠져 결국 두 사람이 결탁하는 장면이다. 우리 문학에서 돈의 중요성이 강조되는 것은 흔히 춘원 이후로 관찰되는 경우가 많다. 그러나 비록 작품은 최근에 나왔다 하더라도 그 속에 다루어진 경제 현실로서 돈의 중요성이 이처럼 노골적으로 다루어진 시기가 이미 19세기 중후반이라는 사실을 『객주』는 분명하게 밝혀준다.

명분론의 허구를 타파했다는 점은, 반드시 경제사적 측면과 결부해서 주목되어야 할 사항은 아니다. 그러나 돈을 밝히는 양반과 돈을 밝힐 수밖에 없는 상민과의 부단한 야합과 배신은 양반도 상민도, 그리고 어떤 그럴듯한 이데올로기나 도덕도 와해될 수밖에 없는 허구로 드러나고 있다는 점에서, 경제사적 관점과 가장 긴밀하게 조응한다. 돈이 이념으로 대두되고, 기존의 윤리와 계층이 이를 중심으로 하여 서서히 재편성되기 시작하였다는 사실의 집요한 보고는, 이 소설에 정치적 시각의 민중 소설로서 의도적으로 접근하고자 할 때 놓치게 되는 가장 큰 함정이다. 등장인물로 큰 무게가 실린 천봉삼에게 거는 독자들의 정치적 기대는, 사실 그가 숱한 역경과 거래를 통해 돈을 번 민족 자본가로서의 활동과 위치를 놓친, 다소 초점이 빗나간 헛된 것일 수밖에 없는 것도 이 까닭이다.

그 밖에도 이 소설은, 벌써 이즈음에 이른바 정경 유착이라는 칙칙한 독버섯이 번지기 시작했음을 민겸호와 신석주의 거래를 통해 명백하게 보여주고 있으며, 이 같은 상황은 여러 사건들의 진행에 따라서 더욱 확연한 현실로 정착해가고 있음을 드러낸다.

4

장편 『객주』의 문학적 성취는, 그러나 무엇보다 그 문학적 성격의 규명과 더불어 확실해진다. 과연 이 소설은 문학적으로 어떠한 의미가 있을까. 나로서는 세 가지 측면에서 그 의미를 짚어보고 싶다. 첫째는 글자 그대로, 이 작품이 말의 온전한 의미에 있어서 장편소설이라는 점이다. 장편에 대한 우리의 가장 소중한 기대는 그 긴 길이와 함께 무수한 등장인물들이다. 그러면서도 처음부터 끝까지 유기적으로 형성되는 긴장 관계인데, 이 긴장은 특정한 한두 명의 주인공들을 거부하고 일련의 인물군(人物群)들을 통해 긴박하게 조성될 때 그 매혹이 길게 유지된다. 『객주』는 바로 그런 의미에서 장편의 바람직한 조건과 적절히 상응한다. 길소개, 조성준, 월이, 매월이, 천봉삼, 유필호 등을 주된 인물들로 내세우고 있는 이 소설은, 그러나 그 밖에도 다른 여러 인물들을 내놓고 몇 가지의 역학 관계와 그 유형을 흥미 있게 만들어간다. 제일 주인공이라고 할 수 있는 천봉삼의 경우, 그는 스물다섯 살의 젊은 이로서 쟁쟁한 보부상들의 그늘에 조용히 가려 있다가 숱한 사건들을 겪으면서 서서히 성장한다. 대체로 그는 정의감과 의협심이 강한 것으로 소개되고 있으나, 음모와 배신, 살육으로 점철된 전체적인 진행으로부터 혼자 '깨끗하고 잘난 사람'으로 고립·옹호되지 않는다. 그는 최돌이와 석가, 월이와 맹구범, 신석주 등 바람직스러워 보이지 않는 많은 인간상들과 자연스럽게 얽혀 있어, 사실 그를 가장 중요한 주인공으로 볼 수 있느냐 하는 문제에 있어서는 다소 이론이 있을 수도 있는 인물이다. 비록 최돌이를 살해한 석가로 하여금 자살을 강권하는 자리에 서게 하는 비정함과 냉혹함을 지녔으나, 의연함과 당당함으로 술수와 폭력의 세계 속에서 거상으로 자라간다.

그러나 여기서 간과되어서는 안 될 부분은, 그 성정이 천봉삼과 달리 악인으로 투영된 인물의 경우에도 그와의 관계가 순간순간 순기능으로 맺어지고 있다는 사실이다. 예컨대 교활한 노상(老商) 신석주에 의해 천봉삼은 오히려 애인 조 소사와 하룻밤을 함께할 수 있는 기회가 마련되는가 하면, 선단의 선인 행수로 발탁되기도 한다. 말하자면 작가는 선악의 구별을 애매하게 하면서, 인물들의 성격과 인간관계를 끊임없이 뒤집는다. 물론 길소개처럼 시종일관 계략에 능하고 포악·잔인한 인물도 있으나, 그 같은 시선으로만 관찰될 때, 그의 느닷없는 선행에 독자는 일순 당혹해지기도 하는 것이다. 결국 이런 모든 상황이 종합될 때, 소설은 어떤 특정한 인물 아닌, 당시의 보부상 행태와 현실 풍정을 그린 일종의 시대 세태 소설처럼 보일 수 있다. 그러나 이러한 규정에도 이 소설은 발이 묶이지 않는다. 주인공 인물들이 형성해 나가는 개성들이 워낙 인상적이기 때문이다. 특히 조 소사, 월이, 매월이 같은 여성 주인공들은 그들 신분의 높낮이에 관계없이 작품 요소요소에서 결정적 역할을 하면서 육체적 훼절에도 불구하고 정과 의리, 그리고 지혜의 여인상을 깊게 각인시킨다. 그러나 이념적 대결이나 현대적 심리 갈등으로 심화된 성격의 주인공들은 애당초 보부상 소설과는 무관한 기대이므로 그 부분은 마땅히 접어두어야 할 것이다.

문학적 성격의 그다음 측면으로 주목되어야 할 것은, 이 작품이 세상에 나온 후 모든 사람들이 입을 모아 상찬하였듯, 우리 고유의 언어들이 폭죽처럼 쏟아져 나오는 말의 성찬이다. 물론 주로 일상적 구어의 능숙한 행사를 통해 이루어지는 우리말의 행진인데, 그동안 매복되었거나 백안시당했던 우리말들이 이토록 많고 또 구수한가 감탄스러워, 작가에게 감사할 지경이다. 그 말의 풍성함은, 현대인들에게 오히려 낯설기까지 해서 각 권마다 낱말 풀이가 각주로 붙을 정도이니, 국어사전은 미상불 민망하기 짝이 없게 되었다. 전 9권 어느 쪽을 펼쳐도 만나게 되는 이 흥겨운 정경들 가운데, 한 곳만이라도 다시 읽어보자.

"난 나으리께서 어지자지가 아니면 개호주가 물어 간 줄 알았더니 말뚝 같은 거양(巨陽)을 차고 계시군요. 뻗질들락 행실을 내시다가 자칫하면 쉰네 뱃구레에 무슨 변고 내시겠습니다요."
"이끼, 그년 주둥이도 헤프다."
"허우대가 이렇게 클 양이면 어련하시겠습니까."
"이런 경을 칠 봉패가 없구나."
곧장 진흙 밟는 소리가 낭자하고 늑골이 얼얼하도록 몇 합을 이루고 나서 잠든 것이 사경이 넘어서였는데, 날이 희뿜하니 새는 인시 말쯤 해서 느닷없이 삽짝을 흔드는 소리가 들려왔다. (5권, p. 63)

유필호와 모화의 섹스 장면 묘사인데, 얼핏 읽어 전혀 성적인 분위기를 느낄 수 없는가 하면, 다른 한편 구구절절 이토록 음전하고 구수하게 남녀상열지사를 읊을 수도 있는가 하는 감탄이 나오게 된다. 그 모두가 우리말의 감칠맛 나는 구사 덕분이다. 특히 토속적인 우리말 사용에 있어서는 남녀 교합을 전후한 묘사가 그중에서도 압권으로 보이는데, 이는 아마도 신분과 무관한 인간 본능에 관한 작가의 깊은 관심 때문이 아닐까 싶다. 김주영은 어떤 경우에든 사람 그 자체를 좋아하는 듯하다.

다른 한편, 『객주』에 나오는 풍요한 어휘들 가운데 상당 부분이 한자와 그 성어로부터 유래하고 있다는 사실의 발견은 놀랍다. 앞의 예문에서도 궐자, 복색 등은 한자에서 온 것이 분명한데, 이 같은 한자 출신의 낱말들은 의외로 그 숫자가 굉장히 많다. 더욱이 보부상들이 대부분 식자층 아닌 상민들로 이루어졌다는 점을 감안할 때, 한자 문화의 뿌리 깊은 침투와 그 생활화가 이 소설을 통해서도 구체적으로 입증된다. 특히 '그' '그녀'라는 지시대명사 대신, '궐자' '궐녀'를 작가는 고집하고 있는데, 아마도 당대의 분위기를 그대로 재현하고자 하는 희망의 소산이리라. 실제로 주요 낱말 풀이에 나오는 많은 생소한 어휘들이 한자와의 합성어 내지 한자로부터 유래한 낱말들로서, 그 쓰임새가 참으로 적소에 붙여져 감탄스럽다.

낱말 하나하나의 출현도 새삼스럽고 비상하지만, 만연체와 간결체를 섞어 사용하는 문체의 매력도 이 소설의 주제 및 내용과 절묘한 짝을 이룬다. 대화와 대화, 혹은 대화와 지문을 연결할 때 보통 나타나는 만연체, 그리고 지문 속의 장면 이동을 묘사하는 간결체의 혼합은 토속어와 한자 성어의 혼재와 더불어 소설을 세밀하면서도 호쾌하게 몰고 가는 데 기여한다. 요컨대 말의 장인으로서 작가는 여기서 확실히 올라선다.

그러나 장편 『객주』가 높은 문학적 가치를 지니면서 오랫동안 재미있게 읽힐 수 있는 가장 큰 힘은, 모든 소설들이 꿈꾸는 저 절체절명(絶體絶命)의 화평한 고지, 즉 서사와 서정의 섬세하면서도 웅장한 조화에 있다고 할 수 있다. 실제로 이 소설에는 숱한 남녀노소가 등장하여 분노와 복수, 의리와 사랑의 격랑이 큰 줄기로 물결치고 있음에도 불구하고, 각각의 개별적인 사건들과 하나하나의 인간관계에는 따뜻한 정감과 연민이 흐르고 있다. 무엇보다 서사와 서정을 맺어주는 고리로서의 판소리 가락의 자유자재로운 구사는 여기서 절묘한 기능을 행하고 있다. 판소리·사설시조·마당극과 같은 통합 장르적 양식은 서양 문학에서 엄격하게 구별되는 시·소설·드라마 등의 격리 진행과 달리, 우리 정서의 미분화된 통합 정서를 잘 반영하는 전통으로 인식될 수 있는바, 『객주』는 그 전형적인 이점에 자연스럽게 편승해 있다. 이것은, 작가 김주영 자신의 치밀한 노력과 그 구도와 더불어 그의 타고난 천재적 체질 때문이 아닐까 생각된다.

　이 소설은 그 서사에 있어서 근본적으로 줄거리를 지닌 전통 장편에 합당하다는 것은 이미 언급되었다. 그 줄거리는 몇 개의 이야기로 구성되지만 근본에 있어서 술수와 야합, 모반과 복수로 이어지는, 주로 제도권 밖 보부상들의 암투와 사랑이라고 할 수 있다. 조성준이 김학준을 죽인 것으로 알려지고 있으나 실은 첩실인 천소례의 범행이었다든지, 죽은 것으로 처리된 조성준이 은밀한 잠행을 일삼는다든지, 신석주가 충복 맹구범의 혀를 지지고 적대적 관계에 있는 천봉삼을 발탁하는 일 등등 극적인 반전의 수법 또한 도처에서 동원된다. 따라서 어떤 줄거리를 쫓아가서 어떤 인물은 성공했고 어떤 인물은 실패했다든지 하는 도식의 발견은 적어도 이 소설에서는 별 의미가 없어 보인다. 그보다는 호쾌한 서사의 진행과 시적 서정성의 분위기가 혼융을 이루면서 만들어내는 장면 한 편 한 편이 우리의 가슴을 사로잡는 힘과 재미가 중요하다. 이것이 바로 문학성이다. 예컨대 추리 소설의 양상을 띠는 최돌이 살해 사건의 진상도, 그 사건 자체의 서사적 내용과는 달리, 범인인 석가의 적발과 그의 자살이 마치 장풍에 베이듯 날렵하게 이루어지고, 대부분의 서사들이 거느리기 일쑤인 요설이 여기서는 오히려 간결하게 압축된다.

얼핏 보기에 이와 비슷한 사건들은 계속해서 이어진다.

예컨대, 총에 맞고 죽은 줄 알았던 조성준과 물에 던져져 역시 죽은 것으로 처리된 듯하던 천소례가 원수 외나무다리에서 만나듯 조우했으나 사실은 원수 아닌 동지 비슷한 관계로 알려진다든가, 천소례와 천봉삼이 방문 하나 사이로 만나게 되었음에도 부딪치지 않는 따위의 일 등등은 많은 사연과 많은 사설이 요구될 수 있으나 신속하게 처리되어버린다. 반면 사건 진행상 별로 중요해 보이지 않는 대목에서 긴 사설을 일삼고 걸쭉한 굿판까지 벌이는 일 등이 등장하는데, 이는 인물과 사건을 배태하고 있는 당시의 현실을 모두 감싸서 포괄적으로 제시하고자 하는 서사 정신의 소산이라고 하지 않을 수 없다.

그러나 이 소설의 감칠스러운 맛, 참된 매혹은 앞서 이따금 언급했던 그 현묘한 서정성에 있다. 가령 지아비를 잃고 섬진강을 따라 북행하는 월이의 모습을 보자.

타관 객지 객줏집 봉노를 밝히는 등잔이 청상의 마음처럼 타 들어가면 옆에 있는 그림자가 흔들리고, 처마에 빗방울이 천연스럽게 떨어지고, 혹은 퇴창에 달빛이 찢어질 때, 오동잎 하나 둘 뜰에 떨어지고 외기러기 먼 하늘 울어 예는데 잠 못 이루는 고충을 누구에게 하소연하며 누군들 끌어당겨 팔베개를 하여 줄까. 밤새도록 엽전을 굴린들 또한 날이 새면 허무하고 싱거운 것, 일행(日行)에 백 리를 걸어 발에 물집이 잡히고 버들고리를 인 고개가 짜부라진들 어느 누가 기꺼이 따뜻한 한 모금의 숭늉을 권할까. (3권, p. 113)

소설의 한 대목이라기보다는 그대로 한 편의 시를 방불케 한다. 이와 비슷한 정경은 『객주』 전편을 움직이는 윤활유로 작품 곳곳에 깔려 있는데 그것은 서사의 일방적 진행을 간단없이 끊어 주고, 다시 이어주는 기묘한 역할을 한다. 마치 작품 전체가 진양조, 중모리, 중중모리, 자진모리, 휘모리, 엇모

리장단 등등의 리듬으로 구성되어 있는 판소리를 연상시킨다. 사실 김주영 소설의 특징을 한마디로 요약한다면, 아마도 이 판소리적 성격이 가장 두드러지게 논의의 대상이 될 것으로 생각된다. 판소리란 대저 무엇인가. '이야기를 노래로 하는 특유의 공연 양식'(김대행, 『판소리의 세계』 p. 13) 아닌가.

  물론 이 특징을 김주영의 소설 전반으로 확대 해석하는 일은 보다 세밀한 검토가 필요하겠으나, 『객주』만큼은 틀림없이 이야기를 노래로 하는 양식이다. 이야기는 서사이고 노래는 서정이다. 이 통합의 양식 속에는 둘을 분리해낼 수 없는 우리 민족 고유의 연면한 정서가 숨 쉬고 있는데, 작가는 그것을 긴 호흡으로 재현하고 있다. 그 재현 속에는 폭력으로 사람을 죽이는 일에까지 이르되 애틋한 연민이 있으며, 밤이 긴 줄 모르고 육탐 속에서 사랑을 나누되 날이 밝기 전 표표히 다시 길을 떠나야 하는 분연한 아픔이 있다. 그렇기 때문에 김주영의 문학은 정주(定住)를 모르는 길의 문학이다. 서양 문학이 길의 문학을 통해 근대를 바라보았다면, 또 다른 의미에서 김주영의 길의 문학은 한국의 근대에서 현대를 바라본다. 그는 영원히 근대에서 현대를 잇는 길 위에 있다. 영원한 근대와 영원한 현대 사이에 서 있는 이 작가의 대표작으로서 『객주』 또한 영원하리라.

# 육체의 소멸과 죽음의 상상력
## —— 김원일의 『슬픈 시간의 기억』

### 1

 인간은 정욕과 자기의(自己義)로 뭉쳐졌으므로, 아마도 저주받은 존재인지도 모른다. 그렇다면 이로부터 벗어나는 구원은 가능한 것일까. 가령, 기독교에 의하면, 예수 십자가의 보혈을 믿음으로써 그것은 가능해진다. 그럼에도 불구하고 인간은, 믿기만 하면 되는 이 사실을 잘 믿지 않으려고 할 뿐 아니라 믿는 사람들조차 그 믿음이 자주 흔들리는 어려운 상황 속을 늘 지나다닌다. 김원일의 이번 소설은 이같이 현실과 치열하게 맞닿아 있는 본질적인 문제들을 본격적으로 제기하는 주목할 만한 작품이다.
 정욕과 자기의, 혹은 욕망과 교만의 현장은 바로 인간의 육체다. 최근 문화 담론의 중심부에 자리 잡은 '몸'이 그것인데, 페미니즘을 비롯한 여러 분야에서 핵심적인 분석의 대상이 되고 있는 '몸'은 그에 대한 문화적인 평가와 상관없이, 욕망과 교만의 현장임이 엄연한 사실이다. 사실 욕망과 교만은, 그것이 비록 저주라고 하더라도, 인간이 실존하는 한 그 모습으로 있을 수밖에 없기 때문에 무조건 죄악시 될 수만은 없다. 작고한 평론가 김현과 나는 80년대 후반 이 문제로 꽤 심각한 논의를 주고받은 일이 있다. 르네 지라르의 폭력과 그에 관한 일련의 사고들에 주목하고 있던 그는 욕망저주론에 상당 부분 동의하면서도 "그러나 지적 교만 없이 어떻게 문학이 존재할 수 있느냐?"고 되묻곤 했다. 결국 "김주연에게 이 책을 바친다"면서 지라르를 번역 출판했던 그에게 나는 그가 간 지 10년이 넘었어도 아직 명쾌한 해답서를 바치지 못하고 있는데, 어쩌면 그의 사후 출간된 나의 모든 저작물이 그 답이 아닐까 자위해본다. 과연 욕망의 육체를 지닌 채 그것을 비판함으로써 그로부터 자유로울 수 있을까. 그렇다,는 대답 앞으로 나는 씩씩하게 나가지 못한다. 그러나 그 당위성과 가능성은 위축된 나를 격려하고 마침내 그것이 이루어질 어느 날에 대한 확신을 주는 것도 또한 사실이다.

육체 — 그것은 우리의 실존이 불완전한 존재임을 표징하는 가장 구체적인 증거이다. 육체는 쾌락과 편안을 통해서 제 몸을 유지하지만, 바로 그것들을 통해서 동시에 소멸해간다. 가장 결정적인 그것의 결함은 시간을 넘어설 수 없다는 운명적 한계에 기인한다. 쾌락과 편안을 통한 육체의 자랑과 자부심이라는 최근의 문학 경향에 대해서, 김원일은 여기에서 맞선다.

숨길이 가빠진다. 참으로 야릇한 일이다. 까마득히 잊어버린, 떠올려도 예전의 느낌조차 아슴아슴하던 성감이 이 나이에 다시 살아나다니. 그네는 코앞에 떠도는 향기를 살며시 끌어안는다. 〔……〕 미나리의 여린 이파리가 흔들리며 일으키던 질 안의 성감이 향기를 뒤쫓아 문틈 사이로 빠져나간다. 미나리가 뿌리째 뽑혀 질을 탈출해버리니 쾌감이 언제였나 싶게 사라져버린다. 놓쳐선 안 돼. 널 잡아야 해. 널 놓치면 난 송장이 되고 말아. 모든 감각이 마비되어 숨 끊어질 시간만 기다리는 식물인간이 되고 말 거야. (pp. 42~43)

김원일의 소설 문장이라고는 보기 힘든, 관능적이면서도 섬세한, 그것도 여성 화자에 의한 내면적 독백이 숨가쁘게 전개되고 있는 상황이다. 「나는 누구인가」라는 중편인데, 연작으로 이어지는 「나는 나를 안다」「나는 두려워요」의 화자가 모두 여성들이다. 마지막 중편 「나는 존재하지 않았다」의 주인공만 남성일 뿐 네 편의 중편 가운데 세 편을 여성 주인공으로 삼고 있는 이 연작들은 확실히 김원일에게 있어서는 파격이며, 그의 독자들로서는 적잖은 놀라움이다. 그가 이제야 소설에서 관능의 의미에 눈을 뜬 것일까. 혹은 감각적인 문체의 세계로 전환한 것일까. 그래서 그런지 지문과 대화, 독백의 구분을 없앤 빡빡한 행간에도 불구하고 책은 스피디하게 잘 읽힌다. 그러나 잠깐, 그것은 그리 오래가지 않는다.

그네의 흐릿한 의식에 여러 사람이 쑤군대는 말소리들이 들린다. 망측하게, 손가락은 거기다 왜 쑤셔박고 있지? 맨발로 여기까지 와서 이렇게 자빠졌다니. 잠결에 귀신이 한여사를 불러냈나 봐. 〔……〕무슨 힘으로 기어서 예까지 왔을까? 저 피딱지 봐, 무르팍이 온통 까졌어. 정강이뼈가 보이네. 얼마나 아플까, 쯔쯔. 노망들면 아픈 걸 어떻게 알아. (p. 46)

여기에 이르면 사정은 달리 확연해진다. 한여사라는 주인공 할머니는 이미 상당한 고령인데다가 양로원에 들어와 있는 인물이다. 혼혈 아들과 며느리, 손자가 있으나 미국으로 가버려 남이나 다름없는 관계에 있는 혈혈단신으로서, 그녀의 생각과 의식을 지배하는 것은 오직 추억뿐. 그것도 자신이 탐했고 또한 자신을 탐했던 사람들을 통한 몸의 기억들뿐이다. 일제 시대 정신대로 끌려갔고, 육이오전쟁 중에는 소위 양공주 생활을 했던 몸의 기억은, 기억들 가운데 가장 깊은 곳에 숨어 있다. 그 기억들을 전후해서 일본인 제과점 사장 모리, 생물학자 한교수, 음악 선생, 산부인과 전문의, 땅부자 주먹코, 청년 홍, 그리고 그녀 나이 쉰에 나타난 일흔일곱 살의 노회장 등등이 있다. 그 기억은 모두 육체의 열락과 관계가 있다.

1) 제빵의 오묘한 맛을 감지하듯 여자 다루는 솜씨가 보통이 아니었다. 게이코는 그로부터 남녀가 정분 터서 나누는 성의 짜릿한 맛과 이치를 배우고 깨

쳤다. (p. 22)

  2) 호텔 방에서 눈뜬 아침이면 그분이 내 침상에 허리를 숙여 이마에 다정하게 키스해줬지. 내 가슴 융기에 있는 큰 점을 쓰다듬어줬어. 아침 바람 쐬요. 내 말에 그분은 트레이닝복을 입고 나섰다. 바다 위로 먼동이 터오면 우리는 손을 잡고 모래톱을 거닐었지. 그분의 육체가 이미 쇠하여 우린 플라토닉한 사랑을 나누었어. (p. 24)

  격렬한 성적 사랑이든, 자칭 플라토닉한 사랑이든, 필경 모두 육체를 매개로 하고 있다는 점을 이 묘사는 명료하게 확인한다. 그것은 기억을 통해 '아름다운' 것으로 존재한다. 그러나 그 아름다움은 육체에 대한 집착을 강화시키면서 육체적인 인생관·세계관을 배태시킨다. "숨 끊어지면 한 생명체의 영혼은 이 세상을 두 번 다시 볼 수 없게 하직하고 육체는 썩어 흙이 되고 마는 게 불변의 진리라 믿는다"(p. 19)는 한여사의 태도는 바로 이러한 과정에서 자연스럽게 생성된 것이다. 양로원에 와서 하루 일상을 화장하는 일로 메우는 그녀의 삶의 끝은 이 과정의 자연스러운 끝일 수밖에 없는 것이다. 죽음을 앞둔 노년에 이르러서도 그녀의 생활은 이렇게 지배된다.

  한여사는 화장대 앞에 앉는다. 〔……〕 그네는 거울에 비친 자기 모습을 본다. 이마 위며 정수리에 검불처럼 성글게 남아 있는 흰 머리칼이 흉하다. 〔……〕 새카만 가발이 한여사님한테는 어울리지 않아요. 연세는 드셨지만 헤어스타일만은 마님다운 기품이 자연스럽게 배어나야죠. 〔……〕 한여사는 영양 크림 통에서 장지로 크림을 찍어 이마, 양 뺨, 콧등, 턱에 흰 점을 찍는다. 양 손가락으로 원을 그리며 피부에 크림이 고르게 스며들게 오랫동안 마사지한다. 〔……〕 닭볏같이 검붉고 주름이 엉긴 목도 빼놓을 수 없다. 꼼꼼하고 세밀하게, 주름살에 더 신경을 써서 분을 먹이면 고랑이나 금이 어느 정도 감추

어진다. (pp. 7~16)

그러나 이런 화장 생활과 맛깔스러웠던 그 기억들이 대체 무슨 소용이란 말인가. 그에 대한 추억과 집념이 강하면 강할수록 죽음 앞에서 육체의 모습은 오히려 더욱 추하게 드러나고 있지 않은가. 손가락을 자신의 질 속에 찔러 넣고 실신해 있는 노파의 모습. 육체적 생활과 그 기억이 전부인 한 여인의 종말이 거기 그렇게 있다. 그녀에게 그 이외의 삶은 없었던 것이다. 그 이외의 것이 있다면 양로원에 찾아온 조카가 자신의 돈을 빼내가려고 하는 것은 아닐까 하는 의혹, 불신뿐이다. 즉 물욕이다. 죽음에 직면해서 기독교인 윤선생이 예수 믿을 것을 권고하지만 그것도 그녀에게는 거부된다. 색욕·물욕으로만 뭉쳐진 정욕 덩어리가 인간의 육체임이 그녀를 통해서 끔찍하게 모든 사람들에게 거듭 알려진다.

그렇다면 한여사는 래디컬한 하나의 사례에 지나지 않는가? 그렇지 않다. 술도갓집 딸로 30대 초반에 과부가 된 초정댁을 주인공으로 한 두번째 중편 「나는 나를 안다」에서도 그것은 다시 확인된다. 그녀 역시 폐병 앓던 남편을 두고 다른 남자와 정분을 트고 지냈는가 하면, 팔십이 다 된 할머니이면서도 포르노 비디오에 관심을 가지고 있는 위인이다. 사실 그녀에게는 젊은 시절 색욕을 밝히다가 살인까지 저지른 과거가 있었다. 우씨라는 정체 불명의 사내를 유혹해서 일을 저질렀는가 하면, 방앗간 머슴 이씨라는 홀아비와 음욕의 나날을 보내다가 결국 그를 죽였던 것이다. 장대비 퍼붓는 깜깜한 밤중에 일어난 일이었다. 40년도 훨씬 넘는 시간 저쪽의 일이었는데, 그녀는 배짱 좋게 지금껏 버티어오고 있었다.

살인을 했다고? 웃기고 자빠졌네. 난 아무 죄가 없어. 서방 있고 자식 둔 아녀자를 협박한 그 자식이 죽일 놈이지. 내가 왜 서방과 자식 버리고 백수건달을 따라나서. 애초부터 그럴 마음도 없었지만. 〔……〕 밤낮없이 배꼽 맞춰

절구질이야 물리도록 하겠지만 낯선 객지에서 내 신세는 또 어떻게 됐게. (p. 128)

양심 혹은 정신적 성찰의 능력이 완전히 제거된 이러한 의식은 범죄의식 이외 다름아닙니다. 실제로 그녀 때문에 우씨라는 사내는 경찰에 의해 죽음의 길로 서서히 몰렸는가 하면 시아버지까지 병을 얻어 떠나는 꼴이 되었다. 물론 그녀에게는 남편이 듣지도 말하지도 못하는 중증 복합 장애인이었다는 원초적 슬픔이 있었으며, 장남 또한 온전치 못했고 딸들을 어려서 잃는 고통도 있었다. 그러나 그런 집에 시집을 가기로 한 이유 자체도, 따지고 보면 물욕의 소산이었다. 말이 결혼이지 필경은 몸을 매개로 한 정욕 추구의 과정이었다.

곰보 째보면 어떻고 벙어리면 어때. 〔……〕도갓집 마님처럼 집안 가솔을 호령하며 부리고, 시댁 재산 넉넉하니 줄줄이 자식 낳아 잘 먹이고 잘 키워 훗날 공부시킬 때 일본에 유학까지 보내야지. 그렇게 앙심 먹고 내가 엄마 말을 못 이긴 체 받아들여 대실 박씨 집안 병신 총각으 청혼을 승낙했지. (p. 138)

그 초정댁도 마침내 죽음에 이른다. 이때 찾아온, 자랑스러운 대학 교수 외아들은 어미의 임종보다 유산에만 관심을 보인다. 그러나 남편 아닌 우씨의 종자인 그 아들과는 끝까지 생활비 입금을 조건으로 한 집요한 거래를 놓지 않는다. 죽음도 그 욕망과 자기의를 넘어서지 못하는 것이다.

## 2

　초정댁과 한여사의 일생에 투영된 삶의 모습은 육체적 욕망과 그 열락, 그에 대한 기억이며, 마침내 그 모든 것의 실체였던 육체의 소멸에 관한 것이다. 그렇다면 작가는 대체 여기서 무엇을 말하고자 하는 것일까? 삶의 허무? 육체의 의미? 이와 관련해서 작품들의 결구(結構) 부분이 뜻깊다. 먼저 「나는 누구인가」의 경우, 화자인 한여사는 말을 더듬으면서 "나, 느,, 누, 구, 야? 내, 가,, 도, 대, 체,, 누, 구, 지?"(p. 69) 하고 자문한다. 요컨대 자신의 정체성에 대한 의문과 혼란으로 삶을 마치는 것이다. 그런가 하면 「나는 나를 안다」의 경우, 화자인 초정댁은 한마디도 더듬는 일 없이 "한마디로, 나는 나를 안다"(p. 142)고 명백히 진술한다. 두 사람 사이의 이 현격한 간극은 어디서 오는 것일까. 일차적으로 생각할 수 있는 것은, 한여사의 정체성 혼란은 인간 존재의 본원적인 의문이라는 점이며, 초정댁의 단호한 진술은 그녀가 그토록 애고(愛顧)하는 둘째아들 박교수가 남편 아닌 다른 남자의 소생이라는 죄와 비밀에 대한 고백이다. 전자가 인간 실존에 관한 질문이라면, 후자는 훨씬 현실적인 사안에 대한 자백이다. 그러나 그것뿐일까.

　다른 두 편의 중편 「나는 두려워요」와 「나는 존재하지 않았다」는 다른 시각에서 이 문제에 접근한다. 「나는 두려워요」의 경우, 이 작품 역시 할머니 화자를 갖고 있음에도 불구하고 앞의 두 작품들과는 그 세계가 판이하게 다르다. 육체적 욕망과 그 열락을 멀리해온 독실한 기독교인으로서의 그녀의 말년은 다음과 같은 묘사가 잘 압축해준다.

　주님, 이제 저를 안식으 그 처소로 불러주옵소서. 이 땅에서으 삶에는 지쳤습니다. 하나님으 나라, 주님이 계신 곳에 제가 들 수 있는지요? 저를 받아주신다면 그곳으로 가고 싶습니다. 윤선생은 잠들기 전 그렇게 기원했다. (p. 143)

주인공 윤선생은 초등학교 교사 출신으로서, 그녀의 기억은 늘 첨탑 있는 교회와, 교회에서 대숲을 지나 조금 떨어진 언덕 위 붉은 기와를 올린 통나무집 선교사 사택으로 돌아간다. 말하자면 영적인 것이다. 그러나 어린 시절부터 그녀의 성정과 상황이 그렇듯 경건함 속에 있었던 것은 아니다. 그녀의 어릴 적은 "지금과 달리 뭇 사람의 지청구를 오기로써 맞선 길들여지지 않은 망아지"(p. 155)였다. 언청이였던 그녀는 선교사의 도움으로 수술을 받고, 하나님 살아 계심의 체험적 신앙인이 되었다. 신앙과 교직으로만 살아온 그녀는 제자들로부터 존경을 받아서 '윤여은 선생을 기리는 모임(윤기모)'까지 있을 정도이다. 그런 그녀에게도 악몽과 같은 기억이 있었다. 젊은 날 그녀를 쫓아다니던 남학생의 손을 열차에서 뿌리친 적이 있는데, 그것이 그만 잘못되어 그 남자가 실족사한 일이었다. 말 못할 고통은, 그러나 그녀에게 한 단계 높은 믿음의 성숙을 가져다 주었다. 참회와 부르짖음은 하나님에 대한 전적인 의뢰를 가져다 준 것이었다. 그리하여 그녀는 병들고 소외된 자들을 돌보는 일에도 적극적으로 나설 수 있었다. 억울하게 경찰에 끌려가서 난행을 당할 위기에서도 하나님의 도우심을 만난 그녀는 인간의 능력이 한계에 달한 결정적인 순간에 역사하는 하나님을 보았다. 게다가 혼기도 놓치고 육이오 전쟁의 와중에서 인간에 대한 환멸과 두려움도 자라난 터라 평생 예수님의 신부가 되기로 마음에 서약하였다. 그리하여 교장도 거부하고 낙도 평교사를 자원하는가 하면, 사회복지시설인 애린원을 설립하여 불우한 이들을 위해 봉사하는 일에 평생을 바친다. 말을 통해 전달될 때 다소 상투적으로 비치기도 하지만 이 같은 생애는 언제나 감동적이다.

그러나 윤선생의 생애에서 가장 감동적인 부분은 그의 신앙이다. 신앙은 그녀에게 결코 세속적인 면에서 행복을 가져다 주지 않았다. 그럼에도 신앙은 그녀의 삶을 총체적으로 축복하고 있다. 시골 작은 소작농의 딸로 태어나 전쟁통에 아버지를 잃었고, 그뒤 실성기를 보였던 어머니는 알몸으로 우물에 투신 자살했으며, 국군이었던 큰 남동생은 전사했고, 인민군이었던 작은 남동생은 행방불명된 집안이니 그 비극의 처참함은 유례 없을 정도였다. 그녀 자신도 "손가락만 건드려도 넘어질 만큼 영육이 만신창이"(p. 189)였던 시절을 여러 번 넘겼다. 작가는 윤선생의 삶을 묘사하면서 구약의 욥과 예레미야를 자주 인용하는데, 그만큼 그녀의 삶이 고난의 나날이었던 것이다. 결혼, 출산, 출세, 재물과 같은 일상적 행복과 먼 거리에 있었음에도 불구하고 그녀의 삶이 축복으로 규정될 수 있다면, 그것은 바로 그러한 상황 속에서도 하나님을 향해 더 가까이 가는 그녀의 심령에 대한 이름이라고 할 것이다. 행복과 축복의 차이에 대해서는 다음 대목이 명료하게 설명해준다.

한편으로 성실하게 살아온 한 가정의 급격한 몰락을 지켜보며 인간사를 내려다보고 있는 하나님의 뜻이 어디에 있는지, 그분이 인간에게 역사하는 진정한 의미가 무엇인지에 대해 숙고하지 않을 수 없었다. 유대 땅을 넘어 그리스도의 복음을 유럽에 처음 전파한 바울이 전도 여행 목적지로 정한 스페인으로 가기 위해 로마에 잠시 들렀다 그곳에서 잡혀 순교하게 되었으니, 인간의 계획과 하나님의 계획이 얼마나 다른가를 그네가 깨닫기도 그때였다. (p. 203)

말년에 이르러서도 신장병으로 고통받는 윤선생의 삶을 보면서 하나님의 뜻과 축복에 대하여 많은 생각들이 생겨날 수 있을 것이다. 그러나 윤선생은 여기서도 "주님, 이제 정말 제가 육신으 고통 끝에 이 세상과 이별할 날이 다 가왔나 봅니다. 주님은 메시아이시니 몸은 비록 죽더라도 이 여식으 영혼을 구원해주소서"(p. 206)라는 믿음의 입술을 지킨다. 이 정도면 상당한 신앙인데도, 윤선생은 의식과 무의식을 오가는 속에서 오히려 회개와 자괴의 염을 보여준다.

저는 세상 사람들 앞에서 교사로서의 품위를 보이려 위선이란 옷을 입고,

모범으로 꾸미며, 내 몸을 상하지 않고 살아왔습니다. 주님을 섬긴다고 멸시를 당했거나 수난과 박해를 겪은 적이 없습니다. 하나님의 나라를 이 땅에 건설하기 위해 정의와 자유와 사랑을 위해 비바람 맞으며 앞장서서 나서본 적도 없습니다. 그런데도 저 같은 죄인이 주님이 계신 하늘나라에 들 수 있을까요? (p. 212)

비몽사몽간에 생각하는 그녀의 신앙관은 예수의 삶을 닮고 싶어하는 수준에서의 안타까움이다. 결국 이러한 생각 때문에 그녀는 죽음 앞에서 말을 더 듬으며 주님을 만나기가 두렵다고 고백한다. 이러한 신앙관은 정욕과 자기의라는 두 개 들보 가운데에서, 정욕은 금욕으로 극복하면서도 자기의에 대해서는 약간의 혼란이 남아 있음을 보여준다. 교인으로서 하나님 말씀에 순종해 살아갈 때 의당 거기에는 정의와 사랑의 실천이 포함된다. 그러나 예수님의 대속은 인간에 의한 그 실천이 근본적으로 한계가 있기 때문에 발생한 사건, 즉 하나님에 의한 사랑의 역사이지 않았는가. 그러니까 말씀에 순종하여 최대한 노력하되, 자신에 의해 그 모든 것이 가능하다고 생각할 때 그것은 겸손한 순종 아닌 교만한 자기의의 범주로 넘어갈 수 있다는 것이 기독교의 원리이다. 그러므로 윤선생은 주님 만나기가 두렵다고 할 것이 아니라, 그 같은 나를 만나주시는 주님에게 감사하다고 말하는 편이 교리상 온당하다. 그럼에도 불구하고 그녀는 그 같은 두려움의 고백과 함께 죽어간다. 윤선생의 이 같은 종말은, 따라서 그녀가 그만큼 순수하고 착한 성정의 소유자였다는 점, 아울러 그녀의 믿음 또한 그만큼 순연하다는 사실의 입증이 된다. 말하자면 그녀는 구원받았음에도 불구하고 하나님 말씀에 온전히 순종하지 못하였다는 가책을 고백하는 가장 아름다운 정신으로 육체를 극복하고 있는 것이다.

유일한 남성 화자를 주인공으로 삼고 있는 소설 「나는 존재하지 않았다」는 앞의 윤선생의 기독교적 세계관과 달리 실존주의적 세계관에 의한 존재와 죽음의 문제를 다룬다.

　　그는 그 책을 읽자 사르트르가 마치 자신의 고민을 대변하는 듯하여 정신이 번쩍 들었다. 그 소설과 함께 읽게 된 일어판 『존재와 무』 역시 당시 스물여섯 살이던 김씨에겐 충격이었다. 나의 존재 자체는 필연적이 아닌 우연의 소산이고 삶은 늘 부조리의 연속이다. 나의 운명은 신의 섭리나 타인에 의해 결정될 수 없으며 나 자신이 결정해야 한다. 내가 어떻게 살 것인가는 전적으로 내가 결단을 내려야 하며, 그렇게 주어진 자유는 내가 처한 한계 상황 속에서 오히려 괴롭고 불안하다. 나는 늘 절망을 껴안고 산다. (p. 230)

　　양로원 사무장인 화자 김씨의 일생 또한 앞의 세 여인과 같은 시대, 비슷한 고난의 통로를 지나온 것이다. 그러나 도서관 사서로 많은 시간 살아온 그에게는 독서 체험이라는 지적 시간들이 있었다. 대학에서 철학 공부를 해 본 경험도 있었고, 일제 시대 만주와 중국에서의 고생, 육이오전쟁 시절의 죽을 뻔한 일들도 물론 있었다. 이제 조카가 경영하는 양로원의 일을 돌보면서 팔십 나이에 이른 것이다. 그나마 책을 보는 일이 일상의 중요 부분이었으나 망막 분리라는 눈의 질병으로 고통을 겪는다. 눈 수술을 전후해서 교통사고도 겪어 날로 몸이 쇠약해간다. 그러나 그의 육신은 주로 뇌 활동과 연관된 지적 기억—그러니까 독서 체험을 통해 움직인다. 노자, 정약용, 로캉탱 등은 비록 체계화되어 있지 않더라도 그의 정신 생활을 지배하며 그의 육신에 또한 개입한다. 북에 본처를 두고 다시 후처와 재혼하고 살았으나 자식은 두지 못한 채 살아온 무욕(無慾)의 세월이었다. 김중호의 생애는 요컨대 절반쯤 금욕에 가까운 일종의 선비 비슷한 삶이었다. 그리하여 그의 죽음도 이와 같은 실존 의식 안에서 이루어진다. 네 사람의 주인공들 가운데 그의 죽음이 가장 '문학적'으로 느껴지는 것은 이 까닭이다.

늙은이들은 외로워도 참고, 아파도 참고, 그리워도 참고 살지. 모진 성깔만 남아 화를 내고 누구에겐가 욕질하며, 욕질하다 슬퍼져 그리워하며, 그렇게 참는 게야. 〔……〕 죽는다는 게 두려워 그렇게 참고 견디지만 죽음은 의외로 빨리 닥쳐. 몸이 죽으면 혼미한 정신도 체념 상태가 되어 마지막 순간을 받아들이지 않을 수 없지. (pp. 292~293)

3

몸은 물리적 질서, 생명의 질서, 인간적 질서를 모두 실현한다고 메를로퐁티는 분석한다. 존재의 총체성은 몸의 유기적 완결성을 통해 드러난다는 것인데, 이는 가다머와 하이데거 이래 현상학의 기본적인 세계 인식이다. 이 같은 주장과 견해들이 오늘날 다시 조명되는 까닭이 무엇일까. 내가 보기에 문제 제기의 배경에는 다분히 정치적 요소가 잠복해 있다. 생태학과 페미니즘의 대두에 따른 방법론적 접근이 그것이다. 그러나 이들 주장들의 정당성은 보다 근본적인 몸의 인식, 즉 유기적 총체성이 동반될 때 설득력과 공감을 발휘할 것이다. 관념화·이념화된 해석 공간에서 몸을 해방시키고자 한다면, 그 몸 자체로부터 실제로 모든 욕망을 놓아버려야 그것은 가능해진다. 김원일의 이번 문제작이 보여주는 진리는 바로 이 같은 메시지이다. 몸을 정욕의 대상으로 삼았던 한여사와 초정댁, 그리고 정신을 통해서 몸의 한계를 일정하게 극복할 수 있다고 믿었던 김중호, 그들 모두 죽음 앞에서 소멸의 상상력으로 주저앉았을 뿐이다. 이 점에 있어서는 무식한 여인네들과 유식한 지식인 사이에 근본적 차이가 없다. 죽음을 두려워하지 않고 초월의 상상력을 보여준 예는 오히려 '나는 두려워요'라고 고백한 「나는 두려워요」의 윤선생뿐이다. 그녀가 두려워했던 것은 죽음 그 자체가 아닌, 그 이후에 만날 주님 앞에서의 지난 삶이었다. 과연 우리는 무엇으로 이 몸을 넘어설 수 있는

가. 몸의 시작도 끝도 모르는 채, 그저 그것을 불사르는 데 열중하는 니체적 소멸의 상상력은 이제 김원일과 더불어 진지한 비판을 피할 수 없어 보인다.

# 상한 심령의 동반자
### ― 김용만 소설 『닌 내 각시더』

1

 김용만의 소설들은 재미있다. 그리고 아름답다. 모든 문학작품들이 그렇듯이 작품의 재미는 우선 그 문체로부터 비롯된다. 말투 혹은 말씨가 재미있어야 한다. 그 문체의 내용은 다양하다. 때로는 유머로, 때로는 익살로, 때로는 풍자로, 때로는 긴장감 넘치는 박력 있는 단문체로, 때로는 유장한 만연체로……
 그러나 가장 중요한 것은 작가가 그 자신만의 특유한 문체를 지녀야 한다는 점인데 이때 그 문체는 내용과의 긴밀한 관계 속에서 자생적으로 형성된 독특한 체취로 독자를 매혹시키기 마련이다. 이러한 소설들은 황홀하다. 때로는 그 황홀감이 우리의 정신을 옥죄며 답답한 느낌으로 다가올지언정 우리는 혹독한 성찰을 요구하는 그 강박의 문체 밖으로 튀어나갈 수가 없다. 아마도 박상륭의 소설들이 그 한 전형일 것이며, 이청준과 최인훈도 이따금 우리의 이완에 종을 울릴 때가 있다. 반면 시종 우리를 편안한 가운데 웃기고 울리는 소설가들도 없지 않다. 결코 웃을 수 없는 절망적인 상황 속에서도 우리로 하여금 웃음을 짓게 하는 유머의 천재들이 이와 관련하여 기억될 수 있다. 나는 그 가장 앞머리에 김유정을 들고 싶다. 숟가락 젓가락마저 챙겨

야반도주할 수밖에 없었던 저 30년대 기아의 식민지 현실을 유머로 극복하고 넘어간 이 작가야말로 '절망 대신에 유머!'를 외쳤던 전후 문학의 정신을 그보다 훨씬 앞서 실천하였던 뛰어난 작가였다.

계보상으로 본다면 분명 김용만은 김유정의 후예이다. 늦게 등단은 했지만 그는 핍진한 현실을 유머 정신에 바탕을 둔 해학과 풍자의 문체로 그려내고 있어 깊은 관심의 대상이 되어온 작가이다. 몇 장면을 함께 읽어보자.

1) 날 죽여도오!
그리고 그 짧은 한마디를 어떤 식으로 연출하느냐에 따라 수입이 늘고 줄었다.

악을 쓸 때는 고도의 기술이 필요하외다. 무턱대고 악다구니로 욱대겨도 안 되고 그렇다고 기어드는 목소리로 애면글면 흘려도 안 됩네다. 〔……〕 손님들한테 동정심을 사면서 상대방으로 하여금 치를 떨 만큼 분노를 유발시키는 기술, 참으로 순발력이 필요하외다. 그 정도 기술을 터득한 걸인이라면 구걸의 경지에 도달한 거나 진배없거니와 그 점으로 볼 때 당신은 걸인으로서의 자질을 충분히 갖춘 셈이외다. (p. 17)

2) "당신 사업체는 좋은 생산 조건을 갖추고도 효과적으로 써먹지 못하고 있다 그 말이외다."
"무슨 말씀인지 도통……"
"경영 방식이 서투르다 그 말이외다."
송갑덕은 일부러 상대방이 잘 알아듣지 못할 애매모호한 말을 주워섬겼다. 용배씨는 유식하게 말하는 그 신사가 대단한 분이라고 생각했다. 그런 분과 대작하는 것이 광영스럽기도 했다.
"우선 당신의 두툼한 몸집, 그 토지가 넓어서 좋습네다. 두번째 조건은 미욱한 당신의 체질입네다. 그리고……"

송갑덕은 잠시 말을 멈추고 손가락으로 나무 의자에 걸쳐놓은 목발을 가리키며 명쾌한 어조로 말했다.
"세번째는 그 시설이외다. 경영에 있어 필요불가결한 요체죠."
[……]
"그런 좋은 조건을 구비하고서도 적자를 봐서야 되겠습네까? 이제부터 새 경영 방식을 가르쳐주리다." (pp. 23~24)

3) 갑자기 방 안이 조용해졌다. 송두문의 사과 발언에 황억배의 부아가 금세 수그러진 모양이었다. 덩달아 마음이 가라앉은 지형사는 제자리에 선 채 이번에는 부엌문 거적에 허심한 시선을 던졌다. 손때 묻은 자리가 오금박지게 닳아 해진 거적이 마치 부엌데기 아낙의 치맛자락처럼 추레해 보여 그 궁상기가 눈물겨웠다. (p. 115)

4) "그런 건 여자가 참견할 일이 아니잖아요?"
순간 김여사의 얼굴이 파래졌다. 그녀는 날카로운 눈초리를 아내에게 꽂았다. 간단히 당한 수모, 김여사는 드디어 공격 자세를 취했다. 그러나 그녀는 입가에 미소짓는 걸 잊지 않았다.
"김대사님이 하도 존경스러운 분이라 그래요. 그분 사모님도 교양이 높으셔서 이 자리에 잘 어울릴 거구요."
"동창 모임에 부인 교양이 무슨 상관이죠?"
윤교수가 내 아내 편을 들어주었다.
"호호호…… 윤교수님 화내시는가 봐. 자, 제 술 한잔 받으세요."
금세 김여사는 호들갑을 떨며 윤교수에게 잔을 내밀었다. 그리고 술을 따르면서 나긋나긋이 뇌까렸다. (pp. 128~29)

5) "큰 도시에서는 강도 절도가 철철 넘치는 모양인데 서울에 가서 도둑놈

을 꾸어옵시다."

 애성부리다 지친 직원들의 입에서 우스갯소리가 나올 판이었다. 개중에는 잔챙이 도둑을 잡아들여 짭짤하게 재미를 보던 약은 직원들도 있기는 했는데 그들은 거지가 동냥질을 하듯 일거리가 생길 만한 곳을 뒤지고 다녔다. 공구상이나 금은방의 장물을 염탐하며 다니다가 나중에는 정비 공장 주변에까지 기웃거렸다. (p. 318)

 이 작품집에 실린 일곱 편의 중단편 가운데 네 편의 소설에서 다섯 군데를 인용해 보았다. 인용된 부분이 없는 소설은 「넌 내 각시더」「보이지 않는 시계」「잔인한 단풍」이며, 앞의 인용은 「그리고 말씀하시길」에서 두 곳, 나머지 세 부분은 「은장도」「동창친목회」「도벌 단속」에서 순서대로 나온 것이다. 인용된 부분이 없는 세 편의 작품은 다른 작품들에 비해 비교적 진지한 문체가 사용되었을 뿐 그들 역시 해학과 풍자라는 이 작가의 문체 정신에서 완전히 벗어나 있는 것은 아니다.

 해학과 풍자는 큰 테두리에서 볼 때 모두 유머의 소산이다. 이때 유머란 연민을 의미하는 라틴어와 관계되며, 양극성 사이에서 그 모두를 수긍하며 받아들이는 헤르만 헤세의 저 눈물겨운 긍정의 정신, 사랑의 정신과 상통한다. 나르치스와 골드문트, 두 쪽을 함께 껴안은 헤세 안에서 대립과 갈등의 극복은 물론 절망의 그림자 또한 지양·소멸된다. 짧게 요약한다면 그것은 분란, 궁핍, 좌절의 현실을 반어적인 말씨로 눙치는 수법이다. 가령 앞의 인용 1), 2)의 경우 주인공은 걸인이다. 흔히 '거지'로 불리는 것이 훨씬 일반적인 이 직업의 주인공은 아마도 우리 소설에서 이처럼 비중 있게 등장한 일이 없을 것이다. 작가의 시점이 그쪽으로 옮겨진 일도 내 기억으로는 전무하다. 걸인의 자리로 작가의 시점이 이동되지 않는 한 걸인은 그저 거지일 뿐—불쌍하고 더럽고 가난한—그 이상의 관심과 인식의 대상이 되지 못한다. 그러나 「그리고 말씀하시길」에서 걸인은 어엿한 주인공이다. 그가 주인공이 될 수 있는 것은 소설의 소재 자체가 물론 그러하지만 그를 감싸고 있는 유머 정신이 기법으로 뒷받침하고 있기 때문이다. 인용문들은 그것을 증언한다.

인용 1)은 송갑덕이라는 선배 걸인의 가르침 내용인데 구걸을 하나의 사업으로 강조하는 그의 말본새가 늠름하다. 그러나 그 늠름함이 뻔뻔스러움으로 느껴지지 않는 까닭은 송갑덕의 행위는 악행에 가깝지만 용배씨의 그것은 선하고 순진한 바탕에서 실습되고 있는 탓이다. 따라서 목발을 짚고 공갈과 호소를 번갈아 내세우며 손님에게 접근하는 용배씨의 행위는 가증스럽고 혐오감이 간다기보다는 실소와 눈물을 자아내는 인간애와 연결된다. 이렇게 될 때 선배 걸인의 가르침도 지독한 풍자로서의 기능을 띠고 있음이 발견된다. 특히 인용 2)에 나타나는 송갑덕의 경영 강의는 그것이 몸도 성치 않은 걸인을 상대로 하고 있다는 점에서 이미 풍자와 역설로 가득 차 있다. 불구의 신체 조건을 가리켜 '시설이 좋다'고 격려한다면 이 이상의 역설과 반어도 없을 것이다.

인용 3)에서의 유머 정신은 보다 눈물겹게 그려진다. 사건은 무장공비의 출현과 그 체포라는 다소 으스스한 내용인데 소설의 결말은 따뜻하기만 하다. 우선 무장공비가 잠입한 어떤 민가의 두 '촌놈들,' 송두문과 황억배로 불리는 그 두 산골 사람은 자수를 결심한 것이나 다름없는 공비를 자신들이 신고한 것처럼 꾸며 포상금을 타려고 한다. 한편 처음부터 사건의 내용을 석연찮게 본 지형사는 뒤늦게 두 사람 사이의 은밀한 대화를 통해 진실을 알게 되는데 그때 그는 그 진실을 파헤쳐 허위 신고를 한 그들을 문초하지 않고 오히려 발길을 돌려버린다. 앞의 인용 부분은 그것을 보여주는 지문이다. 송두문의 사과 발언에 이웃 친구 황억배의 부아가 금세 수그러들고 지형사 또한 덩달아 마음이 가라앉는다. 이러한 정리만으로는 다소 작위적인 느낌을 줄 수도 있지만 소설의 진행은 매우 리얼하고 자연스럽다. 자신이 공비를 잡아 신고했다고 주장하던 자와 사실대로 말하고 싶어했던 자와의 갈등이 해소되는 장면을 보자.

"이놈 또 사람 잡네. 재판정에서도 네놈이 총을 쏘았다고 거짓말로 호리는 바람에 상금은 받은 거나 진배없다는디 또 벌겋게 속이는 것 좀 봐. 이 낮도깨비 같은 놈아, 죽어서도 불구덩이루 빠질 노릇이지 아무리 돈에 환장혔어도 그렇게 거짓말을 혀? 아무리 빨갱이라 혀도 한 뱃속 것들인디 그러키 목을 옭아매 쓰겄냐 그 말여."

"이놈이 맘 한번 착하게 쓰네. 그래, 배곯아 죽는 게 낫냐 보상금 타먹는 게 낫냐?"

"허면, 배곯는다구 사람을 죽여두 되는 볍여?"

"어쨌든 우리 이렇게 싸워서 피차 이득 볼 게 뭐겠나. 이번에 자넬 푸대접한 것은 내 경솔한 짓으로 치고 먼저 사과함세. 그저 가난이 죌세. 그러고저러고 참 이상한 일이네. 작대기에 설맞고서도 제 손으로 권총을 뽑아 넘겨준 게 말야." (pp. 114~15)

유머가 연민의 산물이며, 연민의 어원이 '촉촉하다'는 뜻이라면 표면상 살벌해야 마땅할 두 사람 사이의 대화가 이토록 '촉촉한' 것은 이들을 감싸는 연민의 정신 때문이 아니겠는가. 자수의 뜻이 있는 것으로 공비를 바라보았던 자와 그럼에도 포상금이 탐나 신고했던 자는 윤리적인 측면에서 그 시비가 가려져 마땅하리만큼 그 행위에 큰 차이가 있다. 그러나 작가는 두 사람을 그대로 인정하고 받아들인다. 자기의(自己義)가 있었으나 이웃을 위해 그것을 포기했던 자, 가난 때문에 정직할 수 없었던 자, 그러나 그 두 사람을 화해시킴으로써 작가는 어느 쪽 손도 들어주지 않는다. 지형사를 통해 보여준 작가의 시선과 마음은 이렇다. 소설 종결 부분이다.

하필 왜 우리 밥을 훔쳐먹으러 이 가난한 부엌을 찾아왔소, 하고 투정부리는 듯한 거적의 울상이 지형사로 하여금 아무 말 없이 발길을 되돌리게 했다. 도저히 연행할 마음이 내키지 않았다. 그는 사립문 밖에서 다시 한 번 거적문을 훑어보고 나서 발을 재게 떼어놓았다. 저만치 산기슭에 세워진 지프차 보닛이 푸들푸들 마른 잎새 같은 햇살을 흩날리고 있었다. (p. 115)

여기서 김용만 소설의 문체는 그의 소설 주제와 직결된다. 두 사람의 대화를 이어주고 있는 눙치고 받아주는 감쌈의 언어, 그것들은 때로는 욕설과 상말로 이어지면서도 증오와 대립을 허물고 상대방의 상처가 나의 것임을 은밀하게 인정한다. 그 바탕에는 그리고 언제나 절망스러운 현실이 있다. "거적의 울상"이 지형사의 발길을 되돌리게 하지 않았는가.

인용 4)는 동창 모임의 한 풍경을 소개하고 있다. 국회의원, 장군, 사장, 대학교수 등 사회적으로 성공한 친구들로 이루어진 모임에 이 소설의 주인공은 초등학교 교사로 참석한다. 그러나 그는 우연히 끼워진 존재라는 소외의식과 열등감을 금할 수 없다. 그러던 어느 날 해외 공관장을 하던 외교관 동창이 귀국하여 회원이 되고 싶다는 소식이 알려지면서 신입 문제에 대한 논의가 일어난다. 그러나 이상하게도 그 논의는 부인들 사이에서 먼저 진행되는데, 그 현실을 아니꼽게 본 주인공의 아내가 나서는 장면이 바로 인용 부분 2)이다. 이 부분은 주인공 아내의 직설적인 불만·공격에 대해 모임을 이끌다시피 하고 있는 조달재의 부인 김여사가 간교하게 말을 이리저리 피하고 꾸며나간다. 그녀의 말은 소설 전개에 있어서 해학과 풍자 어느 쪽에도 해당되는 것은 아니다. 그렇기는커녕 간사스러움의 직접적인 묘사로써 오히려 사태를 단번에 압축 표현한다. 그럼에도 불구하고 '준섭 엄마'와 '김여사' 사이에 벌어지는 가시 돋친 교양의 대화는 그 과정 전체가 이 작가 특유의 유머 속에서 벌어진다는 특징이 있다. 불편한 심기를 감추지 못한 채 간단없이 사회적 열등감을 은폐하지 못하고 노출시키는 '준섭 엄마'와 사기나 다름없는 업체의 실상을 위장하면서 상류사회 풍속을 흉내 내는 '김여사'의 대립·공존은 그 어느 쪽도 버리지 못하고 불쌍한 마음으로 감싸안는 작가의 연민을 통해 긴장으로 뻗어나간다. 가난의 드러냄도 가난의 숨김도 작가로서는 직접 손댈 수 없는 안타까움의 세계인 것이다.

　인용 5)의 해학 또한 읽을 만하다. 대도시에 가서 도둑놈을 꾸어오자니! 그것이 시골 경찰관들의 발언이라는 것을 알 때 진지한 독자는 혹시 소설 속의 공복(公僕) 정신과 준법 정신에 의문을 가질지도 모른다. 도대체 정신 나간 경찰관이 아니냐고 오해할 수도 있다. 그러나 아서라. 이 말 속에 담겨진 우리네 말씨의 그 유머러스한 반어를 모르겠는가. 그 말은 시골 경찰의 한가한 일과와 그 일상이 가져다주는 엄청난 긴장과 스트레스, 그리고 모순의 관료성을 고발한다. 경찰을 포함하여 모든 공직자의 공무에는 때때로 망중한(忙中閑)의 시간이 있을 수 있다. 어찌 공무뿐이랴. 우리네 모든 일상생활이나 직장 생활이 그러하다. 그러나 문제는 관료 체제가 그것을 용납하지 않는다는 점이다. 그 체제는 조직의 구성원이 무엇인가를 계속하면서 움직이기를 요구한다. 그러나 그 같은 분주함이 생산성과 효율성을 항상 확보하는 것은 아니다. 오히려 그 반대의 경우가 허다하다. 특히 경찰 사회의 경우 일선 경찰관들에게 끊임없이 일을 강요할 때 그들은 이 작품에 나오듯이 하찮은 일들을 범죄로 꾸며낼 수밖에 없다. 대도시에 가서 도둑놈을 꾸어오자는 경찰관들의 자조 속에는 이같이 가공스러운 현실에 대한 비아냥이 숨어 있는 것이다. 그것은 폭력화되고 있는 권력에 대한 문학의 반어적 고발이며 비판이다.

## 2

　문체와 관련하여 이미 드러난 사실이지만 김용만 소설의 인물들은 한결같이 사회의 계층 면에서 하층인 혹은 속된 말로 출세하지 못한 낮고 궁핍한 자들이다. 그러나 이들을 가리켜 사회적인 열등생이거나 낙오병으로 부르는 것은 다소 문제가 있다. 일곱 편의 작품들 주인공들을 이런 측면에서 살펴본다면 이러하다.

「그리고 말씀하시길」에서의 걸인, 「넌 내 각시더」에서의 형사와 살인범, 「은장도」에서의 무장공비와 형사와 마을 남정네 두 사람, 「동창친목회」에서의 초등학교 교사 부부, 「보이지 않는 시계」에서의 시국사범과 강도 형제, 「도벌 단속」에서의 형사계장과 부하 형사, 중편 「잔인한 단풍」에서 서로 대립해 있는 시골 위아래 마을과 그 마을의 중심 인물들, 그리고 제2세 남녀 청년 두 사람. 일곱 편의 작품들에서 주인공 모두가 낮은 사회적 지위에 경제적으로 궁핍한 자들이다. 특이한 것은 그 중 세 편의 소설에서 경찰관이 주인공들로 등장한다는 점이며, 그 밖의 다른 작품들에도 경찰관 혹은 교도관이 나온다. 말하자면 가난하고 별볼일 없는 사람들의 이야기에는 범죄가 그만큼 가까울 수밖에 없으리라는 개연성이 붙어다니는 것이다. 게다가 거지가 주인공인 작품까지 있으니 참으로 이 작가의 소설에는 '민중소설'이라는 말을 붙이는 것도 호사스럽다. '천민소설'이라는 명칭이 그 소재에는 어울릴지도 모른다. 이렇듯 소재에 있어서 20년대의 최서해를 연상시키고 그 기법에 있어서 30년대의 김유정에 바짝 따라가는 김용만의 소설들은 그 소재와 문체를 통해 지향해 가는 고지가 있다. 주제라는 말로 바꾸어 부를 수 있는 그 고지는 그러나 뜻밖에도 높지 않다. 높기는커녕 매우 낮고 낮은 곳이다. 거지와 함께 가고, 범인과 함께 가고, 형사와 함께 가는 곳, 작가의 표현대로 한다면 "그가 누구든 착한 사람과 함께 가는" 곳이다.

말하자면 작가는 단순히 못살고 비천한 사람들의 삶을 소재로서만 그리는 것도 아니고 그들의 삶을 핍진케 하는 제도와 이념에 대한 분노와 항거로 나아가는 것도 아니다. 하물며 그들의 삶을 이죽거리며 유희적 변죽으로 즐기고 있는 것은 더욱 아니다. 작가는 그들과 같이 있는 것이다. 그들과 함께 있으려면 그들처럼 낮아질 수밖에 없다. 호송 중인 살인범을 일시 방면하였다가 뒤늦게 다시 돌아오는 그를 만나는 마진구 형사의 모습은 그 자리를 극명하게 보여준다. 「넌 내 각시더」의 마지막 장면이다.

　날이 새는가 싶었는데 아직 밤 열한시였다. 자리에서 일어난 마형사는 다시 한 번 주위를 둘러보았다. 이제는 정말 가망이 없었다. 그 절망감이 소름을 돋게 했다. 〔……〕 차가 뜸한 도로를 거의 건너갈 때쯤 그는 흠칫 놀라 제자리에 섰다. 정문과 담벼락 사이에 어릿거리는 물체가 보인 듯싶었다. 그림자일까? 〔……〕 정태수가 틀림없었다. 손가방을 들고 있어 더욱 확실했다. 그는 이쪽을 바라보고만 있었다. 마형사는 갑자기 발걸음을 멈추었다.
　저놈은 왜 나한테 달려오지 않는 걸까?
　〔……〕
　"누나가…… 누나가 돌아가셨어요."
　마형사는 주먹을 풀며 하늘을 바라보았다. 아직 여물지 않은 별들이 멀건 물방울처럼 그렁그렁 매달려 있었다.
　"울음 그쳐! 개 같은 자식! 약속이 중하냐, 네 누나 죽은 게 중하냐, 이 개자식아!"
　마형사는 하늘에 대고 소리쳤다.
　〔……〕
　"이 새꺄, 도망치지 않고 왜 왔어!"
　뜻 모를 고함소리가 어둠 속에서 메아리쳤다. 정태수는 마형사의 말뜻을 곰곰이 생각하다가 수갑을 채우도록 두 손을 내밀었다. 그러면서 가장 행복한 얼굴로 마형사의 시선을 끌어당겼다. 그때 마형사가 또 한 번 고함을 쳤다.
　"데데한 자식! 지겨운 자식!"
　욕을 퍼댄 마형사는 정태수에게서 얼굴을 돌린 채 허리에 찬 수갑 주머니를 만지작거렸다. 정문 위에 매달린 보안등 불빛 속에서 밤안개가 야울거렸다.
　(pp. 84~86)

범인과 형사가 하나가 되는 이 감동적인 끝부분에서 나는 「이사야」 42장 3절이 문득 생각난다. "상한 갈대를 꺾지 아니하며 꺼져가는 등불을 끄지 아니하고 진리로 공의를 베풀 것이며"라는 구절이다. 그 앞선 구절에서는 하나님이 "나의 택한 사람을 보라"(43장 1절)고 하면서 "그는 외치지 아니하며 목소리를 높이지 아니하며 그 소리로 거리에 들리게 아니하며"라고 먼저 적어놓고 있는데 흡사 이 작품에 해당되는 모습 아닐까. 김용만의 종교를 나는 알 수 없으나 확실히 그는 상한 심령의 동반자로서 그가 만들어놓은 가난하고 불쌍한 자들과 함께 걸어간다. 그것도 외치지 않고, 목소리 높이지 않고, 거리에 들리게 하지 않으면서……

김용만 소설의 인물들이 낮고 천한, 가난한 자들이라는 점은 그들이 그 내면 깊숙이 상한 심령의 소유자라는 사실이 더불어 인식될 때 비로소 그 문학적 의미가 새로워지고 또 분명해진다. 그렇다면 무엇이 상한 심령인가. 성경적으로 본다면 그것은 죄악에 빠져서 거의 진리를 볼 수 없게 된 무력한 사람들을 가리킨다. 그러니까 가난하고 사회적 신분이 낮다고 해서 모두 상한 심령은 아닌 것이다. 그들 가운데에서도 감사를 알고 희망을 갖고 단정하고 지혜롭게 살아가는 사람들이 있을 수 있고 또 실제로 존재한다. 문제는 소망을 잃은 채 그 같은 처지를 빌미로 바보 같은 우행(愚行)과 악행을 거듭하거나 좌절의 무력감에 빠져 있는 경우다. 그런데 이사야는 그들도 하나님이 버리지 않고 돌본다고 말한다.

김용만 소설들이 꼭 그렇다. 「그리고 말씀하시길」의 용배씨는 얼마나 바보스러운가. 그런데도 그는 "수세미 한 장 안 날리고도 거뜬히 몇천 원"을 번다. 레스토랑의 지배인은 "저런 머저리가 그럴듯하게 수작을 부렸다는 것이 참 이상"하다고 투덜거린다. 그러나 작가는 용배와 함께 간다. 「넌 내 각시더」의 마 형사는 아예 자포자기한 살인범과 한편이 되다시피 하지 않았는가. 「보이지 않는 시계」의 범법자 세 젊은이들 또한 사회 이념과 교육 환경, 그리고 못된 아버지에 의해 상처받고 죄를 저지른 사람들이 되었지만 작가는 그들 쪽에 앉아 있다. 드물게도 이들 젊은이들은 가난에 의한 파렴치범이 아닌 지식인 계층에 속하기 때문에, 그리고 그들의 범죄에 정당화의 여지가 남아 있기 때문에 작가로서는 비교적 쉽게 거기에 머무를 수 있을지 모른다. 그러나 그 정당화의 논리 속에도 교묘한 악행이 잠복해 있을 수 있다면 그들 역시 상한 심령을 벗어나기 힘들어 보이는데 작가는 여기서도 그들의 주장에 상관없이 그들의 손을 꼭 쥐고 있다. 주인공 이름이 마용해인 데다가 내용도 김주영의 「마군우화」를 방불케 하는 「동창친목회」의 경우도 마찬가지다. 지식인이라고 할 수도 있을 초등학교 교사인 주인공이지만 사회적으로 출세한 돈과 명예의 소유자들인 친구 앞에서 위축당하고 심지어 농락당하는 느낌마저 갖는 마용해 부부는 그 현실을 분노로 받아들인다는 점에서 이미 상한 심령이다. 가장 가까운 친구인 윤교수에 의해 정신적 반성마저 요구당하고 있기에 그들 부부의 출구는 없어 보인다. 그러나 이 작품에서도 작가는 목소리를 높이지 않으면서 따뜻한 시선을 그들 쪽으로 보낸다.

무장공비가 출현하는, 으스스해야 어울릴 「은장도」 역시 의외로 따사로운 소설이다. 총신을 슬그머니 놓아버린 공비도, 가난에 쪼들려 포상금을 노려 신고한 사내나 그의 부정직을 못마땅해했던 다른 사내나 그 모든 과정을 지켜본 형사나 한결같이 작가의 훈훈한 입김 안에 있다. 따지고 보면 이들 중 어느 한 사람도 상한 심령 아닌 이가 없는데도 말이다. 유일한 중편 「잔인한 단풍」 역시 상한 갈대를 꺾지 않으려는 작가의 의지가 가장 집요하게 드러나 있다. 그 집요함이 때로 온기를 식히는 결과를 유발하는 것 같기도 하지만 작가의 세계를 분명하게 보여주는 것만큼은 틀림없다. 마치 적처럼 대립된 마을의 청년 찬혁을 향해 처녀의 자존심을 내놓고 사랑을 앞세우면서까지 화해를 위해 노력하는 순영, 그와 달리 좋은 것 혹은 주어진 것을 버리면서 스스로의 상처를 극복해 가는 찬혁. 작가는 모처럼 서로 다른 두 유형을 통해 상한 심령을 어루만지는 방법의 다양성을 두드리기 시작한다.

김용만, 그는 젊지 않은 연배의 작가이지만 그가 펼치는 따뜻한 정(情)의 문학은 계속 발전되어야 할 우리 소설의 보고(寶庫)이기에 앞으로의 후문(後聞)에 나는 더욱 큰 관심을 가지지 않을 수 없다.

## 포박된 인생과 그 변신
―이승우론

1

　중견 소설가 이승우의 거의 모든 소설들은 포박당한 인생들을 보여준다. 아니, 모든 인생들은 포박되었음을 보여준다. 보다 더 정확하게 말한다면, 모든 인생들은 포박당한 채 살아가고 있음을 보여준다. 그들은 아주 드물게 그 사실을 때로 눈치 채기도 하지만, 대체로 그 사실을 아예 모르고 살아간다. 이승우의 소설들은 그들에게 그 사실을 일깨워주려고 쓰여진다. 그럼에도 불구하고 그의 소설의 이 같은 성격은 잘 이해되거나 전달되지 않고 있는 것 같다. 그의 많은 소설들이 다소 난해한 탓도 있지만, 그 난해함 이상으로 난해하게 해석되어 사뭇 흥미로운 요소들이―예컨대 섹스장면이나 추리소설적 분위기―있음에도 잘 팔리지 않는 경향이 있다. 이제 소설 쓰기 시작한 지 20년이 넘은 그에게는 꽤 많은 작품집들이 있다. 중·단편집『일식에 대하여』『구평목씨의 바퀴벌레』『세상 밖으로』『미궁에 대한 추측』『목련공원』 등과 더불어 장편소설『에리직톤의 초상』『가시나무 그늘』『따뜻한 비』『황금가면』『생의 이면』『내 안에 또 누가 있나』『사랑의 전설』『태초에 유혹이 있었다』『식물들의 사생활』 등을 내놓은 그의 작가적 에네르기는 매우 왕성한 편이다. 그러나 나는 이 같은 문학적 정력이 단순한 힘 아닌, 어떤 사상적 모티프와 관련된 집요한 집념의 소산으로 생각한다. 때로는 어떤 소명감의 발현으로까지 생각되어 문득 전율을 느낄 때조차 있다. 이러한 느낌은 초기작부터 지금에 이르기까지의 소설 세계를 그 바닥에서 장악하고 있는 어떤 완강한 힘과 관계된다. 그 힘은 우선 제목에서도 솟아난다. 신화적 근원성을 끊임없이 연상시키면서 삶과 현실을 어떤 보이지 않는 세계와의 연관성 아래에서 상대적으로 파악하고 있는 그 제목들을 보라. 생을 보더라도 이면을 내세우고, 내 안에 또 다른 누가 있을지도 모름을 암시하고 있지 않은가. 세상 밖으로 눈을 돌리는가 하면, 문득 세상을 가리는 일식에 대하여 주의를 환기시킨다. 뿐인가, 현실을 소박하게 받아들인 상태에서 이념을 세우고 비판을 일삼는 자리에서 벗어나 아예 미궁으로 현실 인식의 바탕을 삼는 태도는 또 무엇인가. 그것도 추측이라는 제목을 내세우면서 말이다.

이렇게 볼 때, 이승우의 소설들은 차라리 이즈음 유행하는 엽기적 성격을 이미 훨씬 이전부터 즐기고 있었던 것으로 생각된다. 「목련공원」에서의 그 끔찍한 뇌쇄적 여인의 섹스파티와 살인을 엽기 이외의 그 무엇으로 설명하랴. 그러나 이 작가의 엽기는 별로 주목되지 않은 것 같다. 왜 그랬을까. 그의 소설 세계에 각별한 관심을 가져온 나로서도 사실 제대로의 고찰을 해보지 못했으므로 그 무관심의 원인에 대한 분석은 의미 없어 보인다. 그런 가운데에도 짚히는 한 가지의 원인이 있다면, 그것은 이승우의 엽기는——비록 관능의 형태를 띠고 있는 경우라 하더라도——근본적으로 형이상학적 엽기라는 사실일 것이다. 형이상학적 엽기라? 나는 그것을 일단 카프카적 세계라는 말로 이름 붙여놓고 싶다. 자, 보자.

F는 손을 휘저으며 한 발을 조심스럽게 앞으로 내밀었다. 마땅히 발이 디뎌질 것이라고 예측한 자리가 뜻밖에도 허공이었다. 사태를 깨닫고 재빨리 발을 거두어들이려 했지만, 아래쪽으로 무게중심이 쏠린 그의 가벼운 발바닥은 허공에서 춤을 추듯 몇 차례 허우적거렸다. 그리고는 마침내 다른 쪽 발까지 허

공의 어둠 속으로 끌려갔다. 〔……〕

"여기는 당신을 위한 세계입니다. 우리는 당신을 오랫동안 기다려왔습니다."

얼마나 길고 무서운 시간이 그의 의식 위에 덮여 있었을까. 몸이 꿈틀거림과 동시에 그의 정신도 점차 회복되어갔다. F는 눈을 떴다. 그러나 그의 눈은 아무것도 보지 못했다. 쩌렁쩌렁한 목소리만이 귓속으로 파고들었다. 어쩌면 그 소리 때문에 의식을 회복한 건지도 모르는 일이었다.

"그러나 당신은 이제 미로를 뚫고 지나가야 한다는 사실을 알아야 합니다. 미로는 길고 복잡합니다. 그리고 곳곳에 방이 있습니다. 그 방들은 당신이 참으로 이 세계에 합당한 인물인지, 그 자격을 테스트할 것입니다. 그러나 걱정할 필요는 없습니다. 이 세계에 들어온 이상 추방이란 없습니다. 이 점을 명심하십시오. 〔……〕" (pp. 23~24)

「선고」라는 작품이다. 1994년에 상자한 창작집 『미궁에 대한 추측』(문학과지성사, 1994)에 수록되어 있는 이 소설은 카프카의 『심판』을 거의 그대로 연상시킨다. 주인공의 이름까지 K대신 F라는 이니셜로 대체되고 있는 이 알 수 없는 나락으로의 추락이 의미하고 있는 것은 무엇인가. 미궁으로의 F의 추락은, 「심판」에 있어서의 이유를 알 수 없는 K의 체포 이외 다름 아니지 않겠는가. 인과율이 제거된, 예기할 수 없는 돌발, 가공스러운 재앙, 무엇보다도 차원과 범주가 서로 다른 지평의 엇갈리는 착종 등은 과연 엽기라는 표현에 썩 어울린다. 이승우의 이같은 엽기는, 그러나 단순한 소재상의 엽기거나 감각 지향의 엽기가 아니라는 점에서 그 의미하는 바가 크다. 성민엽의 표현에 의하면 그것은 '불온한' 문학이다. 엽기가 일종의 이상(異常)이라면, 그 이상의 어떤 전복적인 양상을 그의 소설은 띠고 있다는 것이다. 그 양상의 해명을 위해 우선 나는 소설집 『미궁에 대한 추측』을 중심으로 이 문제에 접근하고 싶다.

먼저 「선고」의 경우, 엽기 혹은 이상의 정체는 주인공 F의 자발적인 피체

(被逮)이다. 그는 이 세상의 철면피함에 넌더리를 내고 있던 터에 비몽사몽 간에 알 수 없는 어떤 힘의 초대를 받고 숲으로 들어간다. 몇 개의 문을 거쳐 이른 곳은 뜻밖에도 허공—. 그 속으로 추락한 F가 만난 것은 미로인데, 도무지 그로부터 빠져나갈 수가 없다. 시간까지 감금하고 있는 검은 방에 갇힌 그는 보이지 않는 방주인의 지시에 따라 벽을 밀고 방 밖으로 나온다. 그러나 그 퇴로는 미로 안에서의 이동에 불과할 뿐 그 거대한 공간 밖으로는 나가지 못한 것이다. 거기서 그는 기이한 광경을 목도한다. 그곳에 있는 사람들 중 한 사람이 이상한 방식에 의해 왕이 되고, 그 왕은 죽어야 한다는 것이다. F 역시 그렇게 왕이 되고 그렇게 죽어간다. 처음부터 끝까지 이 세상의 어떤 논리나 학문으로도 풀리지 않는 해괴한 작품이다.

엽기/불온/이상의 성격으로 조감된 이 소설의 분위기는 다른 작품들에서도 확인된다. 「선고」와 더불어 상당히 난해한 구조로 된 중편 「미궁에 대한 추측」은 물론, 「해는 어떻게 뜨는가」 「동굴」에서도 그 같은 성격은 거듭 이어지는 바, 그 난해의 성채(城砦)에는 과연 무엇이 숨어 있는가.

## 2

「선고」의 주인공 F는 미궁 속으로 빠진 뒤 그곳으로부터 헤어나오지 못한 채 결국 죽는다. 그런데 그 죽음의 형태가 기묘하다. 하룻동안의 왕이 된 다음 그 다음 날 처형되는 것이다. 그것이 그곳의 규정이라는 것이다. 말하자면 F로서는 운명이다. 운명이란 무엇인가. 흔히 운명이라고 하면, 운명의 극복이 이야기된다. 동시에 그것이 여의치 않을 때 운명에 승복한다든지 받아들인다든지 하는 말들을 한다. 그 어떤 경우이든 운명은 결국 포박된 상태에 대한 별칭일 수밖에 없다. 자신이 의지와는 상관없이 이미 주어져 있는 실존의 조건에 대한 자각이 운명이다. 이 같은 현존의 인식은 곧 미래마저 이미 어떤 방향으로 결정되어가고 있음을 예감케 한다. 이때 그 미래를 부정적인 시각으로만 바라보고 자신의 의지와 노력을 적극적으로 포기할 때 이른바 운명론이 배태된다. 그러나 운명과 운명론은 중립적인 시각이냐, 부정적인 시각이냐 하는 관점에 따라서 사뭇 달라진다. 운명 그 자체는 중립적이지만 운명론은 부정적 비관론이기 때문이다. 결론을 조금 앞당겨 본다면, 이승우의 소설들은 포박된 인간의 운명에 대해서 줄기차게 증언하고 있으나, 비관적 운명론과는 아주 다른 길을 걷고 있다고 할 것이다. 주인공 F의 운명은 여기서 운명론적 세계 안에서 진행되는 운명 아닌, 객관적인 사실 묘사로서 주어지는 그것이다. F가 마치 카프카의 K처럼 숱한 해석의 문제를 제기하고 있는 것도, 운명론과 같은 작가의 주관적 해석/해설이 철저히 배제되어 있기 때문이다. 그는 그저 갇혀 있을 따름이다. 그저 왕으로 뽑히고, 그저 처형당할 따름이다. 그 사실이, 그 전반적인 상황이 무엇을 의미하는지는 해석자의 몫이다. 그 포박의 의미로 들어가기 위해서는 제시된 몇몇 상황에 직접 귀기울이는 일이 긴요해 보인다.

1) "당신은 실패했습니다. 그러므로 당신은 벌레들과 이 어둠 속에서 지내야 합니다. 잘 생각해 보십시오. 어둠이 사람을 명철하게 만들어줄 것입니다." (p. 26)

2) 그 방은 시간까지도 감금하고 있었다. (p. 28)

3) "당신의 의지와는 상관없이 그러합니다. 당신은 당신의 삶이 모순으로 가득차 있다고 느껴왔지요?〔……〕" (p. 29)

4) F는 시키는 대로 했다. 몸을 바닥에 대고 누운 채로 손을 벽에 갖다대고 조금 힘을 주었다. 그러자 정말로 벽이 열리는 것이었다. F는 조금씩 문이 열

리는 정도에 따라 가느다란 실 모양이다가 점차로 폭포나 집채가 되어 쏟아져 들어오는 빛의 세례를 받았다. (p. 31)

5) "그렇게 슬퍼하거나 놀라워할 건 없습니다. 〔……〕 모든 것이 예정대로지요. 말하자면 운명이란 말입니다." (p. 38)

6) 그들은 까닭도 필요도 묻지 않고, 길을 만들었다. 열기 위한 길이 아니라 닫기 위한 길, 떠나기 위한 길이 아니라 가두기 위한 길을 만들었다. 왜 사느냐고 물으면, 그들은 대답했다. 길을 만들기 위해서라고. 그러나 그 길은 가기 위한 길이 아니었다. (p. 39)

7) "우리는 미로를 만들지만 미로를 알지는 못합니다. 물론 당신은 자유입니다. 그러나 그 자유는 죽음의 한계 안에서의 자유입니다. 그 한계를 벗어나 바깥 세계로 이주하려는 욕망은, 물론 그 역시 자유롭게 시도할 수야 있는 일이지만, 실현될 수 있는 건 아닙니다." (p. 41)

8) 유일하게 명쾌한 진리는 이것이었다. 힘써서 미로를 만들다 죽는다. 그 미로는 다른 사람이 아니라 바로 자기 자신을 가두기 위한 미로이다. 그것이 인생이다. 성찰은 너무 늦게 찾아오고, 시효가 지난 성찰은 보탬이 되지 않는다. (p. 42)

흡사 「잠언」이나 「전도서」를 합쳐놓은 것 같은 경구를 연상시키는 이러한 지문, 혹은 대화들로 가득 찬 「선고」에서 확인되고 있는 포박의 상황은 매우 의미심장하다. 그 상황은 무엇보다 실존적으로 매우 절망스러운 것이다. 이유도 없이 갇혀서 아무런 출구도 엿보이지 않는 입장에 당신이 놓여 있다고 생각해보라. 그것은 그대로 죽음이다. 실제로 F는 처형당하지 않는가. 그런데 이 소설은 이 같은 비극적인 현실에 뜻밖에도 형이상학적인 해석을 가하고 있다. 그 요지는, 그 상황이 다만 절망적이지만도, 비극적인 것만도 아니라는 것이다. 오히려 그 같은 어둠의 현실이 인간을 명철하게 해준다는 메시지를 제시한다. 어차피 인간의 삶은 모순에 가득 차 있음을 지적해내면서 벌레들과 더불어 감금되어 있는 것이 마땅하다는 내용이다. 말하자면 누군가 인간을 가두고 있는 것이 아니라 이미 그 포박은 예정되어 있다는 설명이다. 여기서 우리는 이 작가의 기독교적 사상 배경을 환기하지 않을 수 없다. 신학대학 출신의 이 작가가 내놓는 알 듯 말 듯한 메시지가 그 배경과 긴밀한 관계가 있으리라는 추론은 더 이상 의심할 여지가 없어 보인다. 모든 것이 예정되어 있다! 이 전언이 어떻게 기독교의 예정설과 무관하랴. 기독교의 예정설과 운명론은 표면상 그 구조가 비슷하다. 모든 것, 특히 인간의 삶은 출생 이전부터 벌써 운명 지워진 것이라는 믿음이다. 그러나 그 지향점과 가치관은 아주 판이하다. 운명론의 경우, 모든 운명은 결정되어 있으므로 그 주체는 주체의식 없이 자포자기에 빠지기 일쑤이며, 따라서 인간에게는 별 책임의식이 지워지지 않는다. 그러나 예정설은 이와 사뭇 다르다.

  기독교의 본질을 형성하고 있는 예정설은 무엇보다 이 세상과 인간의 창조주가 하나님임을 먼저 선포하고 피조물인 인간의 삶은 그이 뜻 아래에서 그의 섭리에 의해 운행되고 있음을 알린다. 세상과 인간은 철저하게 창조의 질서 가운데에서 경영됨으로써, 인간은 자신의 의도와 노력에 의해 이룰 수 있는 것의 한계를 가진다. 가령 죽음은 가장 결정적인 그 한계이다. 그밖에도 인간의 한계는 수두룩하다. 원치 않는 질병에 걸리기도 하며, 가장 합리적인 방법으로 운영된다고 하는 일들이 좌절되는 경우는 허다하다. 무엇보다 인간은 제 마음 하나 제 마음대로 하지 못하지 않는가. '인간은 노력하는 한 방황한다'는 파우스트의 독백이 진실일 수밖에 없음을 우리는 매일매일의 삶 속에서 체험한다. 그럼에도 예정설은 인간을 삶의 주체로 대우한다. 최종적인 주인은 신이지만, 신은 인간을 인격적으로 내세워 그로 하여금 자신의 뜻에 맞도록 끊임없이 인도한다. 이 사이에는 부단히 마찰이 발생하며, 때로 불화와 파괴도 생겨난다. 하나님의 뜻을 저버리고 타락하여 다시 돌아오지 않을 때, 또한 돌아와서도 그 뜻대로 살지 못할 때 불가피하게 파생되는 파열음이다.

그럼에도 불구하고 결국 큰 틀과 생명의 원리는 신의 뜻과 예정대로 진행될 수밖에 없다는 논리가 바로 예정설의 근간을 이룬다. 이 논리 안에서는 운명론과 달리 인간의 책임의식이 오히려 강조된다. 신의 뜻대로 살기 위한 결단이 역설되기 때문이다. 「선고」의 이승우에 의하면, 가기 위한 길이 아닌 데도 길을 만들기 위해 사는 것이 인간이다. 이같은 함축 때문에 포박의 형이상학이 기독교적 예정설의 세계라는 점은 갈수록 명백해진다. 이런 의미에서는 앞의 인용 7)의 섬세한 분석이 큰 도움이 될 것이다. 그 인용문은 세 가지 메시지를 전하고 있는데, 첫째 인간의 삶은 합리적인 것이 아닌 미로라는 점, 둘째, 인간은 자유의지를 갖고 자유롭게 살지만 필경 죽음의 한계 안에서의 자유라는 점, 그리고 셋째, 그 한계 밖으로 탈주하고 싶은 욕망은 실현되지 않는다는 점이다. 이렇게 볼 때 아마도 인간의 삶을 그 실존과 의미의 총체적인 시각에서 파악하고 있는 최초의 소설이 바로 이 「선고」가 아닐까 싶다. 비단 기독교적 예정설의 자리에서 바라보지 않더라도 이러한 관찰은 썩 진실에 가까운 듯하다. 그의 전언 어느 한 곳에도 우리는 이의를 달 수 없기 때문이다. 그렇다면 이 진실을 밝히는 방법으로서 기능한 예정설과, 그 정신을 소설화하고 있는 이승우에게 미상불 주목하지 않을 수 없다.

## 3

「선고」의 메시지는 이승우의 다른 모든 소설들에서 변주된다. 작품집 『미궁에 대한 추측』에 실린 소설들에게서는 그것이 더욱 분명하게 각인되어 있다. 아마도 작품제작 시기가 비슷하기 때문일까. 가령 단편 「미궁에 대한 추측」과 「해는 어떻게 뜨는가」의 경우, 그 구조는 「선고」와 매우 흡사하다. 「미궁」에서의 미궁은 「선고」에서의 미로에 다름 아니지 않은가.

1) 괴물은 위험했다. 신화는 이 괴물이 사람을 잡아먹었다고 전한다. 미노스왕은 그의 아내인 파시파에가 그런 것처럼 다이달로스를 찾는다. 다이달로스는 자신의 직업과 상관없이 이 왕의 가문에서 매우 중요한 역할을 맡아 하는데, 그것은 상담자, 또는 조언자의 역할이다. 왕은 다이달로스에게 이 괴물을 가두어둘 건물을 짓도록 지시한다. 일단 안으로 들어가면 아무도 나올 수 없는, 미로와 미로로 이어진 건물, 그 안에 우두인신(牛頭人身)의 괴물을 가둔다. 미궁은 그렇게 만들어졌다. (pp. 101~102)

2) 도대체 미궁은 왜 만들어졌을까. 그리고 그곳에서는 무슨 일들이 일어났을까.
이 신화에서, 우리가 제일 먼저 옷을 벗길 대상은 미노타우로스이다. 이 괴물이야말로 미궁의 비밀을 가두고 있는 가장 무겁고 큰 자물쇠이다. 이 자물쇠를 풀 수만 있다면, 우리는 미궁의 매우 깊은 곳까지 이를 수 있을 것이다. 이 괴물은 무엇이었을까. 이 괴물에게서 옷을 벗겨내면 무엇이 나올까. (p. 104)

3) 그렇다면 미궁은 왜 미궁이어야 했을까. 그곳에는 미노타우로스, 즉 신적 존재가 살기 때문이다. 미궁에는 아무도 들어가지 않으려 한다. 〔……〕 미노타우로스는 가까이 할 수도 없고 그래서도 안 되는 존재다. 왜? 그는 사람과는 다른 존재니까. 그에게 노출되는 것은 곧 죽음을 의미한다. 미노타우로스가 괴물이기 때문이 아니라 미노타우로스가 신성한 존재기 때문이다. (p. 109)

4) 상상력이란, 이를테면 다이달로스가 그의 아들 이카로스와 함께 만들어 달고 미궁을 빠져나왔다고 하는 그 밀랍의 날개와 같은 것이다. (p. 117)

여기서 미노타우로스는 구약성서의 법궤를 연상시킨다. 신을 상징하는 거룩한 물체로, 신의 뜻에 의해 다루어지지 않을 때 그것을 함부로 다룬 사람들에게 재앙을 내리는 두려운 존재. 이 법궤는 사실 구약만을 믿는 율법주의자들인 유태교도들에게는 다른 많은 형태로 변주되어 존재한다. 그러나 이 소설에서 중요한 것은 미궁이 미궁이어야 하는 이유에 대한 다양한 작가의 설명이다. 건축가, 연극배우, 법률가, 종교학자로 되어 있는 그 설명들은, 그 설명의 다양함 자체가 그 어떤 정답도 이에 대해서 주어질 수 없다는 사실을 반증한다. 이런 현상과 방법은 대체 그 무엇에 대해 행해질 수 있을 것인가. 어려워 보일 수 있는 이 질문에 대한 대답은 의외로 간단하리라. '진리' 아니겠는가. 절대자/초월자만이 알 수 있는 진리에 대한 접근은 인간으로서는 늘 다양할 수밖에 없다. 작가가 소설 끝부분에서 미궁으로부터의 탈출은 상상력에 의해서만 가능하다고 했을 때, 거기에는 진실에의 규명 능력을 포함한 인간 실존의 한계에 대한 뼈저린 자각이 숨어 있는 것이다. 그러나 그 탈출이 아주 불가능한 것만은 아니다. 그것은 상상력이다. 이 신화에서 다이달로스가 그의 아들 이카로스와 함께 미궁을 빠져나오는데, 그때 그들은 밀랍의 날개를 만들어 달고 나온다. 탈출은 또 다른 모양으로도 가능하다. 이를테면 카프카의 「변신」에서는 벌레가 되어 이리저리 빠져나가기도 한다. 요컨대 실존은 초월되거나 변형됨으로써 그 포박된 미궁으로부터 벗어날 수 있는 것이다.

  물론 법률가, 종교학자, 건축가, 연극배우들의 설명은 각기 상당한 설득력을 지니면서 흥미롭다. 그러나 이때 놓쳐서는 안 될 것은, 그 내용의 타당성이 아니다. 법률가가 제시한 감옥설, 종교학자가 주장하는 신전설, 건축가가 말하고 있는 예술공간설, 그리고 연극배우가 털어놓는 사랑의 숨은 집이라는 가설 등등은 아주 그럴싸한데, 그 나름들로는 일면의 타당성만을 지닐 뿐 다른 견해들을 배척하지 못한다. 보다 중요한 것은 이 미궁이 미궁이라는 사실 자체에 있다. 왜 감옥이, 신전이, 예술이, 사랑이 반드시 미궁의 공간이어야 하는가. 그 이유는, 그것들의 구조와 결과가 미궁으로 끝날 수밖에 없다는 사실에 있다. 작가가 소설의 서술 곳곳에서 제기하고 있는 '왜?'라는 질문에도 불구하고, 이 문제는 '왜?'로 제기되거나, 그에 대한 해답이 주어질 수 있는 문제 아닌, 실존의 모습과 그 한계에 대한 냉혹한 지적이다. 우리의 사랑도, 우리의 예술도, 우리의 법률도, 심지어는 우리의 종교행위조차 이 지상의 운명을 벗어날 수 없다는 현실인식이 이 소설의 주제이며, 「선고」와 궤를 같이하는 이승우의 주제이다. 그것은 가령, 「수상은 죽지 않는다」에서는 사뭇 달라 보이는 풍경에도 불구하고 동일한 모습으로 잠복해 있다. 수상이 죽든, 죽지 않든, 어떤 조작에 의해서 통치가 대행되는 권력의 속성과 존재는 언제나 똑같이 우리의 삶을 장악하고 있다. 피지배자 또한 선험적으로 그 반응이 결정되어 있어서, 반항하거나 순응하거나 결과는 항상 마찬가지로 주어져 있음을 보게 된다.

    그들은 주인이 문을 열어주지 않아 할 수 없이 문을 따고 들어왔다며 정중하게 사과의 말을 했다. K.M.S는 당연히 누구냐고 물었다. 그들은 그 질문에는 대답하지 않았다. 그 대신 나이 들어 보이는 쪽 남자가 의자에 몸을 던지며 싸늘한 목소리로 말했다. 찬바람이 쌩 소리를 내며 지나가는 것 같았다.
    "이제부터 당신은 질문은 하지 못합니다. 대답만 해야 합니다."
    K.M.S는 어이가 없다는 표시로 소리를 내어 웃었다.
    "웃는 건 자유입니다. 단 질문은 하지 못합니다. 질문은 우리가 합니다."
    [……]
    그들이 들어온 지 한 시간 반 만에 그의 집은 쓰레기장처럼 변해버렸다. 그들은 소설가의 방에서 찾아낸 세 묶음의 물건들을 대기시켜두었던 차에 실었다. 그리고 소설가도 같이 태웠다. 어딘지 모르는 곳에서 K.M.S는 이틀 동안 갇혀 있었다. (pp. 143~144)

역시 카프카의 「심판」에서 주인공이 아무 이유 없이 체포되어 처형되듯이 이 작품에서도 그러하다. 수상은 죽었는지, 안 죽었는지 단 한번도 분명히 나오지 않은 채, 이즈음 시쳇말로 사이버로 존재하다가 느닷없이 그를 구금·처형하는 어떤 보이지 않는 손으로만 나타날 뿐, 왜 이 문제가 소설의 모티프가 되어야 하는지도 불분명한 상태에서 소설은 그대로 끝난다. 단 한 가지의 이유만을 남긴 채.

K.M.S의 소설들이 하나같이 현실을 교묘하게 비틀거나 현실 밖의 세계에 집착하고 있는 것은 그가 소설의 골격을 백일몽으로부터 얻어오기 때문이다. 말하자면 그의 소설을 쓰는 것은 그의 의식이 아니라 그의 무의식인 것이다. (p. 132)

말하자면 이 소설에서 수상의 실재 여부는 중요하지 않다. 중요한 것은 수상이 죽었네, 살았네 하는 해괴한 소문이 현실을 압제적으로 장악하고 있다는 점이다. 작가에겐 현실이 언제나 악몽으로 존재하고 있으며, 거기서 벗어날 수 있는 순간, 혹은 공간은 결국 백일몽일 수밖에 없는 것이다. 내가 보기에 이 역시 포박된 인간 실존의 또 다른 변주에 불과하다. 그렇기 때문에 이승우의 소설은 현실을 현실로서 인정하고 들어가는 정통 리얼리즘의 시각에서는 쓰여지지도 않고, 읽혀지지도 않는다. 그 같은 시각에서는 포박된 모습 자체도 운명적인 것으로 그려지기 힘들다. 알레고리와 같은 상황을 빌려오는, 근본적으로는 환상소설의 범주로 비쳐지는 것은 이 때문이라고 할 수 있다.

포박의 알레고리는 「홍콩 박」과 같은, 범상한 세태소설 속에서도 은밀한 주제로 작용한다. 잡지사의 평범한 직원인 주인공은 "홍콩에서 배만 들어오면—"을 되뇌이는 전형적인 소시민인데, 그 말이 뜻하는 바는 따분하고 꽉

막힌 일상으로부터의 탈출이며 그 염원이다. 여기서 주목되는 사실은, 그 '홍콩 박'이라는 사내의 뜻없는 지껄임이 딱이 무엇을 의미하느냐 하는 문제보다, 그 지리하고 비참한 생활 가운데에 머물러 있는 동료들의 갇혀 있는 상황 전체의 의미이다.

> 우리는 우리들의 참담한 현실을 버티는 유일한 동력과 이유가 그 홍콩 박과 홍콩 배에 대한 우리들의 기다림이라는 사실을 인정했다. 〔……〕 홍콩 박이 그 긴 세월 동안 이 직장에서 버티기 위해 필요했을 그 홍콩 배에 대한 기다림은 곧바로 우리의 것으로 화했다. 그의 기다림은, 그러니까 만들어낸 허구의 체계일 수도 있었다.
> 〔……〕
> 그는 약속으로만 존재하면 되었다. 우리를 살게 하는 것은 그가 우리 앞에 나타날 것이라는 믿음이지, 우리 앞에 나타나버린 그의 현존이 아니었다. 우리는 구원자를 잃고 싶지 않았다. 나 또한 그러했다. (p. 201)

사장으로부터 끊임없이 부당한 대우를 받으면서도 생존을 위해 굴욕을 감내해야 하는 사원들은, 사표를 던지고 나간 홍콩 박이 멋진 모습으로 다시 나타날 것을 기다린다. 그러나 그는 결국 파렴치한 사기꾼의 모습으로 나타난다. 그것은 물론 환멸이며 배신이다. 우리의 일상에서 이 같은 모습은 사실 비일비재하며, 어떤 의미에서 거의 대부분의 세태소설들이 지닌 상투적인 구조이다. 그러나 이 작품에는 앞의 인용에서 보이는 것과 같은, 다소간 형이상학적 느낌의 성찰이 개입해 있다. 다름 아닌 기다림과 약속에 관한 작가의 되새김이다. 홍콩 박의 멋진 재출현을 기다리는 마음은 동료 사원 모두의 소박한 바람일 수 있다는 점에서 아주 현실적이다. 한편 작가는 그 현실적 진행을 차단하고 그 자리에서 문제를 추상화한다. '그의 기다림은, 그러니까 만들어낸 허구의 체계일 수도 있었다'는 대목이 바로 그것이다. 요컨대 홍콩 박이 경찰을 사칭하고 다녔다거나 산 뱀의 밀수꾼이 되었다거나 하는 현실적인 소설 진행의 배후에서 벌어지고 있는 작가 자신에 의한 사태의 의미화 작업이 우리를 붙잡는다. 작가는 홍콩 박의 사기행각을 소개하는 한편, '우리를 살게 하는 것은 그가 우리 앞에 나타날 것이라는 믿음이지, 우리 앞에 나타나버린 그의 현존이 아니었다'고 하지 않는가. 이것은, 기다림이 허구의 체계일 수도 있었다는 메시지의 본질을 이룬다. 기다림은 약속에 대한 기다림이며, 그것은 그 자체로 존재 의의가 있을 뿐 실현을 통해 현존으로 나타난다면, 이미 기다림의 의미는 상실된다는 것이다.

4

이 즈음에서 나는 메시아를 기다려온 유대인들의 기다림을 연상한다. 로마의 압제 아래에서 그들을 해방시켜줄 구세주를 기다리다가 예수에게서 일종의 배신감을 겪어야 했던 유대 민족의 비애가 떠오르는 것이다. 그들은 그리스도로 온 예수의 존재를 부인했으며, 예수는 그들에 의해 십자가에 못 박혀야 했던 역사의 비극과 이승우의 전언은 무관한 것일까. 약속의 문제로 부단히 추상화하고 있는 작가의 소설 구성으로 볼 때, 그 관련성은 오히려 매우 깊어 보인다. 약속의 형태로 주어진 성경을 믿지 않으면서 그 불신의 이유로 가시적인 열매의 부재를 열거하는 인간들에게 작가는 약속은 약속으로서만 의미가 있음을 강조하는 것이 아닐까. 이 부근에서 우리는 신은 계시론적 존재이지, 존재론적 존재가 아니라는 현실 인식을 상기할 필요가 있다. 신은 존재론적인 시각, 즉 가시적·감각적인 차원에서 존재하지 않는다. 그 대신 신은 계시를 통해서 자신의 존재를 입증해 보인다. 이를테면 자연의 섭리를 통해서 말이다. 낮이 오고 또 밤이 오고, 겨울이 오고 또 여름이 오고, 새로운 생명의 탄생과 또 죽음…… 대체 이 모든 현상은 어떤 존재와 그 힘에 의하여 이루어지는가. 그 알파의 지점에, 그리고 오메가의 지점에 우리는 신을 놓는다. 이렇게 본다면, 눈에 보이지도 않는데 신이 어디에 있는가, 신의 공의(公義)는 왜 아직, 여전히 약속대로 성취되지 않는가 하는 따위의 질문은 타당치 않다. 계시론적인 존재인 신은 그 약속을, 인간이 아직은 인지하지 못하는 방법과 과정 가운데에서 벌써 실행 중인지도 모른다. 조급한 인간의 마음 때문에 기다림이 접어진 상태에서 드러난 그 약속의 실체는 사실 대부분 그 약속의 실현이 아닌 것이다. 「홍콩 박」에서의 홍콩 박이 그렇고, 예수를 죽인 유대인들의 실패가 그렇다. 나타난 메시아를 보지 못하거나 메시아가 아님에도 그를 마치 메시아처럼 바라보는 인간의 눈은 철저히 '인간의 눈'이다. 즉 인간적인 욕망의 눈이다. 인간들 자신의 욕망과 이해관계에만 덮인 눈에 의해서는 결코 약속의 실현을 볼 수 없는 것이다.

이 모든 것이, 포박 당한 인생들로서는 불가피한 상황이다. 갇혀 있는 자에게 가능한 것은 기다림뿐이다. 그 밖의 출구가 있다면, 그것은 백일몽이다. 이승우에 의하면 전자는 신앙이며, 후자는 문학이다.

그러나 신앙뿐인 인생도, 문학뿐인 인생도 없다. 둘이 함께 가는 인생도 있을 것이며, 아예 둘 모두 모르는 인생도 있을 것이다. 기다림과 백일몽이 가능태(可能態)라는 사실을 모르는 인생들의 모습은 실제로 이 포박당한 현실 속에서 어떻게 나타날 것인가.

형에 대한 연민이 솟구쳐 올랐다. 〔……〕 형이 이 세상에서 자기 자리를 찾는 일을 포기했다는 것은 아주 나쁘지 않았다. 정말로 나쁜 것은 그가 이 세상에서의 자리 찾기를 포기한 자신을 견딜 수 없어하고 괴로워한다는 점이었다. 그가 진정으로 소망한 것은 이 세상에서의 자리찾기를 포기하고만 자신을 괴로워하지 않을 수 있는 초월의 정신이거나 무감각이었을 거라는 생각은 나를 당혹스럽게 만들었다. 그것은 존재의 변신을 통해서만 가능한 일이 아닌가. 지금의 존재를 버리고 전혀 다른 존재가 되기를 바라는 그의 변신에 대한 꿈은

얼마나 크고 절망적인 욕망인가. (『식물들의 사생활』, p. 254)

아예 두 다리를 잃어버려 꼼짝할 수 없는, 가장 비참하고 전형적인 포박상태에 갇힌 남성을 주인공으로 내놓고 있는 장편 『식물들의 사생활』은, 이런 관점에서 새로운 이목을 집중시키는 작품이다. 거시적인 틀 안에서의 운명적 폐쇄 아닌, 글자 그대로 움직일 수 없는 장애로서의 감금 상태에서 인간은 어떻게 살아가는가 하는 문제가 거기에 있기 때문이다. 형과 동생, 동생과 형의 애인, 아버지와 어머니, 어머니의 첫사랑 등이 얽기설기 얽혀 있는 듯이 보이는 이 작품에서 중심이 되는 화두는 욕망이다. 두 다리가 잘려나간, '병신'이 된 상황 속에서도 피할 수 없는 성욕이라는 욕망, 이 욕망은 사실상 이승우의 초기작 이래 이 작가가 그야말로 포박되어 있는 문학적 현실이다. 무의식적으로 끊임없이, 화려하게 실현되어온 에네르기로서가 아닌, 탐구와 인식의 대상으로서 부단히 맞부딪혀온, 벽으로서의 현실—. 그 욕망이 『식물들의 사생활』에서 마침내 나무로 변형된다. 평론가 김미현의 표현에 의하면 이승우의 세상은 '동물의 왕국'인바, 그 동물들이 짐승의 수성(獸性)을 더 이상 어쩌지 못함에, 식물변형론이 도입되는 형국인 것이다. 김미현은 이승우의 이 같은 변형론에 주목하여 '동물에서 식물로의 시선이동은 공격이 아닌 구원, 대립이 아닌 이해, 피해가 아닌 치유, 분노가 아닌 승화를 추구한다는 의미'라고 분석해내는데, 매우 탁월한 지적이다. 『식물들의 사생활』에서 나무들은 나무가 아니고서는 이룰 수 없는 꿈과 염원을 지닌 사람들의 욕망을 담고 있고, 따라서 그들은 나무가 되어서라도 그런 꿈과 염원을 이루려고 한다는 것이다.

나로서는 여기에 덧붙여 그의 나무변형론을 변신을 향한 동경 일반으로 넓혀보고 싶다. 이승우는 사실 데뷔 초기부터 이 변신의 모티프를 거의 모든 작품들에 깔면서 엽기를 숨겨온 작가 아닌가. 무서운 번식력으로 인간세계를 침략하는 바퀴벌레(『구평목씨의 바퀴벌레』), 사물화된 인간의 표상인 벌레

(『세상 밖으로』), 교미를 끝낸 다음 수컷을 잡아먹는 암사마귀(『목련공원』), 날카로운 이빨과 발톱을 지닌 개(『가시나무 그늘』) 등등이 동물변형을 통한 변신의 즐비한 예들이다. 이들은 나무를 통한 구원과 승화를 꿈꾸는 것으로 해석되기도 하는 식물변형과는 사뭇 그 의미가 다르다. 이들은 우선 포박당한 인생의 상징 그 자체일 수 있다. 품위와 개성, 그리고 무엇보다 자유와 출구가 차단된 인생의 남루하고 처연한 모습의 표상들인 것이다. 그러므로 거기에는 따뜻함 대신에 차가움, 온유함 대신에 분노가, 화평 대신에 살의가 번득인다. 그리고 그 모든 악의와 저주가 꼼짝없이 포박된 실존 그 자체에서 연유하고 있음이 알려진다. 자신의 아무런 자유의지의 개입 없이 결정된 그 흉한 모습과 흉흉한 죽음의 소문은 그들을 그렇게 만들기에 충분하다.

변신은, 그러나 비록 왜곡되었다 하더라도 그 자체가 탈출의 한 방법일 수 있다. 말하자면 변신은 비극의 상징과 비극적 탈출의 방법이라는 이중의 기능을 소설 속에서 수행하고 있는 것이다. 이 점이 이승우의 엽기가 지닌 기묘한 속성이라고 할 수 있다. 사람이 나갈 수 없는 문으로 벌레는 나갈 수 있지 않은가. 그것도 아무도 모르게, 게다가 암사마귀의 수컷 살해는 자연의 이치로 용납된다. 인간은 벌레 같은 변신의 세계에서, 인간이기만을 포기한다면, 얼마든지 실존의 다양한 돌파를 꾀할 수 있는 것이다. 그 길은 어둡고 치사하지만 죽음을 유예시킨다. 더 나아가 벌레와 같은 동물변형은 그 끝에서 식물변형으로의 논리를 개발해내면서, 변신 일반에 관한 작가의 새로운 도전을 낳고 있다. 여기서 나는 이 글 앞머리에서의 포박의 여러 상황들 속에서 작가가 은밀히 제시하여온 그 구원의 방법들을 다시 상기하고 싶다. 자, 그들은 그 갇힌 '동굴'들에서 어떻게 빠져나왔는가.

이승우의 출세작이 된 장편『생의 이면』의 경우, 이 작품 안에서의 포박상황은 인간의 정욕이다. 때로는 실존의 한계를 부수고 차원 돌파가 가능해 보이는 이 사랑에의 포박은, 작가의 말대로 '나의 사랑이야말로 아가페'라고 자부'했으나, '그러한 나의 사랑이 에로스에 다름 아니라는 사실을 알지 못했던' 그런 함정 속의 사랑이다. 이 포박은 처음부터 벌레나 체포의 상태로 주어지는 포박과 달리, 인간의 자유의지가 작동하는 듯이 보이는 그런 현상이다. 그러나 그것은 에로스라는 욕망, 즉 누구도 자신의 선한 의지에 의해 그것을 넘어서지 못하는, 어두운 충동 안의 세계였다. 이 세계가 끊임없이 주인공 박부길을 옥죄인다. 결국 그 상황 밖으로의 탈출은 이루어지지 못한다. 상대방 여성의 이탈에 의해 그것이 정욕의 포박이었음이 확인될 뿐 옥죄임은 오히려 가속화될 뿐이다. 그 폐쇄와 억압으로부터의 탈출은 이상한, 또 다른 포박이라는 낯선 변신에 의해 가능해진다.

그곳은 세상 속으로 들어가지 못한 소극적이고 폐쇄적인 그의 자아의 방이었다. 그에게는 거꾸로 그곳이 참된 세계였다. 그 좁고 어두운 방에서만 그는 평화로웠다. 아주 조그만 자극만 가해도 금세 깨지고 말 얇은 유리막 같은 불안한 평화. 그래서 그는 늘 자기 방을 어둡게 하고 고요하게 했다.
〔……〕
어느 날부터인가 박부길은 어둠이 뿜어내는 빛 아래 웅크리고 앉아 충동적으로 글을 쓰기 시작했다. 〔……〕 그런데 가슴을 답답하게 가로막고 있는 그 무겁고 큰 덩어리를 어떻게든 떨어내고자 하는 욕망 때문인지 그의 글은 속도가 몹시 빨랐다.(『생의 이면』, pp. 238~240)

독자들이여, 이제 기억하는가. 문학은 백일몽의 소산이라고 쓸쓸히 고백했던 이승우의 입술을. 그렇다, 문학은 포박된 인생에서 나가보고자 발버둥치는 변신의 가장 그럴싸한 형태이다. 작가 스스로 즐겨 인용하듯, 프랑스의 한 다른 작가의 책이름을 빌린다면 '지상의 양식'이다. 그러나 그 변신은, 탈출이며 구원인 문학이 결국 탈출도 구원도 될 수 없음을 역설적으로 드러내주는 변신이다. 그 이유로서 나는, 작가 이승우가 소개한 스웨덴의 루터교회 감독 니그렌의 설명을 재인용하는 것으로 대신하고 싶다. 『아가페와 에로스』

라는 책에 나온 이야기다.

> 에로스는 그 대상 속에서 가치를 먼저 인식한다. 그래서 그것을 사랑한다. 그러나 아가페는 먼저 사랑한다. 그래서 그 대상 속에서 가치를 창조한다.
> 〔……〕
> 에로스는 신에게 이르려는 인간의 길이다. (『아가페와 에로스』, p. 45)

이때 에로스의 자리에 문학이 들어간다면 어떨까. 문학은 신에 이르는 인간의 길이라고 바꾸어 써보면 어떨까. 이승우의 그 많은 소설들은 무엇보다 그 길을 걸어가는 힘든 나그네들이다. 그의 작품들 대부분을 형성하고 있는 에로스적 욕망의 인물들과 그 뜨거운 분위기는 인생이 바로 그 산물임을 보여주면서 그로부터 떠날 것을 부단히 종용하고 있다. 그러나 동시에 그는 그것이 불가능함을, 그 가능한 형태의 엽기성을 통해 끔찍한 방법으로 알려준다. 대체 우리에게 요구하는 작가의 메시지는 무엇인가. 식물변형 다음에 올 들리움(죽음의 형태 아닌, 몸 그대로의 승천: 엘리야와 에녹 두 사람만이 지금까지 이 방법으로 하늘에 올라갔다고 한다)의 모습을 이 작가와 더불어 미리 바라본다.

# 광야에서 살기, 혹은 죽기
### ─ 이승우의 『심인 광고』

1

　등단 이후 20년 안팎, 이승우는 우리에게 항상 편안한 독서를 제공한 것만은 아니다. 소재에 있어서 많은 부분 성애(性愛)를 다루어왔으나, 그 어느 경우에 있어서도 거기에 탐닉되어 즐기는 쪽이 아니었다. 그렇기는커녕 그 배후에 잠복한 욕망의 힘을 조종하고 그 장력의 한계를 무자비하게 실험함으로써 때로 전율을 느끼게 하는 경우가 많았다. 그 힘은 거대했으나 그것이 반드시 인간의 행복으로 연결된 것은 아니었다. 오히려 평안을 깨뜨리고 실존을 뒤집어버리는 파괴로 작용하곤 하는 모습을 그는 즐겨 보여주었다. 그러나 그러면서도 마치 족쇄처럼 거기서 벗어나지 못하는 인간. 요컨대 이승우의 문학은 욕망과 실존의 처절한 싸움으로서, 우리 소설들이 멈칫거리며 범접하지 못한 세계에 대한 용기 있는 도전으로 평가된다. 이 용기는 단순한 의욕, 혹은 작가적 사명감으로써만 실현될 수 없는, 인생에 대한 깊은 통찰과 지식의 뒷받침으로써 수행 가능한 고통스러운 제국이다.
　이 제국은 그러나 엿보거나 들어가기가 쉽지 않다. 마치 그의 소설에서 빈번하게 나타나듯 열쇠가 있어도 잘 열리지 않는 쓸쓸한 아파트와도 같다. 「재두루미」에서 문을 따는 데 실패하여 집 아닌 여관에서 자야 했던 그 열쇠는 「객지 일기」에서도 원룸 아파트의 자물쇠 구멍에 도무지 들어가지 못한다. 방이, 집이 그것을, 그를 거부하는 것일까. 아니다. 그는 들어가고 싶어도 들어가지 못한다. 그 안타까운 모습은 작품 곳곳에 출몰한다. 「사령(辭令)」은 이와 관련하여 중요하게 읽혀져야 할 작품이다.

이 작품 서두에 작가는 카프카의 「파발꾼」에서의 한 대목을 소설 전체의 한 예시로 내놓고 있는데, 그보다는 오히려 카프카의 장편 『성(城)』을 연상시키는 것이 「사령」이다. 두 작품은, 가야 할 곳을 가는 주인공이 아무리 가고자 해도 결국은 가지 못한다는 점에서 비슷한 구조를 지니고 있다. 그러나 『성』에서의 주인공은 성으로부터 부름을 받았음에 비해 「사령」에서의 주인공은 '사회'라는 곳으로 발령을 받고 부임하고자 함에도 도무지 그곳으로 갈 수가 없다.

여기서 거기로 가는 사람도 없고 거기서 이리로 오는 사람도 없습니다. 왜냐하면 그곳으로 가는 길은 폐쇄되었기 때문입니다. 더 이상 사회라고 부르지도 않습니다. 그 이름도 폐기되었습니다. 뭔가 착오가 생긴 것 같습니다. 그냥 돌아가는 것이 좋을 겁니다. (p. 15)

『성』에서 가야 할 성은 분명히 있다. 그러나 「사령」에서 가야 할 '사회'는 이미 존재하지 않는다. 정확히 말한다면, 가는 길이 없어졌다. 구조의 유사성에도 불구하고 그 내용은 일종의 역행이다. 『성』은, 성으로의 올라감을 보여주는 반면, 「사령」은 없어진 함몰의 땅을 향해 내려감을 보여준다고 할까. 이렇게 볼 때, 이승우에 비해 카프카는 오히려 근본적으로 낙관론자의 입장에 선다. 그에게는 아직 바라보아야 할 희망이 있다. 비록 거기에 이르는 길은 미로이며 그 길을 막는 장애물은 있으나, 필경 도달할 수 있다고 생각되는 표상이 있다. 그러나 이승우에게 있어서는 그러한 대상 자체가 결여되어 있다. 그는 '사회'로 가야 하도록 명령 되었을 뿐 그곳의 위치도, 가는 방법도, 가야 할 까닭도 알 수 없다. 그 행로는 원천적으로 절망적이다. 흔히 『성』을 현대 사회의 조직이 지닌 관료성으로 관찰하는 해석이 있는데, 이승우의 「사령」은 그 전체가 이미 예정되고 짜여진, 일종의 매트릭스적 세계이다. 모든 체계는 각기 그 스스로 즉자적(卽自的)일 뿐, 서로 연계되지 않기 때문에 사실 체계라고 부르기에 합당치 않다. 사물, 혹은 단위 조직 하나하나는 개별적—독자적으로 완결되어 있는 것 같지만, 유기체로서의 기능은 애당초 결여되어 있거나 거부된, 거대한 상황이다. 「사령」은 출발부터 그 강력한 암시를 깔아놓는다.

언제나 그렇듯이 회사는 필요한 말만 했다. 〔……〕 회사는 경제 원리에 부합하지 않는 비용의 과다 지출을 금한다. 말에 대해서도 마찬가지다. 〔……〕 회사는 모르는 것이 없다. 회사는 알 만한 사람들이 다 알고 있다는 사실까지 알고 있을 것이다. (p. 9)

그리하여 회사는 명령하고 지시한다. 짧고 단순하다는 것이 효과적이라는 것을 회사라는 조직—차라리 사물이라고 하는 편이 더 적절할지 모를—은 알고 있기에 그 소통은 일방적이다. 목적은 애당초 알려져 있지 않고, 지시받은 화자인 '나'는 지시된 장소로 가지 않을 수 없다. 그것은 '나'의 희망이나 욕망과 무관하다. 이 소설에서 한층 괴기스러운 사실은, 없는 곳, 그런 이름으로 불리는 지역이 이제 이 지상에 없음에도 그곳으로 가도록 명령 되고 있다는 점이다. 이 사실은 두 가지 무서운 현실을 압축한다. 그 하나는, 언어를 포함한 모든 소통의 단절이다. "그는 우리의 말을 이해하지 못했거나 이해할 마음이 전혀 없다는 의중을 그런 식의 완강한 어투에 담아서 전했다" (p. 15)는 대목은 직접적인 그 사정의 설명이며, 이 밖에도 모든 상황은 교통의 무력함을 노출하고 있을 따름이다.

다음으로는, 존재와 주거의 균열이다. 사람은 자신이 살고 싶은 자리, 살고 싶은 집에서 살아야 한다. 물론 그렇게 되는 일은 쉽지 않다. 그러나 그런 경우, 사람은 이미 사는 자리에 적응해가야 한다. E·프롬은 일찍이 생각하는 것과 존재하는 것이 다르다는 것을 밝혀준 점에서 프로이트의 '무의식' 발견을 평가했으나, 소설 「사령」의 현실은 이와도 좀 다르다. 주인공은 원치 않음에도 '사회'라는 곳으로의 전출을 명령받고, 마치 전방과도 같은 오지에서 9개월 넘게 유폐된 생활을 하고 있다. 고립무원의 상황, 새로운 기대는커녕 어떤 변화도 닫혀 있는 그 상황에 물론 주인공은 적응할 수 없다. 그러나 적어도 표면상 그는 불만과 저항 없이 살아간다. 말하자면 생존이다. 어쩌면 그것은 그 말의 뜻에도 미흡한, 일종의 서식(棲息)이다. 오늘 우리의 삶은 온갖 외화에도 불구하고 서식 수준은 아닌가 하는 질문이 그 두 번째 현실이다. 소설 속에서 '사회'라는 지명이 없어진 이유가 그곳에 창궐한 괴질 때문이며, 경계를 지키는 초병에 의해 그곳으로의 진입이 금지되고 있음에도 주인공 남자는 굳이 그곳으로의 진출을 강행했다는 사실이 알려진다. 그러나 이 소설이 말하고자 하는 바는 명령에의 충실성, 관료 제도의 교활함이나 경직성에 머물지 않는다.

> 사람은 섞여서 살아야 한다. 그렇지 않으면, 예컨대 나의 경우처럼 자기 임무를 망각하는 것 같은 유의 부작용이 생긴다. (p. 27)

그러면서 작가는 요즈음 사람들에게는 자비심이 없다고 한탄한다. 이러한 한탄은 「오토바이」에서는 늙고 병든 자들에 대한 관심으로, 「터널」에서는 패륜의 아버지에 대한 어머니의 지극 정성, 또는 이웃 할머니의 연민에 찬 개입으로, 「사해」에서는 남편에 대한 아내의 무관심 등등으로 변주, 표출된다. 이 모든 자비의 상실은 결국 가정의 상실, 주거의 상실 이외 다름 아니다. 집 문을 열려고 해도 그 문은 열리지 않고, 주인은 끊임없이 문밖에서 서성인다. 일터인 직장에서조차 변방으로 쫓겨나거나, 불안한 대기 상태로 밀려난다.

안주할 집으로부터 추방되거나 실종된 인간은, 이승우 소설에서 '광야'라는 엄청난 화두를 만난다. 갈 곳 없는 그에게 차라리 울타리도 없고 가족도 없는, 저 원시의 땅 광야는 오히려 성스러운 한 대안의 이미지로 부각된다. 문명과 제도로 무장된 이 사회의 논리는 결국 세속의 범주 안에 남아 있을 수밖에 없는 세계의 한계라는 인식이, 그의 눈을 자연스럽게 광야로 돌린다. 광야는 헐벗은 땅이지만, 거기에는 명령도 없고 증오도 없으며, 오히려 창조의 엄숙한 흔적과 표징만이 살아 숨 쉰다. 이 소설집의 대표작이라고 할 수 있는 「그의 광야」에 나타나는 주제는 일면 종교적인 것이지만, 보다 넓은 의미에서 현실의 경직된 구도와 그 속을 살아가는 인간들의 통속성에 대한 가열한 비판이라고 할 것이다. 그것은 문학이 필경 부딪혀야 할 신성성과의 행복한 조우의 시간이다.

## 2

"인생은 광야다"라고 많은 사람들은 말한다. 끝없는 사막의 길이라는 유행가 구절도 있고, 끝이 보이지 않는 이 고생길 언제 끝나느냐는 푸념도 있다. '고해(苦海)'라는 말도 있다. 컴컴한 터널을 지나는 것 같다는 비유도 있다. 모두 광야와 같은 이미지의 힘든 상황을 일컫는 넋두리일 것이다. 오죽하면 성경은 모세 광야 40년의 고행을 위로하기 위해 젖과 꿀이 흐르는 가나안 땅으로 가기 위한 하나님의 훈련이라고 말했겠는가. 물론 광야 40년 이후 실제로 가나안은 나타났으니, 모세 사건을 단순히 하나님의 위로라고만 말하는 것은 불경스러울뿐더러 사실과도 맞지 않는다. 그러나 그 같은 위로 없이 버틸 수 없을 만큼 광야는 거칠고 황량한 땅이다. 인생을 광야로 비유하는 것에는 따라서 적잖은 엄살이 숨어 있다. 인생이 노상 쓸쓸하고 황폐한 것만은 아니기 때문이다. 그러나 어영부영 적당히 육신의 요구만을 따르지 않고, 예컨대 인생이란 무엇이며 그 목적과 본질이 무엇이냐고 고민하면서 지나간다면 광야론은 제법 실감 있게 다가올 수 있다. 인생의 목적과 본질에 육박하는 긴장감 있는 작품 세계를 꾸준히 발표해온 중견 작가 이승우가 던지는 문학의 화두는 바로 이 광야이다. 우리는 광야에 던져진 연약한 존재들이 아닌가 하는 가열한 질문 앞에서 나는 문득 경건해지지 않을 수 없다. 희귀조인 겨울 철새 재두루미를 찾아 목숨을 버리고 달려가는 사내(「재두루미」), 쓰레기통 속에 들어가 앉는 노파(「오토바이」), 갈 수 없는 땅 '사회'로 발령받고 실종된 사원(「사령」), 애인의 변심으로 죽어간 처녀와 암으로 인한 죽음 앞에서 그녀를 기억해낸 중년 남자(「심인 광고」), 아내가 나가버린 집에서 사해를 빌미로 하는 사기꾼 친구의 전화나 받고 있는 사내(「사해」), 돈까지 긁어가면서 집을 나간 아버지를 기다리는 어머니와 그들의 화석화된 비극에 속이 뒤집히는 아들(「터널」), 그리고 마침내 스스로 세례 요한을 자처하고 유대 광야에서 죽어간 사내와 한국의 한 폐허에서 비슷한 죽음을 감행한 그의 아들(「그의 광야」)은 모두 한결같이 이 광야의 소생들이다. 소설집의 마지막 작품 「객지 일기」의 주인공 노인 역시 아무 설명 없이 실종되고 마는데, 작가는 다음과 같은 해석을 덧붙인다.

    그의 집은 비어 있었다. 그는 사라지고 없었다. 나는 그가 공중에 들려 올라간 것이 틀림없다고 믿어 버리기로 했다. 내 방에서 머물고 간 다음 날 이후 그를 보지 못했다는 사실을 근거로 나는 그가 공중에 들려 올라간 것이 그날 밤이었을 거라고 믿기로 했다. 〔……〕 사라지지 못하고 남아 있다는 것, 그것이 그를 평생 동안 괴롭히지 않았던가. 그러자 들려 올라가지도 못하고 지상에 붙박이지도 못한 자의 불안이 엄습했다. (p. 283)

광야에는, 당연한 이야기겠지만, 집이 없다. 따라서 광야에서는 사람들이 살아갈 수 없다. 사람은 집에서 사는 존재, 집이 있어야 살아갈 수 있는 존재이기 때문이다. 결국 인생이 광야와도 같다는 비유는, 집이 있되 그 집에서 안주할 수 없는 인간의 운명에 대한 잠언적 지적이리라. 이승우의 소설은 바로 이 지적의 형상화, 그것도 매우 심각하고 뼈아픈 지적으로서, 우리 문학에서 가장 도스토예프스키적 명제에 근접한 문제작이 아닌가 나는 생각한다.

앞서 그 끝 부분이 인용된 「객지 일기」의 주인공 노인은 아무 다른 가족 없이 늙은 개와 함께 살아가는, 이른바 독거노인이다. 이웃과의 접촉이 전혀 없는 그는 밤이면 다방 아가씨들을 불러들여 잠을 재우지 않고 이야기를 하게 한다. 깊은 밤 목을 길게 뽑고 우는 늙은 개, 그리고 졸면서 무슨 이야기인가를 풀어놓는 젊은 여인 사이에 앉아 있는 노인. 과연 그로테스크하다. 도대체 이 노인은 누구인가. 현실에서의 정체성이 소설에서 밝혀진 것은 없다. 다만 과거에 고문 경찰관이 아니었을까 하는 추측과 개를 박중사라고 부르는 데에서 퇴직 군경 계통으로 막연히 짐작될 뿐이다. 여기서 중요한 것은 그보다는 그가 외로운 자이고, 그 외로움을 이상한 방법으로— 우리가 보기에는 엽기적으로— 해소하고 있다는 사실이다. 그의 엽기는 그의 개가 죽은 뒤, 그가 온데간데없이 사라져 버렸을 때 극점에 이르렀다. 그러나 엽기는 노인에게만 국한된 것은 아니었다. 작중 화자인 '나' 역시 노인에게 감염된 듯, 혼자 살면서 실종될지 모른다는 사실에 불안해한다. '나'의 실종은, 엄밀히 말해서, 휴거 이후 혼자 남게 될지도 모르는 자의 자의식이다. 아침에 눈을 뜨고 일어났는데 세상이 달라져 있을지도 모른다는 불안감. 살아 있는 것들은 다 어딘가로 사라져버린 것 같은 비현실적인 현실감에 화자는 전율하는데, 이 같은 의식은 어렸을 때부터 들어온 휴거에서 비롯된다. 잠을 자고 있는 도중에 다들 하늘로 올라가고 나만 이 세상에 남게 되면 어쩌나…… 하는 마음. 그 마음이, 사라져버린 독거노인의 행방을 휴거와 관련지어버린다. 그러자 들려 올라가지도 못하고 지상에 붙박이지도 못한 자로서 오히려 불안해진다. 일종의 진공 상황이 조성되는데, 이 진공 지대가 이승우 광야의 핵심 모티프로 떠오르는 것이다.

광야에 관하여 그는 「그의 광야」에서 정면으로 다루고 있다. 이 소설에는 화자인 '나'와 그의 친구 우창, 두 청년이 나오는데 둘은 모두 기독교인들이다. 그러나 신앙의 수준이랄까, 정도는 서로 달라서 화자인 '나'가 모태 신앙에도 불구하고 별 확신이 없는, 말하자면 미지근한 습관의 테두리에 머물러 있는 반면, 우창이라는 친구는 신념에 차 있는, 이를테면 독실한 신앙인이다. 그러나 많은 경우 그렇듯이 독실함은 지나침으로 이어져, 기도원→휴거 소동→광야, 이런 식으로 나아가는데, 우창이 바로 그 전형이었다. 그 역시 하늘로 들려 올라간다는 휴거를 믿었고, 그 열성 집단의 일원이었다. 그러나 휴거는 일어나지 않았고, 그 이후 엄청난 혼란이 일어났다. 사실 예수 재림과 휴거는 성경에 분명히 나와 있는 말씀이지만, 그 시간은 아무도 알 수 없다는 것 또한 분명히 기록되어 있으므로, 때를 정해 놓고 휴거 소동을 벌이는 일은 애당초 무모한 광신 놀이였던 것이다. "그때에 인자의 징조가 하늘에서 보이겠고 그때에 땅의 모든 족속들이 통곡하며 그들이 인자가 구름을 타고 능력과 큰 영광으로 오는 것을 보리라. 〔……〕 그러나 그날과 그때는 아무도 모르나니 하늘의 천사들도, 아들도 모르고 오직 아버지만 아시느니라."(「마태복음」 24장 30절, 36절)

남은 사람들, 갈 수 없는 사람들, 그들은 그 믿음을 포기해버리면 아무것도 할 수 없기 때문에, 그야말로 죽음과도 같은 절망 말고는 없기 때문에 필사적으로 그 믿음에 매달리지 않을 수 없다. 〔……〕 그러니까 더 물불 가리지 않는 광신에 빠져들 수밖에 없다. 살기 위해서 희망하는 것이다. (p. 151)

결국 그 집단의 지도자는 사라졌는데, 문제는 우창의 아버지가 집단의 새로운 지도자로 나섰다는 점이다. 우창은 더 이상 미망에 머무를 수 없었으므로 아버지를 만류했으나 그는 설득되지 않았다. 아버지는 오히려 스스로를 세례 요한이라고 선포하고 세례 요한의 거처였던 광야에 직접 가기를 원했고, 실제로 아들 우창을 데리고 그리로 갔다. 작가는 여기서 그들 부자가 서로 한쪽은 다른 쪽의 광신주의를, 다른 쪽은 한쪽의 회의주의를 내심 바꾸고자 하였으나 둘 모두 성공하지 못하였다고 기술한다. 인간의 완악함, 혹은 자기의(自己義)를 보여주는 장면이다.

그러나 신앙인의 자기의는 진지하게 성찰되고 검토됨 직한 상당한 논리를 갖고 있는데, 그것이 바로 문제를 더욱 심각하게 만든다. 예컨대 기독교와 유대교, 그리고 이슬람이 함께 성지로 경배하고 있는 예루살렘을 작가가 "통속으로서의 신성"이라고 규탄할 때, 이미 그곳은 성지로서의 의미를 잃고 있는 것이다. 성스러움의 본질에 육박하고 있는, 우리 소설 초유의 이 문제 제기는 다음 기술을 통해 리얼하게 감동된다.

인간의 아무리 위대한 업적도 성스러운 떨림을 이끌어내지는 못한다. 경탄이라면 몰라도 성스러움은 아니다. 신이 거주하는 곳은, 인간의 가공물이 아니라, 그의 창조의 세계일 것이다. 유대 광야는 아무 말도 하지 않고 아무 사연도 붙이고 있지 않았지만, 그렇기 때문에 사람을 압도했다. (p. 159)

"예루살렘의 빛"은 유대 광야의 신성한 기운에서 나온 것이며, 유대 광야가 없다면 예루살렘도 없었다는 인식이 이로부터 나온다. 요컨대 그 광야는 예루살렘의 자궁이라는 것이다. 우창의 아버지는 마치 세례 요한처럼 이 광야로 들어간 것이다. 그것은 자기의의 선택으로서, 그것이 잘못되었다고 쉽게 판단될 수는 없을 것이다. 그러나 그렇다고 해서, 그것이 잘된 일이었을까? 작가 이승우는 이 질문을 그의 소설 모티프이자 동시에 테마로 삼고, 우리에게 제출한다. 그러나 우리 역시 제출에 동참할 뿐 대답할 처지가 되지 못한다. 근본적으로 그 능력이 없을뿐더러, 문학적으로 이러한 문제 아래에서 훈련되지 못한 것이 우리 독서 현실이기 때문이다. 그것은 기독교인, 혹은 넓은 의미에서 종교인의 관심거리로 밀려나 있었으므로 우리 실존과 그

의미의 핵심에 있음에도 불구하고 문학 밖에 머물러 있었던 것이다. 이승우는 우리 소설의 직무 유기 혐의 혹은 나태한 관습의 둘레를 벗기면서 그 어느 쪽이 옳은 길인지 묻고 있다. 광야로 가야 하는가? 집도 없고 사람도 살지 않는 그곳으로의 진입. 눈을 뜰 수 없고 걸을 수도 없는 광야에서의 삶이란 곧 죽음을 의미할 뿐인데, 죽기 위해 꼭 그곳으로 가야만 하는가 하는. 신앙인들이라면 누구나 깊이 생각해보아야 할 문제이겠지만, 신앙인 아닌 사람들로서도 모두 진지하게 성찰해볼 일이라는 점에 이승우 문제 제기의 보편적 울림이 있다. 그럴 것이 '광야'란 인생살이의 거대한 비유 아닌가.

반복되는 이야기지만, 사람들은 집에서 살지 광야에서 살지 않는다. 광야에서는 결국 죽고 만다. 그런데 이 소설은 광야에서 살다 간 한 남자의 삶을 제시한다. 물론 작가는 그의 삶이 옳다거나 바람직하다고 말하지는 않는다. 그러나 그 타당성을 우리에게 묻는다. 남자의 아들 우창의 다음과 같은 독백은 집과 광야, 삶과 죽음, 현실과 미망 사이를 오가는 작가의 고민을 반영한다.

　그 언젠가부터 나는 광야의 모래흙 위에 눕고 싶었다. 들어온 사람을 가두는 미로인 광야에서 나 또한 실종되고 싶었다. (p. 177)

이 소설은, 그 텍스트를 밀착해서 따라간다면 기독교의 신성에 관한 탐구가 그 주제라고 할 수 있다. 지상 교회의 제도적 통속성을 신성으로 받아들여야 할 것인지, 만약 그것이 의문시될 때 찾아야 할 신성은 과연 어디에 존재하는지, 혹 어떤 제도적 개입도 없는 광야에 있는 것은 아닌지, 치열한 질문이 그 속에 있다. 그러나 한 발짝 물러나 그 전체의 울림에 귀 기울인다면, 거기에는 일종의 알레고리와도 같은 충격이 파장을 던지고 있는 것이 사실이다. 그 첫번째 파장은 우리의 존재 자체를 건드린다. 너는 대체 어디에 있느냐는 존재론적 반성을 그것은 요구한다. 우리는 혹시 너무 집에 있는 것은 아닌가? 말하자면 일상의 안주를 즐기면서 그 의미 바깥으로는 조금도 나가지 않는, 두더지와도 같은 삶에 매몰되어 있는 것은 아닌지 되돌아보게 된다. 그 일상은, 릴케가 『두이노의 비가』에서 말한 식으로 말한다면, 해석된 일상일 뿐 그 원래의 모습, 즉 진실은 아니다. 그 다음으로는, 비슷한 논리이겠으나, 제도와 관습, 이념 등 인간이 조작한 현실 안에서 진리까지 위조될지도 모른다는 두려움, 그리고 그 두려움마저 잊고 사는 불감의 세태가 떠오른다. 너는 도대체 무엇을 하고 있느냐는 행위론적 반성 같은 것과 이 문제는 연관된다. 가장 큰 파장은 죽음과 관련된 우리의 불안, 무지를 두드리면서 일어난다. 모든 사람들은 죽음을 두려워한다. 죽음 자체도 받아들이기에 너무 낯설지만, 무엇보다 죽음 그 이후를 알 수 없기 때문이다. 그러나 이 소설에서 작가 이승우는 유대 광야와 그리고 한때 휴거 소동이 일어났던 집단의 옛 폐허 자리에서 죽어가는 두 남자들을 보여주면서, 그들 죽음에 상당한 의미와 가치가 있을지도 모른다는 메시지를 우리에게 전한다. 그것은 죽음 이후의 시간이나 공간을 작가가 구체적으로 열어 보여주었기 때문에 생겨난 것이 아니다. 두렵고 알 수 없는 죽음, 그렇기 때문에 누구나 피하고자 하는 죽음을 우창 부자와 더불어 작가는 정면으로 수용하면서 거기서 신성의 가능성을 말하고 있기 때문이다. 그것은 신성—경건성—권위를 상실하여 헤매고 있는 우리 사회를 향한 경고로서, 마지막까지 살아남는 문학의 위의(威儀)를 보여준다.

글은 거기까지 기록되어 있었다. 나는 잠든 것 같은 우창의 얼굴을 오랫동안 내려다보았다. 언뜻 그의 얼굴에서 수천수만의 회색 구릉들을 본 것 같았다. 미로인 광야, 죽음을 내장하고 있음으로써, 내장하고 있기 때문에 신성을 얻은 광야를 본 것 같았다. (p. 177)

트리비얼리즘의 극복이 아니라, 트리비얼리즘의 생산에 기여하고 있는 오늘의 소설 풍토에서 이승우의 이 외침은 허허롭다. 그러나 그렇기 때문에, 한없이 실팍하다. 죽음을 껴안고 있지 못하면 온전할 수 없는 삶. 그렇기에 많은 소설들은 반쪽의 삶에 매달리어 마치 전체 삶을 끼고 있는 듯한 미성숙에 머무르면서 세속/통속을 끊임없이 재생산함으로써 죽음/신성을 회피한다. 그 회피는 두려움과 동시에 무지로부터 비롯된다. 세상이 이념적, 물상적 천박에 함몰되어 있다면 문학은 그것을 깨워주어야 할 것 아닌가.

사실 죽음의 문제는 이승우의 소설 거의 전편에 편재해 있다. 게다가 그 죽음은 그럴 만한 가치가 있는 것들로서 작가의 조명과 지원을 받고 있다. 살펴보자.

그는 나를 막으려고 한다. 그러나 그는 나를 막을 수 없을 것이다. 왜냐하면 내가 멈추지 않을 것이므로. 순간 턱에 닿아 있던 쇠붙이가 경련을 일으켰다. 〔……〕 그리고 나는 어느 누구의 주권도 미치지 않는 완벽한 하늘에 죽은 듯 떠 있는 한 마리 재두루미를 보았다. (p. 63)

안정제를 맞고 병원 침대에 누운 어머니는 조용했다. 평화로워 보이기까지 했다. 나는 그 순간 어머니가 행복한지 모르겠다는 생각을 했다. 〔……〕 나는 바구니 바닥에 담요를 깔았다. 그리고 어머니의 몸을 그 위에 놓았다. (p. 206)

우리가 잘 사는 것이 결국 무엇을 위해서이겠느냐. 잘 죽기 위해서가 아니겠느냐. 잘 죽지 않는다면 설령 잘 살았다고 한들 무슨 소용이 있겠느냐. 그것이 어떻게 좋은 삶이겠느냐. 좋은 삶의 대단원이 좋은 죽음이다. (p. 74)

허위와 미망으로 점철된 영장류의 일생 가운데 유서를 쓰는 순간이 가장 진실하다는, 혹은 그 순간에만 진실하다는 말은 아마 허위나 미망이 아닐 것이다. (p. 111)

위의 글들은 각각 「재두루미」「오토바이」「심인 광고」「사해」에서 뽑은 것인데, 「그의 광야」「객지 일기」 등 이미 거론된 작품들을 포함하면, 사실상 소설집 전체의 테마가 바로 죽음이라고도 할 수 있다. 그러나 이들 죽음은 한결같이 종말과 절망의 이름 아닌, 세속을 넘어서는 힘, 혹은 영원한 가치를 위해 지불되어야 할 마땅한 과정으로 인식된다. 가령 「재두루미」에서의 죽음은 그 재두루미를 보기 위한 불가피한 희생으로 그려지며, 「오토바이」에서의 죽음은 더러움과 어지러움, 고통과 수모로부터의 탈피라는 극복의 수단이 된다. 쓰레기통으로 기어 들어가기 일쑤인 어머니의 치매, 그로 인한 아들의 수모가 일거에 해결되고 피차의 평안이 회복되는 통로—죽음인 것이다. 거기에는 오히려 안식이 있다. 「심인 광고」에서 죽어가는 암 환자의 고백을 통한 죽음의 위엄은 가장 직접적으로 작가의 죽음관을 드러내준다. 좋은 죽음을 통해 좋은 삶이 완성된다는 생각은 유서 쓰기를 통해 죽음에 대한 적극성을 연습하고, 그 과정에서 삶에 대한 진실성을 얻어간다는 인식으로 발전한다. 죽음에의 내면적 결행으로 오히려 죽음을 넘어설 수 있다는 작가의 메시지는 확실히 우리 소설의 깊이를 심화시킨다. 이승우의 소설은 아직도 그 먼 자리에 머물러 있는 불모의 정신에 대한 위안이며 희망이다.

그의 소설 「재두루미」가 그렇듯이 민통선 안의 재두루미 같은 이승우여, 이제는 민통선 밖으로도 훨훨 날아서 재두루미의 아름다움을 한껏 뽐내보려무나. 세겜을 떠나 벧엘에 이른 야곱처럼. 우리의 벧엘은 어디일까.

# 현대시의 새로운 깊이와 도전
—— 제1회 미당문학상을 보면서

황동규와 정현종의 시가 갈수록 깊어지고 있다. 이들의 깊어감은 곧 우리 시의 깊이를 반영하는바, 흔히 정신사적 문맥 안에서 결핍과 혼란으로 지적되곤 하던 우리의 시정신도 이제는 한 단계 높은 수준에 도달하고 있는 것으로 판단된다. 물론 다른 여러 시인들도 그리 멀지 않은 자리에서 이들과 동행한다.

> 예수는 33세로 어느덧 세상 떠나고
> 이젠 어쩔 수 없이
> 80세까지 겨웁게 황토길 걸어 적멸한
> 불타의 뒤꿈치 좇아가는 길.　　　　——「아득타!」 앞부분

황동규의 시다. 「풍장」 이후 삶과 죽음이라는 인생 본질에 정면으로 도전해온 그가 마침내 예수와 불타를 껴안는다. 물론 시에서 그들 이름이 나왔다고 해서 곧 그들이 시인에 의해 깊이 있게 다루어졌다고 생각하는 것은 속단이다. 그러나 황시인이 그동안 사찰과 불교에 깊은 관심을 표명하면서 많은 시들을 써왔고, 그 환경과 시적 공감을 나누어왔다는 점을 생각할 때, 예수와 불타의 동시 등장은 심상치 않다. 문학의 끝이 결국 종교의 어느 부분과

맞닿아 있다면, 사실 우리 시의 이 같은 관심은 매우 늦은 편이다. 노발리스와 횔덜린, 괴테와 도스토예프스키, T. S. 엘리엇 등등을 보자. 어느 위대한 시, 어느 위대한 작가가 종교와의 만남과 갈등, 그 고민과 결단 없이 정신의 깊이에 이를 수 있었는가. 황동규의 「아득타!」는 그만의 아득함이 아니다. 그러나 이제 아득할지언정 시인 앞에 나타난 예수와 불타는 문득 그 선연한 모습으로 그의 시세계를 거듭 새롭게 해줄 것으로 기대된다.

〔……〕 성벽 여기저기 입혀지는 돌옷〔地衣〕에도 뛰놀던
저 지구의 핏줄
십자가에 오른 예수는 보았을까,
저 아래 뒹구는 손도끼 곁에서 막 새로 태어나는 바람을.

최근 소설가 김원일이 상자한 『슬픈 시간의 기억』이라는 소설집에서 죽음의 상상력이 우리 문학에 본격적으로 데뷔하였듯이, 우리 문학은 이 부분이 매우 약하다. 그러나 시인 박태일이 감탄하며 지적했듯이 황시인에게는 "삶과 죽음의 지평선을 켜켜로 밟고 온 이의 싱싱한 반어"가 있다. 즉 죽음의 상상력이다. 죽음을 앞둔 예수의 시각 속에 들어간 시인의 상상력은 무한대로 약동한다. 황동규 시의 탁월함은 모든 사물, 모든 현상을 시로 만들어내는 그의 강인한 시정신에 있다. 그 강인함 속에는 인간을 향한 사랑, 현실에 대한 투철한 비판의식, 섬약한 감수성, 언어를 탁마하는 집요한 손길, 격정과 절제의 긴장 등이 모두 포함되는데, 이제 그 근원으로서의 신과 초월의 문제가 마침내 가미되었다. 지금까지의, 물러설 줄 모르는 우주적 탐색의 도정으로 미루어 어쩌면 당연한 일이리라.

운율의 미학, 혹은 가락의 전통에 무관심한 편인 우리 시에 있어서 정현종의 존재는 단연 독보적이다. 초기 시부터 동어반복의 기법을 즐겨 사용해온 이 시인의 시는 그 같은 방법 때문에 많은 시들이 비슷비슷해 보이고, 때로

동요(혹은 동시?) 같은 느낌을 주는 것이 사실이다. 그러나 정현종의 성공은 역설적으로 바로 이러한 유동(類同)의 지속성에 있다. 가령 「견딜 수 없네」라는 작품을 보자.

> 갈수록, 일월(日月)이여,
> 내 마음 더 여리어져
> 가는 8월을 견딜 수 없네
> 9월도 시월도
> 견딜 수 없네

이렇게 시작되는 시는 모두 20행으로 된 짧은 시행들인데, 그중 7행을 "견딜 수 없네"라는 말로 끝내고 있다. 시를 읽는 독자로서는 참으로 견딜 수 없는 반복이다. 그러나 이상하다. 반복은 대체로 지루함을 가져오게 마련인데, 여기서는 별로 지루하지 않다. 그렇기는커녕 오히려 서늘한 느낌마저 준다. 특이한 상황이다. "견딜 수 없다"는 의미가 주는 뜨거움에도 불구하고 차라리 시는 시원한 느낌으로 연결된다. 이 기묘한 아이러니 속에 정현종 시의 매력이 숨어 있다. 뜨거움을 토로하고 있음에도 불구하고 그의 시가 서늘한 것은, 짧게 결론지어 말한다면, 시적 자아가 강렬한 주관에 의해 묶여 있지 않기 때문이다. 시인이 자기 스스로에 탐욕적으로 집착하지 않고, 그 대신 자신을 대범하게 놓아버린다는 말이다. 그리하여 "견딜 수 없네"가 되풀이되고 있는데도 시를 읽는 독자들의 마음에는 견딜 수 없음의 근본 감정인 초조, 불안, 안타까움과 같은 급박한 주관이 다가오지 않는다. 강한 욕망의 주관에 의해 포박되지 않는 자아. 그것이 정현종의 시적 자아이다. 나는 그것을 그의 시가 갖는 초월의 세계라고 부르고 싶다. 그의 서늘함은 이 초월이 빚어내는 공간이다. 따라서 반복되는 시구 "견딜 수 없네"는 무의미한 동어반복 아닌, 초월을 향한 숨찬 극복의 과정이다. 이런 의미에서 그의 시는 어쩌면 힘든 삶의 현장에서도 눈물과 땀을 웃음과 해학으로 바꾸어가는 노동요(勞動謠)와도 흡사한 모습을 띠고 있다. 그러나 이러한 초월이 노상 흥겹기만 한 것도 아니고 흥겨울 수만도 없다.

> 좀 쓸쓸한 시간을 견디느라고
> 들꽃을 따서 너는
> 팔찌를 만들었다.
> 말없이 만든 시간은 가이없고
> 둥근 안팎은 적막했다.  ——「어떤 적막」 앞부분

흥겨운 가락으로 인도된 초월이란 어차피 인간적 정서와 회한을 바탕으로 한 시공(時空)을 벗어날 수 없기에 "쓸쓸한 시간"에 머무른다. 시적 초월은 성공했지만, 그 성공의 내부는 '적막'으로 가득 찬 공간이다. 그러나 어떠랴, 그 적막으로라도 일가를 이루었으니.

> 그리로 우주가 수렴되고
> 쓸쓸함은 가이없이 퍼져나간다.
> 그 공기 속에 나도 즉시
> 적막으로 일가(一家)를 이룬다—
> 그걸 만든 손과 더불어.  ——「어떤 적막」 끝부분

정현종의 적막 일가는 동년배 시인 최하림에게서도 비슷하게 변주된다. 자연에 대한 깊은 애정과 관찰을 통해 생명의 근원을 발견하고 노래하는 일로 최근 부쩍 정력적인 활동을 하고 있는 이 시인에게서도 적막은 그의 중심을 향해 찾아온다.

> 나는 마을 앞 당산나무 아래 차를 세우고
> 한동안 덕유산을 본다 산은 어느 때고
> 물에 젖은 채 입 다물고 있다
> 침엽수들이 해마다 솟아오르면서
> 골짜기는 깊어가고 내를 따라 가을물은
> 졸졸졸 흐르다가, 그것도 그치고 나면
> 일대는 무통의 적막뿐, 그뿐,
> ──「갈마동에 가자고 아내가 말한다」 중간 부분

정현종의 적막이 시적 자아 자체라면, 최하림의 적막은 시적 대상의 모습으로 우선 떠오른다. 전자가 내부의 충일로서 자리 잡고 있다면, 후자는 밖의 현상으로서 시인의 맞은편에 서 있다. 물론 그 자리는 차츰 주위에 가득 차면서 시인을 에워싸는 형세를 취한다. 그리하여,

> 아내는 낮은 소리로 산을 보고 있으면
> 우리는 작아지고, 그림자들이 우리를
> 어둠 속으로 몰고 간다고, 나는
> 말없이 귀를 기울인다 말은
> 은빛으로 반짝이면서 저녁 하늘로
> 퍼져가다가 산 아래, 나무 아래, 돌 밑에 숨어들어간다

고 적는다. '적는다'고 나는 썼는데, 이 시를 비롯한 많은 그의 작품들은 마치 밖의 풍경이나 누군가의 움직임(여기서는 '아내의 말')을 조용히, 차분하게 적는 것 같다. 시인 자신의 개입은 극도로 절제되어 있다. 최시인의 지난 날을 생각해볼 때, 엄청난 변화이다. 젊은 날, 이 시인은 내면의 움직임을 화려한 언어로 이미지화하는 일에 매달린 일이 많았다. 중년에는 이웃의 고달

픈 삶을 이른바 민중적인 시각에서 부지런히 고발하기도 했다. 그 어느 경우든 시인의 뜨거운 열정이 얼핏얼핏 무늬를 놓고 다녔다. 이럴 때 사물이나 현상, 곧 시의 대상은 제 얼굴을 제대로 드러내기 힘들었다. 그러나 최근의 시에서 그 얼굴들은 해맑은 모습으로 우리 앞에 다가온다. 감정과 해석이 배제된 채 바라보는 관찰, 혹은 시선의 힘이다. 가장 손쉬워 보이는 이 같은 세계와 그 방법은, 그러나 시인이 자신의 감정과 생각, 이념을 이제 통제할 수 있게 되었음을 뜻한다. 세계가 저만치, 시인은 이만치 있을 수 있게 된 것이다. 그사이에 간격이 생기고 침묵이 생기며, 그 결과 낯선 친화력이 형성된다. 최하림의 시는 이 형성과 더불어 성공의 순간을 누린다. 우리는 이 순간, 시인에 의해 포착된 그윽한 풍경과 함께 시인 자신의 그윽한 내면을 동시에 체험한다. 최하림의 적막은 이 과정에서 획득된다. 아니 이 과정 자체이다.

정현종과 최하림은 이 밖에도 세계 인식에 있어서 비슷한 마음을 보여준다. 그것은 이들이 시간에 대해 매우 민감해졌으며, 그것을 시의 대상으로서 본격적으로 인식하고 있다는 점이다.

 1) 끝을 모르는 시간 속으로 새들이 띄엄띄엄 특별할 것도 없는

  날갯짓을 하면서 산 밑으로 돌아나간다 강물이 흘러내려가고

 2) 오랫동안 산기슭에 있던
  마애불마저도 돌 속으로
  들어가 돌의 눈으로
  달리는 시간을 봅니다
  시간의 물이 끝없이 아우성치며
  서산으로 흘러갑니다

3) 더욱 급하게 시간들은 들을
　　뒤덮고 염소와 나무들은
　　어둠 속에 있다 우리는
　　모두 어둠 속에 있다

4) 손짓과 포옹들이여
　　눈물과 웃음들이여
　　시간의 바람결이여

5) 시간을 견딜 수 없네.
　　시간의 모든 흔적들
　　그림자들
　　견딜 수 없네.

6) 시간의 모습이다
　　얻는 건 없고
　　잃는 것뿐이다
　　흉악하다거나 야속하달 것도 없이
　　시간은 슬픔이다

　1), 2), 3)은 최하림, 4), 5), 6)은 정현종의 시들에서 뽑은 부분들인데, 한결같이 시간에 대한 깊은 관심을 전면에 내세우고 있다. 정현종의 시간은, 세상 모든 것들이 시간적 존재라는, 다분히 기독교적인 시간관과 맥을 같이 한다. 인생이 아침 이슬과도 같고, 헛되고 헛되니 모든 것이 헛되다는 전도서의 전언이 세속적 시간의 덧없음을 말하고 있다면 정현종의 시간은 그 속에 있다. 다만, 그 같은 덧없음이 아쉬울 뿐인데, 그렇다고 해서 거기에 집착

하지는 않는다. 오히려 그 덧없음을 분명히 함으로써 그 슬픔을 확인한다. 그가 역사, 혹은 역사의 힘에 대해 다소간에 부정적인 견해를 간단 없이 피력하는 것은 따라서 지극히 당연하다. 그것은 비역사주의나 역사의식의 결여 아닌, 우주적·종교적인 틀에서 접근될 때 그 본질이 드러나는 생명의 시간이다.

반면, 최하림의 시간은 아직 인식이 완성되지 않은, 미명(未明)의 대상이다. 시인의 자신의 의식과 손으로 시간을 만져서 자신의 음성으로 그에 대해 분명히 발음하지 않는다. 시간은 시인에게 "끝을 모르는" 존재이며, "소리 지르지도 않고 정지/하지도 않은 채 종잡을 수 없이/자취를 감추는" 존재이며, "끝없이 아우성치며/서산으로 흘러가는" 물과 같은 존재이다. "더욱 급하게/들을 뒤덮고" 있는 존재가 시간이다. 이 존재는, 정확하게 말해서, 존재라기보다 그저 현상이다. 그렇기 때문에 정현종의 시간이 존재론적임에 비해 최하림의 그것은 현상적이다. 또한 전자가 정적이라면, 후자는 동적이다. 전자가 더없이 흘러가는 속성 때문에 흐름의 내용물을 갖고 있지만, 그것은 이미 일정하게 단순화·추상화되어 있다. 속성과 본질은 잘 인식되어 있으며 널리 알려져 있다. 그러나 후자는 알 수 없는 물건처럼 사물이나 사태를 감싸고 뒤덮은 어떤 힘으로 그려진다. 알 수 없는 막연·막강의 힘—.

송수권과 고재종의 시세계도 근본적으로는 자연에 의지해 있다. 송 시인의 경우, 자연에 대한 애정과 함께 현실적인 이슈를 그때그때 도입해가면서 시적 변주를 보이는 데에 있어서 상당한 능력을 나타내왔다. 그리하여 그의 시에는 슬픔도 기쁨도 간단 없이 자리바꿈을 하고 드나들지만, 특정한 배경 없는 존재론적 슬픔이나 존재론적 기쁨은 별로 채색되지 않는다. 예컨대 이렇다.

   저 양지쪽 감나무밭 감잎 움에 햇살 들치는 것
   이 봄에는 정작 믿는 것이 있는 때문
   연초록 움들처럼 차오르면서, 햇빛에도 부끄러우면서

지금 내 사랑도 이렇게 가슴 두근거리며 크는 것 아니랴
감잎 움에 햇살 들치며 숨가쁘게 숨가쁘게
그와 같이 뺨 부비는 것, 소곤거리는 것,
내 사랑 저만큼의 기쁨은 되지 않으랴 ──「내 사랑은」 뒷부분

시인은 기쁘다. 양지에 햇살 들치는 풍경이 기쁘기 짝이 없는데, 문제는 그 기쁨이 아름다운 풍경 자체에서 나오는 것이 아니라는 점이다. 정작 믿는 것이 따로 있기 때문인데, 그것은 즉 사랑이다. 마찬가지로 공해로 썩어가는 우포늪에 대한 경고, 비로봉의 아름다움을 찬탄하면서도 분단의 아픔을 환기하는 현실 인식이 언제나 그의 자연 묘사에 동반된다. 이것은 송 시인의 장점이자 단점일 수도 있다. 관심의 다양함은 시의 재미일 수도 있고 건강한 현실의식의 발로일 수도 있지만, 집중적인 시세계의 형성에 때로 혼선을 일으키기도 하는 것이 사실이다.

비슷한 느낌은 고재종에게도 향한다. 송수권에게서도 부분적으로 나타나고 있는 운율에의 배려와 더불어 고 시인의 시도 자연에 대한 친화력을 바탕으로 전개된다. 「백련사 동백숲 길에서」「청대밭으로 가리」「방죽가에서 느릿느릿」 등 많은 작품들이 자연과 아름답게 동행한다. 그에게서 특이한 것은, 자연을 노래하는 톤이 전통적임에도 불구하고("누이야, 네 애틋한 말처럼/네 딛는 발자국마다에/시방 동백꽃 송이송이 벙그는가") 복고풍의 진부함 대신, 신선함과 패기 같은 것이 느껴진다. 그의 이 같은 성취는 두 가지 측면과 관계된 듯하다. 우선 시의 조사(措辭)가 다양하고 단정하다.

그러면 타는 밭과 빠지는 수렁을 넘던
우리의 외진 사랑과 노래여, 안녕.
이 저녁 아득아득 저무는 길에서도
찔레 열매들 형형, 사상을 묻고

실베짱이 씨르래기 풀무치 한 떼는
시간 너머의 더 높은 꿈을 연주한다.
너와 난들 이 무명을 무얼로 점등하랴.

     ——「묵정지, 이 쓸쓸함의 저편」 뒷부분

 특히 종결어미의 속도감 있는 변주는 관찰의 대상이 시골의 자연, 그 풍물임에도 촌스럽게 가라앉는 것을 거부한다. 또 다른 한 측면은, 시의 대상을 향한 시인의 따뜻한 마음씨이다. 글쎄, 사랑이라고 할 수밖에 없을 이 마음씨는, 비교적 즉물적인 묘사 가운데에서도 그 묘사를 건조함으로 떨구지 않고 촉촉한 습기로 뒷받침해준다. 이러한 특성들이 어울려 그의 식물성 작품에 드문, 탄탄한 탄력을 제공하고 있다.
 자연, 식물, 농촌을 시적 대상으로 하고 있는 듯하면서도 그것들이 어울려 풍겨내는 소극적·수동적 분위기와 떠나 있는 시인이 김명인이다. 「저 능소화」 같은 작품을 보면 "주황 물든 꽃길이 봉오리째 하늘을 가리킨다"는 첫 시행만 꽃의 형국을 일러줄 뿐, 그 다음으로는 종횡무진 이미지의 생략과 비약이 마음대로 단절, 연결된다. 결국 자연은 크든 작든 하나의 모티프에 지나지 않는 경우가 대부분이며, 중요한 것은 이때 시인 자신의 어떤 메시지이다. 비록 그것이 알레고리 혹은 인생 교훈일지언정 시인은 하고 싶은 말이 많다. 양심과 같은 자기 성찰이 강한 시인에게서 보여지는 일반적인 인상과 성향이 그에게서 대체로 그대로 반영된다.
 황동규, 정현종, 최하림 등의 동년배 시인들과 함께 오랜 세월, 자신의 독특한 시세계를 견지해온 정진규를 읽는 즐거움도 남다르다. 그의 시세계는 대체로 그의 주변 일상이다. 그 일상을 그는 세밀한 관찰력과 애정, 그리고 가벼운 풍자의 시선으로 포착하여 흡사 그림을 그리듯 그려낸다. 그 그림은 때로 수필처럼 정갈한 산문시의 형태로 나타나기도 하며, 쌈박한 수채화처럼 빛나기도 한다.

저녁 무렵 겨우 비가 내렸다 땅으로 함께 뛰어내렸던 꽃잎들, 꽃잎들이 기절해 있다 맨살로 땅바닥에 찰싹 붙어 있다.　　　　──「춘궁」 앞부분

　빗속에 땅바닥에 떨어져 있는 꽃잎들이 이렇게 감칠맛나게 표현될 수 있는 것은 섬세한 감수성과 사물에 대한 사랑의 소산이리라. 이러한 언어의 질감이 시인 내부와의 교통을 통해 정신적 승화의 길로까지 나간다면, 감각과 정신이 이어지는 시정신의 새로운 활로로 축복받을 것이다.
　여성 시인들인 나희덕과 김혜순의 진보도 90년대 이후 한국 시단에서 각별하게 기억되어야 할, 소중한 수확이다. 김혜순 시인은 페미니즘의 정신을 시의 바탕에 깔고 있다는 점에서 여성 시인으로서의 특성을 보여주고 있으나, 그보다 훨씬 보편적인 차원에서 새로운 도전을 통해 일정한 성과를 올리고 있는 주목할 만한 시인이다. 특히 상식과 고정관념을 뒤집으면서 중산층의 왜곡된 습관과 거짓을 부수어버리는 그의 언어는 때로 통쾌하기까지 한데, 그 결과 이미지는 분열의 형태로 존재하기 일쑤다. 아름다운 비너스의 조각상이나, 잘 조화를 이루고 있는 인상파의 회화들은 그의 것이 아니다. 그의 이미지는 차라리 의미 불통의 차가운 설치미술품에 가깝다.

　　여름비가 오열하는 파도처럼
　　춤추는 사람 천 명을 때린다
　　격정적으로 때린다

　　숲의 천 그루 나무들이
　　전신으로 물방울을 튀기며
　　쏴아 쏴아 군무에 빠져 있다

그럴 때가 있다 갑자기
느닷없이 내가 내 몸 속으로 깊이 깊이 숨어들 때가
들어가선 못 빠져나와 안간힘 쓸 때가 　　——「흐느낌」중간 부분

　작품이 되어 드러누운 것은 시인 자신의 몸이다. 시인은 몸속으로 숨어버려 보이지 않는다(이래도 되는 걸까? 하기는 요즈음 시인——예술가들은 못하는 것이 없다. 김혜순 시인도 예외가 아니다. 아니, 앞장선다) 그런가 했더니 몸속에서 오히려 천 명이나 쏟아져 나온단다. 시인의 몸은 이제 완전히 알라딘의 램프다. 보물 동굴이다. 어느덧 그 천 명은 천 그루의 나무가 되어 전신에 물방울을 튀긴다. 이런 종류의 이미지는 적어도 전통적인 시학에는 없다. 이미지가 우리말로 영상이라면, 김 시인의 이미지는 동영상이다. 뒤의 것이 앞의 것을 지우고, 둘은 다시 함께 어울려 사라진 뒤에 자신들의 알리바이마저 부인한다. 이런 일들이 여성으로서의 페미니즘적 시각 때문인지 조형적 전통과 서정성에 대한 싫증 때문인지 아직은 확실치 않다. 다만, 무서운 도전이다.
　다른 한편 후배 시인 나희덕은 오히려 그보다 훨씬 전통적인 시세계에 머물러 있다. 그러나 이 머무름은 이미지의 조형과 그 파괴에 과격한 몸짓을 하지 않는다는 사실일 뿐, 이 시인 역시 대상에 대한 이름을 지우고 다시 부여하는, 끊임없는 낭만의 시인이다. 따라서 그의 언어들은 범상하고 평이하지만, 시의 대상이 된 사물과 새로운 이름으로 주어진 언어와의 관계는 늘 새롭고 낯설다.

차오르는 몸이 무거웠던지
새벽녘 능선 위에 걸터앉아 쉬고 있다

신(神)도 이렇게 들키는 때가 있느니! 　　——「상현(上弦)」앞부분

상현달의 모습이 이렇게 그려질 때 그 달은 순간의 창조와 만나고 있는 것이다. 달의 모습이 힘들고 안타깝게 생각되는 마음이 낳은 이 절묘한 표현 속에는 이미 달과 함께 그 옆에 앉아 있는 시인이 있다. 달은 여기서 하늘의 신비 아닌 지상의 수고로 뒤바뀌면서 달라진 제 모습의 일부를 보여준다. 나희덕의 낭만 속에는 이렇듯 환상과 지상의 통합이 시도되는가 하면, 사랑과 성실이 맞은편에서 서로 웃고 교환의 수고를 주고받는다.
　끝으로 나는 「비어 있는 자리는 눈부시다」 등의 눈부신 작품들을 보여주고 있는 노장 허만하의 활약을 상찬하지 않을 수 없다. 비록 그 표현 부분부분이 5, 60년대적 상투어에서 완전히 벗어나지 못한 감이 있다고 하더라도, 자연과 사물 속에 자신을 겸손히 파묻고 그것을 냉정히 관찰, 묘사하는 손의 익숙, 거기에 원숙이라는 말을 붙여 비례(非禮)가 되지는 않을 것이다.

# 시의 홍수와 에스프리
―제2회 미당문학상을 보면서

1

"시냇가에 앉아 바지 걷고 구두와 양말 벗는다"는 탁족(濯足)의 세계는 한국 시단의 대표 시인 황동규가 보여주지 않더라도 우리 모두 잘 알고 있는 시원한 납량(納凉) 방법이다. 그 「탁족」이 제2회 미당문학상 수상작이 되었다. 여기에는 40년을 훨씬 뛰어넘는 세월 오직 시 하나만을 일구어온, 그리하여 우리 한국어를 아름답게 길러준 시인에 대한 감사의 뜻도 숨어 있으리라. 그러나 황동규 시인에게는 그 같은 감사를 넘어서는 독특한 그만의 시적 공간이 있으며, 이 공간의 창조성은 20세기 후반 한국시에 크게 기여해왔다. 「탁족」을 비롯한, 최근에 발표된 그의 작품들에는 이러한 노력의 숨결이 숨가쁘게 모두 녹아 있다.

황동규의 시는, 한마디로 요약하는 것이 허락된다면, 내성(內省)의 시라고 할 수 있다. 끊임없는 자기 성찰이 그의 시인데, 그리하여 시의 대상이 항상 시인 자신이기 때문에 때로 거부감을 일으키기도 한다. 왜 이 시인은 늘 자기 자신에게만 관심을 갖고 자기에 대해서만 말하는가 하는 불만이 독자 쪽에서 제기될 수 있다는 것이다. 그러나 그 관찰의 작업이 괴롭기 그지없는 내부 굴착 공사라는 사실을 상기한다면, 시인의 그 같은 글쓰기는 차라리 외경을 넘어 연민의 느낌마저 불러온다. 강원도 어느 산골짜기에 앉아서 안 터지는 휴대폰을 바라보며 쓴 시「탁족」에서는 얼핏 무용(無用)함과 섬세함이 직조(織造)하는, 거역할 수 없는 삶의 기미가 문득 우리를 슬프게 한다. 산골짜기에서는 당연히 안 터지게 마련인 휴대폰 이야기에 집착하는 이유가 대체 무엇인가? 그 당연함을 시인은 이리 뒤집고 저리 뒤집는다. 결과는 물론 휴대폰 터지지 않는 자연과의 벗함에 대한 행복감인데, 그 행복감 뒤에는 꼭 교통 범칙금 고지서까지 지겹게 지니고 다니는 소시민적 자아에 대한 자괴감이 수반된다. 바로 이 행복감과 자괴감이 황동규 시 전체를 지배하는 엇갈리는 분위기로, 시인은 자칫 통속으로 빠지기 쉬운 이 분위기를 기묘하게 긴장으로 이끌어간다.

황동규 시 성공의 비결이기도 한 이 긴장은, 어휘 하나하나에 대한 세삼한 배려의 공력과 관계되리라. 그리하여 통속은 어느덧 "화끈한 문신(文身)들"이 되는데, 시인은 여기에 덧붙여 "인간의 손이 쳐서/채 완성 못 본 문신도 있다"면서 AS용 마감재까지 장치한다. 설계와 안무에 뛰어난 자가 예술가라면, 황동규는 늘 그 세계를 겨냥하고 있음이 틀림없어 보인다. 비운의 화가 이중섭을 그린 시「이중섭의 시」에서도 화가의 고통스러웠던 삶은 오직 작품인 그림을 통해서만 시에서도 역시 회화화(繪畵化)될 뿐이며, 정신사적 깊이에 도전한「적막한 새소리」에서도 예수와 불타, 그리고 원효는 동일한 차원에서 정신의 시소 게임을 하면서 팽팽한 화면의 긴장을 지키고 있다. 이제 황동규에게 남은 과제는 그가 만들어온, 탁 치면 찢어질 듯한 그 시의 화면을 그 스스로 찢고 도약하는 일이리라.

비록 미국에 거주하고 있으나 국내의 어느 시인보다 왕성한 힘과 열정으로 높은 수준의 작품들을 보여온 마종기 또한 비슷한 연배의 중진 시인으로 우리의 주목에 언제나 값하고 있다. 미당문학상의 대상이 된 여러 작품들도 이같은 주목을 더욱 값지게 한다. 그의 시세계의 중심을 이루고 있는 사랑의 메시지는, 그 사랑이 문학의 영원한 테마임에도 불구하고 날이 갈수록 상투화·천박화되어가고 있다는 점에서 새삼스럽게 우리의 정신을 잡아 흔든다. 그것도 아주 부드럽게, 아주 작은 톤으로.

> 어둔 밤에 탐조등같이 신기한 빛을 따라가면
> 늦가을 씨받이 목화밭이 될 것이다.
> 한 개의 초생달이 천 개 만 개로 늘어나는
> 비구상 구도의 밝은 얼굴의 목화야
> 부드럽고 연한 촉감이 큰 빛을 만드는구나.

「목화밭에서」라는 그의 시 시작 부분인데, 은밀한 가운데 경건함마저 느껴지는 아름다운 시의 예감으로 충만하다. 과연 이 시는 목화로 상징되는 부드러운 사랑의 세계를 묘사하면서, 일상 속의 나약하고 교만한 자아를 대비시킨다. 시가 일구어놓는 그 말들의 제조 과정과 생산물은 여기서 공리성의 세계를 넘어서는 온전한 사랑에 대한 그리움이다. 그 사랑은 이성간의 사랑일 수도 있고, 친구간의 우정, 가족간의 따뜻한 보듬기일 수도 있겠으나 "어둔 밤에 탐조등같이 신기한 빛," 즉 그 모든 것을 감싸 안는 훨씬 높고 넓은 사랑으로 나타난다. 따라서 그 사랑에는 어떤 종교적인 거룩함의 느낌도 깃든다. 그러나 마종기의 시를 관류하는 그 사랑은 선험적으로, 관념적으로, 초월적으로 주어지는 어떤 선(善)이 아니다.

그것은 사람들과 사물들 사이에서 자연스럽게 빚어지는, 그리고 그것들이 모여서 이루어가는 공간이 바로 진실로 연결되는, 그 통로의 유연함과 넉넉함에 있다.

최근의 시 「내 집」도 이런 의미에서 그 음악성과 더불어 아름답게 읽혀질 수 있는 좋은 시다.

> 내 집은 땅의 귀,

모든 소리가 모여서 노는
내 집은 땅의 땀.
물 속에 녹아 있는
소금과 번민과 기쁨과 열 받기.

시의 중간 부분인데, 마치 잠언의 경구 같은 뜻을 숨긴 짧은 절창으로 우리에게 다가온다. 현학의 어느 인근에도 가까이 가지 않으면서 이토록 인생의 진실을 쉽지 않게 요약해낼 수 있는가. 마종기 시인을 여전히 재외 국민 혹은 유랑의식과 관련지어 본다면, 그것은 낡은 관찰에 머무르는 것이다. 그는 우리의 삶을, 삶과 죽음의 양안(兩岸)에서 사랑의 노래로 묶어낸다.

두 시인의 뒤를 이어 중진에서 중견의 반열을 연결지어주고 있는 시인들인 정진규, 오탁번, 김명인 등이 미당문학상의 대상으로서도 상당한 관심을 끌었다.

시력 40여 년의 정진규 시인은 앞의 두 시인 못지않은 독특한 세계를 구축해온 시인으로서 우리 시단의 일각을 튼튼히 지키고 있는 것으로 평가된다. 수필풍의 서술적 문체를 즐겨 사용하는 이 시인은, 그러나 그 시적 관심에 있어서는 매우 다양한 모습을 보여준다. 젊은 현대적 감각으로부터 유현(幽玄)한 동양적 달관의 제스처에 이르기까지 순발력의 높이가 꽤 높다. 시적인 능력 이외의 다른 말로는 설명되기 힘든 이 정련된 기법의 세계가 보다 집중된 감동으로 연결된다면, 우리 시의 성숙을 위해 경하할 일이 될 것이다. 그 소망스러운 시간을 위해서 시인은 의미와 이미지가 다른 문장들의 결합을 절제하는 것도 좋으리라. 아마도 의도적일 수도 있는 그 같은 진행이 독자들에게 다소 황당한 느낌으로 다가온다면, 그것은 시인이 바라는 바가 아닐 것이다.

소설가와 시인의 겸업이라는 드문 자리에 머물러 있는 오탁번의 경우, 오랜만에 그의 시작품들이 독자들에게 반갑게 다가와 흐뭇한 느낌을 자아내었다. 얼핏 삶의 애환을 담백하게, 가감 없이 그려 놓은 시세계가 소품 정도의 인상을 주지만, 읽을수록 뒷맛이 주는 눅눅한 진국의 느낌이 다정하다.「굴비」와 같은 능청스러운 해학과 연민의 세계에서「입관(入棺)」의 저 짤막한 단순성의 진리에 이르는 삶의 요체는, 경험과 관찰, 지혜의 복합이 어우러진 아름다운 시의 세계임이 분명하다.

이승의 마지막 옷을 입히고
아기처럼 작아진 발에
은하수 건너는 종이배 같은
흰 버선을 신긴다

발자국 자국마다
길은 아득히 지워지고
바다 물결 가르던
등푸른 물고기도 자취 없다

눈물로 빗겨드린
흰 머리칼이
억새꽃으로 피어나서
가을 물녘 저냥 눈부시다

세 부분으로 이루어진 시「입관」은, 그 표현에 있어서도 가벼운 묘사를 통한 무거운 진실의 구체화라는 시의 위력을 십분 발휘한다. 먼저 첫 부분을 보면, 앞의 두 행은 주검에 대한 사실적 묘사를 간단히 보여준다. 그러나 뒤의 두 행에서 "은하수 건너는 종이배 같은/흰 버선"이라는 비유를 통해 사실의 세계는 문득 중지되고, 주검은 상징화된다. 그 상징의 중심은 주검을 다시 살려내어 영생으로 이끈다. 주검이 가는 곳은 은하수의 세계이며, 입관의 절차는 그곳으로 가는 종이배에 지나지 않을 뿐이다. 삶과 죽음의 이 같은 연결은 이 시의 메시지를 종교적인 차원으로까지 바라보게 한다. 사실, 가장 고급한 의미에서 시와 종교는 하나라고 하지 않는가. 시가 곧 구원이라는 희망의 명제는 이처럼 좋은 시에서 설득력을 얻는다.

시의 두번째 부분에 이르면 그 같은 구원의 인식이 시적 천재의 우연한 소득이 아님이 드러난다. 앞의 두 행이 함축하는 험난했던 인생 행로와 그 거둠의 모습도 탁월하거니와 뒤의 두 행이 보여주는 역동적인 열정과 그 소멸에 대한 표현 상징도 감탄할 만하다. 그리하여 마침내 마지막 세번째 부분은 삶과 죽음의 구분을 이별 아닌 재생의 의식(儀式)으로 화려하게 꾸며놓는다. 주검의 흰 머리칼을 비록 눈물로 빗겼다고는 하지만, 그것이 이제는 억새꽃으로 피어난다는 전언 아닌가. 때로 우리 시에서 이처럼 죽음, 혹은 주검은 눈부시게 부활한다.

그러나 오탁번의 이 짧은 시에서처럼 그것이 단순한 수사, 혹은 샤머니즘의 외형적인 꾸밈새 아닌 삶 전체의 철학을 관통하는 깨달음의 구체적인 묘사로 등장하는 일은 드물다. 그의 많은 다른 작품들도 소박한 삶의 현장에 대한 평면적 묘사를 넘어서 문제의 핵심에 이처럼 뼈저리게 육박해 들어가는 일이 기대된다.

한편, 90년대 이후, 중견 시인으로서 성숙도가 크게 진경을 보이고 있는 경우, 김명인이 아마도 그 중심에 있지 않나 생각된다. 미당문학상의 독서 대상으로서도 그는 많은 작품들을 올려놓았고, 또 그것들은 일정한 수준 위에서 시읽기의 즐거움을 제공하고 있다. 「장엄 미사」 「말」 등 진지한 그의 시들은 확실히 독자를 압도한다. 그러나 그의 시에는 바로 이 진지성의 무게 때문에 결여된 유희성이 양자의 바람직한 균형을 기울게 하는 결정적인 아쉬움이 있다. 구체적인 시적 사물에 대한 차분한 묘사를 통해 은밀하게 그 메시지를 시화(詩化)하는 대신 직접적인 서술의 길로 나서는 시인의 조급한 소명감이 행보를 엇갈리게 하는 것이다. 그럼에도 불구하고 통속의 땅에서 발뒤꿈치를 들고 하늘을 바라보는 시인의식은 인간성의 본질과 그 한계에 대한 천착이라는 문학 본연의 모습을 환기시키면서 우리를 경건하게 한다. 예컨대 이런 작품이다.

  지상에 떨어져서 한 일이라곤
  인간의 바다에 익사한 일밖에 달리 없는
  그 운석(隕石)을 나도 알고 있는 듯하여
  읽던 책을 덮고 해거름 저쪽을 바라본다.
  구름 한 점 없이 하늘 너무 푸르러
  서 있는 이곳이 바다 밑이 아닐까, 하는 착란!

  닫아거는 어스름 저 위에 수면이 있다고
  일렁이는 수막 사이로 어초마냥 가라앉은 아파트들
  방금 운석이 된 새떼들이 쏟아져 내리는지,
  가로수들이 잠투정하듯 가끔씩 나뭇잎을 흔든다.
  남은 햇살이 그 수초밭 우듬지에 잠깐 얹힌다.   ―「익사」 앞부분

## 2

 우리 시의 대표적인 중견의 자리에 있는 최승호와 김혜순은, 그들로부터 한국 현대시의 새로운 연대가 시작되었다고 평가되어도 좋을, 새로운 감각의 시인들이다. 전 세대 시인들과 이들의 변별점은 그 분방한 상상력에서 찾을 수 있다. 전 세대 시인들의 경우, 대부분은 시인의 주체적 자아에 고착된 자리에서 대상을 객체화하는 정통 문법의 틀 안에 있다. 그것을 매개하는 시의

사물들을 선택하고 그것을 얼마나 밀도 있게 묘사하는가 하는 차이와 낙폭이 있을 뿐, 대체로 그들의 상상력은 그것을 초월하는 범위 안에 있다. 그러나 최승호·김혜순으로 대표되는 새로운 중견들에게서 상상력은 그야말로 상상을 넘어서는 넓은 진폭 안에서, 때로는 전도와 엽기도 불사한다. 비근한 예를 두 시인의 작품들에서 부분적으로 인용해보자. 먼저 최승호의 시.

> 이 왕게는 시(詩)보다 크다
> 떡 버티고 있을 때 의연한 산의 풍모
> 왕게의 걸음걸이는 그 누구도 흉내내지 못한다.
> 숨 깊고 게으른 은둔자의 발걸음이라고나 할까
> 스스로 한 신비로운 수국(水國)을 이룬 것처럼
> 왕게의 고독은 늠름하다.　　　　　　　 ―「왕게」 앞부분

왕게를 시의 대상으로 삼은 것부터 그 상상력의 기발함이 포착된다. 게다가 밑도 끝도 없이 그 왕게가 시보다 크다고 시인은 진술한다.

뒤이어 시는 마치 그 명제의 정당성을 입증하기 위한 증거라도 내놓듯 왕게에 대한 관찰을 행한다. 문제는 왕게를 통해 드러난 시인의 상상력인데, 최승호는 왕게뿐 아니라 거미, 개미, 닭, 멍게, 개, 열목어, 홍어 등등 짐승이나 물고기를 즐겨 시의 대상으로 삼는 변형된 상상력을 보여준다. 이 상상력은 무엇보다 시인의식을 동물들의 시점으로 이동시켜, 일상의 시각을 전도시킨다. 이 같은 시들이 구현하는 시적 성과는 무엇보다 인간중심주의에 의한 세계의 오염에 대한 경고이다. 사람들은 끊임없이 욕망의 재생산으로 자연을 파괴하고 문명이라는 이름의 공룡을 만들어가는데, 최승호는 그 해괴한 구조물들을 일거에 부수어버린다. 사람들을, 그들 스스로가 자랑하는 이성적 존재 아닌 두개골의 모습으로 곧잘 관찰하는 그의 시는 따라서 엽기라기보다 도저한 의미에서의 문명 비판이 된다.

김혜순은 최승호와 다른 차원에서 현실 비판의 기묘한 상상력을 구사하는 시인으로 주목받는다. 그의 시적 관심은 전반적으로 여성성에 집중되어 있다. 이를 위하여 시인은 일상적인 어휘에 씌워져 있는 고정관념을 벗겨내기 위한 이미지 뒤집기를 거듭한다. 그 과정은 그러나 힘겹고, 때로는 난해함으로 인식된다. 그 난해함은 기존의 개념들이 해체되어가는 길목에서 나오는 불가피한 산물들인데, 우리 시와 독자들은 고통스러운 동행의 수고 없이 시인을 감당하기 힘들 것이다. 여성성—흔히 페미니즘 시로 해석되는 시의, 비교적 덜 난해한 범례로 이런 작품이 소개될 수 있다.

> 여기는 너무 춥지만 당신만은 잘 보입니다
> 초록별은 멀리서도 눈동자처럼 언제나 환합니다
> 언제나 당신 밖에 있으면서도 다락방처럼 은밀한 곳
> 태어나지도 않은 내 아가들은 분화구 속에 잠들어 있고
> 저마다 저 별 하나씩 바라는 간절함 너무 커
> 이곳의 꽃들은 쉬 목이 꺾이고 맙니다  ─「달나라 통신」 앞부분

이해하기 힘든 낱말이나 문장은 거의 없고, 동화적인 분위기마저 풍기는 시인데, 그 내용은 빨리 읽히지 않는다. 무슨 이야기인가? 그냥 순수시에 가까운 말놀이인가? 그러나 그렇지 않다. 자세히 읽어보니 별—초록별을 향한 그리움의 노래 아닌가. 시는 저쪽에 있는 별의 세계와 이쪽의 꽃의 세계로 나누어져 있는데, 시적 자아는 꽃 쪽에 놓여 있다. 아니, 꽃이 바로 시적 자아가 되어 별을 향한 그리움과 안타까움을 토해내고 있는 것이다. 이 단순 구조는, 그러나 김혜순에게서는 항상 소피스티케이션이라는 매개에 의해 의도적으로 복잡화된다. 그것은 기법상의 문제와 더불어 그 기법이 함축한 메시지를 숨긴다. 이 매개가 제거될 때, 그의 시는 남성을 향한 여성의 일방적인 구애의 표현이 되기 쉽기 때문이다. 여기에 남녀 관계를 기존의 도식 안

에서 정형화해온 전통과 관습에 대한 시인의 거부가 있는바, 시인은 보다 근본적인 차원에서 양자를 풀어놓고 다시 맺어주는 방법적 도전을 행하고 있는 것이다. 예컨대 위의 시에서도 '당신'으로 불리고 있는 별의 '환함,' 그리고 혼자 있는 꽃의 '추위'를 솔직하게 고백하면서도 그 사이에 여성성의 독자적 세계를 선언한다. 단호하면서도 은밀한 그 세계는 바로 "언제나 당신 밖에 있으면서도 다락방처럼 은밀한 곳"이며 "태어나지도 않은 내 아가들은 분화구 속에 잠들어" 있는 곳이다. 그곳은 자궁이리라. 인류의 요람이며 여성의 정체성이기도 한 그곳은, 그러나 많은 경우 남성 욕망의 대상으로서 상대화되는 과정에서 비하되거나, 때로는 슬픔의 상징 기능에 머물기 일쑤였다. 그러나 생산과 부드러움의 독립된 공간으로서의 자궁은 여성성의 자랑으로 이 시인에게서 다양하게 세련화된다. 이따금 엽기적인 표현도 서슴지 않는 김혜순 시의 대부분은 이 비슷한 작업으로서의 의미를 지닌다.

　미당문학상의 대상으로서 가장 젊은 소장파 시인들로 거론된 윤제림, 나희덕, 최정례 등은 사실 비슷한 연배의 다른 많은 시인들과 아직 커다란 변별점을 갖고 있는 것은 아니다. 시각에 따라서는 이들보다 훨씬 우수한 다른 시인들이 선정될 수도 있다. 그러나 이들 세 시인들이 각기 특유의 자기 세계를 일정 수준 일구어온 것만큼은 틀림없고, 이제 서서히 이목을 끌게 되었다고 말할 수 있다.

　가령 지금까지 별 관심을 끌지 못해온 윤제림 시인의 경우, 전체적으로 소품의 인상에도 불구하고 오히려 강한 느낌을 주고 있다. 「철수와 영희」「재춘이 엄마」 등 제목에서부터 평범한 생활시임을 겸손하게 드러내고 있으나, 그의 시들은 결코 평범하지만은 않다. 어디에서나 쉽게 만날 수 있는 사람들, 볼 수 있는 풍경들을 즉물적으로 담담하게 묘사하면서 그 속에 감정적으로 함몰되지 않고 마치 스냅을 찍듯 그려내는 솜씨가 가상하다. 죽음의 나라로 가는 일을 입국, 출국의 모습으로 환치시킨 「입국과 출국」 같은 작품은 고급한 의미의 유머를 바탕에 깔고 있는 좋은 작품이다. 가벼움을 경계하면서 진지성을 보다 높여간다면 우수한 시인이 될 것이다.

　나희덕, 최정례 두 여성 시인은 대조적이다. 전자가 단정함에 비해 후자는 터프하며, 전자의 시가 회화적이라면 후자의 시는 역동적이다. 무엇보다 앞의 시인은 삶의 고통을 자기 스스로 살포시 껴안으면서 초월을 바라보는 겸손함으로 나아감에 반해서 뒤의 시인은 다소 거칠게 자신을 풀어버린다. 짧게 요약한다면, 그동안 보다 많은 활동을 해온 나희덕 시인이 시적 긴장과 절제라는 측면에서 상당한 성취를 보여주고 있다. 예컨대 다음 작품은 수상작과 겨루어서도 손색 없는 깨달음과 그 수행의 경지를 보여준다.

　　구름인가, 했더니 연기의 그림자였다
　　흩날리는 연기 그림자가 내 머리 위로 지나갔다
　　아직 훈기가 남아 있었다
　　그중 한줄기는 더 낮게 내려와
　　목련나무 허리를 잠시 어루만지고 올라갔다
　　그 다문 입술을 만지려는 순간
　　내 손이 꽃봉오리 위에서 연기 그림자와 겹쳐졌다
　　아, 이것은 누구의 입맞춤인가　　　　　　　　　──「입김」전문

　이 시인에게도 물론 단점은 있다. 무엇보다 묘사가 충분치 않은 상태에서의 비약은 호흡의 단절을 가져온다. 위의 시에서 "목련나무 허리를 잠시 어루만지고 올라갔다" 이후 바로 "그 다문 입술〔……〕" 사이에는 건너뜀이 있는데, 행간의 의미라고 하기엔 석연치 않다. 앞으로도 「탑이 기러기처럼 많은」과 같은 작품이 보여주듯 융숭한 뜻을 담은, 재미있으면서도 삶의 성찰이 깊이 배어 있는 시들을 쓸 것으로 기대된다.

　최정례의 시들은 거침이 없다. 신인이라면 패기로 이해될 수 있는 능력일 터인데, 이제는 그보다 집중과 탁마의 명제 앞에 놓여 있지 않나 생각된다.

관심의 폭도 넓고, 시의 문체도 일정치 않아 보이며, 때로는 시의 진행이 부자연스러워 보이는 대목도 적지 않다. 그럼에도 불구하고 그의 시가 관심의 대상이 되는 까닭은 역설적으로 시인의 그 같은 힘 때문이 아닐까 여겨진다. 문학에서 힘과 정열은 파토스적 모티프로 그 출발이 되지만, 결국은 로고스적 질서의 세계 속에서 작품은 완성된다. 비단 이 시인에게만 들려질 수 없는, 우리 모두의 끝없는 자기 확인이리라. 특히 시는 문학 가운데에서도 그 에스프리가 빛나야 할 언어의 섬광이다. 오늘날 수천 명을 헤아리는 시인 군상의 홍수 속에서 자칫 잊혀지기 쉬운 이러한 원리는 문학과 관련된 어떠한 이벤트에서든, 더욱 강조될지언정 희석되어서는 안 될 것이다.

# 다양성 속 성숙의 맛
## — 제3회 미당문학상을 보면서

### 1

제3회 미당문학상 수상작인 최승호의 「텔레비전」은 21세기로 접어든 이 시대 한국 문화의 기상도를 전반적으로 압축한다.

> 하늘이라는 무한(無限) 화면에는
> 구름의 드라마.
> 늘 실시간으로 생방송으로 진행되네.
> 연출자가 누구인지는 모르겠으나
> 그는 수줍은지
> 전혀 얼굴을 드러내지 않네.

이렇게 시작되는 시는, 하늘을 "무한(無限) 화면"에 비유함으로써 시인 자신이 꼼짝없는 영상시대의 시민임을 부지불식간에 드러낸다. 평범해서 진부하게까지 느껴지는 비유이지만, 잘 생각해보면 아마도 낯선 경험일 것이다. 대체 누가 하늘을 화면으로 생각해보았겠는가. 화면 자체가 우리에게는 최근에야 익숙해진 물건이기 때문이다. 화면은 기껏해야 큰 마음 먹고 외출한 영화관에서나 만날 수 있었던 것. 그러나 이즈음은 집집마다, 사무실마다, 아니 한 사람 한 사람 모두 들고 다니는 물건이 되지 않았는가(소위 노트북이나 카메라폰이야말로 움직이는 개인 화면일 터이다). PC 모니터이든, TV 화면이든 어쨌든, 화면은 실시간으로 생방송되는 놀라운 기술의 뒷받침을 받고 있으며, 그 연출자는 막강한 권력에도 불구하고 항상 익명의 얼굴로 감추어져 있기 일쑤다. 이 시의 심상치 않은 전조는 이와 같은 '화면'의 특징과 기능이 '하늘'과 겹쳐지고 있는 장면에서 이미 감지된다. 그러나 양자의 병존은 이 시에서 기묘하게도 서늘한 단일 이미지를 조성한다. 최승호의 시가 날카로움과 선적(禪的) 분위기라는 다소 모순된 풍경의 초상화 같았다면, 이 시에서는 그 같은 느낌이 발전적으로 해소되고 있다. 자세히 음미하지 않는다면 이러한 과정은 눈에 띄지 않을 정도로 자연스럽게 진행된다. 최승호 시인 개인으로 볼 때 확실히 원숙한 시적 진경(進境)이라고 하지 않을 수 없다. 그러나 한 시인의 진보가 우리 시 전체의 의미 있는 성숙과 관련된다면, 「텔레비전」에 나타난 작고 은밀한 성취는, 이제 우리 시가 넓은 저변을 바탕으로 숱한 실험과 그 반동을 거쳐 단단한 정체성을 획득하고 있다는 기분 좋은 반증으로 읽혀 무방하리라.

우리 시에서 대상을 향한 비수와도 같은 공격, 혹은 자기 자신의 의식 과잉으로 인한 현학적인 제스처는 우리말을 자주 훼손·왜곡시켜왔으며, 언어의 자연스러운 성장을 저해해왔다. 비판하되 눙치며 꼬집는 맛이 없었으며, 아프다고 비명을 지르되 감추며 숨기는 멋이 부족하였다. 우리 시의 이러한 체질을 되돌아볼 때, 연출자가 누군지 모르겠다고 시치미를 떼면서 "그는 수줍은지/전혀 얼굴을 드러내지 않는"다는 시인의 의뭉스러운 어조는 읽는 이로 하여금 살풋 웃음을 자아내게 한다. 대체 얼마 만인가, 이 웃음! 그가 누구인지 시인이 모를 리 있는가. 사랑의 권력자인 하나님과 화면의 권력자인 방송인들을 향해 "그는 수줍은지"라고 적는 대목에서 현실을 폭넓게 바라보고 율동적으로 인식하는 넉넉함이 느껴진다. 시인의 그 넉넉함 속에 하나님도 방송인도 모두 안겨버린 것이다. 말을 바꾸면, 그 넉넉한 공간이 바로 시다. 최승호의 시가 이룩한 성과는 우리 시를 이러한 넉넉함의 문화로 성숙시킨 마음의 훈련과 그것이 빚어낸 언어의 그윽한 깊이이다.

그리하여 「텔레비전」 속에서는 비석과 무덤들을 무너뜨린 태풍도 그 위력을 잃고, 휑하니 껍데기만 남겨진 채 버려진 텔레비전도 위로를 받는다. 그것들은 모두 전성기의 힘이 빠진 모습으로 그들 삶의 끝을 바라본다. 그러나 그 끝은 슬퍼 보이지 않는다. 제 할 일을 모두 잘한 자의 끝이기 때문일 터인데, 그 끝이 과정과 더불어 총체적으로 보일 수 있는 것은 시인의 총체적인 현실 인식 덕분이다. 이렇듯 이 시는 자연과 영상의 기계라는 서로 멀리 떨어져 있는 사물들이 함께 시적 대상으로 어울리면서, 불상용(不相容)의 두 속성과는 달리 다정히 이웃하는 '서늘한' 이미지를 합성하고 있다. 그 이미지는 절묘하거나 쓸쓸한 어떤 것과는 사뭇 다르다.

    텅 빈 텔레비전에서는
    쉬임없이
    서늘한 가을물이 흘러내리네.

그 서늘함은 시의 결구(結句)가 의미하는 심장한 의미와 바로 맞닿는다. 태풍도 텔레비전도 끝에 이르렀으나 그것이 폐허와 절망의 자리를 넘어설 수 있는 까닭은, 그것이 끝이 아니라는 깊은 세계관이 있기 때문이다. 텔레비전은 망가져 텅 비었으나 "서늘한 가을물"은 쉬임없이 흘러내리는 것이다. 시는 언어예술이며, 그렇기 때문에 음악성·회화성에 대한 문제가 끊임없이 제기된다. 그러나 현대시에서 언어는 언어이지, 엄격히 말해서 노래 자체, 그림 자체는 아니다. 그것들은 더불어 고려되어야 할 요소일 뿐이다. 중요한 것은, 언어들의 모임이 숨기고 있는 뜻이며, 그 배후에 감추어진 시인의 세계관이다. 여기서 시인은 쉬임없이 흘러내리는 가을물, 그 서늘함이 된다.

말하자면 이 시의 시적 자아는 "서늘한 가을물"이 되는 것이다. 그런 한에 있어서, 시인도 한국시도 현실에 찰싹 달라붙어 그 전모를 볼 줄 모르는 조급함의 열기로부터, 또한 현실과 동떨어진 채 생명 잃은 언어를 만지작거리는 건조함으로부터 함께 해방될 것이다.

  최승호의 다른 최근 시들, 이를테면「가난한 사람들」「인어(人魚)에 대한 상상」「비둘기의 벽화」「공터의 소」「중생대의 뼈」등등은 '서늘함'과의 깊은 연관성 속에 있다. 예컨대 궁핍과 분노가 지배해야 할「가난한 사람들」에는, 가난의 풍경이 구체적으로 열거되어 있음에도 불구하고 분노의 구체적 감정은 없다. 그렇다면 시인은 방관자로서 구경만 하고 있는가. 그렇지 않다. 구태여 표현한다면, 분노를 서늘하게 식히고 있는 것이다. 그것은 분노의 망각 아닌 분노의 냉동화(冷凍化)를 통한 분노의 지속이다. 넝마촌, 고물상, 폐품 더미를 보면서 "나는 그것을 고물왕(古物王)의 무덤이라고 불러본다"는 표현은, 조금 잔인한 대로 속 깊은 분노의 인내가 아니랴. 그 서늘한 인내는 폭발되지 않은 분노를 내장하면서 읽는 이를 전율시킨다.

    가난한 사람들이 리어카를 끌면서
    오늘도 문명의 잔해를 나르는 곳, 그 입구를 지키며
    엎드려 있는 검은 개는
    스핑크스처럼
    짖지도 않고 나를 보고 있다.

「가난한 사람들」의 끝부분은 이렇게 스핑크스처럼 엎드려 있는 개를 통해 분노를 내장시킨다. 시인은 개와 더불어 엎드려서, 개가 짖지 않듯 소리치지 않는다. 개는 시인을 보고 있는데, 시인 속에는 그 개가 있기도 하고 없기도 하다. 분노와 갈등을 숨긴 그 모습은 뜨거운 서늘함이라고나 할까.

  최승호와 다른 시각에서 잔잔한 시적 감동을 빚어내고 있는 천양희는 60년대 출신의 중진이다. 그러나 그에게는 중진이라거나 관록이라거나 하는 형용들이 별로 어울려 보이지 않는다. 그만큼 진솔하고 겸손하다는 뜻이리라. 물론 중간에 상당 기간 작품 활동이 뜸해서 시간의 부피가 그만큼 생략된 데에서 오는 젊은 느낌도 있을 것이다. 「마음의 달」 일부분을 읽어보자.

> 가시나무 울타리에 달빛 한 채 걸려 있습니다.
> 마음이 또 생각 끝에 저뭅니다.
> 망초(忘草)꽃까지 다 피어나
> 들판 한쪽이 기울 것 같은 보름밤입니다.
> 달빛이 너무 환해서
> 나는 그만 어둠을 내려놓았습니다.

작품 앞부분인데, 근자에 보기 힘든 설득력 있는 자연시이다. 서정시는 더 이상 씌어질 수 없는 허위라고 아도르노는 이미 40여 년 전에 힘주어 말했지만, 서정시가 힘있게 회복될 수도 있음을 이 시는 단정하게 보여준다. 경어체 어미에 가시나무 울타리, 달빛, 망초꽃, 들판 등등의 어휘가 가세하여 동화적 분위기를 조성하는 까닭도 있겠으나, 이 시에는 그 이상의 함의도 있다. 그 숨겨진 모습은 "나는 그만 어둠을 내려놓았습니다"에서 슬며시 엿보인다. 시인에게 담긴 어둠과 어둠 속에서 피어나는 달, 그 달에게 문을 여는 시인의 마음이 서로 어깨동무를 하면서 자연과 인간의 교환 속에 깃든 어떤 진실의 움직임이 보이는 것이다.

> 둥글게 살지 못한 사람들이
> 달 보고 자꾸 절을 합니다
> 바라보는 것이 바라는 만큼이나 간절합니다
> 무엇엔가 찔려본 사람들은 알 것입니다

달도 때로 빛이 꺾인다는 것을

자연 속에 순복해 들어가는 듯하던 시적 화자는 문득 자신의 어둠이 자신이 찔렸던 상처와 관계 있음을 알리면서 달의 모습을 보고 내려놓았던 어둠이 완전히 가시지는 않았음을, 다시 자연에 빗대어 적는다. 사실 달도 때로 빛이 꺾이지 않는가. 서정시의 새로운 설득력은 바로 이즈음에서 천양희를 올올이 새롭게 세운다. 시인은 달빛 혹은 달의 자연에 순복하되 함몰되지 않고, 그 섭리의 오묘함을 인간의 주체와 분별해놓는다.

한 달도 반 꺾이면 보름이듯이
꺾어지는 것은 무릎이 아니라 마음입니다

시인은 그의 시가 자연 예찬이나 목가가 아님을 분명히 한다. 오히려 시인 속에서 재발견된 자연이 비밀스럽게 인간화된다. 결국 자연과 인간은 분리된 것이 아니라 하나임이 밝혀지고, 그것을 가능하게 하는 힘은 '마음'임이 확실해진다.

마음을 들고 달빛 아래 섰습니다.
들숨 속으로 들어온 달이
마음 속에 떴습니다.
달빛이 가시나무 울타리를 넘어설 무렵
마음은 벌써 보름달입니다

'마음'의 강조는 신선하다. 인간의 내·외부를 교통하는 에너지로서 그동안 '욕망'이 꾸준히 담론에 올라왔었다면, 그것은 차라리 육체적 물질론의 편이었을 것이다. 마음은 너무 잊혀져왔고 방치되어왔다. 그것은 때로 시대착

오직 유물의 관념 속에서 무기력한 허상처럼 백안시된다. 천양희는 그 마음을 실체화한다. 조용한 역동성을 통한 서정성의 새로운 복원이 기대된다.

2

시가 뭐기에 날이 갈수록 시인들이 폭증하고, 시 관련 전문지들이 많아지는지 이해하기 어려운 느낌이 들 때가 많다. 이런 현상과는 반비례라도 하는 듯, 재미있는 시, 감동적인 시, 훌륭한 시를 찾아보기 힘든 느낌이 드는 것도 많은 이들의 솔직한 심정인 것 같다. 그러나 세상이 변하고 현실이 변하면, 그 시대에 감응하는 심전도와도 같은 감성과 정신의 그래프도 변화되게 마련일 터. 감상과 인식의 주체인 독자 또한 변화하는 존재이므로, 감동의 질을 전통적인 감수성의 파장 안에서만 포착하는 것은 적절치 않을 수도 있다. 황동규·정현종·마종기·정진규·오규원 등으로 대변되는 세대가 40년 안팎의 시력으로 중진의 반열에 올라선 이후, 우리 시대 현실의 중심은 미당문학상 수상자 최승호가 포함된 50대 안팎에서 그 현상적 징후가 훨씬 특징적으로 잘 발견될 수 있다. 이러한 진술은 세대론적 입장의 당위성에 대한 언급이 아니다. 이 점은 어느 시대, 어느 곳에서든지 발견되는 일반적인 현상이다. 「텔레비전」에 나타나는, 변화하고 있는 현실에 대한 양가적 감정(兩價的 感情, Ambivalence)의 표현은, 어쩌면 영원한 유보로 보일 수밖에 없는 시의 운명을 이 시대 속에서 드러내 보여주고 있는 좋은 보기일 것이다. 그러나 현실 변화에도 아랑곳하지 않고 자기 자신에게 끊임없이 집중하고 있는 시들을 읽는 일은 다소 섬뜩하다. 이성복과 김혜순은 그런 면에서 여전히 치열하다.

오래 시를 쓰지 못했다. 그리고 추석이 왔다. 추석에는 어머니 사시는 고덕

동에서 대치동 형님 집까지 올림픽 대로를 타고 갔다. 영동대교를 지나기 전
주현미의 「비 내리는 영동교」가 생각나, 그 노래를 부를까 하다가 아내가 한
소리 할 것 같아 그만두었다. 그러나 막 영동대교 밑을 지나자마자, 그 노래의
다음 구절인 '비에 젖어, 슬픔에 젖어'가 입 속에서 터져나왔다. 내가 부르지
않아도 노래는 흐르고 있었다. 비에 젖어, 슬픔에 젖어 노래는 내가 영동대교
다리 밑을 지나가기를, 지나갈 때는 좀더 유치해지기를 기다리고 있었다.
―「비에 젖어 슬픔에 젖어, 노래는」

철저하게 내성적인 시다. 최승호·김혜순 등과 같은 연배에서 한국시를 이
끌고 있는 이성복의 이 시는 서정적인 가요에 빗대어 다소 자조적인 느낌마
저 준다. 「나는 상표 뜯겨진 불량식품이다」와 같은 작품에 이런 분위기가 그
대로 연결되고 있는데, 깊은 자의식은 모든 시의 모티프이기도 하지만 이성
복은 여전히 자신에 관한 천착을 바탕으로 의식의 미세한 세계에 끊임없이
메스를 가한다. 이러한 칼의 날카로움은 김혜순에게서는 자아의 해부로부터
여성성의 본질, 여성과 세계, 사물과의 관계들로 확대되면서 번득인다.

나보다 먼저 내 발이 너에게로 가려고 하는 것, 필사적으로 참고 있다. 나보
다 먼저 내 입술이 너에게로 가려고 하는 것, 나는 필사적으로 참고 있다. 벌
써 이렇게 참은 지 수십 년. 생각해보니 참 묘하다. 내가 이렇게 참고 있었던
건 내가 내 소유의 냉장고를 갖게 된 후부터인 것도 같다. 그러나저러나 나는
생각해왔다. 내 머릿속은 얼음으로 꽉 차 있고, 내 차디찬 발을 만진 사람은
모두 기절한다. 내 가슴속에 들어오는 사람은 누구나 입술이 얼어붙는다.
(……)

「오래된 냉장고」의 김혜순은 냉장고로 상징되는 이성 혹은 절제와 그의 맞
은편에 있는 욕망을 차갑게 대비시킨다. 그러나 그 차가운 절제와 인내는 뜨

거운 욕망의 다른 표현임이 분명하다. 너에게로 가는 발의 본능, 너에게로 가려고 하는 입술의 본능은 짐짓 억제되어 "얼어붙은 풍경화, 얼마나 아름다운가. 그 풍경 속의 얼음 나라 얼음 공주 얼마나 순결한가"라는 자찬을 낳지만, 그것이 아이러니의 반어임은 곧 밝혀진다. "그러니 허벅지 밑으로 피가 조금 흘러내려도 금방 얼어붙을 테니 걱정 말자. 밖은 뜨겁고, 안은 시리다"고 고백하지 않는가. 김혜순 시의 오랜 긴장과 아름다움은 이렇듯 여성의 성적 욕망을 입체적으로 그려내면서도 그것의 분출 아닌 인내를 통해 형성되는 시적 공간을 팽팽하게 만들어내고 있다는 점에 있다. 시인은 90년대를 휩쓴 페미니즘의 파도에 포말과 더불어 편승하지 않고, 그 힘의 발원지와 값진 산물을 동시에 얻어내고 있는 것이다. 확실히 김혜순이 과감히 드러내 보여주는 여성성의 내포(內包)는 풍성하고 현란하며, 채워지지 않는 욕망의 모습은, 시의 긴장된 공간을 채운다. 그 욕망의 시화는 새롭다.

> 낯선 거리를 지나다 말고 나는 꽃무늬 원피스 한 벌
> 입고 싶다, 저 꽃씨들 붓뚜껑에 담아가고 싶다 하염없이 바라보네
> 저 원피스 입으면 혼령결혼식 올린 영혼처럼
> 내 원피스 속에서 너와 함께 내가
> 저 머나먼 밖을 내다볼 수 있을 것만 같아
> 매화인지 목화인지 밤에 젖은 저 꽃들에 홀려 서 있네

시 「문익점」의 끝부분이 보여주는 이 화려함은, 그러나 최근의 여러 작품들에서 더 이상의 인내가 힘듦을 진술하면서 마침내 「날마다의 장례」와 같은 슬픔의 시간에 도착한다. "엄마의 몸 속에서 내팽개쳐진 그날 저녁부터 [······] 내 슬픔의 박자는 이렇게 쉬지 않고 울리고/내 슬픔의 숨은 이렇게 쉬지 않고 헐떡거리고/추운 밤의 밀물 같은 슬픔이 온몸을 적시는데"와 같은, 다소 감정이 풀려버린 이 슬픔의 시간은, 시작도 끝도 없는 여성적 실존

의 모습이다. 시인의 표현에 따르면 "얼음의 알몸"이다.

그러나 조금 아래 연배의 여성 시인 나희덕에게서는 그 실존이 조금 다른 모습으로 나타난다. 무엇보다 이 시인에게는 시인 자신이 직접 시의 대상이 되는 일이 드물다. 시인, 즉 시의 화자는 대상을 발견하고, 그로부터 깨우침을 얻고, 거기에 사랑의 호흡을 얹어주는 자아로 전개된다. 예컨대 이렇다.

> 고추밭을 걷어내다가
> 그 그늘에서 늙은 호박 하나를 발견했다
> 뜻밖의 수확을 들어올리려는데
> 흙 속에 처박힌 다디단 그녀의 젖을
> 온갖 벌레들이 오글오글 빨고 있는 게 아닌가
> 어찌 보면 소신공양을 위해
> 타닥타닥 타고 있는 불꽃들 같기도 했다
> 그 은밀한 의식을 훔쳐보다가
> 나는 말라가는 고춧대를 덮어주고 돌아왔다

「어떤 출토(出土)」의 앞부분인데, "스스로의 죽음을 덮고 있는/관 뚜껑을 나는 조심스럽게 들어올렸다"는 다음 부분을 함께 고려해볼 때, 여기서의 '나,' 즉 시의 화자는 말라가는 고춧대를 덮어주고, 늙은 호박은 그 화자가 "관뚜껑을 들어올려보는" 죽은 존재로 은밀히 배치된다. 시의 대상은 고추밭 그늘에 파묻힌 늙은 호박. 흙 속의 벌레들에게 영양을 공급하다가 말라 죽어간 그 일생이다. '나'는 그 사실을 알아차리고 감동되어 단순한 관찰자에서 그 대상과 일치되는 시적 자아로 재탄생한다.

> 한 움큼 남아 있는 둥근 사리들!

아직 30대의 젊은 시인 나희덕에게서 이 같은 관찰의 깊이와 표현의 능숙함, 무엇보다 깨달음의 경지와 연결된 시적 기법이 운영되고 있는 것은 경이로운 일이다. 한국시의 앞날이 이 시인과 더불어 풍성하게 심화될 것이 기대된다.

전체적으로 나희덕과 비슷한 분위기의 김명인과 박형준에게도 비슷한 분석과 평가가 행해질 수 있다. 그러나 나희덕의 행보가 경중의 균형을 이루고 있다면, 김명인의 그것은 다소 무거운 감이 있다. 특히 시의 대상이 절, 분수, 꽃, 물 등 지극히 일반화된 풍경이나 사물들인 경우가 많아 구체적인 묘사에도 불구하고 추상화의 인상에 계속 머물러 있는 안타까움이 가시지 않는다. 게다가 때때로 시인 스스로의 설명을 통한 개입은 시의 분량을 불필요하게 늘려놓는, 그리하여 독자의 전망과 여운을 차단하는 아쉬움이 있어, 시인의 긴장된 절제가 요구된다.

반면 나희덕만큼 젊은 시인 박형준의 감수성과 비상(飛翔)의 날렵함은 범속한 주변의 풍물에 서정적 색채를 입혀준다.

> 창호지에 바른 국화(菊花),
> 그늘과 빛이 드나드는 종이 속에
> 덧댄 작은 유리, 말없이 바스러지는 생(生),
> 마당의 해당화와 길과 윗집
> 대나무 꼭대기에서 기우는 햇살,
> 저녁이면 방 안에 들어앉아, 아버지
> 창호지의 거울로 세상의 지문들을 바라보았다.
> 발뒤꿈치의 굳은살을
> 도루코 면도날로 깎아내며
> 노래를 부르며             ―「생일(生日)」 첫 부분

이 시는 길게 계속되는 장시인데, 가볍게, 속도감 있게 율동적으로 진행된다. 토씨의 생략, 설명과 주관의 배제, 구체적 사물과 추상적 명제의 병치 등을 능숙하게 구사하기 때문일 터인데, 그 효과로 박형준의 시에서는 가난의 현실이 경쾌하기까지 하다. 아울러 자연의 변화 또한 심각하거나 진지하다기보다 유머러스하고 낙천적인 울림을 갖는다. "덧댄 작은 유리, 말없이 바스러지는 생(生)"을 보라. 그 어울리지 않는 모습들의 기묘한 짝을. 발뒤꿈치의 굳은살을 깎아내며 노래를 부른다는 광경에 이르러서는 우리 전통의 익살스러운 가락과 절망을 극복하는 지혜가 한 손에 잡혀온다.

한편, 시적 대상과 시인 자신이 혼유(混淆)하는 드문 시세계의 소유자로서 김기택의 이름이 잊혀서는 안 될 것이다. 나희덕을 간혹 방불케 하지만, 보다 에고 중심의 특정한 시각을 선호하는 김기택의 대상 호기심과 접근법은 이채롭다. 최근엔 나무 등 식물을 향해 관심을 보였으나 다음 작품「소」가 보여주는 시의 공간은 이러한 전략이 거두고 있는 작은 개가로서 주목될 만하다.

> 소의 커다란 눈은 무언가 말하고 있는 듯한데
> 나에겐 알아들을 수 있는 귀가 없다.
> 소가 가진 말은 다 눈에 들어 있는 것 같다.
> [······]
> 수천만 년 말을 가두어두고
> 그저 끔벅거리고만 있는
> 오, 저렇게도 순하고 동그란 감옥이여 ─「소」첫 부분, 셋째 부분

소는 대상인가, 시인 자신인가. 아직 그것이 시적 자아가 되었다고는 보기 힘든 관찰과 묘사의 중립지대. 김기택에게 보다 큰 힘이 실리기를 희망한다. 많은 시인들의 폭넓은 저변이 좋은 시인들을 다양하고 왕성하게 배출하고 있

음이 분명하며, 이러한 인식 아래에서 우리 모두 우리 시의 앞날을 유쾌하게 바라볼 수 있을 것이다.

# 자기 확인과 자기 부인
—— 황동규 시의 종교적 전망

1

황동규의 시를 기독교적 색채와 관련하여 바라본 이는 평론가 김현이다. 그는 「황동규를 찾아서」에서 이렇게 말했다.

> 그 자신은 그것을 뚜렷하게 고백하고 있지 않지만 상처받은 인간이라는 생각은 기독교적 인간관에 기인하고 있는 것이 확실하다. 그의 초기 시에 빈번하게 등장하는 성서적 이미지들이 그것을 입증한다. "어지러운 꿈마다 희부연 빛 속에서 만나는 자여, 나와 씨름할 때가 되었는가"(「이것은 괴로움인가 기쁨인가」), "잘들 있었는가 그대들은 어느 곳에 상처를 받았는가"(「얼음의 비밀」), "아이들을 만나면 못을 박고 또 뽑는 일들을 가르쳐주리"(「피에타」). 씨름·상처·못 따위보다 더 성서적인 이미지는 없을 것이다. (『황동규 깊이 읽기』, p. 67)

그러나 이러한 지적은 별 주목을 받지 못한 것 같다. 읽는 이들의 필요에 의해 받아들여지게 마련인 모든 텍스트들은, 특히 그 해석자 자신보다 텍스트 자체에 대한 자기 이해를 선행시키고 있기 때문이다. 말하자면 김현의 지적에도 불구하고 황동규의 시를 그 같은 시각에서 바라본 다른 해석자들이 거의 없었다는 이야기이다. 그도 그럴 것이 허구한날 절 주위를 맴돌며 이른바 '동선회'의 인상을 강하게 뿌려온 그의 시들—특히 후기 시들—을 그 누가 기독교적 시각과 문맥에서 바라볼 생각을 하겠는가. 그러나 성급한 결론이 허락된다면, 눈치 빠른 김현의 예감은 비단 몇몇 성서적 이미지와 단어들에 의해서만이 아니라 황동규 시 전체의 흐름에서 상당히 정곡을 향하고 있다는 것이 나의 판단이다. 나로서는 이제 시력 40년을 넘는 중진 시인으로서 우리 시단을 대표하는 이 시인의 본질이 바로 기독교적 정신에 뿌리를 두고 있다는 조심스러운 가설을 내세우고 싶다.

황동규의 시를 40년 가깝게 옆에서 읽으면서, 그리고 인간적으로 교유하면서도 나는 1991년에 나온 시집 『몰운대행』에 해설을 썼을 뿐, 그의 시에 대해 이렇다 할 촌평조차 제대로 하지 못해왔다. 뭐라고 써야 좋을지 몰랐기 때문이다. 이런 것 같아 보이는가 하면, 저런 것 같고, 저런 것 같은가 하면 또 쓰윽 빠져나가고…… 그는 나에게 한 손에 잡히는 것을 좀처럼 허락하지 않았다. 기회 있을 때, 겨우 내가 할 수 있는 말이란, 황시인은 시의 모범생이다, 는 것이 전부였다. 그 강인한 문학 정신으로 그는 모든 소재와 현실을 감싸안아 균형 있게 매 한편 한편의 시를 '성공작'으로 만들어왔던 것이다. 나로서는 정말이지 별로 할 말이 없었다. 그런 판에 이게 웬일? 그의 시에서 나는 최근 느닷없이 예수의 정신을 보고 만 것이다. 초기 시에서 최근 시에 이르기까지의 그 자기 쇄신과 변화의 정신은, 예수에게서 나타난 중생(重生)의 정신 이외에 다름아니라는 확신이 그것이다. 자, 이제 살살 따라가보기로 한다.

    예수는 33세로 어느덧 세상 떠나고
    이젠 어쩔 수 없이
    80세까지 겨웁게 황톳길 걸어 적멸한

불타의 뒤꿈치 좇아가는 길.
30대 초반
나무에도 다람쥐에도 성벽 여기저기 입혀지는 돌옷[地衣]에도 뛰놀던
저 지구의 핏줄
십자가에 오른 예수는 보았을까.
저 아래 뒹구는 손도끼 곁에서 막 새로 태어나는 바람을.
아득타!
이제는 시무외인(施無畏印)으로 사람들 안심시키던
오른손을 거두어
가슴의 상처 가리고
가시 면류관 쓴 채 누워 열반하는 예수,
지상의 마지막 끼니 소화하지 못하고
나무를 타고 올라
두 팔 벌려 십자가 되어
하늘 끌어당기는 불타를 꿈꾸랴.
아득타! ——「아득타!」 전문

　불타와 예수를 한 몸으로 받아들이는 장대한 프로그램이 오랜 그의 시력과 정신, 기법 안에 모두 녹아 있는 걸작이다. 기독교나 불교의 정통적인 해석과 교리 안에서 보면 당연히 불만스러운 점이 있을 수 있을 것이다. 그러나 이 시는 황동규라는 시인이 걸어온 그 긴 씨름의 결과라는 점에서 그 불만을 무력화한다. 예수가 불타가 되고, 불타가 예수가 되었다고 해서, 이 시인을 혹시라도 종교 다원주의자로 생각한다면 큰 착각이다. 여기서 강조되고 있는 것은 남의 고통, 다른 모든 사람들의 고통들을 감싸안는 자의 고통이며, 그 고통에 가깝게 가고 있지 못한 시인의 뼈저린 자탄이다. 자탄(自歎)으로 시작된 시인의 첫 출발이, 그 작은 욕망의 좌절에서 엄청난 크기의 인류애로

심화되고 있는 형국이다. 헤세는, 석가모니야말로 참다운 크리스천이라고 했는데, 황동규 또한 헤세 비슷한 경지로 가고 있는 것일까. 다른 이들을 위한 고통의 감내는 희생이며, 대속이다. 이 시에서 대속에 대한 인식은 아직 나타나 있지 않지만, 그 아득한 거리가 인간의 능력 바깥에 있음을 받아들일 때, 대속의 현실감은 의외로 쉽게 찾아올 수도 있다.

그러나 종교에 대한 시인의 관심은 어제오늘에 비롯된 것이 아니다. 이미 1961년에 상자된 그의 처녀 시집 『어떤 개인 날』은 그 전체가 기도하는 분위기로 충만해 있음을 볼 수 있다. 아예 「기도」라는 제목의 시도 있다.

> 한 기억 안의 방황
> 사방이 막힌 죽음
> 눈에 남는 소금기
> 어젯밤에는 꿈 많은 잠이 왔었다.
> 내 결코 숨기지 않으리라
> 좀더 울울히 못 산 죄 있음을.
>
> 깃대에 달린 깃발의 소멸을
> 그 우울한 바라봄, 한 짧고 어두운 청춘을
> 언제나 거두소서
> 당신의 울울한 적막 속에.
> ——「기도」 부분: 『황동규 시전집』 (I,* p. 23)

여기에는 폼 내는 듯하면서도, 사실은 겸손하기 짝이 없는 죄의 고백이 있다. 황동규가 즐겨 부르는 호격 '너,' 혹은 '당신'이 친구나 연인 그 누구도

---

* 이후 인용 시에 붙는 번호는 『황동규 시전집』의 권수를 나타냄.

아닌 어떤 절대자를 향한 것이었음이 분명히 드러나고 있다. 그 같은 겸손 때문에 그의 시적 자아는 우울하고 낮은 자리에서 오히려 단단한 전망을 예감케 한다. 1, 2, 3 세 부분으로 나누어진 이 시의 2 부분에는 이런 대목이 나온다.

> 내 꿈결처럼 사랑하던 꽃나무들이 얼어 쓰러졌을 때 나에게 왔던
> 그 막막함 그 해방감을 나의 것으로 받으소서.
> 나에게는 지금 엎어진 컵
> 빈 물주전자
> 이런 것이 남아 있습니다
> 그리고는 닫혀진 창
> 며칠 내 끊임없이 흐린 날씨
> 이런 것이 남아 있습니다.

"엎어진 컵" "빈 물주전자" "닫혀진 창" "흐린 날씨"는 확실히 차단된 전망, 낙백의 무기력, 슬픔…… 그런 것들이다. 그러나 바로 이런 출발이 오늘의 황동규를 가능케 한 원동력이었음을 이제는 바라보게 된다. 그것은 자신의 상황에 대한 절망적 인식이다. 이 인식은 곧 이어서 「비가」 연작을 낳게 되는데, 문제는 이 같은 절망이 오히려 시를 통한 구원의 전망을 가져다주면서 그를 필생의 시인으로 올라서게 하였다는 점이다. 이런 과정은 얼핏 보아 릴케의 그것을 방불케 한다. 현실에 절망하고 시, 혹은 노래와 예술의 힘에서 구원을 발견한, 그리하여 마침내 사물 자체를 하나의 독립된 신적 주체로까지 받아들인 릴케의 시적 과정과 그 형성의 논리는 황동규의 그것과 많은 부분 흡사한 것이 사실이다. 그러나 릴케와 황동규는 우선 그 출발 단계에서 근본적으로 다른 세계 인식을 보인다. 릴케는 무엇보다 그의 「제1 비가」가 분명히 선언하고 있듯이 신에 대한 회의, 즉 "천사의 무리들 가운데에서 비

록 그 어느 한 천사가 나를 가슴에 받아들인다 해도, 나는 그 강함으로 말미암아 스러져버리리라"는 거부의 고백을 내놓는다. 말하자면 신의 구원은 고맙지만 벅차다는 것이다. 얼핏 보아 릴케는 구원을 인정하고 감사해하는 자리에 있는 것 같지만, 그럼에도 불구하고 그 수용이 불가피하게 유발하는 결과, 즉 인간 자아의 주체성 위협이라는 측면에서 이를 피하고 있는 것이다. 그가 일찍이 실존주의의 문을 은밀하게 열었다는 문학사의 판단은 이런 의미에서 정당해 보인다. 황동규의 비관론은 그러나 이와 사뭇 다르다. 그의 "빈 물주전자"와 "닫혀진 창"은 신에 대한 회의가 아니라, 현실 자체의 신산(辛酸)으로부터 유래한다. 그것은 현실적이며, 그 반응은 정서적이다. 그리하여 그 극복으로 그는 '기도'한다. 신을 찾는 자세라고 보는 편이 오히려 정당하다.

신산의 현실, 그것을 넘어서기 위한 극복의 몸짓은 그 첫 단계가 정서적인 수준에서 진행되는데, 그것은 시의 중심 이미지가 된 '눈'을 통해 실현된다. '눈'은 황동규 초기 시의 거의 전편을 뒤덮고 있다. 그에 대한 분석은 여러 평자들에 의해 이미 오랫동안, 꽤 많이 행해져왔는데, 나로서는 여기에 덧붙여 기독교적 의미의 중생과 관련된 해석 한 가지를 추가하고 싶다. 그것은, 지난 과거를——지금의 현실을 포함하여——덮고 새로워지기를 갈구하는, 혹은 이 세상이 새로워졌으면 하는 소망의 반영이라는 해석이다. 눈이 오면 이 세상은 모두 눈에 덮여 하얗게 된다. 백색 일색이다. 다양한, 혹은 잡다한 모든 것들이 흰색 하나로 일단 새로워지는 것이다. 이러한 소망 속에는 눈에 보이는 감각적 현실을 비롯한 시인 주변의 모든 것으로부터의 '벗어남'이라는 의식/무의식의 의지가 잠복해 있다. 그리하여 시인은 '눈'을 통해 과거와 현재를 부인하고 새로워지고 싶은 것이다. 여기서 중요한 것은, 시인은 세상의 새로워짐뿐 아니라 자기 스스로의 갱신을 그 안에 개입시키고 있다는 점이다. 이러한 시인 스스로의 개입은, 많은 다른 현실 비판의 시인들과 그가 구별되는 지점이며, 자신이 큰 시인으로 성장하는 가장 긴요한 요체가 된다.

눈이 왔다. 열두시
눈이 왔다. 모든 소리들 입다물었다. 열두시.

너의 일생에 이처럼 고요한 헤어짐이 있었나 보라
자물쇠 소리를 내지 말아라
열어두자 이 고요 속에 우리의 헤어짐을.
　　　　　　　　　　　——「한밤으로」 부분 (I, p. 17)


오 눈이로군.
스스로 하나의 꿈이 되기 위하여
나는 꿈꾼다, 꿈꾼다, 눈빛 가까이
한 차고 환한 보행(步行)을
한 눈시림을.　　　　　　——「눈」 부분 (I, p. 29)


눈 멎은 길 위에 떨어지는 저녁 해, 문 닫은 집들 사이에 내 나타난다. 아무 것도 움직이지 않는다. 나는 살고 깨닫고 그리고 남몰래 웃을 것이 많이 있다.
　　　　　　　　　　　——「어떤 개인 날」 부분 (I, p. 36)


진실로 진실로 내가 그대를 사랑하는 까닭은 내 나의 사랑을 한없이 잇닿은 그 기다림으로 바꾸어버린 데 있었다. 밤이 들면서 골짜기엔 눈이 퍼붓기 시작했다. 내 사랑도 어디쯤에선 반드시 그칠 것을 믿는다. 다만 그때 내 기다림의 자세를 생각하는 것뿐이다. 그동안에 눈이 그치고 꽃이 피어나고 낙엽이 떨어지고 또 눈이 퍼붓고 할 것을 믿는다.　——「즐거운 편지」 부분 (I, p. 40)

초기 시에 나타나는 이 같은 '눈'의 홍수는, 그 이미지에 의지하지 않고는 견딜 수 없는 시인의 정서적 동요를 반영한다. 눈은 세상의 모든 번잡과 욕망으로부터 "고요한 헤어짐"을 가져다주고, 눈은 "하나의 꿈"이 된다. 그것 역시 현실로부터의 헤어짐이다. 눈 덮인 길을 바라보며 시인은 또한 무엇인가를 깨닫는데, 그 깨달음은 "남몰래 웃을 것"으로 연결된다. 골짜기에 퍼붓기 시작한 눈은 결국 사랑의 휴지(休止)와 기다림을 가르쳐준다. 이처럼 많은 눈의 이미지는 필경 모든 세속/욕망/계산, 그리고 인간적 사랑에 대한 반성까지도 조성한다. 그리하여 어떤 성급한 성과 대신 조용한 기다림의 힘을 배우게 한다. 요컨대 눈의 이미지는 마치 성처녀 마리아와도 같고, 모든 죄를 용서하고 새롭게 하는 예수의 조용한 사랑과 능력을 상기시킨다. 이 시절 황동규에게는 이를 직접 고백하는 중요한 시들이 있다. 그 가운데 한 작품.

1

무겁게 높은 이마, 먼지 낀 노을, 진실로 나에겐 간단한 세월이 지나갔다. 그 세월의 시초부터 난 안다. 사행천(蛇行川)의 바람낀 새벽부터 사막의 저녁까지. 그러면 노을 속에 바람이 지나가고 금빛 어둠이 지나가고 어둠 뒤에 앉아 있는 내가 보인다. 그 세월은 나의 이마를 높게 해준다. 내 사랑했으므로, 맨발로 치는 종소리, 사막 위의 하루 저잣거리, 예수여, 내 너를 사랑했으므로, 불놀이 때 불꽃을 안고 뜨는 대기처럼 내 사랑했으므로, 네 앞에 내 머리는 이처럼 높다.

2

모래 위에 그림자, 너의 이마 위의 그림자, 너를 이처럼 어지럽게 안은 사막 위의 거리, 때로 이는 바람, 너는 무엇을 준비했는가. 피해 없는 일생, 피해 없는 일생, 여자와 앵무들, 예수여, 너의 후예들이 사랑할 것은 다 있다. 청춘에서 먼 죽음, 눈물 없는 고독, 최후의 참회를 미리 외우는 사내들…… 보라, 우리의 지평엔 무엇이 있는가 무엇이 지나가는가. 사막 위의 거리, 모래 위의

그림자, 나는 캄캄히 앉아 있다.　　　　—「피에타」 전문 (I, p. 59)

예수를 사랑한다는 이 단호한 고백! 이 고백과 더불어 시인은 그를 휩싸고 있었던 어둠이 "금빛 어둠"이었음을 동시에 고백한다. 초기 시에 짙게 드리우고 있는 우울과 방황, 때로는 절망의 분위기가 이 시에서는 일순 안개 뒤의 햇빛처럼 일변하고 있다. 오죽하면 맨발로 달려가 종을 치는가. 예수를 뜨겁게 껴안는 시인의 마음은 참회의 기쁨으로 들뜬 나머지 구원된 인간들을 그 미래의 지평 위에서 만나는 데까지 나아간다. "최후의 참회를 미리 외우는 사내들…… 보라, 우리의 지평엔 무엇이 있는가"의 열띤 음성은, 결국 수십 년의 세월이 지나간 오늘 이 시인의 보다 크고 넓은 기약을 향한 의미있는 예감으로 잠행한다.


2


황동규는 그 이후 상당 기간 그의 작품들에서 기독교적 빛깔을 짐짓 지워버린다. 그 대신 오히려 그는 불교적 색채로 스스로를 서서히 물들인다(물론 이러한 표현은, 엄격히 말해서, 타당하지 않다. 다만 그는 사찰 주위를 끊임없이 맴돌 뿐이다). 그런가 하면『비가』『태평가』『열하일기』등의 시집과 더불어 자신의 고독과 좌절감을 직접적으로 정직하게 드러내는 것 대신, 아이러니를 통한 소피스티케이션으로 나아간다. 기독교적 세계와의 만남, 혹은 예수로의 열림이 시적 단순성의 경지로 빠질지도 모른다는 우려 때문이었을까. 어쨌든 그는 20대의 그 종교적 감격을 황망히 거둔다(그러나 그것은 좀처럼 밖으로 빠져나갈 수 없는 것이었음을 그가 과연 눈치 챘을까). 그리하여 복음서를 인용하고, 다음과 같은 고백을 그 시집 첫머리에서 행했음에도 불구하고 기독교로부터 차츰 떠나가는 듯이 보인다.

너는 아직도 알지 못하겠느냐
너의 사랑은 많은 물소리 같고
너의 혼령은 들판 구석구석에 스민 황혼이로다.
너는 아직도 알지 못하겠느냐
지금 네 사랑은
이미 인간이 아니로다.
우리들 서로의 눈에 어리는
우리들 인간이 아니로다.
너의 사랑은 빚진 자의 집이요
빈 들의 물소리로다.
생시를 버린 꿈이 있다면
그것은 너의 눈물이로다.  ―「비가 제1가」 부분 (I, pp. 68~69)

 황동규 시에 나오는 많은 '너'들이 그렇듯이, 여기서도 '너'가 누군지는 딱히 분명치 않다. 그러나 나로서는 어쩐지 그 '너'가 예수 같아 보인다. 그렇지 않은가. '이미 인간이 아닌' 사랑, 그 "네 사랑"은 예수밖에 누가 있는가. 성삼위일체를 믿지 않는 불신자의 경우라 하더라도, 예수의 출생과 고난, 십자가의 죽음과 부활을 이해한다면, 그리고 그것이 인간을 향한 사랑의 산물이며 과정이라는 것을 알게 된다면, 그는 이미 인간의 범주를 벗어난 자, 즉 하나님의 아들이라는 인식 앞에 부딪칠 수밖에 없을 것이다. 그리하여 시인이 "너의 사랑은 빚진 자의 집이요/빈 들의 물소리"라고 말했을 때, 이 구절은 예수의 사랑을 은유하는 우리 시의 가장 탁월한 수준을 이루는 것이다.
 그러나 시인은 곧 "이제 너의 기다림을 어디 가 찾으리오" 하면서 더 이상 기다릴 수 없음을 안타까워한다. 이때 그 '너'는 예수일 수 있고 시인 자신일 수도 있으리라. 「비가 제2가」에 나타나는 이 같은 애절함은 황동규 시의 은밀한 전환을 이루는 중대한 순간인데, 이 순간을 통해 그는 예수 없이, 더 이상 그를 기다리지 않고 혼자 가기로 결심한다.

> 혼자 가는 자에게는
> 강해 보인다 세계가.　　　　　―「외지에서」 부분 (I, p. 143)

이러한 슬픈, 뼈저린 인식과 결단의 배후에는 기독교적 복음에 대한 신뢰로부터의 낮은 이반, 기다림으로부터의 퇴각과 같은 홀로 서기가 감지된다. 나는 황동규 시 전반을 올바르게 이해하기 위해서는 이 부분에 대한 음미가 필수적이라고 생각한다.

> 이제 너의 기다림을 어디 가 찾으리오.
> 하늘도 땅도 소리없이
> 목말라 울 때
> 뉘 있어
> 네 가볍지 않은 기다림을 받아주리오.
> 들판에는 한 줄기 연기가 오르고
> 붉은 황톳길 흰 돌산에 오르고
> 바람 한 점 없는 들판
> 벌거벗은 땅 위에
> 그림자처럼 오래 참으며
> 무릎 꿇고 앉아 있었노라　　　―「비가 제2가」 부분 (I, pp. 71~72)

시인의 비가는 그러므로 오래 참되, 더 이상 참을 수 없다고 생각한 자의 외로운 등정(登程)이다. 그는 예수를 믿되, 그의 재림만을 믿고 앉아 있기에는 너무 뜨거운 피를 갖고 있다. 뜨거운 피는 기다림을 언제나 미덕시하지는 않는다.

> 너의 기다림은 내파(內破)당한 자의 빛이요
> 그 빛 속의 어지러운 순례로다.
> 빈 들에 줄을 메고 선 자여
> 자신을 돌보지 않는 자에 여유 있도다.
>
> 인자(人子)여 인자여
> 마음속의 미명
> 비 읍내의 물소리
> 기다리는 자의 갈증 ——「비가 제3가」부분 (I, p. 74)

이후로 시인은 기다림을 포기하고 "보행하는 자의 평화"(I, p. 75)를 누리며 "혼자 살다 고요히/바람의 눈시울과 뺨을 맞비"(I, p. 77)빈다. 그는 예수를 통한 하나님과의 교감과 그로부터의 응답이라는 보다 깊은 세계로의 잠입을 거두어들인다. 그러나 진리와의 교통 없이 안주하지 못하는 논리적 엄격성은 예수 없이 사는 삶의 흐트러진 질서를 용납하지 않는다. 그 논리는 그의 정서를 불안케 한다. 그 결과 그는 홀로 득도할 수 있는 길을 모색케 되고, 마침내 사찰 주위를 맴돌게 된다. 서구적 감수성의 시인이 동양적 도와 선에 본격적 관심을 갖게 되는 것은 이 같은 논리의 발전에 비추어볼 때 지극히 자연스러운 양상일 수밖에 없다. 그 전조는 필경「비가」의 진행 속에서 드러난다.

> 길조(吉兆)여
> 중흥사(重興寺)도 타고
> 대화궁(大華宮)도 탔더라.

〔……〕
유월에 비 내리고 비 내리고
십이월에 긴 눈 내린다.
수월히 살기가 가장 수월쿠나.
너무 수월하매
잠 못 드는 밤이 잦았더라
길조여.　　　　　　—「네 개의 황혼」부분 (I, p. 109)

　황동규의 시는 근본적으로 내성(內省)의 시다. 그는 사물을 묘사하는 데 열중하는 김종삼과도 다르고, 일상의 생활 속에서 감염되는 갈등과 모순을 토해내는 김수영과도 다르고, 격정을 토로하는 고은이나 이웃의 애환을 노래하는 신경림과 사뭇 다르다. 그렇기 때문에 그는 고통스럽다. 고통스러워서 시를 쓰고 시를 쓰느라고 더욱 고통스럽다. 그때 만난 예수는 기쁨과 함께, 기다림의 고통을 배가시킨다. 마치 시쓰기의 기쁨이 고통으로 연결될 수밖에 없듯이. 그러나 이제 그 기다림에서 놓여나자 삶은 홀연히 수월해진다. 그렇지 않은가. 불교를 포함한 동양의 거의 모든 지혜는 사람들로 하여금 욕망을 포함한 모든 마음을 풀어버리고 놓아버리라고 하지 않는가. 시인 스스로의 표현에 따르면 그것은 "무관계"의 편안함이다. 그리하여 "수월히 살기가 가장 수월"하다는 모처럼의 안식을 얻게 되는데, 그러나 이 안식은 세속적인 안식인 것이다. 황동규는 세속적인 안식 안에 안주하지 못하며 시인은 바로 이 같은 안식을 거부하는 자의 이름이라고 생각한다. 그의 갈등은 여기에 근원을 지닌다. "너무 수월하매/잠 못 드는 밤이 잦았더라"는 모순은 당연히 배태될 수밖에 없고, 그는 아이러니의 먼 길을 떠나게 된다. "길조여"로 시작되고, 연호(連呼)되는 앞의 시는 아이러니의 간단없는 실행이다.
　내성의 시는 자신의 내부를 들여다보기 때문에 자칫 추상 관념에 머물기 쉽다. 황동규의 초기 시에도 그 흔적은 얼핏얼핏 지나간다. 이 징후가 현저하게 약화되고, 시의 구체성이 만져지기 시작한 것은 『태평가』 이후이다. 정신과의 가혹한 싸움에서 일정한 거리를 두고 물러서 훨씬 편안한 동양적 안식의 땅을 걷기 시작하면서부터라고 할 수 있다. 그 심정은 다음 시편에서도 엿보인다.

> 저녁 무렵
> 우물물을 길어올린다
> 오래 길들인 높이에서 떨어지는 나뭇잎들
> 길들인 깊이에서 삐걱거리는 소리.
> 나를 포기한 친구를 생각해본다.
> 울타리 안에
> 문득 확대되는 조망(眺望)
> 두레박에 가득 차는 빛
> 보인다. 나의 '가시리 가시리잇고.'
> 황금빛 물을 다시 깊이 떨어뜨린다.
>
> ──「세 개의 정적」 (I, pp. 122~23)

이 아름다운 시에는, 그러나 두 개의 서로 다른 길이 길항하고 있다. 신선한 우물물을 길어올리는데, 왜 길들인 깊이에서 "삐걱거리는"가. 또 무엇 때문에 시인은 친구로부터 포기되었으며, 무엇보다 "황금빛 물"이 "다시 깊이 떨어"지는가. 세속의 안식은 그 나름대로 편안하며, 때로 투명한 안목까지 제공한다. 시인은 그런데도 이 경우에서도 그것을 뒤집어본다. 그 투명이 반드시 영안(靈眼)은 아닐 수도 있다는 전복의 몸짓. 이것이 황동규의 아이러니, 즉 반어인데 이 고단한 뒤집기 덕분에 그의 시는 늘 긴장을 유지한다. 결국 예수로부터는 걸어나왔어도 쉽게 세속으로 걸어 들어가지 못하는 것이다. 혹은 이미 푹 잠겨 있는 세속의 안락함으로부터 끊임없이 시적 탈출을 의도적으로 시도해보는 것이다. 그 정황은 그 즈음 다음 대목에서 재미있게 표현된다.

>나는 요새 잔다
>모든 기관(器官)이 거부하는 잠을.
>새벽이면 상륙한다.
>브라질에 갓 이민 온 사람처럼
>웅크리고 합승에 상반신을 싣는다.　──「브라질 행로」 부분 (I, p. 134)

내성-예수-세속-동양의 고리는 1970년대에 들어와서 훨씬 현실 가까이 시인을 데려간다. 유신 독재의 삼엄한 시대는 정치 현실 쪽에 큰 시선을 주지 않았던 시인에게도 미상불 아프고 고통스러운 것일 수밖에 없었다. 『열하일기』, 그리고 『나는 바퀴를 보면 굴리고 싶어진다』와 더불어 시인은 이 시대를 견뎌내는데, 아이러니컬하게도 여기서 그의 시는 내성과 현실이 어우러진 진한 언어의 농축을 뿜어내며 큰 성취를 이룩한다. 가령 그것은 이렇다. 『열하일기』 중의 한 토막 시,

>고통, 덜 차가운 슬픔
>원고의 번역을 밤새 따라다니는
>합창 같은 자유.
>모든 나무의 선 그 흔들림이
>아직 그대로 남아 있는
>이 시월
>무사무사(無事無事)의 이 침묵.
>아침, 거품 물고 도망하는 옆집 개소리.
>하늘을 들여다보면

무슨 부호처럼
　　떠나는 새들.　　　　　　　　　　　　　—「철새」부분 (I, p. 175)

　농축은 그러나 말처럼 압축의 켜 속에 갑갑하게 스스로를 가두지 않고 오히려 우리의 가슴을 그나마 숨통 트이게 한다. 독재가 정식으로 선포된 10월 유신을 가리킴이 분명한 "이 시월"의 풍경을 쓸쓸히 그리면서 시인은 부호의 모습으로 떠나는 한 마리 새가 된다. 그리고 우리 모두 그 "새들"이 되고자 한다. 지상에 머리 둘 곳 없는 이 핍절은, 황동규 시의 현실 인식을 강화시키면서 절망도, 희망도 현실로부터 솟아남을 증거한다.


### 3

　내성과 현실이 안팎으로 교류하면서 생겨난 현실감과 구체성은 그것을 가능케 하는 고통과 긴장 덕분에 그 이상의 성과를 황동규 시에 얹어준다. 1980년대 후반 이후 『악어를 조심하라고?』를 중심으로 나타나기 시작한 그 모습은 「풍장」 연작에서 절정을 이루면서 현대 한국 시의 빼어난 경지에 올라선다. 그 모습은 『악어를 조심하라고?』에서 우선 이렇게 그 전조를 드러낸다.

　　배나무나 벚나무 상공(上空)에서
　　새들은 땅 위에서 환한 구름이 일어나는 것을 보고
　　잠시 천상(天上)과 지상(地上)을 잊을 것이다.
　　　　　　　　　　　　　　　—「꽃 2」 부분 (I, p. 297)

　위의 인용은 세 부분으로 된 시 가운데 마지막 부분인데, 그 앞에는 꽃과 별이 정열적으로 만나는 장면과 함께 열매의 성숙에 대한 잠언적 리포트가 나와 있다. 그 완전한 포옹에 대해 시인은 찬미하는데, 그 찬미는 고통의 지상을 버린 새들로 하여금 천상과 지상의 구별을 잠시나마 잊게 한다고까지 노래한다. 무엇이? "꽃송이 하나하나가/마침 파고든 별을 힘껏 껴안는/이 팽팽함!"이라니 지상에 남아 있는 축복은 바로 이 팽팽함이라는 것이다. 정치적 억압 속에서 죽지 않고 살아남은 자의 방법은 시인에게서 그것밖에 없었던 것 같다. 그 삶의 긴장으로 그는 그다음 영적 순례의 길을 떠난다. 연작 「혼 없는 자의 혼노래」를 거쳐 「풍장」에 이르는데, 그 길은 가볍기 그지없다. 마치 자동차 바퀴의 공기압이 팽팽해지면 자동차도 운전자도 가벼워지듯!

과연 그는 악어로부터 자신을 방어하고, 이 지상에서도 천상 못지않게 사는 방법을 터득한 자답게 「몰운대行」 이후 전국을 돌아다닌다. 팽팽하게, 신나게 그리고 가볍게. 그의 여행길을 여기서 일일이 뒤따라다닐 필요는 없을 것이다. 그러나 1982년 이후 1995년까지 10여 년에 걸쳐 고투를 거듭하면서 마침내 70편을 써낸 「풍장」 연작은 이 시인 필생의 대표작으로서 그의 현실 인식과 시의 방법론, 그 정신이 모두 함축된 거대한 문학 정신 그 자체로서의 의미를 갖기에 이와 관련하여 주목된다.

아 색깔들의 장마비!
바람 속에 판자 휘듯
목이 뒤틀려 쾡하니 눈뜨고 바라보는
저 옷 벗는 색깔들
흙과 담싼 모래 그 너머
바다빛 바다!
그 위에 떠다니는 가을 햇빛의 알갱이들.

소주가 소주에 취해 술의 숨길 되듯

> 바싹 마른 몸이 마름에 취해 색깔의 바람 속에 둥실 떠……
> ——「풍장 2」전문 (II, p. 191)

풍장이 바람에 주검을 날려버리는 의식이라면, 그것은 공기 중의 분해를 가리킨다. 화장이 불로 태우는, 시신을 재로 만드는 의식이고, 매장이 시신을 땅속에서 썩히는 의식임에 비해 풍장은 시신을 그대로 놓아둠으로써 바람과의 교통을 허락한다. 새가 쪼아 먹고 비와 눈이 주검을 적시지만, 그래도 바람 앞에 널널히 드러나 있다는 점에서 시원하다. 그리고 살부터 문드러지고 찢어질 것이다. 그리고 뼈가 드러날 것이며, 바싹 말라 없어질 것이다. 화장이 소멸, 매장이 부패라면, 풍장에는 와해, 혹은 분해라는 표현이 어울린다. 그렇다면 왜 와해를? 대답은 간단하다. 그것이 그중 가장 팽팽하고, 무엇보다 가볍기 때문이다. "바싹 마른 몸이 마름에 취해 색깔의 바람 속에 둥실" 뜨고 싶기 때문이다. 이 경쾌성은 시인으로 하여금 "웃옷 벗어 머리에 쓰고 허리 낮추"(II, p. 192)게 하고, "맨발로 덩실덩실"(II, p. 196) 어디론가 내려가게 한다. 그런가 하면 "겁없이 하늘에 뛰어든"(II, p. 198) 가벼움으로까지 전진한다. 이 천의무봉의 상황을 통해 시인은 이윽고 기쁨을 고백한다.

> 이 세상 가볍게 떠돌기란
> 양말 몇 켤레면 족한 것을.
> 해어지면
> 기워 신고
> 귀찮아지면
> 해어지고
> (소금쟁이처럼 가볍게
> 길 위에 떠서.)

아 안 보이던 것이 보인다.
콘크리트 터진 틈새로
노란 꽃대를 단 푸른 싹이
간질간질 비집고 나온다.
공중에선
조그만 동작을 하면서
기쁨에 떠는 새들.　　　　　　——「풍장 12」부분 (II, p. 205)

　가볍게 떠돌더니 안 보이던 것이 보인다는 것이다. 뿐만 아니라, 조그만 동작을 하면서 새들이 기쁨에 떤다는 것이다. 그 새들이 대체 누구였나. 시인을 포함한 우리 모두 아니었는가. 지상에서 견디지 못하고 공중으로 날아오를 수밖에 없었던 자들이 아니었는가. 그러던 그들이 기쁘단다. 밝혀진 그 이유는, "콘크리트 터진 틈새로/노란 꽃대를 단 푸른 싹이/간질간질 비집고 나오"는 것을 보았기 때문이다. 어떤 폭력적인 힘에 맞서서도, 그 무서움을 뚫고 나오는 연약한 생명의 힘! 그렇다, 풍장을 통해 가볍게 날면서 시인이 발견하고 확인한 것은, 여린, 그러나 강한 생명의 힘이다. 풍장이라는, 다소 범신론적이며 애니미즘적인 접근을 통해 이루어진 그 끈질긴 와해의 검색이 내려준 결론이다.
　황동규는 지금 다시 생명의 신비 앞에 무력하게 자신을 노출하고 있다. 「풍장」연작을 거쳐 「아득타!」에서 고백한 그 신비와의 마주침…… 그 스스로 도전해보았고, 예수와 부처를 통해 전면적으로 그 실체 전부를 수용해보고자 했던 욕망은 "아득타!"라는 탄식에서 성공적으로 거부되고 있다. 그 이유는 역시 간단하다. 부처와 마찬가지로 예수 또한 인간으로 받아들이는 그의 종교관 때문이다. 예수를 신 아닌 인간, 훌륭한 인간으로 받아들이는 한, 예수도 부처도, 그리고 노자도 장자도 우리 옆에 있는 한 훌륭한 인격자에 불과할 뿐, 생명의 신비라는 근원 현상과는 모두 무관한 존재에 지나지 않는다. 시인 황동규는 그 스스로 자신의 종교관을 갱신할 수도 있는 수준까지 벌써 나아간 일이 있고(다시 「비가 제1가」 참조) 아직도 그 주위를 맴돌고 있다. 예수를 인간으로 바라보는 한, 그의 아득함은 줄어들 수 없으며, 죽음의 상상력은 인간적인 애통함의 범주에 머물 수밖에 없다. 그러나, 그러기에는 너무 안타깝다. 시인은 이미 너무 많이 그 초월의 경계까지 와 있기 때문이다.

이러한 모든 과정을 살펴보면서, 황동규 시의 숨겨진 메시지들과는 다소 별도로, 이 시인에게서 기독교적 요소가 깊이 침윤하여 있음을 간과할 수 없다. 그것은 단 하나의 이유, 그가 끊임없는 자기 갱신의 시인이라는 이유 때문이다. 초기에 시인은 부단한 자기 성찰, 즉 내성을 통해 자신이 누구인지, 자기의 고통이 무엇인지를 진지하고 정직하게 토로한다. 자기 확인의 도정일 것이다. 놀라운 것은, 그 확인 작업 후 그는 자신을 뒤집는 일을 부끄러움 없이 감행해왔다는 사실이다. 예수의 발견으로 자신을 부인하고 새로운 길을 바라보며, 다시 그로부터 떠나 이른바 동선회한다. 그러나 동선회가 동양 정신으로 나아갈 즈음 그는 곧 다시 가볍게 여기서 벗어나 하늘로 떠오른다. 시의 기법상 그것은 아이러니의 소산이지만, 보다 근본적으로는 자신을 거듭 부인하는 자기 부인의 정신 세계와 관계된다. 이 정신은 기독교적 중생의 원리로서, 우리 문학에서는 여전히 낯선, 황동규에 의해 힘들게 개척되어온 문학의 도전이다. 이 도전은 앞으로 도래할 또 한 번의 자기 부인에 의해 한국 시의 아름다운 사명을 수행할 것이다.

## 따뜻한 사랑이 오는 곳
── 마종기 시집 『새들의 꿈에서는 나무 냄새가 난다』

가령 꽃 속에 들어가면
따뜻하다.
수술과 암술이
바람이나 손길을 핑계 삼아
은근히 몸을 기대며
살고 있는 곳.

마종기의 여덟번째 시집 『새들의 꿈에서는 나무 냄새가 난다』에서는 이처럼 사랑의 냄새가 난다. 앞의 인용 부분은 이 시집을 열면 나오는 첫번째 시 「축제의 꽃」 바로 앞부분이다. 꽃 속에 들어가면 따뜻하다고 시인은 시작하고 있는데, 나는 그의 시 속에 들어갈 때 무한한 따뜻함을 느낀다. 꽃을 노래한 시인들도 많은데 왜 유독 마종기의 꽃은 이토록 따뜻할까. 그의 시에 깊이 경도되어 여러 번 글을 쓴 바 있는 나로서 이번에는 그 꽃의 성격에 대한 짧은 고찰이 관심의 축이 될 것 같다.

무엇보다 먼저 주목되어야 할 점은, 그의 꽃은 외관의 아름다움과는 무관한, 속의 아름다움에 집중되어 있다는 사실이다. 외관과는 철저히 동떨어져 있는, 사람들이 너무도 무심히 간과하기 일쑤인 꽃의 전면적인 생리가 시인에 의해 조용히 부각된다. 그 상황은 예컨대 이렇다.

> 시들어 고개 숙인 꽃까지
> 따뜻하다.
> 임신한 몸이든 아니든
> 혼절의 기미로 이불도 안 덮은 채
> 연하고 부드러운 자세로
> 깊이 잠들어버린 꽃.

앞의 시 중간 부분이다. 앞부분이 꽃의 청춘 시절이라면, 이 부분은 중년 혹은 노년이랄까. 시들어 고개 숙인 꽃도 시인의 몸에는 따뜻하게 느껴지는데, 그런 꽃의 모습은 연하고 부드러운 것으로 파악된다. 이 '연하고 부드러움'이야말로 마종기를 많은 사람들로부터 사랑받는 시인이 되게 하는, 그리고 앞으로는 더욱더 많은 독자를 갖게 할 큰 시인 되게 하는 요소의 핵심이라고 나는 믿는다. 모더니즘이라는 지식지상주의의 광풍 아래 놓여 있는 현대시에는 도무지 이 '연하고 부드러움'이 본질적으로 결여되어 있어서, 어쩌다 이런 시를 만나게 될 경우 그 시는 연약한 시로 백안시되는 일이 비일비재하다. 시에 대한 이 같은 인식은 필경 시를 쓰는 시인만의 시로 만들고, 읽는 시로부터 스스로를 소외시켜온 것이다. 표현주의 → 신표현주의로 이어지는 이러한 과장된 욕망의 그늘 아래 놓여 있는 현대시는 이제 그 스스로 구원되어야 할 명제를 안고 있는데, 마종기의 시는 바로 이 명제와 부딪치고 있다. 그리고 그 힘은 사물에 대한 총체적 관찰, 무엇보다 그 대상을 유기적 생명체로 바라보는 온전한 인식에서 유래하고 있다. 그리하여 마침내 이 시는 이렇게 '따뜻하게' 끝난다.

> 내가 그대에게 가는 여정도

따뜻하리라.
잠든 꽃의 눈과 귀는
이루지 못한 꿈에 싸이고
이별이여, 축제의 표적이여.
애절한 꽃가루가 만발하게
우리를 온통 적셔주리라.

그렇다. 모든 생명체에는 시작과 끝, 즉 삶과 죽음이 있다. 시인은 이 평범한 사실을 똑바로 인식하고 관찰한다. 뭐 웬만한 시인이라면 그쯤은 기본이라고? 천만에, 너무도 많은 시인들이 대상에 대한 올바른 관찰과 순종 대신, 주관이라는 이름 아래 얼마나 잘못된, 또한 부분적인 인식에 매달리고 있는지! 오늘 엄청난 시인들이 쏟아져 나오는 현실 속에서 시 자체의 감동은 거꾸로 실종되어가고 있는 바, 그 원인의 대부분은 이 소박한 깨우침과 지식에 그들이 미치지 못하고 있기 때문이다. 참된 주관은 객관이 온전히 완성되어 가는 도정 속에서 더불어 생성된다. '내가 그대에게 가는 여정도/따뜻하리라'는 얼핏 무심한 듯한 진술에도, 거기에는 시의 방법과 관계된 진실이 함축되어 있다.

이제 꽃은 시들고 죽었다. '깊이 잠들었다'고 표현된 꽃의 죽음은, 그러나 시인의 눈과 가슴에 의해 '잠든 꽃의 눈과 귀는/이루지 못한 꿈에 싸인' 것으로 우리 앞에 오히려 생생하게 다가온다. 어느 꿈인들 제대로 이루어지는 꿈이 있겠는가. 이렇게 볼 때, 이루어지지 않는 꿈도 죽음도 지극히 자연스러운 것. 이별이 '축제의 표적'으로 발언되는 것 또한 이 문맥 속에서 지극히 자연스러울 수밖에 없다. 이 자연스러움은 실로, 님은 갔으나 나는 님을 보내지 않았다는 달관의 역동적 서늘함을 보여준 만해 한용운 이래의 절창이라고 나는 감히 말하고 싶다. 절창이라면, 시의 틀, 가락과 어울리는 메시지가 풍겨 나오는 것 아니랴. 삶과 죽음, 부분과 전체, 객관과 주관의 이분법이 슬그머니 사라진 그 아름다운 이별의 공간이야말로 절창의 가락으로 우리 모두에게 긴 여운을 남긴다. 어찌 축제가 아니겠는가. 그리하여 "애절한 꽃가루가 만발하게/우리를 온통 적셔"준다. 시는 우리의 마음을 온통 적신다.

  마종기 시인에게 있어서는 이렇듯 만남이 축제이듯 이별도 축제이며, 삶이 축제이듯 죽음도 축제이다. 이때 우리로서 조심해야 할 것은, 그것들이 서로 따로 나누어진, 말하자면 별개의 축제들이 아니라는 점이다. 이별이 축제일 수 있는 것은 만남이 축제이기 때문이며, 그 반대도 마찬가지다. 물론 삶과 죽음의 관계도 똑같다. 그래서인가. 시인에게는 많은 이별과 죽음의 장면들이 나오지만 '헤어진다'는 동사 대신 '간다'는 동사가 훨씬 빈번하게 쓰인다. 그저 '가는' 모양이다. 삶에서 죽음으로, 만남에서 이별로——.

> 안녕히 가세요.
> 곧 따라가겠지요.
> 몸은 비에 젖은 땅에 묻고
> 영혼은 안 보이는 길 떠나네.       ——「이별」앞부분

> 잘 가라. 잠이 들 때면
> 매일 밤 나를 떠나는 내 혼.
> [……]
> 혼자서 떠나는 통증의 발걸음.     ——「잡담 길들이기 1」끝부분

> 높고 화려했던 등대는 착각이었을까.
> 가고 싶은 항구는 찬비에 젖어서 지고
> 아직 믿기지는 않지만
> 망망한 바다에도 길이 있다는구나.     ——「길」앞부분

인생을 나그네 길로 파악하는 것은, 고국을 떠난 이민이나 유랑민이 아니더라도, 혹은 잠깐 보였다가 없어지는 풀잎의 이슬로 인생을 생각하는 종교적 지혜가 아니더라도, 모든 좋은 시인들의 일반적인 세계관이다. 그 같은 인식 아래에서 사물과 현상에 대한 편견 없는 총체적 시선이 확보되고 역동적인 묘사가 이루어진다는 사실은 좋은 시를 읽고 난 다음의 따뜻한 독서 경험이다. 그러나 모든 나그네 시가 반드시 그런 것은 아니다. 이별과 죽음을 끝으로 생각하는 인식과 더불어서는, 애통과 아쉬움, 원망과 회한, 때로는 찰나주의와 허무주의의 비문학적인 토설이 튕겨나오는 수도 있다. 마종기의 이별과 죽음, 마치 만남과 삶의 수평 이동과도 같은 그 부드러우면서도 단단한 시의 세계는, 그렇다면 어떻게 가능할까.

당연한 우리의 호기심 앞에 가장 먼저 눈에 띄는 것은 그의 종교적 자세이다. 신을 직접적으로 거명하고 있지는 않으나 기도와 복음에 대한 간단없는 관심과 의지는 그것을 말해 준다. 그러나 먼 바탕에 그 같은 힘이 놓여 있다고 하더라도, 보다 가까운 곳에서 우리를 감싸는 요소는 바로 사랑이다. '사랑'이라는 단어 또한 직접 표현되는 일은 매우 드물다. 그러나 대상이 사람이든 사물이든, 언제나 자신의 주관을 대상 쪽에 복종시켜 바라보는 시적 시각이야말로, 가장 참된 의미에서의 사랑으로서 우리를 놀라게 한다. 그 시각은, 우리 모두 우리 자신들 시각에만 집착할 때는 보이지 않는, 숨어 있는 시각이다. 앞의 시 「길」의 끝부분을 보자.

나는 내가 살아 있다는 것을 몰랐다.
저기 누군가 귀를 세우고 듣는다.
멀리까지 마중 나온 바다의 문 열리고
이승을 건너서, 집 없는 추위를 지나서
같은 길 걸어가는 사람아,
들리냐.

마침내 시인은 죽음 쪽에 앉아서 산 사람 쪽을 보고 있다. 죽음마저 사랑할 때 얻어지는 놀라운 시각의 확보, 시각의 왕래이다. 꽃 속에 들어가면 따뜻하다는, 꽃의 시각 속에서 시인은 이미 꽃인 것이다. 아집을 주관으로 내세우고 자신의 신음 소리를 과장하는 적잖은 젊은 시인들에게 많은 깨우침이 된다면 좋을, 좋은 시집이다.

## 결핍의 열정
── 고은 시집 『두고 온 시』

저 바다가
저토록 날이날마다 조상도 없이 물결치고 있는 것은
오래
하늘이 되고 싶기 때문이리라
그렇지 않고서야                              ──「소년의 노래」 부분

고은(高銀)이 또 시집을 내어놓았다. 몇번째 시집이 되는지 시인 자신은 알까. 시집이 많다는 사실 그 자체만으로는 자랑도 부끄러움도 아니다. 그러나 한가지 분명한 사실은, 그가 왕성한 시의 힘과 더불어, 무엇인가 쓰지 않고는 배겨낼 수 없는 깊고 어두운 욕망의 소유자라는 점이다. 지난 40년여 동안 때로는 가까운 곳에서 때로는 먼 자리에서 그를 지켜보고, 또 그의 작품들을 읽어온 나로서는 운명이 시인일 수밖에 없는 그를 거듭 확인한다. 대체 왜 그처럼 많은 시──어떤 때에는 그 난삽한 문맥들로 이해가 힘들기도 한──를 그는 써내는가. 이 시집에 실린 「소년의 노래」에 의하면 그것은 하늘이 되고 싶어하는 바다의 들끓음에 다름 아니다. 물론 그는 이 시에서 하늘과 바다의 자리를 바꾸어놓기도 한다.

저 하늘이
저토록 어리석은 듯 밤낮으로
구름을 일으키고
구름을 지워버리고 하는 것은
바다에 내려오고 싶기 때문이리라
그렇지 않고서야 ──「소년의 노래」부분

내가 고은을 만난 것은 1960년대 중반 『해변의 운문집』 출간 전후이다. 시로서나 사람으로서나 한꺼번에 만났는데, 그 이후 숱한 작품들과 세월이 지난 다음에 다시 부딪친 그는 여전한 모습이다. 그 모습을 시인 자신은 '소년'이라고 부르면서 "사람들이여 소년에게 놀라라 소년의 노래에 놀라라"(「소년의 노래」)고 외친다. 참으로 소년다운 모습이다. 당연한 이야기이겠으나 『해변의 운문집』은 바다의 노래였다. 그리고 40년 가까이 흐른 지금에도 여전히 그의 노래는 바다를 중심으로 맴돌고 있다. 아니, 그 자신이 그대로 바다임을 고백하고 있다. 나는 끊임없이 세상과 함께 출렁거려온 그의 성질을 바다 이외의 다른 어떤 사물로도 완전히 설명할 수가 없다. 자신의 말대로 그는 "조상도 없이 물결치고" 있지 않은가. 여기서 중요한 것은, "하늘이 되고 싶기 때문"이라고 분명한 이유를 밝히고 있다는 점이다. 과연 그는 이 시점에서도 예의 천의무봉한 자세로 무소부재 천지간을 드나들다가 급기야 "신이란 궁극에서 있으나마나 합니다"(「가을의 노래」)는, 엄청나다면 엄청난 결론을 문득 내보이기도 한다. 그러나 나는 그가 바로 같은 작품에서 적고 있듯, 이것을 도저한 역설로 이해한다. 하늘을 사모하는 자의 도달할 수 없는 꿈의 인식론으로 이해하게 되는 것이다.

누가 지는 잎새를 장사지내겠습니까
역설이 있어야겠습니다

가족도
　　민족도 필요 없습니다
　　우수수
　　바람에 날려 지는 잎새들은
　　아무것도 바라지 않습니다　　　　　　　——「가을의 노래」부분

　하늘은, 이러한 인식으로는 열리지 않는다. 그 작은 구석 어느 곳조차 만져지지도 않으리라. 따라서 신이란 있으나마나 하다는 생각 또한 철저한 인식에 의해 그 자리에 도달하고 싶지는 않다는, 차라리 겸손한 자기고백일 수도 있다. 그렇기 때문에 고은의 하늘은 오히려 바다에 내려오고 싶어한다. 구름을 일으키고 지워버리고 하면서 바다가 되고자 한다. 절대와 창조의 공간인 하늘은 그와 어울리지 않는다. 누구보다 그 자신이 그것을 잘 알고 있다. 그러나 여기에 가장 중요한 고은 시의 포인트가 숨어 있다. 하늘이 비록 고은의 바다와 어울리지 않는다 하더라도, 언감생심 그 짝이 될 수 없다 하더라도, 하늘을 바라볼 때 그의 바다는 바다로서의 파도 치는 생명력을 싱싱하게 드러내고 있다는 점이다. 그런 의미에서 이 시집은 하늘가를 지나가버린, 하늘의 낌새를 알아버리고, 이제는 그것을 놓쳐버린 바다의 노래이다.
　고은에게서 그 하늘은 정치적 정의, 좀더 구체적으로는 독재와 싸우는 민중의 힘이었고, 민족통일에의 염원이었으며, 요컨대 현실의 선(善)이었다. 그러나 지금 그에게 그 하늘은 결핍으로 존재한다. 바다인 그는 쓸쓸할 수밖에 없다. 그리하여 이런, 수음 같은 기이한 열정이 나타난다.

　　아 독재가 있어야겠다
　　쿠데타가 있어야겠다

　　그래야

우리 무덤 속 백골들
분노의 동정(童貞)으로 뛰쳐나오리라
하루 열두 번의 잠 때려치우고 누에집 뛰쳐나오리라
그래야 텅 빈 광장에 밀물의 짐승들 차오르리라

지금 가랑비가 내리고 있다
아무도 미쳐버리지 않는데
가랑비가 내리고 차들이 가다가 막혀 있다
그러나 옛 친구들이여 기억하라
이 광장이 우리들의 시작이었다 언제나 ──「광장 이후」부분

'결핍의 열정'이라고 부를 수 있는 이러한 절규는, 사실 가장 고은다운 표현이다. 바다는 들끓어야 바다답다. 그러나 일부러 격랑을 일으켜 사람 가득 찬 배를 뒤집어엎을 수는 없다. 그렇다면 바다에게 남은 길은 무엇인가. 나로서는 두 가지의 길이 있지 않을까 생각해본다. 그 하나는 하늘을 올바로 바라보면서 바다의 겸손을 터득해가는 길이다. 그 길은 바다가 바다이기를 포기하는 일조차 포함하는 결단의 길이다. 다른 하나는 바다의 제 모습을 총체적으로 다시 돌아보는 일이다. 노발리스의 말대로 바다는 으르렁거리는 노호의 모습과 부드럽고 잔잔한 투명의 모습을 함께 조화롭게 이루어가면서 그 바다됨을 완성한다. 시인 고은이 어느 쪽으로 갈는지는 아무도 모른다. 그러나 그는 둘 중 어디로든 가야 한다. 왜냐하면 시인에게 머무름이란 없기 때문이다.

# 바라봄의 시학
── 김형영 시집 『낮은 수평선』

## 1

"하늘과 바다가 內通하더니/넘을 수 없는 선을 그었"(「수평선 1」)다는 풍경 속에 김형영 시인의 메시지는 숨어 있다. 숨어 있다, 고 내가 말한 까닭은 조심스럽게 들쳐보아야 그 의미가 드러나기 때문이다. 생각해보자. 하늘과 바다가 내통했으면 그 본래의 구분은 없어지고 자연히 "넘을 수 없는 선" 또한 보이지 않을 것이 아닌가. 그렇다면 "內通"이 거짓이든지 "넘을 수 없는 선을 그었다는" 것이 시인의 착시 아닐까. 명백한 이 모순의 비밀은 "나 이제 어디서 널 그리워하지"라는 마지막 시행이 쥐고 있다. 대체 시인 앞에서 사라진 것이 무엇이길래 그는 "널" 그리워하는가. '너'는 대체 누구인가. 소멸된 것은 '넘을 수 없이 그어진 선' 아닌 것, 즉 그 반대의 상황일 것이다. 그러니까 이전에는 선 없이 하늘이 바다이며, 바다가 하늘이었던 것. 그러던 것이 하늘과 바다가 내통하여 하늘은 하늘로, 바다는 바다로 갈라지기로 한 것이다. 이러한 이별은 "내통"의 연상과는 사뭇 다르다. 양자의 결정은 내통이라기보다는 단순한 결정, 혹은 슬픈 별리라고 하는 편이 산문적 관습에 어울린다. 세상에 헤어지자고 내통하는 자들이 있겠는가.

그렇다면 내통이라는 표현은 아마도 아이러니일 것이다. 그렇다고 접어두고 이제 하늘과 바다에 대해 생각해보자. 하늘에 대해서, 혹은 바다에 대해서 그것들이 풍경으로 다가오는 한, 우리는 모를 것이 없다. 그러나 둘의 이별로 말미암아 잃어버린 "너"가 있다니 단순한 풍경은 아닌 것 같다. 그렇다면 이별 이전, 즉 하늘과 바다가 하나를 이루고 있는 상황의 소멸이 바로 시인의 상실인 셈이다. 시인은 결국 하늘과 바다가 하나로 어우러진 세상을 그리워하고 있고, 거기에 자신의 시인의식이 속하고 있음을 고백한다. 바다인 하늘과 하늘인 바다. 그 세상은 대체 어떤 세상인가.

김형영의 하늘과 바다는 밖의 풍경 아닌 마음의 심상이다. 둘은 시인의 마음속에서 둥글게 어울려 있다.

얼마나 아득하기에
천 번 만 번
처음인 양 밀려왔다 밀려가는가
아무리 꿈꾸어도 가 닿지 못하는
너와 나 사이
둥근 금줄이여

어느 하루 편한 날 없었다
빛이 끝나는 그곳을
바라보고 바라보고 바라보아도
잴 수 없는 거리여
하늘의 천둥 번개도
바다의 해일도 지우지 못하는
내 마음 수평선이여

「수평선 3」 전문이다. 수평선은 시인에게서 마음의 수평선이며, 하늘의 천둥 번개도 바다의 해일도 지우지 못한다. 우리의 시각을 통해 인지되는 수평선은 하늘과 바다를 갈라놓는 경계의 금인데, 여기서는 그 일을 하지 않는, 독특한 금줄, "너와 나 사이/둥근 금줄"이다. 말하자면 그 줄이 보이기는 보이지만, 시인은 짐짓 보지 않는다. 그렇기에 수평선을 바라보는 마음은 "어느 하루 편한 날 없었다." 그렇다면 시인은 왜 굳이 선일 수밖에 없는 수평선을 말하는가. 구별과 선 대신, 하나로 어우러진 '둥금'의 세계를 그리워하는 그에게 수평선은 원망의 금줄로 극복하고 싶었던 것인가. 「수평선 2」라는 작품이 또 한 편 더 있다.

    땅끝마을에 와서
    수평선 바라보는 날
    무수한 배는
    넘을 수 없는 선을
    넘어가고 넘어오는데
    내 그리움 하나
    실어 나르지 못하고
    어느덧 깊어버린
    오늘 또 하루

배는 수평선을 넘어간다. 배를 타면 수평선은 없어지는 것이다. 그러나 시인은 배를 타지 않고, 배를 바라다본다. 김형영 이해의 단초는 바로 여기에 있다. 움직임 아닌 응시의 의식. 가거나 오지 않고 바라보기만 할 때, 당연히 그곳을 향한 그리움만 생겨날 수밖에 없다. 그리하여 결국 그리움의 한계에 대해서 시인 자신도 절망하고, 안타까워한다. 「수평선 1」이다.

    하늘과 바다가 內通하더니

넘을 수 없는 선을 그었구나

　　나 이제 어디서 널 그리워하지

　선은 그 속에 화자가 있을 때 보이지 않는다. 선은 거기에 가까이 갈 때 잘 보이지 않는다. 그러나 멀리 떨어지면—아주 멀리 가버리지 않는다면— 잘 보인다. 이 점에서 시인은 항상 일정한 거리에서 선을 보고 있는 것이다. 하늘과 바다 사이의 수평선뿐이겠는가.


2

　김형영의 시는 이렇듯 바라봄의 시학을 펼친다. 그의 바라봄 안에는 하늘과 바다만 있지 않다. 꽃도 있고, 산도 있고 나무도 있다. 그 현장을 뒤져 보자.

　　지친 걸음걸음 멈추어 서서
　　더는 떠돌지 말라고
　　내 눈에 놀란 듯 피어난 꽃아　　　　　　　——「노루귀꽃」뒷부분

　　멀건 대낮
　　하늘에다 대고
　　어디 한번 보기나 하시라고
　　답답한 가슴 열어 보였더니　　　　　　　——「가을 하늘」중간 부분

　　올해에는

집집으로 호명하듯 피어서
저 좀 보셔요 저 좀 보셔요
속곳도 없이
소복을 펄럭이는 통에
온종일 그걸 바라보던 하늘이
그만 낯이 뜨거워
노을 속으로
노을 속으로 숨어버리네 　　　　　──「올해의 목련꽃」 뒷부분


가난해도 꽃을 피우는 마음
너 아니면
누가 또 보여주겠느냐
이 세상천지
어느 마음이 　　　　　　　　　　──「변산바람꽃」 뒷부분


별 볼일 없이 살다보니
먼 산 바라보기 바쁘다 　　　　　　　──「아버지」 앞부분


그 사람이 누군 줄 뻔히 알면서도
우두커니 바라만 보고 서 있는
당신은 누구세요 　　　　　　　　　──「먼산바라기」 뒷부분


오늘은 너를 꺾어 들고
억만 광년의 별 하나 처음 만난 듯
바라보고 바라보고 바라보나니
너를 바라보듯

나를 바라보는 나조차도 　　　　　—「보이지 않아도」 뒷부분


거울 앞에 와서
물끄러미 바라보는
내 얼굴이여 　　　　　—「거울 앞에서 2」 중간 부분


밤새워 아파야 하는
무슨 잘못이 하나
깊이깊이 뿌리박고 있는 것인가
눈을 감아도 보이지 않는
눈을 떠도 보이지 않는 　　　　　—「밤눈」 뒷부분


부르면 연이어
돌아눕는 산
밤늦도록 바라보는
먼 산이야 　　　　　—「산 산 산」 중간 부분


속창자까지 보이며 사라지는
새벽달을 바라보니
내 속내가 보여
바라보는 내 눈알이 짜다 　　　　　—「나의 시」 중간 부분


　내가 살아서 가장 잘하는 것은 멍청히 바라보는 일이다. 산이든 강이든 하늘이든, 하늘에 머물다 사라지는 먹장구름이든, 그저 보이는 대로 바라보는 일이다. 　　　　　—「나의 시 정신」 앞부분

보이는 건 안 그릴 수 있어도
느끼는 건 안 그릴 수 없는
無爲의 붓질.　　　　　　　　　　―「金剛力士」 중간 부분


온몸이 다 멍이 들어버린
퍼런 하늘은
그만 무엇을 보았는지
공중에 떠서 붉게 물이 드네　　　　―「가을 잠자리」 뒷부분


(이상 윗점은 모두 필자주)

　그의 시 거의 대부분에 앉아 있는 이 같은 '봄,' 그리고 '보임'! 그의 시는 그러므로 무엇인가를 바라보는 응시의 시며, 눈의 시학이다. 일찍이 G. 벤과 같은 시인은 세상의 동력학에 절망하고 역사를 부정함으로써 응시의 시학에 매몰되었다. 그러나 그는 거기서 저 유명한 정시(靜詩)를 태동시켰으며, 절대시론을 전개함으로써 20세기 현대시의 한 축을 세우지 않았던가. 그렇다면 김형영의 바라봄은? 딱히 잡히는 것이 마땅찮다. 그저 하염없이 바라만 보고 있는 것이다. 시인 스스로 "가장 잘하는 것은 멍청히 바라보는 일"이라고 하지 않는가. 그러나 바로 이 작품에서 시인은 중요한 단서 하나를 흘리고 있다.

　그러다 어느 날 어딘지 거기 눈앞을 가리는 것들 사이사이로 나를 바라보는 내가 보이기라도 하면, 두렵고 부끄러워 그만 돌아눕고 돌아눕고 돌아누워버리지만.　　　　　　　　　　―「나의 시 정신」 중간 부분

시인은 한 평면 공간에 널려 있는 풍경이나 사물들을 무연히 바라보다가

문득 그 사이에서 기억이라는 시간의 공간으로 그 응시 대상을 이동시키는 것이다. 그 기억은 시인 자신의 것. 거기서 그는 부끄러움을 발견한다. 이 부끄러움은 자책과 자기 연민으로 발전하면서 시적 자아를 흔든다. 이 동요 때문인지 바라봄의 주체는 시인 자신만이 아니라 타자의 형태로 나타나기도 하는데, 그때 그 타자의 자리에 잘 등장하는 존재가 하느님, 혹은 하늘이라는 사실이 특이하다. 앞의 긴 인용들에서 이 장면들이 드러난 부분을 다시 본다.

> 하늘에다 대고
> 어디 한번 보기나 하시라고
> 답답한 가슴 열어 보였더니 ──「가을 하늘」 중간 부분

위 시에서 시적 화자는 시인이지만, 그 화자는 하늘로 하여금 다시 시적 화자가 되어줄 것을 요구한다. 하늘이 보아주기를 바라는 시인의 가슴이 답답하기 때문이다. 시적 자아의 심리적 자리는 이렇듯 답답함이며, 그로부터 유래된 자괴감이다. 여기서 시인은 하늘을 바라보고, 하느님을 찾는다. 그러나 자신의 상황을 이해하고 받아들여주기를 바라면서도, 자신의 속을 보아달라고 요청하면서도 막상 하느님 앞에서조차 여전히 부끄럽다. 「올해의 목련꽃」에서 "저 좀 보셔요 저 좀 보셔요" 하고 하늘을 향해 보아줄 것을 호소하던 목련꽃, 그러나 그 꽃 속을 보던 하늘이 낯뜨거워 노을 속으로 피해버린다는 묘사는, 이 시집에서 가장 아름다운 장면을 만들면서, 김형영 시의 핵심을 건드린다. 그 부분을 조금 더 풀이하면 이렇다.

1) 목련꽃이 하늘을 바라보고 보아줄 것을 요구한다.
2) 목련꽃은 속곳도 없이 소복을 펄럭인다.
3) 그 민망한 장면을 하늘이 온종일 바라본다.
4) 하늘은 낯이 뜨거워 노을 속으로 숨는다.

여기서 목련꽃은 시인, 하늘은 물론 하느님이다. 시인은 바로 다음 작품에서 목련꽃에 이어 변산바람꽃이 되며, 가난해도 꽃피는 마음을 지닌 자신의 이중 처지를 내비친다. 즉 '가난과 꽃'이다. 가난한 꽃의 모습으로 빚어진 시적 자아를 통해 시인을 바라보고, 또 바라봄의 대상이 된다.

3

그러나 김형영은 사람은 잘 바라보지 않는다. 그 사람들이 어울려 만들어 가고 있는, 저 '현실'이라는 플레게톤의 강은 들여다보기조차 두려운 것일까. 이와 관련해서는 몇 군데 수상한 대목이 눈에 띈다.

나 같은 것
나 같은 것
밤새 원망을 해도
나를 아는 사람 나밖에 없다 ——「나」 전문

원수 같은 놈
원수 같은 놈 죽어나버리지
되뇌듯 미워했는데
오늘 세상 떠났다는 소식에
내 앞길을 막으며
하얗게 쌓이는 아득함이여 ——「告解」 전문

눈이 쑤신다

낮에는 멀쩡하던 눈이
밤이면 쑤신다
밤을 새워 쑤신다
불을 켜지 않았는데도
불빛이 박히듯 쑤신다
내가 아직도
누굴 미워하고 있는 것인가 ──「밤눈」앞부분

 산문적인 고백으로 된 위의 인용들은 이 시인이 인간관계를 통해 마음의 상처를 받았고, 그 상처에 예민하게 반응하고 있으며, 그 기간 또한 오래 지속되고 있음을 보여준다. 또한 타자에 대한 증오, 자신에 대한 자학과 같은 감정이 남아 있음을 숨기지 않는다. 어머니 마리아와 베드로를 시의 제목으로까지 삼고 있는 가톨릭 교인임을 생각할 때, 시인의 이러한 진술은 다소 뜻밖이다. 교인으로서의 첫 출발이 영성이라고 할 때, 그것은 자신의 깨어짐으로부터 비롯된다고 하지 않는가. 죄인임이 고백되고, 그리스도에 의해 구속이 이루어짐에 감사하는 기본적인 재생의 감격이 인간관계에 의해 훼손되고 있는데, 문제는 그 훼손이 시에까지 파장을 일으키고 있다는 사실이다. 그 훼손은 지나친 자기 집착→반성→자학으로 이어져, 앞서 언급한 시적 자아의 동요라는 형태로 나타난다. 원래 시적 자아란 경험적·일상적 자아에 대비되는 말로서, 평범한 일상인인 화자가 시를 통해 특정한 시인의 모습으로 다시 탄생함을 일컫는 것이다. 대개의 경우 이때 그 시는 시인이 선택한 대상으로서의 사물이 경험계 안에서의 형상을 벗고 시적 상징에 의해 다른 형상으로 태어나는 과정 그 자체이며, 여기서의 그 '다른 형상'이 바로 시적 자아이다. 가장 비근한 예로 김춘수의 「꽃」과 같은 것. 김형영의 시적 자아는 어떤 경우 경험적·일상적 자아가 그대로 재현되며, 그렇지 않다 하더라도 위축되고 왜곡된 자아에 대한 안타까움이 부각된다. 고려되어야 할 일이 있다면, 경험적 자아에서 시적 자아에 이르는 회로에 구체적인 대상으로서의 사물이 자주 결여되어 있다는 점이다. 그리하여 경험적 자아는 시적 대상이 된 사물의 매개 없이 시적 자아로 직진해버린다. 시가 운문으로서의 우회— 상징, 멜로디 따위—대신 산문적 분위기를 풍기는 것은 이 때문이다.

초기의 관능적인 시로부터 최근의 경건한 시들에 이르기까지 40여 년간 단정하게 시업을 지켜온 김형영 시의 부피는 많지도 적지도 않다. 그러나 풍성한 느낌이 들지는 않는데, 그 원인이 작업량의 과소와는 무관해 보인다. 오히려 지나치게 자성적인 시의 성격과 분위기 탓이리라. 무언가 육질의 촉감이 느껴지지 않는다면, 이 역시 관능성의 퇴조를 지적하는 말로 읽혀지면 안 될 것이다. 앞서 말했듯이 그것은 시적 사물에 무관심한 태도에 대한 나의 불만의 표현일 것이다. 세상은 사람들로 가득 차 있지만, 그 사람들의 좋은 지배를 받아 좋을 숱한 사물들로 또한 가득 차 있다. 그 사물들 속에는 물론 꽃, 나무와 같은 식물들도 있고, 김시인이 단 한 번도 최근의 시에서 진지한 대상으로 삼은 일 없는 동물들도 있다. 물론 산, 강과 같은 자연들도 있다. 이즈음엔 엄청난 기술 발전에 의한 문명의 사물들이 곳곳에서 넘쳐난다. 그런데 김시인의 시에는 그런 것들이 별로 보이지 않는다. 역동적인 움직임의 세계는 따라서 김형영과는 아예 무관한 나라이다.

'바라봄의 시학'을 지키기 위해서는 눈이 좋아야 한다. 그러나 그 눈에도 문제가 생긴 것 같다. 「밤눈」을 읽는 내 마음은 많이 아프다. 눈이 쑤신다고 하지 않는가. 불을 켜지 않았는데도 불빛이 박히듯 쑤신다니! 그 이유로서 시인은 자신이 누굴 미워하기 때문이 아닐까 짐작한다. 사람의 눈은 그 같은 양심에 의해서 상해도 좋을 지탄의 대상이 아니다. 거꾸로 말해서, 누구를 미워하는 것을 반성하는 양심은 제 눈을 쑤시는 것으로 자족해서는 안 된다. 그것은 시적 모티프일 수는 있어도, 한두 번의 직접적인 토로, 혹은 진술로 보다 완성된 작품으로의 길을 중단시켜서는 안 된다. 아, 나는 이렇게 말하면서도 이제 이 세상에서 그 글자조차 없어진 것 같은 '시인의 양심'이 고통을 받고 있는 것을 본다. 그 고통은 소중하지만, 읽는 이의 마음은 편치 않다. 결국 시인은, 쑤시는 눈의 고통이 누군가를 미워하는지도 모른다는 자의식에서 비롯되었음을 인정하면서도 그것이 진정되지 않음에 다시 고통스러워한다. 이번에는 심한 육체적 통증을 동반한다. 그 통증의 원인은 이제 눈을 감아도 보이지 않고, 눈을 떠도 보이지 않는다. 바라봄의 시학도 이렇게 되면 흔들리지 않겠는가.

그러나 기억하라. 하늘과 바다가 내통하더니 헤어진 그 기막힌 아이러니를. 아이러니는 여기에 이르러 새롭게 그 진면목을 닦아 보인다. 하염없이 풍경만을 바라보던 그 바라봄의 시학은 자신의 내면을 거침으로써 마침내 제 눈을 쑤신다. 시인은 이로 말미암아 눈을 감아도, 눈을 떠도 아무것도 보이지 않는다고 하지만, 바야흐로 여기서 눈 없이도 볼 수 있는 저 천지인 삼재 회통의 세계가 열리고 있음을 어쩌랴.

눈 감기듯
눈 감기듯
겹겹이는 누워서
먼 산이야

부르면 연이어
돌아눕는 산
밤늦도록 바라보는
먼 산이야

언제든 눈 감으면
눈 감기듯 넘어가는
먼 산이야

「산 산 산」 전문이다. 이 시에서 산은 없다. 눈으로 바라보는 산은 존재하지 않는다는 말이다. 누워 있는 듯하면서도 없는 산. 더 정확하게 말한다면 있는 듯 없고, 없는 듯 있는. 적어도 눈을 통한 산은 없다. 그런데 이상도 하여라, 눈을 떠난 산은, 산, 산, 산⋯⋯으로 이어지고 겹쳐진다. "구름 속을 들락거리는/별 하나"(「별 하나」)도 그리하여 "눈 깜박"의 시간이며, "언덕을 넘으면/또 언덕/퍼지다 퍼지다/이내 사라지는/한 점 구름같이/어디로 가나"(「저무는 언덕」)라는 출현과 소멸의 잠언이 새삼스러워진다. 그것은 눈을 통한 현상의 세계를 지우고 내면 속에서 새 현상을 만들어보는 소멸과 출현의 길이다. 그 회로에는 목적지가 없다. 중요한 것은 그 과정 속에서 시인 자신이 거듭 지워지고 있다는 것. 시적 자아는 급기야 소멸일 수밖에 없다는 쓸쓸한 인식이다. 그 세계는 비감스럽지만, 베드로와의 동행을 꿈꾼다면 차라리 행복하리라. "옷깃 여미는/긴 그림자/나를 지우며/어디로 가나"(「저무는 언덕」)라는 쿠오 바디스적 질문은, 따라서 아이러니다. 아니, 반드시 그렇게 되어야 시를 읽는 독자들은 시의 숙명적인 조직이 감추고 있는 비밀을 누릴 수 있을 것이다.
　그 비밀의 일단은 사실상 이미 밝혀졌다. 그것은 분리·이별을 두려워하는 그리움 속에 내재해 있다. 하늘과 바다가 수평선을 통해 서로의 몸을 분명히 하는 것을 내통한다고 일갈했던 시인의식 속에 숨어 있는 저 분화(分化)를 향한 불안감. 어떤 분화의 선이든 "둥근 금줄"이기를 바라는 그의 희망은, 그러나 분화에 분화를 거듭하는 기술사회에서 무력하기 짝이 없다. 게다가 끊임없이 변화와 개혁의 쳇소리들이 가세하는 형국에서는 아예 묻혀버리기 일쑤이리라. 김형영 시의 신선함과 긴장감은 역설적으로 이 같은 바보스러운 고풍에 깃들어 있다. 문화재마저 상품성으로 평가되는 이 날렵한 세상 속에서 무연하게 앉아 있는 그 어긋난 시적 자아는 차라리 새로운 문화재의 몸매인지도 모른다.

## 신발 벗고 가볍게 날기
──박형준 시집 『물속까지 잎사귀가 피어 있다』

1

 박형준의 시는 설화이다. 신화가 신에 관한 이야기라면, 설화란 사람들의 이야기, 혹은 사람들에 관한 이야기다. 예컨대 단군신화라고 하면, 단군을 신으로 보고 이야기하는 것이고, 단군설화라고 할 때에는 단군을 그저 사람으로 보고 이야기하거나, 신/인간 여부에 관계없이 이야기를 꾸며보는 일이 될 것이다. 기독교와 같이 분명한 텍스트를 가진 유일신 사상의 민족이나 나라 이외에는 유난히 설화가 많다. 이때 그 설화는 시간과 더불어 오래 구전되어온 것들이 대부분이라 결국 옛날이야기라는 형태로 압축된다. 우리에게도 설화 즉 옛날이야기가 많다. 그리고 그 이야기들은 다양한 듯 보이는 여러 가지 소재들과 전개에도 불구하고 사실 몇가지의 정형을 지닌다. 수공업사회─농촌사회─고대사회로 소급되는 취락사회·폐쇄사회의 형태 안에서 형성된 불가피한 모습이리라.
 박형준의 시는 얼핏 그 가운데에서도 가장 전형적인 울림에 근접해 있다. 그것은 할머니─어머니로 연결되는 기억의 공간이다. 할머니, 어머니의 모계 활동은 설화의 가장 풍요로운 생산라인이다. 시인의식은 거기서부터 발원한다.

> 어머니는 겨울밤이면 무덤 같은
> 밥그릇을 아랫목에 파묻어두었습니다
> 내 어린 발은
> 따뜻한 무덤을 향해
> 자꾸만 뻗어나가곤 하였습니다
> 그러면 어머니는 배고픔보다 간절한 것이
> 기다림이라는 듯이
> 달그락달그락 하는 밥그릇을
> 더 아랫목 깊숙이 파묻었습니다 　　　　　—「해당화」 부분

시의 이러한 시작은 분명히 하나의 이야기다. 묘사를 통한 대상의 인식도, 내부의 충일한 감정도 여기에는 엿보이지 않는다. 어머니는 어린 날에 대한 기억 속에 잠겨서 하나의 이야기를 만들어준다. 그리고 그것은 배고픔과 기다림이라는 전형적인 옛날이야기 모티프에 의지하여 더 긴 이야기를 풀어간다. 밥그릇이 내 차지가 될 줄 알았는데 어느 날부터 밥그릇 자체가 보이지 않게 되었다거나, 아예 밥그릇 미련이 사라지고 시인은 홀연히 어른이 되었다는 이야기가 그 뒤를 잇는다. 이즈음 문득 시의 전환이 나타난다.

> 하지만 세상은 쉽게 시골 소년에게 열리지 않았습니다
> 사나운 잠에 떠밀리다
> 문지방에 어른거리는 것이 있어
> 방문을 여니,
> 해당화꽃 그늘이었습니다
> 뿌리에서부터 막 밀고 나온 듯,
> 묵은 만큼 화사해진다는

처음 꽃 핀,
삼년생 해당화 붉은 꽃이었습니다           ——「해당화」부분

　소년에서 어른으로 옮겨가는 어느 시간이 시의 중간 부분을 구성하면서 '해당화'라는 교묘한 시적 앰비규이티의 이미지를 만든다. 실재일 수도 있고 상징일 수도 있는 애매성의 그 이미지는 "해당화꽃 그늘 속에서 계신" 허리 굽은 노인 어머니와 동일시되면서, 단순한 설화에 머물러 있어도 좋을 어머니와의 기억을 시적 공간으로 변환시킨다. 배고픔과 기다림도 마침내 시의 공간을 튼튼하게 채우는 아름다운 힘이 된다. 시는 이렇게 끝난다.

사라졌던 밥그릇은 어머니의 가슴속에
묻혀가고 있었던 것입니다.
늙은 어머니의 손에서 떠난 그 작은 무덤들이
붉디붉은 꽃으로
환하게 피어나고 있었던 것입니다           ——「해당화」부분

　박형준의 이런 시가 우리 시단에서 대단히, 홀로 돋보이는 어떤 경지를 보여주는 것은 아니다. 그의 작품들 곳곳에 편재해 있는 어머니의 모습들이 가난한 그 시절 시골 마을의 풍경과 더불어 우리의 정서를 아득하게 해주는 것은 사실이지만, 그 이상의 시적 감흥과 도전을 주지는 않는다. 오히려 썰렁한 복고의 분위기 아래로 썩 기분 좋지 않게 우리를 내려놓기도 한다. 더구나 하는 일 없이 우리 기분을 참담하게 하는 할머니의 이야기는 사뭇 심기를 불편하게 할 수도 있다.

남묘호랑갱이요 남묘호랑갱이요
일만번을 외우면 소원이 이뤄진단다.

할머니가 마지막 숨을 몰아쉬었다.
〔……〕
애야, 나는 나비가 되고 싶단다.
노망든 할머니가 정신이 돌아와
개다리소반 위에 국어책을 올려놓고
시를 외는 내게 말했다.
할머니, 벽에 칠해논 변자국 속에서
어떻게 나비가 태어나요.
할머니 냄새로 머리가 지끈거려요.
—「나비」 부분

이상한 종교에 들려 정신나간 할머니의 이야기. 그 노망은 그저 섬뜩하고, 퇴영일 뿐이다. 그러나 그 할머니 또한 어머니 못지않게 박형준 시의 많은 부분들을 간섭하면서 그의 시인의식 형성에 개입한다. 배고픔과 기다림과 함께 실성—죽음으로 이어지는 소멸의 공간 속에서 시인은 독특한 생산물을 발견하는 것이다. 어머니의 늙음에서 해당화를 본 시인은 이제 할머니의 실성 속에서 나비를 본다.

점점 얇아지는 가을빛 속에서
조그맣게 웅크린 채
허물을 벗고 있는 아이.

멀리 호곡 속에서
명주실 같은 나비떼가
손짓을 하며
날아온다.
—「나비」 부분

해당화나 나비를 환생의 이미지와 결부시켜 박형준의 세계관을 샤머니즘 내지 애니미즘적인 어떤 것으로 보는 견해가 있다면, 나는 찬동하지 않는다. 그보다는 설화가 지닌 관습적인 해피엔딩의 문화적 무책임을 이 시인은 슬그머니 단절시키면서 그 이완·약화·소멸의 생명을 하나의 투명한 영상으로 재현해내고 있다는 것이 나의 생각이다. 그것이 박형준의 시다.

이와 더불어 반드시 주목되어야 할 것이 시인의 '신발 벗기'이다. 삶의 현장에서 결국 쓸쓸히 물러설 수밖에 없다는 현실인식이 불러오는 이 신발 벗기는 해당화—나비로 가는 통과의 제단이다. 뒤에 상술될 '맨발'의 방법론과 함께 그는 자주자주 신발을 벗고 현실을 떠나고 싶어한다. 아이를 낳는다는 가장 강렬한 생명—현실의 의욕이 "달에서 아이를 낳고 싶다"는 말로 조용히 변모되는 것을 보라. 그는 신발을 벗고 "조용히/나무에 올라 발자국을 낳고 싶은" 것이다.

> 달에서 아이를 낳고 싶다
> 누가 사다리 좀 다오
> [……]
> 달이 내려와
> 지붕에 어른거리는 목련,
> 꽃 핀 자국마다 얼룩진다
> 이마에 아프게 떨어지는 못자국들
> 누구의 원망일까
>
> 조용히
> 나무에 올라 발자국을 낳고 싶다 　　　　——「봄밤」 부분

어쨌든 시인은 신발을 신어야 하는 땅은 싫다. 혹은 땅은 신발을 신어야 하기에 싫다. 좀더 정직하게 말하자. 그는 가난하고, 기다려야 하고, 늙고, 죽어야 하는 땅이, 세상이 싫다. 그 땅을 넘어서 초월해야 한다. 그곳에 해당화가 있고, 나비가 있다. 바람도 있다.

멀리서 그가 바람의 신발을 신고 왔다. 먼 곳을 상상하는 동안, 온기 같은 그는 사라지고 차가운 신발이 남았다. 이 시집으로 나는 청년이 저물었음을 안다. 그가 남긴 바람의 신발을 신고 이번엔, 내가 타박타박 걸어가야 한다.
먼 곳을 상상하는 또다른 형제를 위해. 이제 땀이 밴 희망을 위해. 아름다운 헛된 신발이여······              ──「시인의 말」전문


2


그러나 박형준 시의 아름다움, 그 뛰어남은 무딘 듯하면서도 날렵한 상상력, 주변에서 중심으로 뛰어들고 중심에서 주변으로 섬세하게 내려앉는 그 상상력에 있다고 나는 생각한다.

　공中이란 말
　참 좋지요
　중심이 비어서
　새들이
　꽉 찬
　저곳

　그대와

그 안에서
방을 들이고
아이를 낳고
냄새를 피웠으면

空中이라는
말

뼛속이 비어서
하늘 끝까지
날아가는
새떼                                          ——「저곳」 전문

'비어 있음'과 '꽉 차 있음'이 서로서로 어울려 이윽고 한몸을 이루고 있는 이러한 말의 수려함! 최근 수년 사이 우리 시의 가장 탁월한 성과로 지목될 수 있는 이 시 한 편만으로도 그는 과연 그냥 시인이다. 언어는 존재의 집이라는 하이데거의 진술이 있었던가. 박형준은 언어 속에 방을 들이고, 아이를 낳고, 그 안에서 냄새를 피운다. 방을 보면 그 속으로 그대와 함께 들어가고 싶은 것이 산문적 욕망이라면, 시인은 '空中'이라는 말 속에서 그 욕망을 발견한다. 그러나 어디 이게 욕망인가, 놀이이지. 시인은 空中을 발견하고 그 속에 새들을 풀어놓는다. 그래서 새들로 空中은 꽉 찬다. 욕망이 인간의 욕망이라면(동물, 식물에게도 욕망이 있을까—나는 차라리 욕망의 해산이나 해체라는 말을 그들에게 붙여주고 싶다), 시인은 여기서 욕망을 놓아버린다. 방과 아이, 냄새는 여기서 욕망이라기보다 자연이며 놀이이다. 욕망이 빈 놀이의 자리에 새, 혹은 새떼가 등장한 것은 그의 놀이가 자연이라는 증거이리라. 그 새떼는 그리하여 하늘 끝까지 날아갈 수 있는데, 그 능력은 "뼛속이 비어

서" 주어진다. 중심이 비었기 때문이다. 空中이기 때문이다. 빈 공중에 꽉 차 있는 새떼야말로 박형준 시의 본질이며 지향점이다. 박시인이여, 비어서 하늘 끝까지 날아가기를!

　이 같은 무욕의 능력은 '사랑'이라는 욕망 앞에서는 어떻게 변주될까. 이 부분의 이해가 완성된다면 박형준 읽기는 고비에 도달한다. 이와 관련하여 아주 재미있는 시가 있다.

　　오리떼가 헤엄치고 있다.
　　그녀의 맨발을 어루만져주고 싶다.
　　홍조가 도는 그녀의 맨발.
　　실뱀이 호수를 건너듯 간질여주고 싶다.　　　　――「사랑」부분

　오리떼가 나오고 뒤이어 그녀가 나온다. 그녀는 오리떼일까? 시인의 특별한 의도가 아니라면 그럴 리는 없다. 전자는 복수이고 후자는 단수이기 때문이다. 그런데 왜 오리떼 헤엄치는 것을 보고 그녀가 생각났을까? 맨발로 헤엄치는 오리들의 모습이 그녀의 맨발을 연상케 한 것이다. 즉 맨발이 오리와 그녀를 연결시킨다. 시인은 맨발을 통해 그녀를, 그녀와의 사랑을 떠올린다. '맨발의 상상력'인 셈이다. 그런데 왜 맨발일까? 맨발이 섹시해서? 아닌 것 같다.

　　날개를 접고 호수 위에 떠 있는 오리떼.
　　맷돌보다 무겁게 가라앉는 저녁해.

　맨발은 오리들을 호수 위에 떠 있게 한다. 저녁해가 무겁게 가라앉아도 그들은 그렇게 떠 있을 수 있다. 아무것도 걸치지 않은 맨발의 힘. 그 힘은 바로 아름다움이다. 그녀의 맨발에 대한 동경은 마침내 하늘 끝까지 날아갈 수

있는 새의 힘으로 연락된다. 보자.

> 들풀보다 낮게 흔들리는 그녀의 맨발.
> 두 다리를 맞부딪치면
> 새처럼 날아갈 것 같기만 한.　　　　　　　　　——「사랑」부분

시인은 그녀와 함께 풀밭에 앉아 있다. 이때 산너머에서 날아온 오리떼가 붉게 물든 날개를 호수에 처박는데, 다른 한편 그녀의 맨발은 들풀보다 낮게 흔들린다. 풀밭 위에 가볍게 떠 있는 그녀의 맨발과 호수 위에 떠 있는 오리의 맨발은 여기서 절묘하게 하나의 그림으로 합쳐진다. 호프만스탈 Hofmannsthal의 시 「양자Die Beiden」를 연상시키는 고도의 수채화가 거기에 걸린다. 이 탁월한 시는 마침내 다음과 같이 끝난다.

> 해가 지는 속도보다 빨리
> 어둠이 깔리는 풀밭.
> 벗은 맨발을 하늘에 띄우고 흔들리는 흰 풀꽃들,
> 나는 가만히 어둠속에서 날개를 퍼득여
> 오리처럼 한번 힘차게 날아보고 싶다.
>
> 뒤뚱거리며 쫓아가는 못난 오리,
> 오래 전에
> 나는 그녀의 눈 속에
> 힘겹게 떠 있었으나.

수려하다고 할 정도의 멋진 그림으로 막을 내리는 이 시 가운데 가장 함축적인 두 대목 앞에서 나는 멈칫 놀라지 않을 수 없다. 그 하나는 "벗은 맨발

을 하늘에 띄우고 흔들리는 흰 풀꽃들"이며, 다른 하나는 "나는 그녀의 눈 속에/힘겹게 떠 있었으나"이다. 호렙산정에서 하나님의 음성을 듣고 모세가 신발을 벗고 맨발이 되었다던가. 상황은 사뭇 다르다 하더라도 경건한 분위기는 거의 같을 정도이다. 맨발의 목적지는 필경 하늘이었는가. 시인은 결국 그것이 이룰 수 없는 시 속의 소망임을 안다. 오리 또한 기껏해야 뒤뚱거리며 쫓아갈 뿐 아닌가. 그러나 가장 중요한 핵심, 정작 숨겨져 있던 시적 자아의 모습이 드러나면서 우리는 작은 전율을 맛본다. 오리와 그녀의 맨발 그림 끝에 나타난 '나.' 그 '나'는 막상 그녀의 눈 속에서나 겨우, 그것도 힘겹게 떠 있다니! 나의 자리는 이때 너무 작은 것이다. 그녀의 맞은편에 제 모습으로 떠억, 하니 앉아 있지 않다. 그 사랑은 아직 이쪽만의 짝사랑인지 모른다. 그럼에도 불구하고, 힘겹게 떠 있는 그 시적 자아는 크다. 그 자아는 그녀와 오리의 맨발을 거치면서 늠름하게 성장한 것이다. 작은 것의 고백, 언젠가 시인 자신이 고백했듯이 "소멸에 기여하기에" 오히려 성장한 것이다.

공中과 맨발은 이렇듯 이 시인의 가볍고도 빈 마음, 표표한 상상력의 모티프로서 아주 자주 그의 시들을 지배한다. 그의 시가 차분하면서도 때로 위력적인 것은 이 까닭이다. 둘이 합하여서 이루는 위력의 그 공간을 보라.

새로운 고장에서 맡는
첫 공기와 같은,
냄새의 애인들이
맨발의 신선한 호흡으로 뛰어노는
허공으로
[⋯⋯]
영원히 차가운
불꽃의 춤을 추리라            ──「얼음장 위의 차가운 불꽃」 부분

해당화와 나비의 시인이 여기서 그답지 않게 단호한 어조로 차가운 불꽃의 춤을 추겠다고, 그것도 '영원히' 추겠다고 천명한다. 이것은 모순인가. 얼핏 그렇게 보인다. 그러나 차가운 불꽃이 '空中'과 '맨발'에서 우리는 앞서서의 '신발'을 연상해야 하리라. 끊임없이 신발을 벗고 그가 달려가고자 한 곳, 그가 올라가고자 한 곳이 빈 하늘, 즉 空中이라면, 그것을 영원히 차가운 불꽃이라 불러 무방하리라. 해당화와 나비는 아름답지만 그곳으로 가는 길은 눈물겹다. 아니 죽음을 거쳐야 하는 어두운 통로 저편의 곳이다. 어찌 차가운 불꽃이라 하지 않을 수 있겠는가. 그 서러운 춤을 추는 박형준에게 두려운 박수를 보낸다.

주인이 놓고 간
신발들
빈집을 녹인다
긴 겨울밤. ──「빈집」부분

# 생명의 허무와 감격
── 김길나 시집 『둥근 밀떡에서 뜨는 해』

1

　김길나의 시적 상상력은 역동 그 이상으로 출렁인다. 그 상상력은 삶과 죽음, 빛과 어둠, 관능과 명상을 한꺼번에 훑어내고 휘어잡는 전면적인 힘으로 충만해 있다. 우리 인생이 굴곡과 파란만장의 파도라면, 이 시인의 상상력은 바로 그 인생을 포괄한다. 그중에서도 이번 시집에서 번득이는 상상력의 단초는, 인간 복제 파동까지 유발하고 있는 과학의 저 아득한 심연이다. 시인은, 우선 거기서 출발한다. 저주스러울 정도로 위대한 과학에 덜미 잡힌 인생을 시인은 도저히 참아낼 수 없는 것이다. 생명의 탄생과 생명의 소멸, 그 과정에 엄청난 호기심을 가진 이 시인에게 있어서 창조주 아닌 과학의 개입에 의한 그 과정의 왜곡은 시적 충동을 강하게 격발시킨다. 그러나 그 충동은 뜻밖에도 직접적이지 않다. 오히려 축적되어온 생명의 연대에 대한 인류학적 상상력을 침착하게 선행시킨다. '몸' 시 연작은 그 관찰의 성과로서 시인의 생명관을 총체적으로 드러낸다.

　1) 혼례방, 아기집, 수억 년 동안의
　　　생명 박물관, 꿈 상영실……

나는 정신이 아찔해 입구에서부터 길을 잃고
　　　미끄러졌다. 생성과 소멸의 프로그램이 쉼 없이 작동하는
　　　이 流轉하는 우주를 단순하게 전시실로 착각한 것은
　　　순전히 나의 우매함이었다
　　　나는 그날 밤 잠들지 못했다　　　―「몸 안의 전시실―입구」부분


2) 배꼽에서 넘실대는 바다, 바다 속 별밭
　　애야, 사람이 별에서 왔다는구나
　　그러기에 몸 안에서도 밤마다 별이 뜬다는구나
　　별이 죽어 예까지 온 수십 억 년의 길, 애야,
　　그동안 너 어디 있었니?　　　―「몸 안의 전시실―별」부분


3) 유전자들의 공용어로 건국된 신로마 제국으로
　　길이 길을 데리고 들어오고 유전자 여행은
　　즐겁다. 어디로 가느냐고 마침표 없는 길에게
　　길이 묻는다 생명 도감실 최상부에 걸려 있는
　　인간 게놈 지도 속에서 그림자 없는 사람과
　　그림자 둘 달린 사람이 나란히 걸어나올 차비를
　　서두르고 있다 노출된 몸은 지금 비상 중이다
　　　　―「몸 안의 전시실―생명 도감실의 공용어〔A. G. C. T.〕」부분


4) 젊은 할머니 할아버지의 수줍은 혼례방을
　　나이 든 내가 슬쩍 들여다보고
　　그 아버지 어머니의 끝없는 혼례방이 층층이 쌓여
　　천장 없는 전시실 중앙에 탑으로 우뚝 솟아 있다
　　그리고 탑을 이룬 혼례방 앞에는 벌써 미래에서 온

얼굴 없는 아기들이 줄을 서서 미래의 언어로 노래를
　　부른다. 그런데 새들이 보이지 않는다
　　　　　　　　　　　　　　―「몸 안의 전시실―혼례방」 부분


5)　깊은 밤에는 사람이 제 안에서 터지는
　　폭죽 소리를 듣고 사랑을 불러들인다
　　그리고 만월로 차 오르는 자궁 속에서
　　물이 빛난다
　　합일과 분열, 분열과 생성, 그 불가해한
　　창조 프로그램이 진행되는 자궁의 풍경에는
　　은유와 상징은 없다　　　　―「몸 안의 전시실―아기집」 부분


6)　[……] 그러나 흰빛 순결을 집어삼키는 무서운
　　힘. 단박에 부풀어오른다 정복자의 男根은.
　　말단 비대증으로 한없이 커진다 입과 손이.
　　　　　　　　　　　　　　―「몸 안의 전시실―얼음꽃」 부분


　　몸은, 이즈음의 시에서, 특히 여성 시인들의 시에서 그 관심의 대상으로 급격히 부상하고 있는 시적 사물이다. 대부분의 경우, 그들의 시들은 몸을 생산의 주체―성적 교합과 해산의 모든 과정을 포함한―로 파악하고자 하는 데에 그 관찰과 표현을 집중시킨다. 그러나 김길나 시인은 그것들을 함께 안고 가면서도 동시에 그 반복, 축적된 역사의 과정을 인류학적 시선으로 응축시키고 있다는 점에서, 그만이 튀어오르는 어떤 변별성을 갖는다. 이 점에서 이 시인은 나에게 고트프리트 벤을 떠오르게 한다. 연작시 「시체 공시장」에서의 「진혼곡」, 그리고 「삶, 아주 낮은 망상이여」에 나타나는 인류 역사에 대한 회의와 인간들의 부질없는 욕망에 대한 절망이 연상되는데, 김길나는 벤

과는 다른 일종의 성적 생동감과 미래에 대한 전망을 통해 훨씬 긍정적인 지평을 확보하고 있다는 면에서 사뭇 다르다. 벤은, 가령 이렇다.

> 테이블 위마다 두 가지. 남자들과 여자들
> 십자 모양으로. 아, 벌거벗고. 하지만 고통도 없구나
> 두개골을 세운다. 가슴을 둘로 쪼갠다. 몸들은
> 이제 그들 최후의 해산을 한다. ——「진혼곡」 부분

> 삶, 아주 낮은 망상이여!
> 아이들과 노예들을 위한 꿈,
> 너도 옛적부터 그랬다,
> 궤도의 끝에 있는 족속,
>
> 〔……〕
>
> 여전히 넌 여자와 남자를 찾나?
> 너에겐 아무것도 마련되지 않았고
> 믿음과 그 미망
> 그리고 그 다음엔 파괴뿐?
>
> 〔……〕 ——「삶—아주 낮은 망상」 부분

도저한 절망만이 즉물적으로 그려져 있는 시들이다. 앞의 시는 시체 해부 장면이다. 인간의 육체적 소멸과 성적 상상력에 의한 새로운 출산의 모습이 함께 그려지고 있는데, 그 전언은 결국 허무주의이다. 뒤의 시는 즉물적 묘사 대신, 훨씬 직접적으로 그 허무를 주장함으로써 아예 역사허무주의에 다

가선다. 쉽게 말해서, 이렇게 허무하게 죽으면 그뿐인데, 남녀가 열심히 사랑하고 성행위를 하는 일, 더욱이 기독교에서의 영생을 믿는 일 등이 무슨 소용이겠느냐는 것이다. 앞의 시들은 부분 인용이라 기독교적 신앙과 관계된 대목은 할애되어 있으나, 결국 역사 부정과 문명 부정으로 가는 전기를 이루는 작품들로서 현대 시사에 그 위치가 각인되어 있다.

김길나의 시는 벤과는 매우 다르게 그 전망이 열려져 있는데, 그것은 무엇보다 사람의 몸, 특히 여성의 몸에 대해 강한 호기심과 외경심으로 접근하고 있다는 점이 그 특징이다. "심장의 박동을 따라 몸에서 흘러나오는 소리/그 소리가 내 귀와 눈을 몸 안으로 끌어당긴다"(「몸 안의 전시실―입구」)고 고백하듯이 우선 시인에게 몸은 신기하기 짝이 없다. 그러나 그가 곧 부딪친 것은 "여기서부터는 문도 벽도 없는 미궁"이라는 사실이며, 자신의 몸 탐험이 "죽음 없는 나라의 깜깜한 시간 여행"이라는 인식이다. 사막, 피밭, 광장 등은 그리하여 그가 만나게 되는 몸의 기관들인데, 그 가운데에서도 그의 마음을 사로잡은 것은 "혼례방, 아기집, 수억 년 동안의/생명 박물관"이다. 곧 여성의 자궁인데, 그는 그것을 "流轉하는 우주"라고 부른다. 여기까지는 물질적 관찰이다.

시인의 관찰은 그러나 연작시로 이어지면서 영적인 그것으로 옮겨간다. "배꼽에서 넘실대는 바다, 바다 속 별밭"(「몸 안의 전시실―별」)이 그것이다. "애야, 사람이 별에서 왔다는구나" 하고 동화적 어법을 통해 달려간 인류의 고향은 이제 자궁 아닌 별나라이다. 그러나 시인은 몸과 별의 분리 아닌 통합으로 그만의 독특한 인류학적 상상력을 빚어낸다. 그 만남의 표현이 썩 아름답다.

들어봐! 그때의 그 허공 한 폭
진즉, 몸 안으로 내려와 출렁이는 걸.    ―「몸 안의 전시실―별」 부분

이렇듯 영과 육은 절묘하게 만나는데, 그것을 시인은 "빛의 파동으로 씌어진 인간 신화가 이미/전설처럼 몸속에 전시되고 있다는구나"라고 다시 확인한다. 그러나 이 시인을 역동적인 모습으로 부각시키고, 허무에 빠지기 쉬운 생명 회로에 대한 인식을 활성화시켜주는 힘은 인용 5), 6)에서 묘사되고 있는 성적 이미지를 통해 형성된다. 몸 안으로 흘러든 별빛의 구체적 현장으로 그려지고 있는 저 성합의 활력을 보라! "깊은 밤에는 사람이 제 안에서 터지는/폭죽 소리를 듣고 사랑을 불러들인다"고 하지 않는가. 사랑으로 성행위가 이루어지는 것이 아니라, 몸 안에서 자생적으로 폭발하는 욕구가 사랑을 "불러들인다"는 것. 그에 앞서 육체의 욕망을 "몸 안으로 들어와 떠도는 별부스러기가/흩어진 제 조각들을 부르는 목쉰 소리"라고 말하는 것도 놀랍다. 영에서 육으로, 육에서 다시 영으로 옮겨가는 에너지의 뜨거운 소통이 눈앞에서 활발하게 전개되는 것 같다. 그리하여 만월로 차 오르는 자궁 속에는 물이 빛나고 합일과 분열, 분열과 생성의 불가해한 창조 프로그램이 그 안에서 진행된다. 몸의 주인은 몸 아닌 별이며, 그 별이 빛나는 하늘이 된다. 그러나 이 같은 거시적 관찰과 더불어 미시적인 몸 속의 움직임이 함께 그려진다. 그 접합의 묘사를 보자.

> 아, 저기 저기서 솟아난다 손가락 발가락
> 물질과 의식의 임계점을 꽁꽁 감추고
> 생의 길을 미리 절반쯤 휘감으며 정교히
> 주름 잡히는구나 뇌세포
> 정신이 태어나는 신전 지붕 위에서
> 봄풀처럼 돋아나는 여린 머리올 ──「몸 안의 전시실─아기집」부분

성합의 활력은 인용 6)에서 보다 극대화된다. "정복자의 이글거리는 야성"과 "그 곁에/나란히 놓여 있는 백야의 꿈"으로 몸 안의 풍경을 양극화한 시

인은 한쪽이 한쪽을 정복하는 과정으로 성행위를 이해한다. 그러나 여섯 편의 연작시 가운데 여기에 나타난 시인의 이 같은 이해는 앞의 5)와 일견 모순된다. 5)에서 여성의 몸, 즉 자궁은 별에 의해 스스로 달구어진 성적 에너지의 기관으로 묘사되었는데, 여기서는 남근에 의해 공략되고 점화되는 것으로 묘사되기 때문이다. 이러한 차이는 5)에서는 육과 영의 교류라는 인류학이 그 상상력의 기초가 되고 있는 반면, 6)에서는 순전히 인간적·세속적인 이해의 범주 안에 섹스가 머물고 있는 까닭이다.「몸 안의 전시실──얼음꽃」의 이미지가 분명치 않은 것도 이와 관련된다.

그러나 생명과 섹스의 고지가 한 단계 새로운 해석 앞에 놓이게 되는 것은 인용 3), 4)에 기인한다. 먼저 6)은, 섹스에 의한 생명의 탄생을 역사화하여 과거와 미래의 인류를 한 차원 속에 세워놓는다. "젊은 할머니 할아버지의 수줍은 혼례방을/나이 든 내가 슬쩍 들여다"본다는, 시간이 전도된 기묘한 표현이 그 상황을 짧게 함축한다. 여기서 인간의 미래는 과거의 논리에 의해 그대로 적용되면서 전개되는데, 그것은 마치 벤의「삶──아주 낮은 망상」의 세계에 근접해 있는 듯하다. 말하자면 성적 교섭에 의해 이룩된 인간 역사는 그 미래가 마찬가지의 과정을 통해 추론된다는 것이다. 그것은 너무 뻔하기에 답답하고, 벤 같은 극단론자에 의해서는 허무주의로 배척된다. 그러나 김길나의 자리는 비교적 중립적이다. 어느 쪽이냐 하면, 그의 시선은 그 역사를 형성하는 한 개인의 성적 실존에 집중되어 있다. "생명의 고리로 이어지는 몸 안의 전시실에서는/혼례탑의 방마다 한꺼번에 초야의 촛불들이 펄럭이고/시방, 생명의 한 고리를 넘어가는 사람은/그 보폭이 떨린다"고 그는 함께 떤다. 그러면서도 미래의 아기들을 바라보면서 그 시대에는 "새들이 보이지 않는다"고 우울해한다. 그 우울이 확실한 거증을 얻게 된 현실이 바로 인용 5)다. 인간 복제에 의해 남녀의 성적 매개 없이 인간의 출생이 가능한 것으로 설명되는 가공스러운 현실은, 역사의 미래에 대해 유보적인 생각에 머물러 있던 시인을 동요시킨다. 그러나 '몸' 연작에서는 아직 "노출된 몸은 지금 비상 중"이라는 현상적인 보고에 그 인식이 그치고 있다.

2

몸 탐험 이외의 작품들에서 시인의 일관된, 확실한 목소리를 듣는 일은 쉽지 않아 보인다. 그만큼 그 음성의 무늬는 다채롭다. 그 가운데에서도 다시 두 개의 연작시가 나타나는데, 그 하나는 「0時에서 0時 사이」이며, 다른 하나는 「몸 안의 길」이다. 나로서는 당연히 「몸 안의 길」을 앞의 몸 연작시와 더불어 주목하지 않을 수 없다. 그 결과 확연히 다른 새로운 모습이 들어온다.

> 실개천과 강줄기를 달고 물이 늘상
> 몸 안으로 흘러 들어와 해 뜨고 달 뜨는
> 날마다 물빛은 오색으로 물들어 뒤척였지
> 상처의 두엄자리에서는
> 모락모락 아픔이 승천하는 김발이 서리고
> 피밭에 피어난 지상의 꽃들이 어느새
> 안으로 들어와 피 먹은 말들을 뱉어냈지
> ─「몸 안의 길─안과 밖」 부분

> 나와 당신의 몸속 세포의 세계 안에서는
> 자살 프로그램이 현재 작동 중이라는 것,
> 이 이상한 죽음의 나라가 살아 있는
> 나와 당신의 육체라는 사실 ─「몸 안의 길─자살 프로그램」 부분

왜 갑자기 "제 안에서 터지는/폭죽 소리"의 모체였던 몸이 이처럼 "피밭"과 "죽음의 나라"가 되어버렸을까. 김길나의 시와 관계없이, 우리 몸이 욕망의 현장이며, 늙고 병들어 죽음의 동의어가 된다는 사실은 그 자체가 물론 엄연한 현실이다. 그렇다면 시인은 인생의 모든 과정을 출생부터 죽음까지 주욱 관찰하고 있는 것일까. 다시 말해, 시간에 따른 몸의 변화가 시적 주제가 되는 것일까. 그것은 아닌 것 같다. 오히려 이와 관련해서 시인은 구멍 모티프를 내놓는다. "입 안 목구멍" "제 살갗 구멍" "자궁" 등의 빈번한 어휘 사용에 의해 조성된 그 이미지는 죽음과 강하게 연관된다. 그 이미지는 마침내 이렇게 요약된다.

〔……〕질서의 지류에서의 돌연변이, 내란이 일고 있는 몸의 모든 구멍에서 죽음의 안개가 스르르 흘러나와 집 대문 밖으로 번져나갔다가 세상을 휘돌아 되돌아오는 저 검은 태풍의 눈, 〔……〕새로운 태동의 술렁임을. 무덤과 자궁이 입맞추고 있는 하나의 거대한 구멍을 들여다보라구

——「몸 안의 길—내란」 부분

무덤과 자궁이 입맞추고 있다는 생명 인식에 도달한 시인 의식은 결국 두 방향에서 유래한다. 첫째, 이 시가 직접적으로 진술하고 있듯이 유전 공학과 같은 과학의 개입이다. 「몸 안의 길」 연작에는 몇 편에 걸쳐 소위 카스페이즈라는, 자살을 명령하는 유전자가 등장하여 몸의 질서를 새롭게 하는 것으로 부각된다. 시인은 아마도 이 인자에 매혹되었던 모양이다. 다음으로는 목구멍, 입구멍으로 표상되는 탐욕의 결과로서의 죽음이다. "그런데, 기이해라 식욕이 왕성한 대식가의/곳간에서는 늘 화염이 치솟고"로 표현된 입구멍의 탐욕은 드디어 "거대한 폭력"으로 연결되고 그것은 다시 죽음을 초래한다. 사람은 구멍에서 나와서 구멍으로 죄를 짓고 구멍으로 돌아간다는 생각인데, 이 때문에 "상복과 평상복을 번갈아 바꿔 입고"(「몸 안의 길—순환 속에서」)

라는, 인생과 역사의 순환성에 대한 경사가 생겨난다.
  이 순환성은 또 다른 연작 「0時에서 0時 사이」의 제목에서도 그대로 확인된다. 시인에게는 인과율적인, 혹은 발전사적인 의미의 시간 개념이 존재하지 않는다. 1시, 2시, 3시…… 식의 계기(繼起)가 일어나지 않고 시간을 돌고 돌아 제자리로 돌아오는 것이다. 그러나 참으로 기묘한 것은 자칫 시간 부정으로 이어지기 쉬운 이러한 의식이 오히려 김길나의 작품에서 이따금 아름다운 공간을 빚어낸다는 사실이다. 예컨대 이렇다.

>햇빛 쟁쟁한 한낮에 해 조각을 베어 물고
>둘레 공기를 황금빛으로 물들이며
>밀알들이 잘 익었다 그리고
>그 황금빛 생애는 사라졌다
>땅을 떠난 밀알들이 줄을 서서 방앗간으로
>들어갔기 때문이다 방앗간에 내걸린
>부서진 살 거울에 '너'는 보이지 않고
>'나'는 없어졌다
>[……]
>애찬의 식탁에서
>밀알들이 삼킨 해 조각들 둥글게 모였다
>밀떡에서 뜨는 해 한 덩이! 눈부시다
>햇살 끝에 매달린 눈물방울,
>그 처연한 슬픔까지도.
>       —「0時에서 0時 사이—둥근 밀떡에서 뜨는 해」 부분

  밀의 일생이다. "해 조각을 베어 물고" 자라나고, 또 익었지만 결국 방앗간으로 들어가 황금빛 생애를 마감한 밀, 이 과정을 보는 시선에는 당연히

두 가지가 있을 수 있다. 하나는 허무이며, 다른 하나는 보람이리라. 밀의 입장에서 결과만을 압축할 때 전자의 의식이 오기 쉽고, 한 알의 밀알이 썩어 타자에게 큰 기여를 한다는 관점에서 볼 때 후자의 의식이 존중된다. 말을 바꾸면, 결과론 대 의미론일 수 있다. 여기서 이 시인은 의미론의 자리로 가는데, 중요한 것은 밀알이 밀떡이 되어 사람들에게 풍성한 식탁을 제공한다는 공리와 헌신의 명제를 추상적, 당위론적으로 따르고 있지는 않다는 점이다. 다시 읽어보자, 그의 여린 눈망울이 머문 곳은 "햇살 끝에 매달린 눈물방울"이며 "그 처연한 슬픔까지도"이다. 0시에서 0시로 돌아올 수밖에 없는 원형과 순환의 시간 속에서 인생과 우주는 동일한 운동을 반복할지 모르지만, 그 안에 갇힌 듯한 모든 생명체, 아니 모든 물질의 내부에는 거대한 생명의 신비가 숨쉬고 있다는 사실에 시인은 끝없이 감격하고 있는 것이다. 이 감격이 김길나의 시의 활력이며, 읽는 이의 전율로 전염된다. 모든 좋은 시에는 이러한 활력과 전율이 있다. 그리고 그것은 비록 의미 없어 보이는 타락한 세상과 철면피한 물질까지도 촉촉한 물기로 젖게 한다. 시인은 그 시작과 끝, 그 기쁨과 슬픔을 생명의 총체성으로 보고자 했던 것 같다. 그런 의미에서 이 시인의 시는 알레고리로서의 귀중한 독법을 우리에게 제공한다.

## 시 그리기
── 진동규 시집 『구시포 노랑 모시조개』

　진동규는 반짝이는 것들을 좋아하는 것 같다. 별, 눈, 인광 등등. 그러나 이상하게도 그것들은 그의 시 속에서 반짝이지 않는다. 그렇기는커녕 하나의 정물처럼 편안한 모습들로 그대로 앉아 있을 따름이다. 이 시인의 세계를 압축해주는 이같은 기묘한 특징은, 시인이 즐겨 사용하는 표현, 즉 '무채' 색의 시들을 그야말로 무채의 빛으로 만들어버린다. 빛나는 사물들──별, 눈, 인광 등──이 무채의 풍경 속에 함몰되어버렸기 때문이다. 그런 의미에서 별, 눈, 인광 등은 참다운 시적 사물들이 아니다. 풍경을 구성하는 요소로서의 자리에 머물고 있을 뿐이다. 『구시포 노랑 모시조개』는 따라서 풍경화·전람회장과도 같은 시집으로 이해되는 편이 좋을 것이다.

　1) 눈송이 설레는 사이사이
　　 느티나무 비인 가지가
　　 조금씩 조금씩 자리를 옮긴다
　　 〔……〕
　　 눈 쌓인 가지들이 가만가만
　　 팔을 뻗어
　　 오선지로 비켜앉는다　　　　　　──「눈 내리는 운동장」 부분

2) 밤하늘에
　　별들이 돋아난다
　　새벽이면 별들은
　　우리가 나누는
　　세상 그 모양으로
　　대지 위에
　　새잎을 피운다
　　아득한 그리움으로
　　눈물의 입맞춤으로
　　대지 위에
　　이슬방울들을
　　반짝인다.　　　　　　　　　　　　　　—「별」 전문


3) 이윽고 찬 별이 하늘에 비치면
　　노을이 떠나던 그 뒷모습으로
　　소금밭에는 인광이 번득이지
　　퍼렇게 빛을 내면서
　　사금파리 모양 가시가 돋는　　　　—「소금밭에는 인광이」 부분

　위 인용시들이 보여주듯, 눈은 특별한 상징 조작이나 새로운 이미지의 형성 대신, 글자 그대로 눈 내리는 운동장의 풍경을 아름답게 꾸며주는 일에 기여하고 있을 뿐이다. 이러한 시들에 대해서는 사실 특별한 해석이나 해설이 필요하지 않다. 낭만주의 이후 시에는 크게 두 가지의 흐름이 이어져오고 있는데, 그 하나는 특별한 해석이 요구되지 않는, 누구나 읽어도 쉽게 알 수 있는 서정시이며, 다른 하나는 이런저런 해석을 가해보아야 그 의미가 이해

되는 이른바 비의시(das hermetische Gedicht, 秘義詩)이다. 낭만주의·상징주의·표현주의를 거치면서 후자는 현대시의 본령으로 자리해왔으며, 따라서 시는 으레 어려운 것, 난해한 것으로 치부되는 경향이 일반화되어왔다. 우리 시에서도 사정은 비슷하다. 그러나 좋은 현대시가 반드시 비의시인 것만은 아니다. 진동규의 시도 비의시의 자리와는 아예 먼 거리에 앉아 있는, 어떻게 보면 전통적인 한국인의 정서에서 한 발짝도 앞으로 나가지 않는, 흡사 시조의 가락을 연상시키는 음조에 머물러 있다. 그러나 그 음조가 현대인에게 마냥 낯선 것만은 아니다. 진 시인의 경우, 크게 보아 '풍경시'로 이름 불릴 수 있는 작품들이 세심한 묘사에 의해 뒷받침되고 있다는 사실은, 무엇보다 그의 현대적 감각을 보여주고 있는 가장 좋은 표징으로서, 전통과 현대를 아우르는 조화의 미덕이 돋보인다.

인용 1)의 첫 부분은 느티나무 위에 내린 눈의 모습이 아름답게 그려진 장면이다. 눈이 내린 나무를 시인은 바라보고 있다. 그러나 멋지다든지 예쁘다든지 하는 감정 개입을 절제하고, 시인은 그 모습을 그대로 묘사한다. 그러나 카메라 촬영 기법과 달리 그는 느티나무의 가지가 "조금씩 조금씩 자리를 옮기"는 것을 발견하고 그것을 적어놓는다. 바로 이 부분이 시인으로서의 탁월한 잠재력을 드러내주는 대목이다. 그것은 단순감정도 아니고, 단순묘사도 아니다. 거기에는 대상을 사랑으로 바라보는 끈질기면서도 섬세한 관찰력이 숨어 있다. 눈송이는 시간과 함께 조금씩 움직이게 마련인데, 그렇게 되면 마치 나뭇가지도 더불어 움직이는 것처럼 보이게 된다. 사실이면서도 사실이 아닌 이 착시현상을 시인은 아름답게 그려낸다. 시란 어떤 의미에서 이같은 의도적 착시현상의 포착이며, 흔히 이야기되는 이른바 시적 애매모호성 또한 여기서부터 그 정당성을 얻어가는 매력이 아닐까. 「눈 내리는 운동장」은 시의 중간부에 노루떼의 뛰노는 모습을 전개시키다가 끝 부분에 이르러 다시 눈 쌓인 가지들이 팔을 뻗어 "오선지로 비켜앉는다"는, 다소 알쏭달쏭한 표현을 행한다. 이 표현은 오선지 위로 비켜앉는다는 것인지, 마치 오선지처럼 비켜앉는다는 것인지 불분명할 뿐 아니라, 그중 어느 쪽이라 하더라도 뜻은 여전히 석연치 않다. 그러나 '오선지로'를 '오선지 쪽으로'로 받아들이고, 오선지를 다시 악보 리듬, 혹은 멜로디로 본다면, 그 뜻이 어려울 것 없어 보인다. 눈 쌓인 가지들이 끊임없이 리드미컬하게 움직인다는 것 아니겠는가. 그런 의미에서 이 시는 동시 같기도 하다. 눈은 눈 자체로 빛나지 않고 풍경을 형성한다.

인용 2)는 동시의 분위기에 한 발짝 더 접근해 있다. 이 시에서 별들은 이슬방울들을 통해 대지 위에서 빛나는 것으로 그려지고 있지만, 그것은 사실도 상징도 아니다. 별은 하늘에서 반짝일 때 사실의 세계 속에 있으며, 무엇인가를 비유적으로 말하거나 전혀 엉뚱한 다른 대상을 별의 속성을 통해 전달하고자 할 때, 상징의 세계 안에서 빛을 발한다. 그러나 이슬방울들 속에서 반짝이는 별들은 마치 아기별, 엄마별이 구분되어 표현되듯, 관찰자의 따뜻한 임의(任意)일 따름이다. 하기야 그렇게 볼 때 별들이 반짝이는 곳이 어디 이슬방울 속뿐이겠는가.

인용 3)으로 가보자. 이 시의 풍경은 다소 느닷없다는 느낌을 준다. 왜냐하면 그 전경이 소금밭이 아니기 때문이다. 이 시의 전개는 이렇다; 시인은 빛이 내리기를 기다린다. 물론 하늘로부터일 것이다. 그러다가 마침내 파도 위에 내리는 빛을 본다. 이윽고 노을이 지고 빛은 사라진다. 이때 소금밭에 지는 빛이 부딪혀 인광이 번득이는 모습이 드러난다. 그러므로 이 시의 풍경은 빛, 혹은 빛의 이동 자체라고 할 수 있는데, 그 빛이 무한공간을 부유하는 모습은 물론 아니다. 바다, 그리고 그 옆의 염전이 무대인 것이다. 그렇다면 소금밭에 번득인 인광은 무슨 뜻을 지니는가? 별 의미는 없어 보인다. 그 대신 이 시는 시인의 다른 어떤 시보다 아름다운 이미지를 조성하고 있다는 점에서 오히려 주목된다.

철저하게 묘사에만 의지하고 있는 이 시는 바다와 소금밭에 뿌려지는 빛을 통해 시적 공간을 단정하게 만들어가고 있는데, 그 공간이 특정한 지향점을 보여주지 않고 있다는 점에서 절대시를 연상시킨다. 그 느낌은 다르지만, 절대시의 전형「밤의 파도」의 맞은편에 있는 '낮의 빛'이 충일하다고 할까. 아무것도 향하지 않는 순수와 절대의 이미지는 현대시가 이룩한 또하나의 무욕의 공간 아닐까. 진동규 시의 절반쯤은 이 공간 속에 깊이 잠겨 있는데, 그것이 때로는 절대시의 분위기로 때로는 동시의 인상으로 다가온다. 그러나 '소금밭의 인광'이라는 관점에서 보면, 그 번득이는 인광이 "퍼렇게 빛"을 내고 있다는 묘사에도 불구하고, 독자적인 어떤 빛을 내고 있지 않다. 빛의 이동에 의해 그려진 바다, 파도, 소금밭의 풍경 속에 모두 조용히 포섭되어 있기 때문이다. 움직임마저 "숨죽이게" 하는 정밀(靜謐)의 상황은 독자성과 개별성을 하나의 이미지로 통합하고 있다고 할 수 있다.

앞서 나는 이 시인의 시적 이미지가 절대시를 연상시키는 측면이 있다고 했는데, 이 시인의 모든 시들을 자세히 읽어본 독자라면 그 같은 지적이 꼭 온당치만은 않은 것임을 알 수 있을 것이다. 무엇보다 그의 시적 모티프는 여전히 농촌사회, 전통사회에 기반을 두고 있으며, 그의 시심은 전원적·목가적이다. 시골 시인답다고 할 수 있다. 문제는, 이 같은 시골시가 촌스러운 퇴영성에 머무르지 않고 깔끔한 현대적 이미지의 조성과 연결되고 있다는 사실이다. 절대시적 묘사 기법의 수월성은 이 점을 큰 힘으로 뒷받침하고 있다. 이 두 측면은 진 시인이 유의하며 갈고 닦아나가야 할 요소이다.

   1) 창호지에 번지는 푸른 이내
     「세한도」의 붓자국으로 풀어지고 있다
     창 밖에 누가 와 먹물을 푸는 게다
     〔……〕
     이 아침 내 찻잔가에 물어온 글자
     햇살에 널어 말리고 있구나

묵향 풀풀 날리는 여린 부리
정갈한 안부를 챙기고 있구나           ─「작설차를 우리며」부분

2) 춘설이 분분한 날
오목눈이 하얀 눈이 까만 눈
그 작은 부리로
바위 속보다 깊은
어둠을 쪼아대고서
새 아침을 연다
매화 가지 창을 열고
꽃봉오리 흔들어서
큰북 작은북 가려넣는다               ─「우수 지난 날」부분

3) 농부가 씨를 뿌린다
아들과 함께 씨를 뿌린다
저 손놀림을 보아라
[……]
농부는 밤하늘이
스스로 아름다워지는 것을
아들에게는
알려주고 싶은가보다                 ─「농부」부분

전통사회 농촌사회에 바탕을 둔 모티프들을 중심으로 한 전형적인 작품들이다. 1)에 나오는 창호지, 2)의 매화, 3)의 씨 등 이즈음의 시에서는 좀처럼 찾기 힘든 어휘들이 등장하는데, 그 모두 우리 전통사회의 풍습과 정서를 그대로 반영한다. 붓글씨와 그림을 그리는 선비의 서재를 보여주고 있는 1)

에서는 오직 묵향이 풍겨나올 뿐, 다른 것은 기대할 것도 없고, 또 기대해서도 안 된다. 그 밖으로의 외연(外延)을 시는 스스로 차단하고 있다. 마찬가지로 2)에서도 창 밖의 매화 가지는 봄이 오는 것을 말해주는 자연의 전령사로서 제 소임을 다할 뿐, 그 밖의 것을 시는 말해주지 않는다. 3)에서의 농부와 씨는 싱거울 정도로 농촌 행사의 일기장 소재와도 같다. 사실 이러한 작품들로 현대인의 감동을 자아내는 일은 무리에 가까울 뿐 아니라, 자칫 시인에게도 일종의 허위의식으로 작용하기 쉽다. 이런 모티프와 시의 대상들에도 불구하고, 진 시인의 시가 이만큼의 수준을 확보하고 있다는 사실은 놀라운 일인데, 그 가장 큰 배경은 앞서 언급된 묘사 기법과 순수한 시적 공간으로 설명된 바 있다.

이와 관련하여 진동규의 시가 그 나름의 성과를 거둘 수 있는 매력으로 나는 회화성(繪畫性)을 들고 싶다. 그의 시들이 지닌 회화적 성격은, 당연히 시인 특유의 묘사 기법과 그 결과로 나타나는 시적 공간의 순수성에서 비롯된다. 이러한 의미에서 탁월한 그만의 고유세계를 구축한 선배 시인으로 우리는 김춘수를 만날 수 있는데, 진 시인의 성취는 그에 비견할 만한 것은 아직 못 된다. 그러나 그와의 가장 큰 변별성은 김춘수가 순수시를 통해 의도적으로 이른바 '무의미의 시'를 추구함에 비해서, 이 후배 시인은 아예 그와는 무관한 자리에서 편안하게 시를 통한 그림 그리기를 무심하게 반복하고 있다는 점이다. 그림은 표현주의자들이 그렇듯이, 강렬한 메시지를 화폭에 쏟아붓지 않는 한, 대체로 무심해 보이게 마련이다. 따라서 적어도 동시대에서는 일단 가치중립적으로 읽히기 쉽다. 진동규의 시가 표면상 낡은 세계의 현실을 그리고 있음에도 복고적이거나 고리타분한 느낌을 주지 않는다면, 이러한 회화적 성격 때문일 것이다. 가령 다음 작품은 그야말로 언어로 된 한 폭의 수채화에 다름아니다.

    송림산 중턱쯤

만나는

옹달샘 하나
연적보다 깊다

청솔바람
휘감아오는
는개 한 무리

기척도 없이
다가서는 안부                    ─「먹을 갈다가」 전문

  옹달샘을 끼고 있는 산의 모습, 거기에 불어오는 바람과 는개의 모습이 그대로 그림이 아닌가. "기척도 없이/다가서는 안부"라는 끝부분이 이 그림을 살짝 흔들고 있는데, 이것은 마치 동양화 끝자락의 낙관처럼 따듯한 인간성의 개입을 느끼게 한다. 어차피 이 시인의 시는 순수절대시가 아닌 것. 그 개입은 오히려 따사롭다. 이와 비슷한 또 한 편의 아름다움을 감상해보자.

비 갠 한낮
둥그런 연잎이
물방울 하나
궁굴리고 있다
빛을 모아 궁굴리고 있다
아! 하고 하늘이 내려
부딪혀 깨어지는
그대 무명지의

이름 없는 이름으로 가나니　　　　　　　―「그대여」 전문

　이 시는, 차라리 한 장의 예술사진을 떠올리게 한다. 실제로 나는 이와 아주 유사한 풍경의 사진을 본 일이 있는데(저명한 사진작가 황규태의 작품) 그 사진보다 더 사진 같다. (하기야 이즈음은 디지털 카메라의 순간포착이 얼마나 리얼한지!) 그러나 이 작품에서도 역시 "그대 무명지의/이름 없는 이름으로 가나니"라는 대목이 그림을 일순 동요시키는데, 여기서도 그 동요는 아주 인간적이다. 이렇듯 개입과 동요가 인간적인 따사로움으로 아름답게 느껴지는 것은, 시인이 그린 그림이 무덤덤한 풍경화를 통한 자연예찬이 아니라, 그 속에 깊은 중심, 혹은 비밀을 숨기고 있기 때문이다. 「먹을 갈다가」에서 그것은 "안부"로 나타나고 「그대여」에서는 "이름 없는 이름"으로 다가온다. 말하자면 자연이 사람의 모습으로 시인의 눈과 의식 앞에 떠오르는 것이다. 이것은 전략적으로 자연을 의인화하는 일과는 사뭇 다르다. 시인은 이 작품들 외의 다른 작품들에서도 "안부"라는 말을 여러 번 쓰고 있는데(예컨대 「작설차를 우리며」에서 "정갈한 안부를 챙기고 있구나." 「강줄기 흘러간다」에서 "이 아침 물안개 피워올려/그대 안부를 전해주지 않느냐" 따위) 그 대부분 자연에 의탁된 안부가 가장 믿을 만하다는 자연 신뢰, 그리고 인간적 그리움과 고통에 대한 은밀한 기대가 담겨 있는 것이다.
　이렇게 볼 때, 그의 그림시 혹은 시그림이 중립적인 자리에서 무심한 풍경 제시에만 만족하고 있는 것 같지도 않다. 가장 완성도가 높은 작품들의 경우이기는 하지만, 앞의 예에서 보았듯이 그 자연은 사람들에게 무엇인가를 전해주는, 나아가 감동을 실어다주는 메신저이다. 이때 특히 주목되는 것은, 그 감동이 열리는 순간의 시적 사물로서 많은 경우 '빛'이 나온다는 점이다. 시 「그대여」에서도 물방울 하나가 "빛을 모아 궁굴리고 있다"고 한 다음 바로 "아! 하고 하늘이 내려"라고 적는다. 시인에게는 아마도 모든 자연이 결국 빛으로 떠오르는 순간이 있고, 그때 그 자연과 인간 사이에 교감이 이루

어지는 모양이다. 그 상태에 대한 궁금증이 '안부'이고 그 기능이 '편지'이다 ("두 눈을 깜짝거려 보이지만/구름 너머 웃음을 웃고 있지만/너의 긴 편지가 아니더냐" —「편지」에서).

  시인은, 그 탓인지 유독 별에 관심이 많다. 별이야말로 특별한 시적 조작이 가해지지 않아도 이미 빛을 발하고 있기에 그만큼 손쉽기 때문인가. 아마도 그럴 수 있다. 실제로 이 시집에 나오는 많은 작품들 속의 별들은 이상하게도 빛으로 반짝이는 일이 드물다. 아무리 별들이라고 하더라도 그것들이 하늘 아닌 시작품 속에서 빛나려면, 시인의 손과 입김이 가야 한다. 쉽게 따온 별은 결코 반짝이지 않는다. 이 시인의 시에서 별과 눈이 다만 풍경의 배후에 머물러 있고 빛나지 않는다면, 시인은 이 점에 각별한 주목을 해야 할 것이다. 그 바람직한 대답은 앞의 두 작품「그대여」「먹을 갈다가」에 숨어 있다. 시인이 찬찬히 관찰하고, 마침내 마음속에서 새롭게 빚어낸 자연만이 살아 있는 빛을 발할 수 있을 것이다.

# 아, 아름다운 생명아
── 고찬규 시집 『숲을 떠메고 간 새들의 푸른 어깨』

영어로 된 우스갯소리에 악evil을 거꾸로 읽으면 삶live이라는 이야기가 있다. 삶에 역행하는 것이 악이라는 말이 될 수 있을 것이다. 삶이란 무엇일까. 싱거운 물음이지만, 새삼스럽다. 오늘날 생명을 위협하고, 생명을 우습게 아는 흉포한 일들이 얼마나 자주 일어나고 있는가. 바야흐로 악이 창궐하는 시대를 살면서 문학의 의미는 긴장된 도전 앞에 서 있다. 특히 시란 것이 여전히 가능한지, 대체 어떤 가치가 있는 것인지 문득 아득해지는 느낌마저 든다. 그만큼 생명을 살리는 일에 시의 힘이 미치지 못하는 현실 때문이다. 그러나 과연 현실 때문만일까. 시 스스로 생명의 길에서 벗어나 악과의 유희를 즐긴 원인은 없을까. 반생명의 어두운 골목에서 방황의 동의어일 수밖에 없었던 많은 시들을 기억하면서 고찬규의 시들을 읽는다.

  진펄밭 썰물 때면
  패인 상처를 생각할 겨를도 없이
  호밋날로 캐내는, 한 생애
                ─「晩鐘」부분

이 시는 앞뒤 부분이 생략 인용된 것인데, 이 부분만으로도 아름답다. 이 아름다움은 어디서 오는 것일까? 대체로 두 가지 방향에서 온다. 그 하나는,

묘사 자체의 즉물적이면서도 서정적인 풍경이다. 그리고 다른 한 가지는, 숨겨진 메시지의 함의이다. 이 둘이 어울려서 단 세 행에 불과한 시의 공간을 아름답게 조성하고 있다. 바닷가 진펄밭 어촌의 모습은 풍경의 사회성으로 기울 때 자칫 누추해지기 쉽다. 마찬가지로 그 메시지가 특정한 서사와 연결될 때 불필요한 긴장으로 인해, 막상 시의 긴장은 파괴되기 쉽다. 그러나 이 시는 그 빠지기 쉬운 폐해와 무관하다. 아마도 어패류가 분명한 것을 저 호밋날로 캐내는 촌부들의 삶을 경건한 생명의 차원에서 바라보고, 이를 정직하고 단정하게 그려내고 있기 때문이다. 이즈음에서 시 전체를 읽어보아도 좋을 듯싶다.

구부린 등은 종이었다

해질녘,
구겨진 빛을 펼치는
종소리를 듣는다, 한 가닥
햇빛이 소중해지는

진펄밭 썰물 때면
패인 상처를 생각할 겨를도 없이
호밋날로 캐내는, 한 생애

쪼그린 아낙의 등뒤로
끄덕이며 끄덕이며 나귀처럼
고개 숙이는 햇살
어둠이 찾아오면, 소리없이

밀물에 잠기는 종소리 ——「晚鐘」 전문

"구부린 등은 종이었다"는 구절이 미당의「질마재 신화」를 연상시키는 것은, 이제 이 지역을 중심으로 한 정서의 한 전통으로 받아들여져 무방하리라. 그렇듯 고찬규의 시 역시 미당의 시와 마찬가지로 노상 슬프지만은 않다. 구부려 일할 수밖에 없는 어민의 고달픈 평생이건만, 거기에는 그 생활의 수락을 통해 보다 높은 단계로의 초극까지 느껴지는 엄숙함이 묻어나온다. 생명과 생활의 진지함이라고 할까.

그 진지함은 시행이 진전되면서 설득력을 높여간다. "해질녘,/구겨진 빛을 펼치는"과 같은, 바로 다음 시행들을 보라. 해가 지고 있는데 어찌 '구겨진 빛'이 펼쳐질 수 있겠는가. 여기서 특히 절묘한 것은 '펼친다'는 동사이다. 이 단어는 접혀진 것을 편다는 의미로도 들리고 그냥 전개한다는 의미로도 들린다. 이른바 시적 애매모호성으로 읽힐 수 있는 부분인데, 이 자리에서도 그 매력으로 기능한다. '펼치는'이 접은 것을 펴는 의미로 읽힐 때, '구겨진 빛'은 낮의 피곤한 노동과 관계된다. 그러나 이 단어가 '전개된다'는 뜻으로 읽힐 때는, '구겨진 빛'은 아연 긍정적인 내포를 머금고 노동은 한결 신성시된다. 그 어느 쪽이든, '구겨진 빛'은 비록 구겨졌다고 하더라도 그것을 펼치는 종소리를 통하여 거룩한 순화의 단계를 밟는다. 이러한 과정과 더불어 고단한 어촌의 삶은 생명으로서의 성스러움을 누리고, '거룩' '진지' '경건'과 같은 추상적 연상은 구체적인 삶의 손을 잡게 된다.

그리하여 일해야 할 시간으로서의 햇빛이 소중한 노동의 현장("—— 한 가닥/햇빛이 소중해지는")에 내리는 햇살은 양쪽의 요구를 함께 아우른다. "쪼그린 아낙의 등뒤로/끄덕이며 끄덕이며 나귀처럼/고개 숙이는 햇살"은 일하는 농어민들의 모습처럼 힘들어 보이지만, "어둠이 찾아오면, 소리없이//밀물에 잠기는 종소리"를 뒤에 거느리면서 그 하루의 엄숙한 생을 마감한다. 물론 해는 다음 아침에 다시 뜨고, 사람들의 노동을 감싸고 또 바다 속으로 잠길 것이다. 다음 아침에도, 또 다음 아침에도…… 그러나 그 해(햇빛, 햇살)의 운행은 진펄밭에서 일하는 농어민들의 삶을 거칠고 피곤한, 무의미한 노동의 고통 수준에서 벗겨내 생명의 외경으로까지 여기게 한다. 삶의 일상을 이렇듯 생명이라는 가장 높은 단계에서 응시하고 인식하는 시쓰기란 상당한 달관과 훈련 없이는 이루어지기 힘든 작업인데, 젊은 고찬규 시인은 이미 거기에 도달한 느낌이다. 타고난 시의 재주인가.

작은 사물들이나 자연현상, 혹은 사람들의 살림살이 속에서 생명을 포착해내는 시인의 눈과 마음은 과연 타고난 재주를 실감케 한다. 몇 대목을 읽어 본다.

스스로를 밝히는 별빛도
스스로를 노래하던 풀벌레 소리도
이미 하나의 생을 위한
홀로의 몸짓이 아니었다 —「마음의 등불」부분

담쟁이는 담의 일부
잎이 또 한 번 피었다 졌다
듬성듬성 낡은 시간이 덧칠해져 있다
저 시간 속에서 얼마나 많은 생들이 숨죽이고
속절없이 아기들은 울었던가 —「금은 방」부분

가슴속, 시퍼런 멍을 간직한 채 둘러앉아 뚝, 뚝 배추를 다듬는 손들은 꼭 자신의 손등을 닮은 잎만을 밤새 수북이 쌓아놓곤 한다 어떤 귀퉁이는 소란스럽고 목소리가 큰 사람은 의기양양했지만 스스로는 알고 있다 돌아서면 이긴 것도 얻은 것도 없는 결국 바겐세일의 생을 —「붉은 시장」부분

> 타오르며 사그라지는 것들의 고단함
> 가까이 다가가면 꺾여져 이어지는
> 골목과 동그란 아랫목
> 이를테면 애호박 하나 달고 저물어가는
> 노오란 호박꽃의 한 생을
> 떠올리는 것이다 모처럼 　　　　　　—「길 안의 둥지」 부분

네 편의 시에서 인용된 이 부분들은 한결같이 '생'→'생명'으로 연결되는 엄숙함, 진지함의 분위기를 이끌면서 시의 탄력을 만들어낸다. 「마음의 등불」의 경우, 별빛도 풀벌레 소리도 독자적인 빛과 소리임이 인정되면서도 그것들은 보다 더 큰 생명현상의 일환임이 강조된다. '홀로의 몸짓'이 아니라는 인식 속에는 공동체의 소중함과 더불어 몸짓 이상의 깊은 본질이 암시된다. 그것을 시인은 이어서 "밤하늘 멀리 피워올리는 교신"이며 "살아 있음을 일깨우는, 영원한/귓가에 소근대는 복음"이라고 말한다. 그리고 그것은 "새벽종과 함께 스미는 눈물"이기도 하다.

시인이나 작가의 사적인 사정과 무관한 문학 속의 눈물에 관하여 나는 한두 번 그 의미를 추적해본 일이 있는데,[1] 여기서도 그 의미는 그대로 적용되어도 무방하지 않을까 싶다. 요컨대 '새벽종과 함께 스미는 눈물'은 문학의 눈물로서, 말하자면 존재론적 차원의 눈물이다. 이 생의 유한함, 모든 존재들이 서로 상처주며, 그러나 동시에 서로 위로하는, 비극일 수밖에 없는 삶이 유발하는 눈물인 것이다. 이때 눈물을 흘릴 수 있는 것은 차라리 생명의 알리바이이며 능력이다. 「금은 방」에서의 생도 숨죽이며 사는 속절없는 생명

---

[1] 「하나님의 슬픔, 문학의 슬픔」, 『디지털 욕망과 문학의 현혹』(문이당, 2001) 참조. 이 글에서 나는 아우슈비츠의 유태인 학살에 대하여 하나님이 눈물을 흘리셨다는 신학자 불트만의 견해를 소개하면서, 참된 사랑은 연민의 형태로 나타남을 말하였다. 문학에서의 사랑도 이와 비슷하다는 것인데, 이 시의 이 대목도 이를 연상시킨다.

으로서의 삶이다. 이렇게 말해놓고 보면, 그 생명은 다소 좌절감 속에 있는 것처럼 느껴진다. 그러나 속절없다는 말의 참다운 뜻이, 인생은 풀잎의 이슬과 같다는 시편의 노래와 다를 바 없다면, 그것은 허무주의 아닌 유한한 삶의 일깨움, 그로부터 비롯되는 어떤 경건성일 것이다.

생명을 이처럼 잠언적 경구와 결부해서 각성시키는 시인의 자세는 「붉은 시장」에서 가장 확연한 모습을 드러낸다. 시장 풍경을 묘사하는 이 시에는 소란스러운 어떤 귀퉁이, 의기양양한 큰 목소리의 사람들이 어울려 등장하고 있지만, 그 모두 "돌아서면 이긴 것도 얻은 것도 없는 결국 바겐세일의 생"일 뿐이다. 마침내 시인은 생을 가리켜 "타오르며 사그라지는 것들의 고단함" (「길 안의 둥지」)으로 풀이한다. 생명이 이렇게 인식될 때, 모든 세속적 조건들로부터 벗어나 총체적 시각 앞에 섬으로써 시는 튼실하고 건강한 공간을 조성할 수 있는 것이다. 물론 고찬규의 시는 농촌이나 시장 등 구체적인 일상을 통한 실존이 그 생명의 바탕이 됨으로써 공간의 현실성까지 획득한다.

그러나 고찬규의 작품들이 이같은 분석과 평가를 뒷받침하기에 적절하지 않은 경우도 있다. 그것은 주로 일상과 자연이 행복하게 만나면서 일깨워주는 생명의 의미와 현장이 그 긴장을 잃을 때 발생한다. 그렇다면 어떻게 그 긴장을 유지할 수 있을까. 성공작인 「晩鐘」에 그 해답이 들어 있다. 이 작품에는 자연으로서의 생명과 인간 활동으로서의 생명을 함께 껴안는 매체로서 햇빛 혹은 햇살이 숨쉬고 있다. 저물녘 한 가닥 햇빛은 일하는 사람들에게나 해 스스로에게나 모두 소중한데, 그것은 이제 그 해의 사라짐을 알리는 "밀물에 잠기는 종소리"를 통해서 생명의 한 결실로 완성된다. 바로 이러한 매체가 긴요하다.

일상의 모든 현실은 물론 시의 대상이 될 수 있고, 구체적인 형상화에 성공할 때 그 현실은 이윽고 진실의 모습으로 우리에게 육박해온다. 이때 구체적인 형상화를 성공시키는 힘은 시적 주관 혹은 시적 자아이다. 시인은 대상을 좇아 이리저리 따라다니지 않고, 자신의 눈과 손을 통해 그 본질을 시화시켜야 한다. 고찬규의 어떤 작품들은 주변의 현실을 좇아 부지런히 움직인다. 비유를 하자면, 취재를 위해 뛰어다니는 사진기자 아닌, 자신의 테마를 위해 대상을 재조립하는 사진작가의 앵글이 필요하다고 할까. 사물과 현상 속에서 생명이라는 핵심을 읽어낼 줄 아는 능력을 지닌 시인이 자기 자신을 향해 보다 투철하게 집중한다면, 생명의 아름다움을 더욱 아름답게 보여주리라 믿는다.

## 불면의 은혜
── 강문정 시집 『양철 가슴』

잠이 안 오면 졸음에라도 빠지고 싶어했던 이가 횔덜린이었던가. 졸음을 통해서나마 저 그리스의 파르나소스 산에 오르고자 했던 횔덜린. 그는 그러나 시의 저 높은 산정 대신 답답한 탑에 갇혀 30여 년 동안 몽유의 아픔을 겪다가 가야 했다. '엔디미온의 잠'이라는 낯설고 현학적인 유혹의 낱말로 시를 시작하는 강문정은 그렇다면 어디로 가고 싶은 것일까. 나에게 다가온 이 미지의 시인은 우선 이 같은 이방의 호기심으로 뿌옇게 맴돈다. 이제는 우리 시에서 더이상 빈번하게 사용되지 않아도 좋을 이 희랍신화의 용어들, 그 안개를 헤치고 들어가보자.

하늘 키 자라 더욱 푸르러지고
바람 켜켜로 시린 기운 가득
노을빛 닮은 가을 실그물 펼쳐
세상은 바닷비로 옅게 젖는데

시름 푼 녹녹한 가을 저녁
내 잠은 그리움만큼 길어지고
내 잠은 달빛만큼 깊어지리니

그대 해진 신 벗고 쉴 수 있길

　　　내 꿈속 그대 쉴 작은 집 짓노니
　　　그리운 사람 살며시 그 문 열고
　　　내 잠 속으로 어서 와 누우시기를
　　　영원의 꿈에 잠긴 엔디미온처럼　　　―「엔디미온의 잠 속으로」 부분

　엔디미온은 달의 여신으로부터 사랑을 받은 청년으로서 제우스에게 영원의 잠에 들고 싶다고 청했다는 희랍신화가 전해오는 터. 요컨대 잠의 신인 셈인데, 그 까닭은 아마도 사랑 때문이 아니었을까. 아닌게 아니라 이 시에서도 그리운 사람 살며시 들어와 시인의 잠 속에 함께 누웠으면 좋겠다고 진술된다. 말하자면 잠은 사랑으로의 길이며, 그리움의 기표다. 과연 '잠'은 강문정의 시 곳곳을 마치 소리없이 퍼지는 는개처럼 지배한다.

　　　창밖에서 잠의 요정 잠시 서성이는 동안
　　　스멀스멀 방 안으로 스며들어와 내 몸을 핥는 가위
　　　　　　　　　　　　　　　　　　　　―「수면 속 불면」 부분

　　　우주를 돌다 새벽마다
　　　창밖에서 지저귀는 새
　　　아직
　　　호두알 속 어둠에 잠긴
　　　내 잠든 귀를 두드리는　　　　　　　　　―「우주새」 부분

　　　들이며 산이며 안개기둥처럼 부옇게 솟아올라
　　　잠에서 깨지 않은 채 서로 엉켜 하나가 된 시간　　　―「꿈」 부분

        웃고 말았지 하얀 잠에 잠겨 있는 아침에
        우산 들고 헤매다 말간 하늘에 들켜버려서
                    ―「웃은 이유」 부분 (이상 윗점은 필자주)

    생각보다는 그리 많지 않지만, 상당한 변화를 보이는 후반부를 포함하여 시의 모티프가 되고 있는 것만은 분명하다. 먼저 「엔디미온의 잠 속으로」의 경우, 잠은 사랑의 지속이다. 잠은 깨기 마련일 터인데, 왜 엔디미온이겠는가. 영원히 자고 싶기 때문이다.

        겨울 봄 여름 그리고 가을 내내
        여린 꿈 꾸는 내 곁에 머무시기를
        그리움도 반딧불 그늘에 잠들기를
        그 잠 속에 녹아 녹아 깨지 말기를

    이렇게 끝나는 「엔디미온의 잠 속으로」에서 주목될 점은 이 시인의 세계관이다. 아니 세계관이라고 부르기에는 좀 거창하다. 그냥 시인의 눈에 비치고, 가슴에 느껴지는 세상의 모습이라고 하자. 그 세상은 대체로 '옅게 젖어' 있다. 이 시에서는 "바다 비로 옅게 젖는데"로 적혀 있지만, 많은 다른 시들에서 그 '젖음'은 변주된다. 세상은 히드라의 촉수를 드리우고 깨어나며(「양철 가슴」) 검초록 세상은 해죽해죽 웃으며 기괴한 모습을 드러낸다(「덫」). 그런가 하면 세상은 밤바다에 침몰하는 타이타닉처럼 한껏 웅성거리기도 하며(「싸락눈 흩날리는 밤」) 진흙탕 세상 밖에서 흔들리는 유리인형으로 들어가고자 하지만 문은 열리지 않는다(「수면 속 불면」). 이런 모습들은 모두 건조하지도, 완전한 물 속도 아닌, '옅은 젖음'이라는 촉촉한 상황의 다른 표현들이다. 세상은 깨어나도 흐늘거리는 촉수와 더불어 눈을 뜨고, 웃어도 호쾌하거나 제대로 열린 입을 갖지 않는다. "해죽해죽" "웅성거림"으로 존재하는 세상. 그 세상은 존재와 부재 사이에 있다. 자연히 시인에게 세상의 모습은 몽롱할 수밖에 없다. 훑거나 핥거나 더듬기 일쑤인 동작들은, 존재도 부재도 아닌 세상을 향한 움직임의 불가피한 형태일 수밖에 없는 것도 마찬가지 측면에서 이해된다. 자 보자.

창 밖에서 잠의 요정 잠시 서성이는 동안
스멀스멀 방 안으로 스며들어와 내 몸을 핥는 가위

처음엔 머뭇머뭇거리다가 이내
늘 함께했던 연인처럼 날 탐닉한다

부드러운 눈발처럼 살포시 내려앉아
끈적거리는 혀로 혈관이며 신경까지 그렇게

냉동 물고기마냥 미끄럽고 차가운 감촉
메마른 들판을 훑어내는 거친 바람의 몸짓

「수면 속 불면」 전반부인데, '옅은 젖음'의 상황이 훨씬 쉽게, 그리고 무엇보다 동작의 형태로 잘 표현된 작품이다. 시인은 그토록 갈망하는 잠이 창 밖에서 서성이는 것을 본다. 잠은 지척에 와 있는 구체적인 현실인 것이다. 그런데 그만 그 잠이 "서성이는 동안," 가위가 방 안으로 "스며들어" 몸을 핥고 연인처럼 시인의 몸을 "탐닉한다." 그 가위는 눈발처럼 부드럽게 살포시 "내려앉는"다고 묘사됨으로써 마치 시인에 의해 환영되고 있는 긍정적 표상처럼 부각되고 있지만 그것은 잠 아닌 가위, 다시 말해서 그리운 잠을 방해하는 불청객의 무례한 동작, 즉 불면의 엄습이다. 그리하여 결국 밤은 숙면과 더불어 편안하게 지나가지 않고 "핏빛 울음만 웅웅거리는" 시간이 된다. 왜 그럴까. 잠은 창 밖에서 서성이는데, 불면은 방 안으로 스며들어와 시인의 몸을 점령하기 때문이다. 문제는 결국 방의 안과 밖을 갈라놓고 있는 창, 혹은 문 때문일까. 그렇기도 하다. 그러나 더 큰 문제가 있다면, 불면의 고통 속에서도 불면 자체를 즐기는 또 하나의 나, 즉 숨겨진 무의식이 있기 때문이다. 그 무의식은 물론 시인의 의도와는 무관하게, 또는 시인의 의도에 반하여 형성된다. "강한 전류에 감전되듯 몇 번이고 진저리쳐지는 몸"(「수면 속 불면」)이 말해주듯 시인은 불면에 몸서리친다. 그러나 다른 한편 그는 그 시간을 아무도 닿을 수 없는 시원(始原)의 공간을 떠도는 긴 밤이라고 의미 붙인다. 아무도 닿을 수 없는 시간, 또는 공간이 그에게는 소중한 것이다. 결국 "그녀"가 된 시인은 온 밤 지새우는 에펠탑이 된다. 에펠은 강문정의 시들을 묶는 시적 자아에 다름 아니다.

어둔 밤이 검은 너울 나부끼며
시간의 흐름만큼 짙게 화장하고
사위스런 몸짓으로 흐느적거리며
망루에서 세상 내려다보는 동안

라 투르 에펠은 온밤 지새운다
그녀의 거대한 몸을 쉴새없이
관통하는 승강기는 아무 말 없이
수많은 관광객들을 쏟아부을 뿐

차디찬 황금빛 향 온몸에 뿌린
에펠탑은 연푸른 새벽 기다리며
그녀 향해 마음 여는 세느 강에

속내 풀고 더워진 여윈 몸 적신다　　　　　　—「환각의 꿈」 전문

　어둔 밤 속의 에펠탑은 망루에서 세상을 내려다보며 수많은 관광객들을 끊임없이 쏟아부을 뿐이지만, 그 외관은 짙은 화장, 황금빛 향이 온몸에 뿌려져 있다. 온 밤을 지새운 불면 이후 세느 강은 그녀를 향해 마음을 열고 있다. 이와 같은 안티노미의 분열을 보여주는 절묘한 표현이 "더워진 여윈 몸"이다. 에펠을 향한 그 묘사는 바로 시인 자신의 모습 아니겠는가. 한편으로 뜨겁고, 한편으로는 야윈. 얼핏 이해되기에 양자는 모순되지만 사실 두 상황이 함께 간다는 사실은 일상인의 모든 경험 속에서도 확인되는 평범한 생리일 수 있다. 한쪽이 포기되지 않는 한, 이 두 모습은 갈라질 수 없으며, 이 상황에서 바로 횔덜린적 시인이 탄생한다.

　아, 이제 알겠구나. 이 시인이 왜 그토록 잠에 집착하는지. 게다가 낡은 희랍의 망령들을 자꾸 끄집어내는지를. 잠은 희랍이며, 그 희랍은 유리창 속의 세상 아니었던가. 역동적인 현실 한복판을 그리워하면서도 거기에 이를 수 없는 자신의 한계, 그 체질과 현실로 인해 시인은 잠 속에서 희랍으로 날아간다. 그러나 그것은 결국 유리벽과 같은 것. 보이지만 넘을 수 없는 안타까움만이 확인될 뿐이다. 역설적이지만, 불면은 잠으로 가고자 하는 의욕의 산물이다. 잠으로의 집착이 없으면 불면도 없다. 불면 앞에서 세상으로의 모든 길은 유리벽처럼 막혀 있어서 보이긴 보이지만 갈 수가 없다. 그것은 말하자면 세상으로 나가기 싫어하는 폐쇄적 시인의식의 은밀한 노출일 수 있다. 세상은 타자이며, 시인은 그로부터 상처를 받을 뿐이라는 일종의 전의식(前意識)이 그 유리벽의 열쇠를 쥐고 있는 것이다. 결국 시인은 "무중력 공간을 떠도는 빈 혼"으로서 자기 스스로와 조우하기 일쑤다.

　날마다 가시가 박힌다

크고 작은 가시가 몸 속 깊이
뿌리내린다
날마다 가시 박힌 상처에
흰 꽃 피고
해진 육신에 머물던
작은 혼이 일어난다
오로라 퍼지는 새벽
바다같이 깊디깊은
무중력 공간을 떠도는 빈 혼　　　　　　　—「선인장」 전문

　물론 무중력 공간이 수면과 불면, 의욕/무의식, 또는 유리벽의 안팎 사이에서 조성된 무정형의 시간·공간일 수 있다. 그러나 그것은 파리에 거주하고 있는 이 시인의 현실적 방황과도 무관하지 않아 보인다. 소유가 의식의 결정에 있어서 반드시 결정적이지는 않지만, 시인의식에서 거주지가 매우 결정적이라는 사실은 거의 모든 시인들에게서 확인되고 있는 현실 아닌가. 가령 파리와 보들레르, 베를린과 벤을 떼어놓고 생각할 수 있겠는가. 그런 의미에서 무중력 공간을 적극적, 긍정적으로 수용하고 있는 시인의 자세는 일단 바람직스럽다. 이같은 태도가 그리하여 아마도 그의 작품들 가운데에서 가장 아름다운 시 「우주새」를 낳았다는 사실은 주목될 만하다.

우주를 돌다 새벽마다
창 밖에서 지저귀는 새
아직
호두알 속 어둠에 잠긴
내 잠든 귀를 두드리는

이승과 저승을 잇는 새
　　호두알처럼 단단한 정적
　　쪼아
　　내 닫힌 마음 열게 하는
　　은방울꽃 닮았을 그 새는

　　우주, 깊은 산 속 숨었는가
　　눈뜬 시간엔 들리지 않는
　　소리
　　맑은 새 투명한 빛으로
　　내 방 가득 향을 사르는　　　　　　　　　　　—「우주새」 부분

　이 시에는 무엇보다 시적 자아의 진솔한 고백이 있다. 내 귀가 아직 잠들었다거나, 내 마음이 닫혀 있다는 진술은 고백적이다. 그렇다면 잠든 귀를 두드리고 닫힌 마음 열게 하는 새의 등장은 시적 사물로서 매우 고무적이다. 이승과 저승을 그 새가 잇는다고 했는데 여기서 이승과 저승은 닫힌 마음/열린 마음으로 보아서 무방하리라. 인용되지 않은 작품 후반부를 포함하여 '호두알'이라는 낱말이 세 번씩이나 나오는 등 어색함이 엿보이는 것도 사실이지만 '무중력 공간' → '우주새'로의 이동과 탄생은 무의식과 불면의 시인이 정적 정체성에 안주하지 않고 일어서려는 역동적인 상상력을 감지시키기에 충분하다. "내 꿈에 날아든 우주새"(「우주새」)가 이제 현실 곳곳에서 그 부드러운 위력을 발휘하기를 기대한다.

　우리 인간들은 무수한 관계들 속에서 살아간다. 그러나 크게 나누어보면 그 관계들은 대체로 세 가지의 틀 속에서 이루어진다. 첫째로 그것은 창조주와의 관계—영적인 분야라고 할 수 있을 것이다. 다음으로는 자연과의 관계

를 들 수 있겠는데, 이것은 물적인 부분일 것이다. 끝으로 인간과 인간 사이의 관계, 즉 공동체 내지 사회적 영역이라고 할 수 있다. 이 모든 관계들이 순조롭게, 질서 있게 화평을 누리는 자들에게 문학은 더 이상 필요 없을지도 모른다. 영육이 아울러 건강한 자에게 무슨 시가 요구되랴. 어떤 종교적 갈증이 솟겠는가. 시의 세계도 근본적으로는 이들 관계의 불화 속에서 태어난다. 말하자면 갈등과 은혜의 공존은 시의 가장 기묘한 서식처인 셈이다. 내가 보기에 강문정 시인에게는 이제 이러한 인식이 필요해 보인다. 갈등은 우리 모두에게 찾아드는 고독과 무기력, 그리고 욕망이다. 그러나 그것들 없이 인간의 실존이 가능할 것인가. 은혜란 그것들의 부재와 제거 위에 내리는 요술 천사 아닌, "꿈에 날아든 우주새"와도 같은 시, 그 정화의 능력이다. 우주새의 등에 업혀 순간순간 현실 초월을 경험하는 감사의 마음이 그 은혜일 것이다.